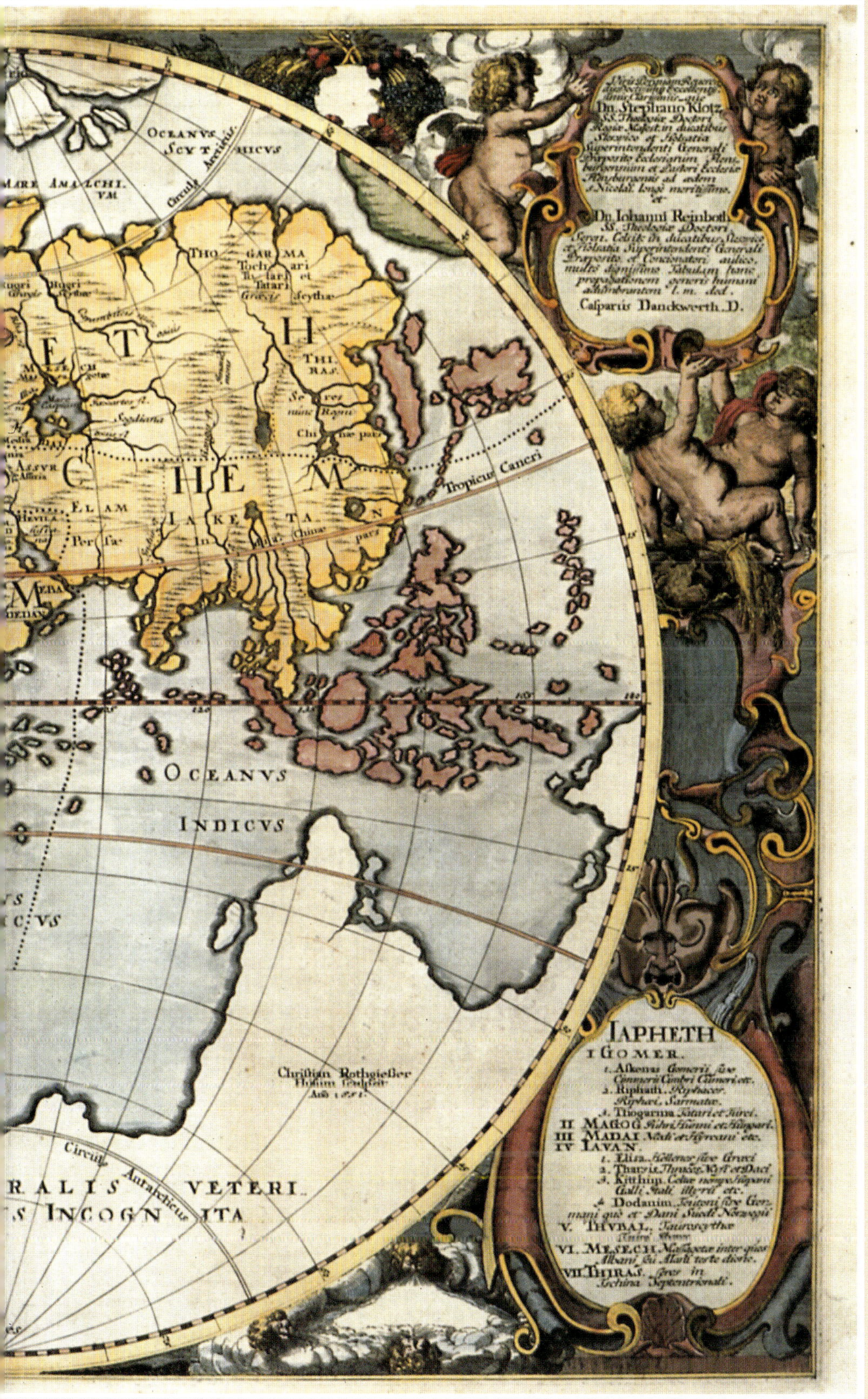
OCEANVS SCYTHICVS
Circul. Arcticus
Tropicus Cancri
OCEANVS
INDICVS
Casparus Danckwerth. D.
Christian Rothgiesser
IAPHETH
I GOMER
II MAGOG
III MADAI
IV IAVAN
V. THVBAL
VI. MESECH
VII THIRAS
VETERI
Circul. Antarcticus

»Nie zurück«

»Mein Unterwegssein spiegelt die Zerrissenheit des romantischen Menschen, der von der Sehnsucht nach draußen lebt, wenn er daheim ist, und sich nach daheim verzehrt, wenn er draußen ist. Ich bin der Heimatsehnsuchtsverräter.«

REINHOLD MESSNER

Reinhold Messner

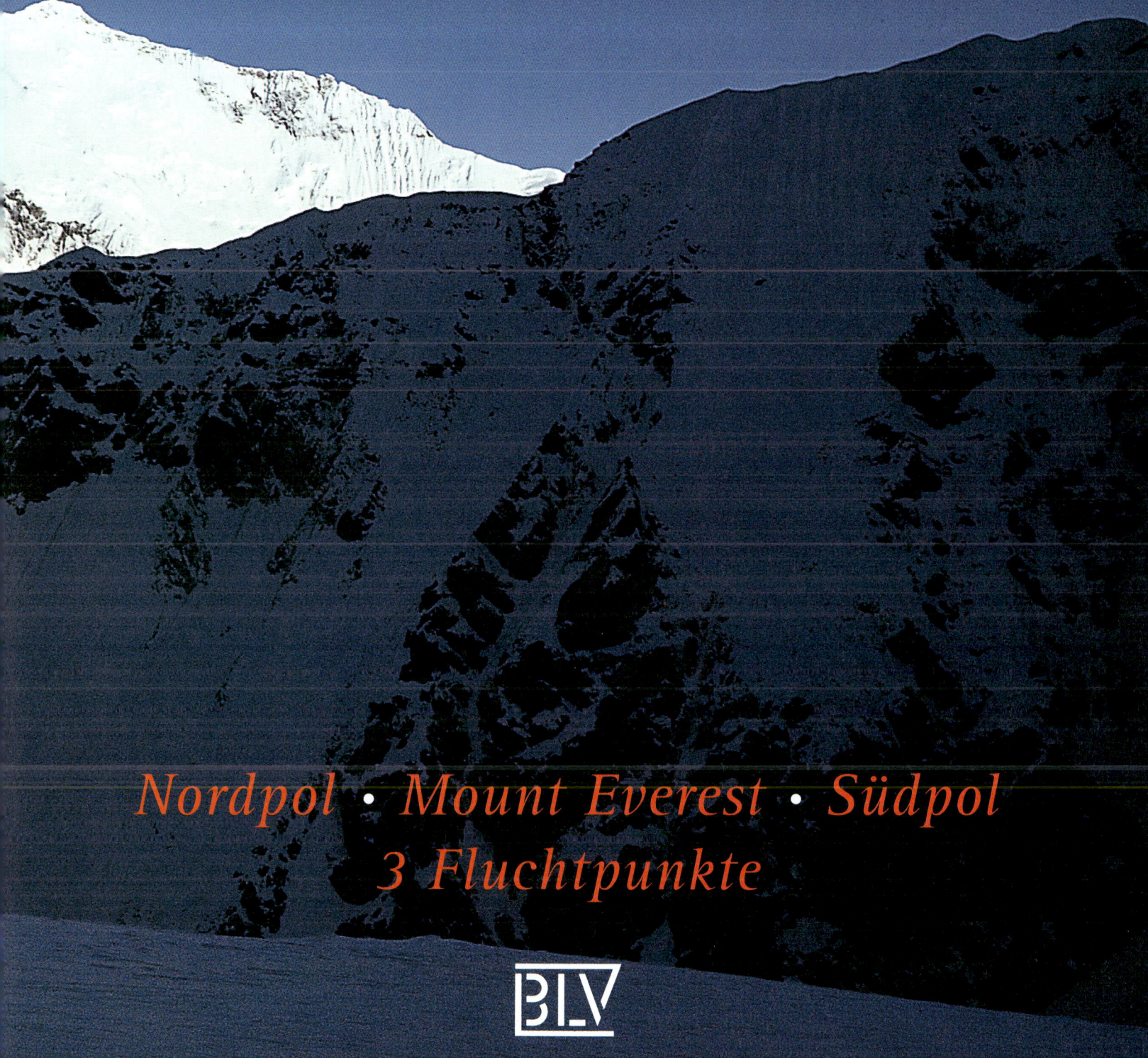

Nie zurück

Nordpol · Mount Everest · Südpol
3 Fluchtpunkte

BLV

Hubert und Reinhold Messner 1995 am Nordpol

»Abenteuerlust verkümmert nicht
einfach wie ein nutzlos ge-
wordenes Organ, nur weil es keine
unerforschten Kontinente und
keine Eroberungskriege mehr gibt.«
WILHELM BITTORF

Reinhold Messner vor dem Mount Everest,
den er 1978 und 1980 bestiegen hat

»Ich bin der Pol, das heißt der Punkt,
In dem das Denken untertunkt;
Der alten Weltenesche Wipfel,
Der Erdenachse letzter Zipfel,
Mit dem der Mensch, der auf mir steht,
Sich langsam um sich selber dreht . . .«
EDGAR STEIGER
»Selbsterkenntnis«

Reinhold Messner 1989/90 am Südpol

Zu den Bildern auf den vorhergehenden Seiten:
S. 1: »Nie zurück« nannte Julius Payer sein Bild, das Carl
Weyprecht bei seiner Rede vor der »Tegetthoff«-Mannschaft
zeigt. Wären die Männer zu ihrem vom Eis eingeschlossenen
Schiff zurückgegangen, sie wären alle umgekommen.
Weyprechts »Nie zurück« rettete die verschollene
Expeditionsmannschaft.
S. 2/3: Das zwei Meter dicke Packeis am Nordpol, mit
einem Weitwinkelobjektiv aufgenommen
S. 4/5: Mehr als 3000 Meter dick ist die Eiskalotte am Süd-
pol, von dem aus das Eis nach Süden fließt.
S. 6/7: Der »dritte Pol«: Lhotse und Mount Everest vom
Makalu aus fotografiert

Inhalt

»Die Welt wird ein Aufenthaltsort für Heroen, wo sollen wir da hin?«
BERTOLT BRECHT

Eisige Welt

Nimmer vorwärts

Das alte Hotel »Post« in Sulden war in dieser Nacht ein festlich beleuchtetes Haus. Daß am 17. September schon Schnee fiel, paßte ebenso zu meinem 50. Geburtstagsfest wie die vielen Gäste, deren Tatenlust so auffällig war, daß sie allesamt ehemalige oder zukünftige Teilnehmer meiner Expeditionen hätten sein können. Halb Menschen der Zivilisation, halb Nomaden schwelgten wir eine Nacht lang in Neigungen und Vorlieben, die in unseren Kulturgemeinschaften nicht mehr zu befriedigen sind. Mitten in die Gespräche über die entlegensten Punkte der Erde, Fernweh und Heimkehr fiel die klare Stimme meines Freundes Ralf Peter Märtin, und alle Augen richteten sich auf ihn. Ralf war aufgestanden und in die Mitte des großen Jugendstilsaales getreten. Laut begann er zu lesen:

»Dear Mr. Messner,
trotz der höheren Warte, auf der ich mich seit nunmehr 73 Jahren befinde, hat man mir erlaubt, Ihnen zum Fünfzigsten zu gratulieren und Ihnen für den Nordpol Glück zu wünschen. Er, der hier die Kommandos gibt, hat mir dafür eine Ausnahmegenehmigung erteilt, und das tut er verdammt selten.
Sie und ich sind leider nie zusammen losgezogen, weil wir zeitlich etwas versetzt gearbeitet haben. Damals, als uns nur noch 175 Kilometer zum Pol fehlten, hätte ich Sie gern dabeigehabt. Wahrscheinlich hätten wir beide eine bessere Einsatzmethode für meine Segel gefunden. Ich habe die Tagesleistung ja nie über 47 Kilometer steigern können, weswegen ich Ihre Spitzenetappe von 160 Kilometern auf Ihrer Grönlanddurchquerung äußerst beachtlich finde.
Sie haben meine Expeditionen intensiv studiert, eine sogar auf meiner Idee aufgebaut und vollendet. Das nördliche Packeis werden Sie so gut absolvieren, wie ich das südliche Treibeis, über das wir, nach dem Untergang meines Schiffes, fünf Monate lang marschiert sind, ohne einen Mann zu verlieren. Nur für den Fall, daß Sie auf einer Eisscholle abtreiben, verrate ich Ihnen das Rezept jenes Cocktails, der meinen Männern auf Elephant Island das Durchhalten leichtmachte: heißes Wasser, Ingwer, Zucker und ein bis zwei Teelöffel denaturierter Spiritus.
Ich bin sicher, Sie und Ihr Bruder werden im Eis eine gute Zeit haben und verbleibe hochachtungsvoll
Ihr?«

Ralf machte eine lange Pause und sah mich fragend an.
»Ernest Shackleton«, sagte ich, und alle klatschten.
Als hätten alle Festgäste die Spielregeln verstanden und niemand im Saal Probleme mit dem kraß ausgelebten Tatendrang des Iren Shackleton, dem es viermal versagt geblieben war, sein Ziel in der Antarktis zu erreichen, setzte Ralf sein Brief-Rätselspiel fort.

Wild, Shackleton, Marshall und Adams

»Dear Mr. Messner,

50 Jahre und kein bißchen müde. Gratuliere! Auch, weil Sie die Route am Mount Everest vollendet haben, die ich schon 1933 für möglich hielt. Wären wir beide damals in einer Seilschaft geklettert, wer weiß, die Geschichte des ›dritten Pols‹ wäre anders verlaufen.

Ich war wie Sie immer ein Gegner von künstlichem Sauerstoff, gegen jede Form von Nationalismus und für die Kleinexpedition. Was Sie sich allerdings am Kangchendzönga geleistet haben, fand nicht meine Bewunderung. Viel zu gefährlich! Ich hätte Ihnen von der Hängegletscherroute in der Nordwand abgeraten. So wie ich unseren Bara Sahib gewarnt habe. Aber erst als einer unserer Sherpas tot war, sah dieser Sturkopf Dyhrenfurth ein, daß wir zu weit gegangen waren. Gilt der Herr Professor heute noch als der Himalaja-Papst? Auch für Ihre Nordpolexpedition kann ich mich nicht begeistern. Klingt wie bei Dyhrenfurth, der den dritten Pol nur erfand, weil er für Süd- und Nordpol zu spät gekommen war. Treten Sie endlich heraus aus der Kolonne der Zuspätgekommenen. Machen Sie es wie ich. Schreiben Sie Bücher, folgen Sie den Grenzgängern im Geiste und dem Yeti, wenn er keine Halluzination gewesen ist. Zwischendurch machen Sie sich's in Ihrer Burg in den Alpen gemütlich. Man kann zwar auch auf der Haustreppe verunglücken, aber ein Beinbruch im Nortoncouloir wäre schlimmer gewesen.

Auch für die nächsten 25 Jahre keinen Halsbruch wünscht Ihnen
Ihr?«

Hochasien – der dritte Pol?

Ralf unterbrach, alle schauten auf mich, und ich antwortete schlagartig: »Frank Smythe.«

Der Historiker Ralf Peter Märtin schmunzelte zwar über meine schnelle Reaktion, verriet aber mit keiner Geste, ob er nur mein Geschichtswissen die drei Pole betreffend prüfen wollte oder meine Expeditionen als Krankengeschichte vorzutragen gedachte. Frank Smythe war dreimal beim Versuch gescheitert, den höchsten Berg der Welt zu besteigen – und trotzdem, als Don Quichotte des Eises gefiel er mir besser als alle anderen Höhenbergsteiger.

»Weiter!« forderte der Mediziner Professor Oelz, der mit zunehmendem Alter den Schwung seines Handelns verstärkt hatte und nie genug hören konnte von Einzelgängerei, Entdecker- und Ausbrechertum. Daß er mit seiner Vorliebe für diese neurotischen Existenzen und seinem hemmungslosen Tatendrang Störungen im eigenen Gleichgewicht preisgab, beschämte ihn nicht.

»Dear Mr. Messner«, begann Ralf seinen dritten Brief. »Wir haben einiges miteinander gemein, weshalb ich Sie bitte, meine Glückwünsche sowohl zu Ihrem 50. Geburtstag als auch für Ihre geplante Expedition freundlich entgegenzunehmen.

Äußerlich verbindet uns die gleiche Augenfarbe und der Spaß am Skifahren, charakterlich neigen wir beide zur Vorsicht. Die genaue Kenntnis der Gefahren, in die wir uns begeben, verhindert trotzdem nicht, daß wir Fehler machen. Unsere Unternehmungen haben wir beide äußerst sorgfältig und umsichtig vorbereitet. Dies verbürgt ihren Erfolg, wenn man uns auch Pedanten schimpft.

Weder Sie hatten bei Ihrer Süd-Nord-Durchquerung Grönlands mit ernsthaften Schwierigkeiten zu kämpfen noch ich bei meiner von Ost nach West gerichteten. Be-

Frank Smythe

»Der Sinn des Werdens muß in jedem Augenblick erfüllt, erreicht, vollendet sein.«
FRIEDRICH NIETZSCHE

Fridtjof Nansen

»Ein Garnichts ohne Raum und Zeit ...«
EDGAR STEIGER
»Selbsterkenntnis«

Erschöpfte Eisfahrer

»Der zweite Schlitten rutscht zwischen Eisblöcke, unerreichbar für uns. Keine Panik und doch Panik.«
HUBERT MESSNER

merken darf ich allerdings, daß Ihr Material und Ihre Karten bei weitem besser waren als die meinen. Ich weiß es aber zu schätzen, daß Sie Ihre Nordpolexpedition genau 100 Jahre nach der meinigen planen, die mein Schiff so nah an den Pol führte, daß ich ihn zu Fuß zu erreichen hoffte, was, wie Sie wissen, leider nicht gelang.

Auch daß Sie sich, wie ich, eines zweiten Mannes bedienen wollen, zeigt, daß Sie von mir zu lernen verstehen. Eines freilich dürfte Ihnen schwerfallen, weswegen ich hoffe, daß wenigstens Ihr Bruder ein tüchtiger Schwimmer ist: Als uns vor Franz-Joseph-Land die Kajaks wegtrieben, während wir uns auf einer Eisscholle die Füße vertraten, sprang ich ins Wasser, schwamm ihnen nach und holte sie glücklich zurück. Aber wenn Sie sich keine derartigen Patzer leisten, bleibt Ihnen das Eintauchen ins kalte Naß erspart.

Dies und nochmals Glück wünscht Ihnen

Ihr?«

»Fridtjof Nansen« war die Antwort.

Nicht nur das Feingefühl meines Freundes Ralf, der meine drei Lieblingsfiguren aus der Polgeschichte mitgebracht hatte, auch die Begeisterung der Festgäste beschämte mich. Ihre Hochrufe kamen wie von verschiedenen Eisschollen. Ich war gerührt.

Saßen wir im Geiste alle auf derselben Scholle? Hatten Berg, Eiswüste und Polarmeer von uns Besitz ergriffen, bevor wir das Glas auf meinen eigenen Geburtstagswunsch erheben konnten, den Nordpol? Ja, ich hatte mir zum 50. den Nordpol gewünscht, meinen dritten Pol, hatte mir aber für die Eingleisigkeit in meinem Leben nicht nur Begeisterung erwartet.

Wieder einmal das Gefühl, daß Shackleton, Smythe, Nansen und die vielen anderen, die ihr Heil in den entlegensten Winkeln der Erde gesucht hatten, mit uns einem neuen Aufbruch entgegenfieberten. Nein, Hubert und ich würden im Frühling 1995 im nördlichen Polarmeer nicht allein sein, hinter den zerrissenen Eisbarrieren marschierten alle die Nie-zu-sich-Gekommenen, die nie mehr ganz in die zivilisierte Welt zurückfinden würden, geschweige denn sich in ihr zurechtfinden könnten. Niemand von uns kam völlig und für immer zurück.

Bevor wir aber auf Nimmerwiedersehen aufbrachen, narrten uns monatelang Ängste vor einem vorzeitigen Reisestopp, vor dem Bersten der Eiskruste unter uns oder dem Verlust unserer Schlitten. Erst mit den ersten Tritten über die dünne Packeisdecke, mit dem Grenzübertritt zwischen Zivilisation und Wildnis, begannen jene Erfahrungen, die alle Polfahrer gleichermaßen herbeigesehnt und gefürchtet hatten: In der ermüdenden Eintönigkeit von Anstrengung, Gefahr und Schwierigkeit werden alle Zeitenfolgen durcheinandergewirbelt und die Konturen der Außenwelt ins Alptraumartige verzerrt.

Zwei Tage lang schleppten wir unsere Hoffnungen durch Eiswelt und Leere, der Magnetnadel nach Norden folgend, ehe im Dunkel der Polarnacht unsere Welt unterging. Es war keine Zeit übrig zum Klagen und kein Raum für Selbstmitleid. Wie von den Eispressungen Hypnotisierte retteten wir uns von Packeisinsel zu Packeisinsel, Verfluchte auf der Flucht, Eben-erst-Aufgebrochene auf dem Rückzug, Untergehende auf dem Heimweg. Was war es, das uns aus Sicherheit und Behagen unserer Wohnung in diese Kälte und Öde gelockt hatte, was trieb uns jetzt von Eisscholle zu Eisscholle, vielleicht nie zurück zur heimischen Scholle? Für die Fehlersuche war es jetzt zu spät, für eine Fehlerkorrektur blieb zu wenig Spielraum. Der stille Schwur jetzt, nie mehr ohne Schiff aufs Polarmeer zurückzukehren, paßte zwar zur Erkenntnis, daß wir nur Bastler waren und keine Profis, sie reichte aber nicht zur endgültigen Selbstkritik, zum Verzicht.

Am nächsten Morgen lag hinter uns ein Trümmerfeld – nirgends sah die Welt je trostloser aus. Vor uns, nach Süden hin, dampfte am Eisrand das Meer. Wie ein beheiztes Schwimmbad im Winter.

Als uns ein russischer Hubschrauber vom Eis holte, glaubten wir uns von unserem geographischen Wahn geheilt. Die Arktis selbst korrigierte unsere Hybris. Es war uns nicht nur versagt geblieben, unser Ziel zu erreichen, wir waren, obwohl die Rückkehr geglückt war, so gründlich gescheitert, daß jeder weitere Versuch ausgeschlossen erschien.

Wie armselig aber auch immer der Mensch reagiert, wenn er dem Frost der Polarnacht und dem Druck der Eispressungen im Nordsturm ausgesetzt ist, so schnell vergißt er alle seine Vorsätze. So wie die Haut auf Verbrennen und Erfrieren mit ein und derselben Entzündung antwortet, reagieren wir auf jede Art von Entzug nur mit Sehnsucht. Daheim in den Städten wünschen wir uns hinaus und hinauf in die Wildnis, am Ende der Welt kreisen die Gedanken auch des Zivilisationshassers um menschliche Wärme.

Der Run zu den drei Polen muß nicht nur als Entwicklungsprozeß immer größerer Erfolge dank verbesserter Ausrüstung und veränderter Einstellung besser unterrichteter Akteure verstanden werden – er legt das Krankheitsbild, den Riß in der Psyche des seßhaft geborenen Menschen offen, der ein Nomade geblieben ist.

In jedem Jahrzehnt dieses Jahrhunderts füllte eine andere Sehnsucht das Nichts der drei Pole; jeder einzelne Mensch stellte sein eigenes Ideal auf den Gipfel; immer andere Wünsche verlegten wir auf immer fernere Eisschollen: imperialistische, sportliche, merkantile, mystische.

Es ging mir bei meinen Reisen schon lange nicht mehr um die Spielregeln, die Ethik oder die Art der Motivation – der Krankheit, ob Verkümmerung der Gefühle oder Allmachtsphantasie, galt meine Neugierde; der Sehnsucht, an der wir litten und auflebten; dem Glück, dem wir entliefen; und dem Anstatt-Glück, in dem viele von uns umgekommen sind.

Es bleibt gleichgültig, ob und wie viele Male ich mich selbst bei neuer Tatenlust ertappte, es ist genug, zu erzählen, was geschah.

Im Flugzeug vom sibirischen Chatanga nach St. Petersburg schon wurden wir schwach. Das Angebot, einen Monat nach dem Beinahe-Untergang in Polnähe abgesetzt zu werden, um Logistik und Ausrüstung zu testen, holte uns zurück auf die arktische Bühne. Hatten nicht auch alle anderen Matadore der Pole – diese Pedanten, Systematiker, Strategen – mit jeder Reise gelernt, aus Erfahrungsstückwerken ein Erfolgsrezept zu kitten?

Als Kreuzfahrer ins Nichts liefen wir Ende April mehr als 100 Kilometer weit übers Eis, um zu erkennen, daß wir mit unseren viel zu schweren Schlitten auch gescheitert wären, wenn wir nicht gleich am Anfang die Hälfte der Habe verloren hätten.

Auf der Heimreise vom Pol legten wir uns eine neue Strategie zurecht für einen zweiten Versuch. Dann fiel ich Ende Juli von der Burgmauer in Juval und abrupt aus all meinen Tagträumen.

Leben oder Tod entgegen?

In der Arktis gibt es reichlich Leben

Nach einem Abendessen mit Familie Jauch stand ich mit meinen beiden kleinen Kindern und meiner Frau vor der verriegelten Hoftür. Es regnete, und obwohl nicht spät, waren Gesar Simon und Magdalena müde.

Wir hatten das Tor zum Innenhof beim Verlassen der Burg nicht verschlossen, wie immer während der Sommermonate, wenn wir in Juval wohnen. Deshalb hatten wir auch keinen Schlüssel dabei.

Wer aber hatte abgeschlossen? Wir riefen. Niemand meldete sich. Also ging ich zum Baumannhaus, in dem unser Kastellan wohnt, der einen Schlüssel verwahrt. Paul schlief schon. Ich weckte ihn auf, und er meinte, daß sein Bruder, der zeitweise im Ostturm von Juval nächtigte, das Burgtor von innen abgesperrt hatte. Von außen war es schwierig, ihn aufzuwecken, weil wir keine Klingel haben.

Also fuhr ich zum Schloßwirt, am Fuße des Burgfelsens gelegen, wo mein Patensohn arbeitet, der auch einen Schlüssel zur Burg besitzt, seit er im Gesindehaus auf Juval wohnt.

Markus war nicht da. Wenige Minuten vorher war er zu einem Freund gerufen worden, der sich verletzt hatte.

Ich fuhr zurück zur Einsattelung unter der Burganlage, und ohne meine Frau Sabine zu informieren, stieg ich zum Nordtrakt der Burg empor, fest entschlossen, dort über die Ringmauer in den Innenhof zu klettern.

Ein Sturz im Himalaja wäre schlimmer gewesen

Die etwa sechs Meter hohe Mauer zwischen Bergfried und Ruine war nicht die leichteste Stelle, in den Innenhof zu steigen, aber die sicherste. Ich war dort schon oft darübergestiegen, allerdings nie nachts.

Ohne Probleme erreichte ich nach wenigen Minuten die Mauerbrüstung und begann mit dem Abstieg in der rechtwinkligen Verschneidung zwischen Bergfried und Umfriedungsmauer. Es war so dunkel, daß ich die Griffe und Tritte ertasten mußte, und als ich für den rechten Turnschuh ein mir geläufiges großes Loch in der Mauer nicht sofort fand, rutschte ich mit der rechten Hand aus einem regennassen Griff, stieß mich von der Wand ab und fiel, ohne sehen und reagieren zu können, mit dem rechten Fuß zuerst auf eine der darunterliegenden Gneisstufen.

Ein offener Trümmerbruch des rechten Fersenbeins war die Folge. Als ich anderntags nach einer ersten Operation aus der Bewußtlosigkeit erwachte, ärgerte ich mich maßlos über mich selbst. Bis zur Selbstzerfleischung. Über meine Dummheit, über so viel Unvorsichtigkeit, über das Mißgeschick.

Dann aber akzeptierte ich die Tatsache. Ich glaube nicht an Fügung oder Schicksal, und als Beobachter der Natur bin ich gewohnt, mit allen Wahrscheinlichkeiten zu rechnen. Mein Mauersturz hätte schlimmere Folgen haben können.

»Menschen stolpern nicht über Berge, sondern über Maulwurfshügel.«
KONFUZIUS

Obwohl ich meine Welt nie als berechenbar wie eine Maschine angesehen hatte, schien dieser Unfall durch eine Verkettung von Zufällen ausgelöst, die es nach den Gesetzen der Wahrscheinlichkeit gar nicht geben durfte. Viel mehr als das brechende Eis vor der Küste Sibiriens jagte mir das zertrümmerte Fersenbein einen nachhaltigen Schrecken ein, tat sich mit ihm der Abgrund des Unausweichlichen vor mir auf, das auch Schicksal genannt wird. Die Fassade meines Luftschlosses hatte plötzlich einen Riß.

Es ist ein Trugschluß, daß man sich lebendiger fühlt, wenn der Tod im nächsten Augenblick möglich erscheint, aber als gehunfähiger Patient war ich, ein Megalomane, der immer gegangen war, wohin er wollte, nicht nur lächerlich, ich war ohne Pol leer, hoffnungslos, ohne Perspektive. »Nie zurück in den Himalaja«, »Nie zurück in die Eis- wüste«, »Nie zurück ins Polarmeer«, hämmerte es in meinem Kopf, wenn ich nachts vor Schmerzen im hochgelagerten rechten Bein nicht schlafen konnte. Als ob allein an den Polen das Heil gewesen wäre. Ich hatte meinen Bruder in den Tod geführt, einige meiner besten Freunde im Himalaja verloren und selbst überlebt! Um als Krüppel zu resignieren? Nur wenn ich auch ohne die Realutopie einer nächsten Polexpedition weiterzuleben fähig war, konnte ich leben.

Nansen, der für den Südpol plötzlich zu alt geworden war; Smythe, der sich mit dem unbestiegenen Mount Everest abgefunden hatte; Shackleton, der bei seiner vierten Expedition in die Antarktis an Herzversagen gestorben war – sie alle waren doch mei- ne Freunde. Oder sollte ich mich umbringen wie Johansen, der als einer der erfa- rensten Polhelden zuerst im Norden, dann im Süden ausgebremst worden war?

Aber Peary, Robert E. Peary, hatte nie nachgegeben; er kehrte so lange in die Arktis zurück, bis er den Polerfolg melden konnte.

Allein am Gletscher

Die Himalaja-Kette

»›Der Kampf ums Dasein‹ – das be- zeichnet einen Ausnahme-Zustand. Die Regel ist vielmehr der Kampf um Macht, um ›Mehr‹ und ›Besser‹ und ›Schneller‹ und ›Öfter‹.«
FRIEDRICH NIETZSCHE

»Mehr als einmal«, bekannte er in seinem letzten Expeditionsbericht, »bin ich von den großen Eisgefilden zurückgekommen, zerschlagen und verbraucht und ver- spottet, zuweilen zum Krüppel gemacht, so daß ich mir selbst sagte, ich hätte meine letzte Reise hierher unternommen, begierig nach der Gesellschaft der Menschen, den Annehmlichkeiten der Zivilisation, dem Frieden und der Heiterkeit der Heimat. Aber es vergingen immer nur wenige Monate, bis das alte Gefühl ungeschwächt über mich kam. Die Zivilisation begann für mich ihren Reiz zu verlieren. Ich sehnte mich nach der großen weiten Wüste, den Kämpfen mit dem Eis und dem Sturm, der langen, lan- gen arktischen Nacht, dem langen, langen arktischen Tag, der Handvoll von selt- samen, aber treuen Eskimos, die jahrelang meine Freunde gewesen waren, dem Schweigen und der Unermeßlichkeit des großen, weißen, einsamen Nordens. Und ich

»Noth, seelische, leibliche, intellektuelle Noth ist an sich durchaus nicht vermögend, Nihilismus, d. h. die radikale Ablehnung von Werth, Sinn, Wünschbarkeit, hervorzubringen.«
FRIEDRICH NIETZSCHE

15

Frederick A. Cook

Nebensonnen

ging also zurück. Einmal nach dem anderen, bis zuletzt mein jahrelanger Traum Wirklichkeit wurde.«

Und wenn dieser Traum ein Traum geblieben wäre, unerreichbar der Pol, Peary nur kolportierte, dort gewesen zu sein, mehr dem Ruhme als dem Eis verfallen oder auch nur, um seinen deutschstämmigen Rivalen Cook zu verhöhnen, diesen Doktor Frederick A. Cook, der einfach behauptete, ein Jahr vor Peary am Pol gewesen zu sein?

»Die Eroberung dieses mythischen Punktes schien mir weder damals, noch scheint sie mir heute an sich etwas zu bedeuten; weder damals noch heute betrachte ich sie als eine Schatzkammer erheblicher wissenschaftlicher Geheimnisse. Das einzig Erstrebenswerte bei der Eroberung des Pols ist der Triumph, daß er zu erreichen ist, daß der Mensch durch die Denkkraft und die Zähigkeit seiner Muskeln die schrecklichsten Naturgewalten zu überwinden vermag, wenn er, trotz manchen Mißlingens, Mut und unerschrockene Ausdauer genug besitzt.«

Hatte mir nicht auch Peary zu meinem Geburtstag gratuliert? Ich ließ mir den Brief in die Klinik nach Bozen bringen, wo ich Mitte August ein zweites Mal operiert worden war.

»Dear Mr. Messner,
die überwiegende Mehrheit der Mitglieder unseres Clubs hat mich gebeten, diese Zeilen an Sie zu richten. Ich gratuliere Ihnen zum Geburtstag und wünsche Ihnen einen schnellen Marsch zum Pol.

In den vergangenen Jahrzehnten, und seit mein Rivale unter uns weilt, hatten wir öfter Gelegenheit, darüber zu diskutieren, ob denn der »Große Nagel«, wie ihn die Eskimos nennen, überhaupt von jemandem »by fair means« erreicht worden ist. Ich selbst habe ja überzeugend dargetan, daß jener Scharlatan, der seinen ärztlichen Berufsstand mit einer Lügengeschichte besudelte, dort keinesfalls gewesen sein kann. Was nun meine Person anbetrifft, räume ich ein, daß es scheint, als ob ich nicht nur die Eisdrift, sondern auch die Wahrscheinlichkeit gegen mich gehabt hätte. Aber immerhin war ganz Amerika glücklich darüber, daß einem alten Soldaten das Wagnis geglückt war, und 120 Kilometer mehr oder weniger – sehr geehrter Herr Messner, was ist das schon.

Lassen Sie die alte Geschichte auf sich beruhen und empfangen Sie zwei Ratschläge von einem Mann, der in weiter fortgeschrittenem Alter als Sie das Eis bezwang und dennoch heil zurückkehrte: Achten Sie auf Nebensonnen und -monde. Sie sind untrügliche Anzeichen des Herannahens eines Schneesturms. Und schöpfen Sie Mut und Zuversicht aus der alten Eskimoweisheit, die da lautet: Wer keine Zehen hat, kann sie auch nicht erfrieren.

Möge die Schloßfahne von Juval, das weiße Yak auf weißem Grund, bald am Nordpol wehen.
Stets Ihr
Robert E. Peary«

Unwillkürlich mußte ich lachen. Peary war 53 Jahre alt, als er behauptete, den Nordpol erreicht zu haben. Also hatte ich noch Zeit. 1996 mußte für einen zweiten Versuch ausfallen. Ich brauchte mindestens ein Jahr, um mich zu erholen, aber im Winter 1997/98? Mit 53 Jahren wie Peary? Ich war 33 Jahre alt gewesen wie Edmund

Hillary, der Erstbesteiger des Mount Everest, als ich den höchsten Berg der Erde erreichte; 45 wie Robert F. Scott, als ich am Südpol stand; der Nordpol paßte also noch in mein Leben.

Nach dem Mauersturz und dem Zusammenbruch vieler meiner Hoffnungen stellte sich die Frage nach meinem dritten Pol wieder neu. Also keine Trauer über verratene Ideen und verspielte Chancen mehr! Jenseits aller Ideologien und Rivalitäten wurde eine Sehnsucht wach nach endlosen Eisfeldern und erstem Morgenlicht. Die Zahlen stimmten wieder, ich mußte also ganz gesund werden. Diese Freiheit, wenn auch nur eine scheinbare, wählen zu können, mein Leben selbst planen zu können, faszinierte und belastete mich jetzt gleichermaßen. Wie weit sind wir Herr unseres eigenen Lebens? Was ist Zufall, was Vorherbestimmung? So lag ich, gehunfähig wie ein Kind, ein paar Monate lang im Krankenbett und marschierte tagsüber und oft auch nachts im Geiste Richtung 90° Nord, 90° Süd oder stieg bis 8848 Meter über dem Meeresspiegel.

Die Rivalität Scott/Shackleton erlebte ich dabei und jene zwischen Nobile und Amundsen, der sich in seiner egozentrischen Verschlossenheit bei der Rettung der Nobile-Mannschaft selbst aus der Welt schaffte, um den selbstherrlichen Italiener zu demütigen. Oder vielleicht auch nur, um sich nach so viel Erfolg im äußersten Norden und Süden das Altern zu ersparen?

Sicher, mein Unfall war auch für mich eine Gelegenheit, endgültig aus Öde und Kälte und Einsamkeit auszusteigen und die Pole, die es so nur als immer andere Abgründe in meiner Seele gab, zu streichen. Aber dieses »Nie zurück« ertrug ich nicht. Noch nicht!

Mein Leben war weder mit dem Spieltrieb noch mit Arbeitswillen zu reglementieren und noch weniger mit Verzicht oder Ausrede. In ihm herrschte das erschreckend chaotische Gesetz einer verkehrten Welt, in der immer alles auf dem Kopf stand. Ich litt wie alle Polfahrer an der kranken Seele. Wenn wir daheim waren und fernsahen oder Bier tranken, waren wir Bürger. Aber der Traum vom Pol machte uns verrückt, so wie Peary und Cook verrückt waren. Die Presse hat jahrzehntelang von ihrem Wahn profitiert und bis heute keine Normen gefunden, um fair über die beiden zu berichten. Ganz einfach deshalb, weil Psychopathen mit Normen nichts anfangen können. Die Dialektik der Darstellung versagt in diesem Zusammenhang ebenso wie eine detaillierte Wiedergabe der zwei »Wahrheiten« oder »Lügengeschichten«.

Heute, da das Interesse an der Polkrankheit nachgelassen hat und immer mehr Menschen in einem immer komplizierteren Zusammenspiel von Technik und Verzicht Richtung Pole ziehen, ist eine Beurteilung noch schwieriger geworden. Mir erscheint es in diesem Zusammenhang unwichtig, wie viele Male etwas gelingt oder scheitert, wichtig allein ist, was dabei mit den Menschen passiert, die unterwegs sind. Ich will deshalb nicht nur aufzählen, was sich in diesem Jahrhundert an den drei Polen abgespielt hat, ich will klarmachen, was von Bedeutung war für die jeweilige Epoche und Geisteshaltung. Nicht die Summe aller Vorgänge am Südpol, im Himalaja und am Nordpol interessiert mich als eine Art Polgeschichte, sondern die Geschichte des einzelnen zwischen Heim- und Fernweh.

Robert E. Peary

»Mein ›Nie zurück‹ ist auch die Sorge, es nie mehr an einen Ort zu schaffen, von dem es kein Zurück mehr geben könnte.«
REINHOLD MESSNER

Seeschwalben

»Vieles erleben. vieles Vergangene dabei miterleben; vieles eigene und fremde Erleben als Einheit erleben: Dies macht die höchsten Menschen; ich nenne sie ›Summen‹.«
FRIEDRICH NIETZSCHE

Nirgendwo

100 Jahre Polgeschichte

In die Todeszone, aber ohne zu sterben

Wie Nansen zum Pol

1995 wollte ich zum Nordpol. Als gäbe es nichts Wichtigeres auf diesem meinem ganz privaten Globus. Genau 100 Jahre nachdem erstmals Menschen das antarktische Festland betreten hatten; 100 Jahre nach dem dramatischen Versuch der Norweger Nansen und Johansen, den Nordpol zu erreichen; 100 Jahre nach dem Verschwinden Mummerys am Nanga Parbat. 1995 also mußte mein dritter Pol Wirklichkeit werden. 1995, dieses Jahr hatte ich nicht nur gewählt, um an die »Fram«-Drift zu erinnern, eine der kühnsten und aufregendsten Reisen, die der Mensch je unternommen hat. Der meine Idee tragende Zeitpunkt, das Jahr 1895, schien mir generell ein Schlüsseldatum für die Poleroberung zu sein. Obwohl keiner der Wagemutigen damals sein Ziel erreichen konnte – der Norweger Carsten Borchgrevink stand nur am Rande eines Kontinents, von dessen Innerem er nichts wußte, mehr als 2000 Kilometer vom Südpol entfernt; Fridtjof Nansen kam, nachdem er sein driftendes Schiff »Fram« verlassen hatte, mit seinen Hundeschlitten auf dem Weg zum Nordpol so langsam voran, daß er den halsbrecherischen Rückzug über dasselbe Packeis antrat, über das er nur unter großen Anstrengungen und Gefahren vorwärtsgekommen war; Albert Frederick Mummery, vielleicht der beste Bergsteiger seiner Zeit, verschwand spurlos, nachdem er versucht hatte, den Achttausender Nanga Parbat zu besteigen. Es fehlte damals an Erfahrung, Wissen und Daten über die Enden der Welt. Die Ausrüstung war mehr als dürftig, wenn wir sie mit der unseren vergleichen.

Trotzdem frage ich mich, ob einer der drei, mit viel Glück vielleicht, zum Ziel hätte kommen können. Nansen vielleicht, wenn er nur bis zum Pol gemußt hätte. Aber wer hätte ihn dort holen können? Die Reise zum Pol, hin und zurück, wenn auch von der künstlichen Insel eines driftenden Schiffes im Eismeer startend, war 1895 unmöglich. Mummery hätte am Nanga Parbat die größte Chance gehabt, wenn er nur mehr über die sauerstoffarme Luft in der »Todeszone« gewußt hätte. Klettertechnisch war er den Schwierigkeiten in der Diamirflanke des Berges gewachsen, seine Ausdauer hätte für den Aufstieg gereicht. Aber wie wäre er ohne Absicherung vom Gipfel wieder heruntergekommen? Am weitesten weg lag der Pol für Borchgrevink. Undenkbar weit weg. 1895 war der Südpol unerreichbar für den Menschen.

Carsten Borchgrevink

Trotzdem, dieser Südpol sollte als erster erreicht werden. Und so wie Amundsen mit seinen Hundeschlitten – ohne Unterstützung aus der Luft – sollte es 100 Jahre lang niemand mehr schaffen, vom Meer zum Pol und wieder zurück zu kommen. Der Nordpol sollte nachweislich erst 1995, also erst 100 Jahre nach Nansen, erstmals aus eigener Kraft erreicht werden, die Achttausender im Himalaja und Karakorum, die im Mount Everest gipfeln, ein halbes Jahrhundert nach Mummerys Verschwinden.

Inzwischen sind die Achttausender alle und häufig bestiegen worden, am Südpol steht eine vom Flugzeug aus versorgte Forschungsstation, und bis zum Nordpol kann man im Luxusschiff reisen. Jahr für Jahr brechen sich mit Atomkraft angetriebene Eisbre-

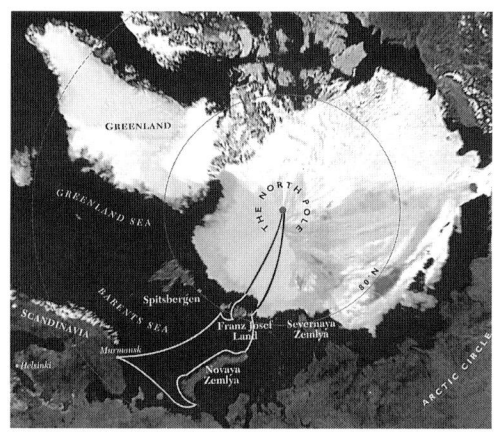
Touristen-Reiseroute zum Nordpol

cher eine Rinne durchs sommerliche Packeis – bis zum Pol. Wer nur zu den Polen will – Südpol, Mount Everest, Nordpol –, kann heute also eine Flug-, Trekking- oder Schiffsreise buchen und sich zum Ziel seiner Sehnsucht fliegen, führen oder fahren lassen. »Mit dem Eisbrecher zum Nordpol«, »Im Flugzeug zum Südpol«, »Mount Everest – der Traum ist das Ziel« sind Werbeslogans, die auf diese ungewöhnlichen Reisemöglichkeiten hinweisen sollen. »Auch im Zeitalter des intensiven Bergtourismus, Extremtrekkings und der Achttausender von der Stange hat das Erlebnis Berg nichts von seiner ursprünglichen Faszination verloren«, lügen die Werbetexter und verkaufen »abenteuerliche« Reisen wie »Zum Gipfel der Welt mit Familie und Freunden«, als wären Peary, Amundsen oder Hillary Reiseleiter. So verkauft sogar der angesehene Explorers Club in New York ein Programm zum Nordpol, das weder mit Forschung noch mit Abenteuer zu tun hat: Mit ein paar Zitaten von Fridtjof Nansen, George L. Mallory und Captain Scott, Schlagworten wie »Herausforderung«, »Wage das Unmögliche« oder »Auf den Spuren der Wikinger« wird die Vorstellung suggeriert, »die weißen Flecken auf der Landkarte« lägen immer noch draußen – im Polarmeer, auf dem Eis oder oben am Gipfel – und nicht in uns drinnen. Als hätte es diese

»Jetzt kann man buchstäblich ein Ticket für die Spitze des Mount Everest kaufen. Das ist kommerzialisiertes Bergsteigen. Und es ist zu einem Showbusiness geworden.«
JAMES ROBERTS

An der Schwelle zum Eismeer

Überlebenskampf

100 Jahre Wildnisvernichtung und die dazu gehörenden Weltreisenden – Vagabunden, Abenteurer, Seeräuber, Aussteiger, Piraten, Freibeuter, Schelme, Narren, Gauner, Banditen, Schwindler nicht gegeben. Als hätten diese Schausteller, die allesamt nur ihre Kirmes an den »Enden der Welt« veranstalteten, nichts zerstört außer ihr Leben. Der Zirkus um die äußersten Pole der Erde, gestern ausschließlich von den Akteuren selbst veranstaltet, wird jetzt von Reiseveranstaltern inszeniert, um teure Passagen dorthin zu verkaufen. Und Tausende bezahlen für den »Kampf um den Südpol«, den »Verlorenen Horizont«, den »Ruf des Nordens«. Auch weil sie glauben, auf dem Segelkutter von Ice Sail, im Flieger von Adventure Network oder am Seil des Bergführers zu erleben, was Cook, Amundsen oder Hillary erlebt haben.

Alle diese Slogans und die meisten Buchtitel sind nur noch Staffage zu einer Welt, die es nie gegeben hat. Die Ideale dazu, von Generation zu Generation neu besetzt, werden weiter bemüht, als gäbe es keine Schatten. Gleich vier Autoren haben »Von Pol zu Pol« geträumt. Um mit ihrem »Weißen Weg« ins »Heldenbuch der Arktis und Antarktis« zu kommen, hätten sie jeden »Wettlauf zum Pol« mitgemacht. Auch wenn sie dabei »Im ewigen Eis« hinter dem »Weißen Horizont« verschwunden wären. Wenn schon gestorben werden muß, soll wenigstens eine Mumie gefunden werden. Warum sollte »Ötzi« ein einmaliger Fund bleiben?

»Im Banne der Pole« waren Nord-, Süd- und Ostpol »Lockende Pole«, und der »Kampf um die Pole« mußte zum »Sturm auf den Pol« führen. Dem Nordpol folgte der Südpol. Also: »Auf zum Südpol!« »Wettlauf zum Südpol!« Die Folge: »Leben und Tod am Südpol.« Scotts Ende war zwingend. Denn »Roald Amundsen, der letzte Wikinger« war schon da gewesen.

»Der Kampf um den Nordpol«, »Im ewigen Eis«, nach 10 000 »Wochen auf den Eisschollen«, mußte wiederholt zur »Tragödie im Polareis« werden. »Die Eroberung des Nordpols« dauerte 300 Jahre und wirkt heute noch nach. Heute gilt gerade die Arktis als »Erdteil mit Zukunft«. Nirgends sonst verzeichnet der Tourismus so hohe Zuwachsraten.

»Das Eismeer ruft« immer noch. »Ultima Thule« reicht, um die Preise höherzutreiben. Aber »Geister und Dämonen« leben »Im höchsten Nepal«. Ist »Der weiße Weg« »Im offenen Polarmeer« nichts als »Die weiße Wüste«? »Bis an den Nordpol« kann man heute fliegen! Aber die »Gipfel über den Wolken«, »Zwischen Kantsch und Tibet«, entfachen wieder einmal ein »Wetterleuchten im Osten«. Eine »Fahrt zum Himalaja«, dem »Weg der weißen Wolken« folgend, »Nepal – Schritt für Schritt«, »Um den Mount Everest«, bis »Auf das Dach der Welt« ist das höchste. Was ist der Kontinent, »Wo das Südlicht flammt«, gegen das »Land himmelhoher Berge«; was eine »Brautfahrt in die Arktis« gegen den »Einzelgänger im Himalaja«?

»Auf Kundfahrt im Himalaja« ist man heute wieder. 50 Jahre nach dem »Ringen um den Nanga Parbat« gehen wir »Im Banne des Nanga Parbat« weiter, viel zu weit. Nicht nur *ein* Weg zum »Schicksalsberg« führt in die Katastrophe! »Zum dritten Pol« wollten die »Männer am Everest« damals, 1953. »Zum Gipfelsieg am Everest« wollen sie heute noch. »Das Buch vom Everest« bleibt also offen, für die Permits wie für den Touristenstrom. »Mit dem Frühling nordwärts« zieht er, und verstärkt Richtung »Land der tausend Gipfel«. Als sei der Himalaja »heiliger« als Süd- und Nordpol zugleich. »Gipfel ohne Götter« kann sich der Mensch ebensowenig vorstellen wie nichtexistente Pole. Also muß er dorthin. Ein »Abschied vom Himalaja« kommt nicht in Frage. Die Folgen sind verheerend. Denn »Der weiße Magnet« ist nicht mehr Fluchtpunkt in unserem Kopf, sondern Urlaubsziel, die Todeszone Experimentierfeld zur Hebung des Adrenalinspiegels.

Hoffnungslosigkeit

Der dritte Pol

Angefangen hat der Run zu den Polen anders, ganz anders. Die Griechen schon hatten dem äußersten Norden der Erde eine besondere Anziehungskraft zugeschrieben und den gegenüberliegenden Pol als Südpol postuliert. Aber hingegangen war niemand. Erst Alexander der Große war mit seinen 40 000 Soldaten über das Hochland von Kleinasien und das Hindukuschgebirge bis zum Himalaja vorgedrungen, wo man ein weiteres Ende der Welt vermutete. Mehr als 2000 Jahre später erst begann die Eroberung. Nachdem Süd- und Nordpol, obwohl nur Erfindungen der Geographen, als Fluchtpunkte von ein paar fanatischen Heimatsehnsuchtsverrätern erreicht worden waren – wirklich oder angeblich? –, erfand die nachrückende Generation von eroberungssüchtigen Fernwehvernichtern den »dritten Pol«. Der Dramatiker Arnolt Bronnen formulierte den »Ostpol«.

Alexander kann nur König werden über den Mord an seinem Vater, durch seine Zielsetzung erzwingt er sich zudem Eingang in eine vorher unerreichbare Welt. Wie der Expeditionsbergsteiger am Beginn des Jahrhunderts, der alles über Bord wirft außer sich selbst, ist er getragen von Aufbruchswillen, Kampf, Eroberungsbewußtsein. Nichts sonst trägt ihn, nichts hält ihn zurück.

Träger auf dem Hispargletscher

Die östliche Himalaja-Kette

»Nordpol, Südpol sind vergessen.
Hier ist noch eine Sache von Wert.
Eine teure Sache, aber mit der Haut
einer Jungfrau.«
ARNOLT BRONNEN
»Ostpolzug«

»In weiterem Sinne meine ich
damit die höchsten Berge der Erde
überhaupt, die ›Achttausender‹ im
Himalaja und Karakorum.«
GÜNTER OSKAR DYHRENFURTH
»Zum dritten Pol«

Ähnliches gilt für den »dritten Pol«. Der Mount Everest ist Surrogat. Wie der Nordpol, wie der Südpol eine erfundene Aufgabe, reißt er den Menschen heraus aus seiner Alltäglichkeit. Im Heroismus der Eroberung von Südpol, Mount Everest und Nordpol fließen also antikes und modernes Heldentum zusammen. Jenseits aller Nützlichkeit und über alle Blessuren und Schrammen hinweg hat der Erfolgswillen des kühnen, vor nichts zurückschreckenden Tatmenschen Bestand, der über die letzte Grenze der menschlichen Möglichkeit hinausgelangt. Damit füllt der Pol-Ritter die äußersten Ränder der Welt mit Sinn und bricht immer wieder auf: nach Norden, nach Süden, nach oben. Gerüstet mit Sextant, Sauerstoffgerät und Hundeschlitten erobert er die geheimnisvollsten Winkel der Erde. Für eine Menschheit, die diese Enden nicht braucht. Obwohl er kein Krieger ist – er setzt sich nur mit sich selbst und mit seinem inneren Erleben auseinander –, hat er Gegenspieler: alle, die sein Ziel erreichen wollen.

Vermessungsarbeit

Die »Fram« leistete zwar noch wissenschaftliche Aufklärungsarbeit, mit Nansen aber begann das Jahrhundert der sportlichen Rekorde: farest north; immer weiter nach Süden; immer höher hinauf. Dieses Streben, Nansens Geist, war zwar schon vor Nansen da, aber seine Triumphe im Eis, jenseits aller realen Möglichkeiten, steigerten das Polarfieber. Das »Immer weiter« wurde zum Rausch, über Sieg und Untergang hinweg, bis zum Delirium. Unterwegssein zum Pol war alles. »Weiter!«

Dieser Wahlspruch, von Generation zu Generation vererbt, gaukelt den Menschen heute noch Allmacht vor. Und Befreiung: Befreiung von Hemmungen, Zwängen, Traditionen. Als löse das Nutzlose nichts als Aktionismus aus und die Verzweiflung am Sinnlosen der Welt ein zielloses Rasen, das keine Zeit hat, Zeit zu verlieren. Die Wachstumsspirale des Höher, Weiter, Tiefer muß als Raum-Zeit-Labyrinth verstanden werden, aus dem es kein Zurück mehr gibt. Und dieses »Nie zurück« bedeutet Verlust an Perspektive, Orientierung, Maß. Die Steigerung an sich, entsprungen aus den sich selbst fühlenden Kräften, ist die Geste des Bergsteigers geblieben. Er erreicht die Spitze des Mount Everest, aber kein Genug. Dieser unser Wahn ist bald hundert Jahre alt. Auch an den beiden anderen Polen folgte der Eroberung die technische Spitzenleistung und zuletzt der Verzicht. Nein, nicht der Verzicht auf den ganzen Unfug, nur das sukzessive Weglassen von Ballast, um noch weiter zu kommen. Mit immer weniger und immer besserer Ausrüstung gestikulieren wir immer noch an den Enden der Welt. Weil Anspruch und Ziel dabei in der Ferne verschwimmen, sind Amerikanismen nicht selten und alle Rekorde meist Bluff.

Die »Fram« im Eis

Als ich in den Alpen erwachsen geworden war, folgte ich dem »dritten Pol« Dyhrenfurths in den Himalaja. Mit Lodenhosen und dreischichtigen Lederschuhen, die auch als Kopfkissen benutzbar waren, durchstieg ich, 25jährig, die Rupalwand am Nanga Parbat und zwei Jahre später die Manaslu-Südwand. Jahr für Jahr drehte ich dann eine Runde auf dem Dach der Welt und 1975 allen Methoden den Rücken. Nachdem ich einen kleinen Achttausender mit einem Minimum an Hilfen und Helfern bestiegen hatte, verführte auch mich der Größenwahn. Meine Seele war jetzt empfänglich für die höchste Höhe wie Jahre vorher für die größtmögliche Schwierigkeit. Bevor mich die Jahre auffraßen, wollte ich auf den Mount Everest, und obwohl es alle für unmöglich hielten, ohne Sauerstoffgerät. Das war die Spitze, von der ich träumte. Ob ich dabei sterben würde, wie Physiologen prophezeiten, interessierte mich nicht. Mir haben Prophezeiungen nie imponiert. Selbst Symbole beeindruckten mich nicht. Ich hatte nicht nur Lust, in Richtung Pol aufzubrechen, mein Ziel war dieser Pol. Mein Pol. Ich war lebendiger, solange ich ging oder stieg, und beschäftigungslos konnte ich später einmal werden. Es war nicht nur die Liebe zur Sache, es war auch die Sache ohne Sauerstoffmaske, die mich bis zum Gipfel trieb, 8848 Meter hoch, die Nase noch einen Meter darüber.

Hidden Peak (Gasherbrum 1)

Obwohl die Hände halb erfroren waren und mein Blick getrübt von der ausbrechenden Schneeblindheit, stand ich gebeugt im Sturm und dokumentierte mit Foto- und Videokamera diesen unseren Triumph auf der Spitze der Welt. Über mir nur noch die schwarze Fläche des Himmels.

Wieder unten, träumte ich nicht gleich von der weißen Fläche am Südpol oder dem Eischaos am Nordpol. Nein, ich erfand den Mount Everest neu. Von Tibet aus wollte ich hinaufsteigen, und allein. Nicht etwa, weil sich mein Partner nach der ersten Expedition als Meister der Selbsterhöhung hervorgetan hatte, sondern weil Selbstgenügsamkeit meine Sache nie gewesen war. Mein Pol, um den sich all mein Sehnen, Tagträumen und Hoffen drehte, war ein anderer als bei der ersten Everest-Expedition; zwar wieder Fluchtpunkt in meinem Kopf, aber viel weiter weg.

Im Himalaja, noch mehr am Mount Everest, wo das Versagen des Körpers lebensgefährlich ist, war ein Alleingang viel riskanter als ein Aufstieg in der Gruppe. Er bedeutete die Übertretung aller Verhaltensmuster, die sich im Laufe von 200 Jahren Alpinistik als »sicheres Bergsteigen« etabliert hatten. Während der heutige Solo-Geher, der am Mount Everest meist im Gänsemarsch auf einem präparierten und markierten Weg steigt, die Vorteile der Großexpedition mit der Schnelligkeit des Alleingehers kombiniert und so größtmögliche Sicherheit erreicht, konnte ich – allein an den endlosen Flanken des Berges – den Gipfelgang nur wagen, wenn ich bereit war, von der Regel abzuweichen und die üblichen Sicherungsmaßnahmen zu vernachlässigen.

Mein Bergsteigen war von Anfang an auch Vergehen gewesen. Obwohl ich mir die vielen gutgemeinten Ratschläge selbstherrlicher »Expeditionsleiter« wie Dyhrenfurth oder Herrligkoffer angehört hatte, erfand ich meine Taktiken, immer wieder andere, bis die Ordnung ihres Höhenbergsteigens auf den Kopf gestellt war.

Und siehe da, dieser Mount Everest, mein Pol, ragte nicht mehr wie ein Berg nach oben, er ragte als Abgrund nach innen. Schon lange vor dem Aufbruch kamen die Ängste. Besonders nachts, wenn ich nichts tun und nicht schlafen konnte. Was ich voraussah, waren Schwierigkeiten, Gefahren, Abgründe. Die einzige Möglichkeit zwischen Durchkommen und Umkommen, zwischen Aufstieg und Absturz, zwischen Sinn und Wahnsinn erschien nicht als Lichtblick. Da war nur abgrundtiefe Angst. So hoch kann kein Berg aufragen, wie meine Selbstzweifel sich in meine Seele bohrten. Dazu kamen die schlimmsten Prophezeiungen über garantiert eintretendes Unglück.

Nur beim Anmarsch hatte ich nichts zu befürchten. Tibet, seit bald 30 Jahren von den Chinesen besetzt, war ein geordnetes Land: nächtliches Ausgehverbot in Lhasa, alle Brücken bewacht, die Gefängnisse überfüllt. Aber die Yak-Nomaden in den Bergen, meine Begleiter, befolgten eine andere Ordnung, eine Ordnung, die ausschloß, worauf die chinesische Zentralregierung ihren Herrschaftsanspruch in Tibet aufbaute: Menschenverachtung und Überheblichkeit gegenüber der Natur. Diese Tibeter schafften meine Ausrüstung bis in ein Basislager unter dem Nordsattel und dann ihr Leben und das ihrer Yaks über die pastellfarbenen Hügel am Fuße des Himalajas wieder davon.

Erst Mitte August kam der erwartete Monsun-Break und beim zweiten Versuch meine erste Chance. Der Schnee war nur oberflächlich hart, und so brach ich, nachts, knapp unterm Nordsattel durch eine Schneebrücke. Es wurde noch dunkler, während ich fiel, und ich fiel lange: Der erste Schreck machte mich leicht, sonst keine Zeit mehr für Gefühle. Ein Gebet noch, bevor ich im Schnee aufschlug. Ein letzter Rest

Der Blizzard

»Sich einordnen, leben wie der ›gemeine Mann‹ lebt, gut und recht halten, was er recht hält: Das ist die Unterwerfung unter den Herdeninstinkt.«
FRIEDRICH NIETZSCHE

von Gedanken jetzt, dann atemlose Stille zwischen zwei Eiswänden. Kein Ort, den ich sehen konnte. Ich gehörte nicht mehr zur Welt. Keine Angst, keine Panik, keine Trauer mehr – nur Endzeitstimmung.

Als die Stirnlampe meine Lage erhellte, erschien sie mir, als ob sie nicht nur provisorisch wäre. Alt konnte ich in meinem Eisspalt allerdings auch nicht werden. Nicht Hungern oder Verhungern, Frieren oder Erfrieren waren die Alternativen, sondern das Leben riskieren oder das Leben lassen. Ohne Seil und Eisschrauben waren die acht Meter überhängendes Eis nicht hochzukommen. Die A-Spalte, in die ich gestürzt war, klaffte unten mehr als zwei Meter breit, zu breit zum Spreizen.

Also wehrte ich mich gegen den Zufall meiner Lage, indem ich langsam in den Eingeweiden des Gletschers vorwärtskroch: über Schneebrücken balancierend, an Rampen aufwärts kletternd, gehend. Was ich tat, war gefährlich, lebensgefährlich. Ob ich aber mehr oder weniger starb, zählte jetzt nicht. Es zählte nur noch das Glück, das ohne dieses Tun nicht zu haben war. Ich war zu weit weg von der belebten Erde, niemand sah oder hörte mich. Nichts zu hören als mein Herzklopfen. Nichts zu sehen als Eis und Schnee im schwachen Lichtkegel einer Stirnlampe. Unsichtbar für den Rest der Welt, meine Stimme tonlos, atmete ich den Abgrund über mir und unter mir. Eis und Schnee bewegten sich nach unten, wie meine Gedanken, die nur noch »zurück« denken konnten.

Wenn mein Schicksal nicht steckenblieb zwischen grünlichen Eiswänden, in schwarzen Löchern, unter glitzerndem Schneestaub, wollte ich aufgeben; nichts wie zurück ins Tal und nach Hause. Ich betete nicht, bat nur um Aufschub. Und langsam, ganz langsam, auf Knien und Händen, ein zitterndes, hilfloses Tier, entkroch ich der eisigen Unterwelt. Die Bitte, nicht im Schnee zu ersaufen oder im Eis zu erfrieren, trieb mich an, machte mich leicht, holte mich an die Gletscheroberfläche und zurück zu meinem eisigen Ziel.

Statt abwärts zu gehen, wie ich wollte, stieg ich aufwärts, dem Everest-Gipfel entgegen, wie ich es mir im Vorausvollzug seit zwei Jahren täglich vorgestellt hatte. Ich konnte nicht anders.

Je höher ich kam, um so steiler wurde das Gelände. Um so leichter die Orientierung. Eine Landkarte brauchte ich nicht, auch wenn mir der Nebel am dritten Tag die Sicht raubte. Der Gipfel und der Fluchtpunkt im Kopf kamen zusammen, indem ich meinen Körper durch Rinnen, an Schneehängen entlang, über Steilstufen und Grate aufwärts schob, immerzu aufwärts. Mit der Höhe, der Steilheit und Anstrengung aber schrumpfte die Geschwindigkeit meines Vorankommens. Als hielte mich die erhöhte Schwerkraft unter dem massivsten Berggipfel der Erde zurück, bevor er sich in Nichtmaterie verlor.

Es war später Nachmittag, als ich den Gipfel erreichte. Viel zu spät. In meinem Kopf nur noch die Fluchtlinie zurück, der Abstiegsweg, wie ich ihn mir beim Aufstieg Stück für Stück eingeprägt hatte. Sonst nichts, auch keine Aussicht mehr.

Der höchste Gipfel, der kühnste meiner Tagträume, war mein Ort nicht. Von Genugtuung keine Spur, auch die Erleuchtung blieb aus. Das Ankommen entsprach nicht dem Ziel. Der höchste Berg der Erde war jetzt nichts als ein Punkt, ein Umkehrpunkt, der weder der Anstrengung noch den Fragen ein Ende setzte. Nichts wie zurück in die Tiefe, von der ich nicht losgekommen war.

Ich blieb nur für die Rast, weiter weg denn je von den Menschen.

»Wer sich im Gebirge verklettert hat, muß sich vor allem hüten, die Gefahr seiner Lage nicht für größer zu halten, als sie ist!«
FRIEDRICH NIETZSCHE

Im Everest-Eisbruch

Aber was passierte dann? Das Ziel erreicht, das Bergsteigen auf die Spitze getrieben, die Achttausenderexpeditionen zur Routine geworden. Es war zu spät, eine wissenschaftliche Karriere zu beginnen, wie sie meine Freunde Professor Oswald Oelz als Arzt und Professor Raimund Margreiter als Chirurg neben ihrer Grenzgängerei angefangen hatten. Beide kannte ich seit mehr als 25 Jahren. Ich bewunderte sie mehr als alle Bergsteiger. Auch John Roskelly gefiel mir, der erfolgreichste amerikanische Bergsteiger meiner Generation, der in die Politik gewechselt war, als die Berge alle Fremdheit für ihn verloren hatten. Für die Politik war ich nicht gemacht, und die Tiefe wurde zu flach. So entstand die Weite als Ziel, der Südpol im Kopf. Die Fluchtlinien weiß. Zehn Jahre lang zurrten sie mich fest.

Nirgendwo gibt es einen so schön-grausigen Ort wie den Südpol. Über keinen Kontinent gibt es spannendere Reiseberichte als über die Antarktis. Aber waren Licht und Weite und Stille dort wirklich intensiver als anderswo? Auch wenn mein Wunsch, über den Eiskontinent zu laufen, gekoppelt war mit der Vorstellung, ein paar Monate lang zu frieren, besonders schlecht zu essen und mich zu schinden bis zum Muskelschwund, es blieb mir zuletzt nichts als der Pol, die Antarktis als Droge. Wie vorher zum Mount Everest, mußte ich jetzt zum Südpol und weiter, über ihn hinaus.

Dieses Weiter war es, das Weiter nach dem Pol, das den Unterschied ausmachte zwischen einer Bergexpedition und der geplanten Polreise. Vom Gipfel auch des höchsten Berges gab es nur ein Abwärts, ein Zurück, und dieser Abstieg war immer leichter als der Aufstieg. Viel leichter! Am Südpol aber würde die Reise weitergehen. Auch wenn ich den Hinweg wieder zurückgegangen wäre, es wäre ein Weiter gewesen: anstrengender, gefährlicher, weiter.

Eine Südpolexpedition in den Achtzigern war teuer, es fehlte an Vorgaben und Sponsoren. Das schwierigste war, in die Antarktis zu kommen. Aber alle logistischen Probleme ließen sich lösen. Der Partner meiner Wahl übernahm die Navigation, die ich nicht beherrschte, und überließ mir dafür die gesamte Finanzierung. Zum Glück gab es ein paar Visionäre, die auf mich setzten, und genug Neugierige, die mich am Südpol gern scheitern gesehen hätten. Das mögliche Umkommen hatte auch einen Wert. Also verkaufte ich meinen Tod, nachdem das Überleben zu meinem Motto und selbstverständlich geworden war, und ließ mir die Lust am Risiko vorausfinanzieren. Um dann so weit zu kommen, mein Leben ohne Zaungäste riskieren zu können, mußte ich viele Angsthürden überspringen.

Wieder wuchsen die Zweifel vor der Abreise. Wie immer Angst vor der Angst im Vorfeld der Expedition. Mit der Vorstellung der Größe der Antarktis dehnte sich auch die Todesangst: so groß wie ein Kontinent und weißkalt wie das Jenseits. Trotzdem blieb der Wunsch, älter zu sein und so den Alpträumen durch Verzicht zu entrinnen, kleiner als die Lust zur Tat.

Wir landeten spät auf dem Eis und schlichen anfangs so langsam nach Süden, daß ein Ende der Reise überhaupt nicht abzusehen war. Nirgends ein Hintergrund, lange keine Hoffnung durchzukommen. Mein Partner, der Seemann Arved Fuchs, der im Mai desselben Jahres am Nordpol gewesen und anschließend von dort ausgeflogen worden war, verwandelte den Südpol in einen Berggipfel und wollte nur noch dorthin. Was er vorschlug, war Etikettenschwindel, und ich manipulierte ihn für mein Ziel. Mit der lächerlichen Rekordaussicht »Zu Fuß zum zweiten Pol innerhalb eines Jahres« trieb ich ihn an.

In der Winternacht

Horizontale Welt mit Tücken

Er gab nach, vielleicht, weil er wie die meisten Menschen mehr Anerkennung als Selbstachtung braucht. Mein Gott heißt Kreativität. Ich brauche Ideen. Und weil die Antarktis-Überquerung via Südpol meine Idee war, die ich von Shackleton geklaut hatte, konnte unsere Reise nicht am Südpol zu Ende sein. Also gingen wir weiter. Ausfliegen kam für mich nicht in Frage. Es hätte auch unser Zusammensein vorzeitig zerstört. Also blieben wir beieinander und gingen bis zur Erschöpfung. Wille, Herzmuskeln und Sehnen funktionierten unter anderem dank der monatelangen Anspannung. Wir litten unter der Kälte, wurden schwächer, magerten ab. Um nach Hause zu kommen, brauchten wir nur noch unsere Knochen. Alle Schwüre – nie zurück aufs Eis – halfen jetzt nichts. Unsere Meinungen, jedem die seine, stifteten nicht einmal Unfrieden. Die Überzeugung, im Recht zu sein, war schwächer als der Glaube durchzukommen. Am weitesten trug die Hoffnung, irgendwann anzukommen, trotz allem. So lächerlich unser Vorankommen oft auch war, Arved fügte sich meinem Vorwärtsdrängen, das erst am Meer enden sollte. Denn was mich vor mir selbst lächerlich macht, war noch nicht erfunden.

Noch nicht ganz angekommen, aber am Ende, begann ein neuer Fluchtpunkt als Ziel zu leuchten am anderen Ende der Welt: der Nordpol, der unerreichte, als Ende meiner Sehnsucht, mein dritter Pol. Erneut begann eine Reise als Wahnsinn im Kopf. Und wieder, obwohl ich nicht ganz an die Erfüllung glauben konnte, der Anfang von Furcht und das Wissen um Aus und Ende.

Zum Nordpol wollte ich mit minimaler Ausrüstung, mit weniger denn je, und wieder darüber hinaus. Als könnten wir uns nur durch stetige Gewichtsreduktion – im Felsklettern durch Abnahme des Körpergewichts bis zur Magersucht, bei Horizontalreisen durch Ausrüstungsverzicht – weiterbewegen, verzichtete ich auf Funk, Hunde und Verstand; auch auf jede Unterstützung aus der Luft. Als ob der Mensch, der nie ganz ausgerüstet war, je ganz abrüsten könnte.

Den Nordpol schenkt dir niemand, und so bot er sich zu meinem 50. Geburtstag selbst an: Von Sibirien zum Pol wollte ich und weiter nach Kanada. Und alles zu Fuß. Als wäre das Herz der Arktis nicht auch im Schiff oder Flugzeug zu erreichen.

Mein Partner sollte Arzt sein. Navigieren konnte ich inzwischen selbst, aber mit 50 langsamer und ungeschickter als mit 30, vertraute ich auf die Medizin und weiter auf das Glück. Sie sollten mich so lange am Leben erhalten, bis ich mein endgültiges Scheitern einsehen konnte.

Mein Bruder Hubert – Surfer, Langläufer, Bergsteiger und Arzt – sah sich dieser Rolle gewachsen. Also taten wir uns zusammen, durchquerten Grönland der Länge nach und bereiteten uns auf den Pol vor. Jeder auf seinen.

Innerhalb von zwölf Wochen wollten wir vom russischen Severnaja Semlja bis Cape Columbia in Kanada marschieren, das Ganze »unsupported«, das heißt ohne Hilfe aus der Luft. Keine Expedition, die bis 1995 zum Pol gekommen war – seit 1968 etwa 30 – hatte dies geschafft. Sie hatten sich entweder aus der Luft versorgt oder am Pol ausfliegen lassen.

Wo alle anderen gescheitert waren, an der Arktis-Überquerung »by fair means«, hofften wir durchzukommen. Trotzdem hatten wir keine Lust, uns dabei das Genick zu brechen. Die letzte Chance war scheitern.

Bedingt durch den frühen Aufbruch, rechneten wir mit extrem tiefen Temperaturen, schlechten Lichtverhältnissen und streunenden Eisbären, die um diese Zeit hungrig

Auf dünnem Eis

Unterwegs zum Pol

»Wer den Nordpol als erster
erreicht hat? Es ist egal. Beide
waren großartige Männer.«
WALLY HERBERT

Nordwärts durch das Schneetreiben

»Ich habe mich oft gewundert über
das weiße, ewige Blendwerk, mit
dem die Arktis ihren Zauber um die
Menschen webt. Ich kenne auf
Erden nichts, was so befremdend,
so wunderbar und zugleich so
schwermütig wirkt.«
FREDERICK ALBERT COOK

aus ihrem Winterschlaf erwachen. Das eigentliche Problem aber war das Packeis, dessen Stärke zwischen zwei Zentimetern und fünf Metern variiert und, bedingt durch Wind und Strömung, zu einem Chaos aus Eisplatten und kilometerbreiten Kanälen werden konnte. Dazwischen meterhohe Eisbarrieren.

Die Länge der Strecke – 2000 Kilometer – und das Gewicht des Proviants ergaben ein Verhältnis zwischen Gewicht und Zeit, das auch von unserer Gehgeschwindigkeit abhängen sollte. Die Zeit war in jedem Fall gegen uns. Wir mußten das kanadische Festland erreichen, bevor die sommerliche Tauperiode das Eis im küstennahen Polarmeer schmolz und ein Vorankommen unmöglich machte.

Die Welt, die mich jetzt beschäftigte – mehr als alles andere auf der Welt – war nicht der Pol selbst oder wenigstens nicht der Pol allein, es war das zerbrechliche, vielerorts aufgeworfene Packeis im arktischen Ozean, das den äußersten Norden unserer Erde symbolisiert. Was wußte ich über die Arktis? In Grönland und Alaska war ich gewesen. Ich hatte erlebt, am Gipfel des Mount McKinley stehend, wie die Sonne wenige Augenblicke lang unter einem violetten Himmel am Horizont verschwunden war, um verfärbt gleich wieder aufzutauchen: als heller, kalter Feuerball. Wie neu erschaffen. Diese Mitternachtssonne, eine bleibende Erinnerung, verlegte ich ins Polarmeer, und mit ihr Wärme, Zuversicht, Hoffnung.

In meiner Bibliothek stapelten sich immer mehr Arktisbücher: von Franklin bis Ousland. Robert E. Pearys »Die Entdeckung des Nordpols« erschien mir zunehmend unglaubhaft. Aber ob der besessene Amerikaner 1909 mit seiner Hundemeute wirklich am Pol gewesen war oder nicht, blieb unwichtig, auch wenn Wally Herbert, der erfahrenste Arktis-Mann, versuchte, das Gegenteil zu beweisen. Genau betrachtet hatte schon Fridtjof Nansen – im Rahmen seiner »Fram«-Drift den Nordpol verfehlend – gezeigt, daß Pearys Konzept nicht aufgehen konnte. Nansens revolutionäre Reise, die mehr als drei Jahre gedauert hatte, blieb für mich das kühnste Unternehmen in der Arktis. Bis heute. Drei Jahre lang Angst, Kälte, Finsternis. Trotzdem, Nansen und seine Mannschaft brachte das Eis oft zur Verzweiflung, nicht aber bis zum Pol.

Ich las jetzt viel. Am liebsten in den Berichten der norwegischen Polarexpedition an Bord der »Fram«. Wenn ich in Nansens »In Nacht und Eis« las, schlichen sich nachts Bilder des Schreckens in meine Träume. Und oft, wenn mich die Alpträume mitten in der Nacht hochschrecken ließen, konnte ich nicht wieder einschlafen. In diesen Stunden wollte ich nur noch daheim bleiben. Am nächsten Morgen aber unter der kalten Dusche oder spätestens beim obligaten Trainingslauf tagträumte ich vom Pol, vom Weiter. Trotz arktischer Nacht, Nordlicht, der Risse im Eis, die ich mir vorzustellen versuchte.

Ja, die Arktis um den Nordpol war eine äußerst zerbrechliche Welt. Alles Leben dort war gefährdet. Vor allem aber das unsere, weil wir auf jeden Schutz verzichten wollten. Wir waren dort völlig überflüssig, und doch mußten wir hin. Expedition für Expedition gegen die eigene Überflüssigkeit anzukämpfen ohne jeden Überfluß war zu meiner Sucht geworden.

Wo alles in Bewegung blieb, war alles vergänglich. Vielleicht machte dies den anderen Teil der geheimen Ausstrahlung aus, die dieser menschenfeindlichsten aller Gegenden innewohnte. Wenn alles fließt – das Eis überm Abgrund, das Polarmeer darunter, der Treibschnee darüber –, bist du auch beim Rasten in Bewegung. Sein und Bewußtsein bekommen dabei eine zusätzliche Dimension. Die Eisdrift – unberechenbar und chaotisch – bestimmt alles. Schicksal wird so greifbar, hörbar, sichtbar. Gedanken und Gefühle werden anders miteinander gekoppelt als im alltäglichen Leben. Einmal unterwegs, gibt es kein Zurück, das Eis treibt dich, trägt dich mit sich.

Die Stöße der Eisplatten gegeneinander sind nicht nur bedrohlich, sie lassen dich die enge Verknüpfung von Körper und Geist spüren. Immer wieder. Caspar David Friedrich hat einen solchen Augenblick für immer eingefroren. Sein Bild – nur übereinandergetürmtes Packeis – jagt mir zwar kalte Schauer über den Rücken, aber es trifft nur meine Empfindungen. Anders das Unterwegssein unter Lebensgefahr. Als wäre die Trennung von Geist und Körper dabei aufgehoben, atmet die Seele durch jede Pore, die Augen, die Nase, die Ohren: Kälte, Gefahr und Leben vor allem. Und wie oft schon blieben alle verschollen? Trotzdem hockten immer wieder irgendwo in einer warmen Stube ein paar Unbelehrbare zusammen und heckten die abenteuerlichsten Streiche aus: im Skidoo zum Nordpol, auf dem Mountainbike oder mit Hundeschlitten. War ihr Gehirn nicht intakt oder ihr Gefühlsbarometer außer Kontrolle?

In der Nordwestpassage

Sicher, in diesem Jahrhundert ist der Mensch meist als »Maschinenmensch« und oft unzimperlich in die Arktis eingedrungen: ob im atomkraftgetriebenen Eisbrecher zum Pol oder im dieselgetriebenen Kutter um das eisbedeckte Polarmeer. Aber die Technik des Vorankommens sagt wenig aus über die Gefühle der Menschen: Glück, Wut, Traurigkeit, Furcht, Ekel, Hoffnung. Auch die meisten Schlittenexpeditionen sind mit Hilfe von Maschinen gereist. Hubschrauber, Flugzeug und U-Boot haben die Fußmärsche erst möglich gemacht und damit das Polfieber verbreitet wie eine ansteckende Krankheit.

Wer bis 1995 zu Fuß zum Nordpol lief, hat sich aus der Luft versorgen oder wenigstens vom Pol ausfliegen lassen. Mit dieser Taktik hat der Franzose Jean-Louis Etienne den Pol im Alleingang ebenso erreicht wie der Japaner Naomi Uemura, der zusätzlich nur seine Hunde dabeihatte. Lauter moderne Abenteuer! Die beiden Norweger Erling Kagge und Børge Ousland marschierten 1990 erstmals »unsupported« bis zum Nordpol, ein Marsch über »dünnes Eis«, an der Grenze des Menschenmöglichen. Ohne das Flugzeug am Ende für die Heimreise vom Pol wäre es ein Marsch ohne Wiederkehr gewesen.

V. Braiaski, R. Messner, W. Steger, H. Messner

1995, genau 100 Jahre nach Fridtjof Nansens historischem Vorstoß zum Nordpol, fieberten wieder einmal eine Handvoll dieser Unbelehrbaren ihren Glücksutopien entgegen. Lauter Polveteranen, die zufällig nicht umgekommen waren: Will Steger, der beide Pole mit Hundeschlitten erreicht hatte; er wollte diesmal ein sechsköpfiges Team von Sibirien über den Pol nach Kanada führen. Eine Gruppe Koreaner plante dasselbe, aber ohne Hundeschlitten. Der Japaner Mizuro Ohba brach zum zweiten Versuch auf, den Pol »unsupported« zu erreichen, und das Team Weber/Malakow, das den Nordpol zusammen schon ein halbes dutzendmal zu Fuß erreicht hatte, wollte hin und zurück: aus eigener Kraft von Ward Hunt Island in Kanada und dorthin zurück, ohne dabei je auf Unterstützung von Flugzeugen zu bauen.

Im schwierigen Eis

Wie mein Bruder Hubert und ich hatten alle anderen auch Angst. Die erfahrensten Packeiskenner vielleicht mehr noch als wir. Es ist nämlich nicht so, daß die Ängste mit der Erfahrung und den Jahren schwinden. Es ist vielmehr so wie beim Handwerk: Je besser man sich auskennt, um so mehr weiß man von dem, was man nicht kann, um Gefahren, Schwierigkeiten, die eigene Blindheit. Es wird von Erfolg zu Erfolg auch schwieriger, an den Erfolg zu glauben. Als ob unser Hirn, das im Dauerdialog mit unserem Körper steht, oft noch Jahre nach den Expeditionen mit unserem Verhalten spielt und wir aufbrechen müssen trotz Angst und Zweifel. Da tauchte plötzlich aus einer Bewegung oder dem Liebesakt eine ferne Erinnerung auf, und das Losgehen wurde zwingend. Diese Unruhe während der Vorbereitungszeit, die wir Langeweile nannten, nährte sich viel mehr aus uns selbst als aus Fragen über das Polarmeer. So alltäglich die Arktis geworden war, wir blieben das Rätsel. Und deshalb hielt sich die Angst vor der Kälte, den Eispressungen, der Polarnacht in uns aufrecht, obwohl wir nicht gezwungen wurden, dorthin zu gehen. Wir zwangen uns selbst dazu.

»Sobald wir uns Jemanden imaginieren, der verantwortlich ist dafür, daß wir so und so sind usw. (Gott, Natur), ihm also unsere Existenz, unser Glück und Elend als Absicht zulegen, verderben wir uns die Unschuld des Werdens. Wir haben dann Jemanden, der durch uns und mit uns etwas erreichen will.«
FRIEDRICH NIETZSCHE

Angst vor Eisbären? Ja!

Der transpolaren Strömung von Sibirien Richtung Grönland kam eine Schlüsselfunktion für das Klimageschehen der Erde zu, nicht aber für unser Vorankommen. So wie die verschmutzten Wasser aus den sibirischen Flüssen Lena und Chatanga, an denen riesige Industriesiedlungen lagen, quer über den arktischen Ozean in das europäische Nordmeer gespült wurden, konnten wir uns nicht treiben lassen. Die Drift dauerte zu lange und hätte uns nie zum Pol getragen. Also mußten wir die Ideallinie gehen, eine Schlangenlinie, die sich aus der Summe von Marschgeschwindigkeit, Eisdrift und unpassierbaren Hindernissen ergab. Das Leben war ja auch keine Gerade.

Wenn ich meine Nordpolexpedition in Sibirien begann, so vor allem auch aus Respekt vor den Leistungen der russischen Polarforschung. Zu den Pionieren der Arktis hatten neben Holländern, Norwegern, Schweden, Engländern und Amerikanern von Anfang an die Russen gehört. Seit dem elften Jahrhundert kannten sie das »Kalte Meer«, und es war Vitus Bering gewesen, der die Existenz einer nordöstlichen Durchfahrt bewiesen hatte.

Als Hubert und ich in Europa starteten, waren zwei Expeditionen schon unterwegs Richtung Nordpol. Richard Weber und Michail Malakow waren am 13. Februar von der winzigen Insel Ward Hunt im äußersten Norden von Kanada aufgebrochen. Sie kamen langsam, aber trotz Gegendrift stetig voran.

Glück hatte der Japaner Mizuro Ohba beim Start gehabt. Gutes Eis und günstige Drift hatten ihm einen großen Vorsprung gegeben.

Am 7. März gehen Hubert und ich in Cape Arctichesky aufs Eis, obwohl eine Fläche von 100 mal 50 Kilometern zwischen Küste und jahrhundertealtem Eis kurz vor dem Bersten ist. Wir wissen es nicht. Am ersten Tag kommen wir trotz Gegendrift gut voran. Am zweiten Tag, mit dem Nordsturm im Gesicht, kommen wir zwischen wandernden Eisbarrieren und viel offenem Wasser häufig in Bedrängnis. Es ist uns unheimlich zumute. Als liefen wir in unser Verderben.

Trotzdem gehen wir weiter. Wir zögern nicht. Als wäre »Nie zurück« unser Wahlspruch. Dieses unser »Vorwärts« trotz großer Gefahren und Schwierigkeiten entsprang keiner Heldenattitüde. Wir hatten diesen Weg selbst gewählt und gingen ihn, einmal unterwegs, unbeirrt weiter. Als wäre unser Tatendrang ein Allheilmittel gegen Angst und Zweifel. Ein solches Tun zeigt wirklich pathologische Züge. Als wäre die Tat selbst das Schwungrad, das uns all dieses unnütze Handeln weitertun ließ.

Die Schrecken des Eises

Einer wie ich kann scheitern, bevor er aufbricht; einmal draußen auf dem Eis, kann er nur noch untergehen. Wir kennen die Angst vor der Angst, aber nicht die Angst in der Gefahr. Die Ängste kommen daheim, die Gefahren unterwegs. Aber davor fürchten wir uns nicht. Auch weil der Glaube durchzukommen mit jedem Schritt wächst. Wir Grenzgänger leben unseren Tatendrang so hemmungslos aus, daß im Tun Zweifel erst gar nicht groß werden können.

Payer, Nansen, Peary, Amundsen, Herbert, Uemura: All diese Namen stehen für immer die gleichen Schrecken, Sehnsüchte, Verhaltensmuster, Hoffnungen – Entdeckertraum, Fernweh, Ängste, Sprengen von Begrenzungen durch die Tat. Es ist deshalb auch nicht so wichtig, wie weit sie kamen. Nur was sie dabei erlebten, zählt.

Wie für Hubert und mich. Die Welt vor uns wurde chaotischer mit jeder Meile, die wir weiter nach Norden kamen. Zurück schauten wir nicht. Nach jeder Wasserrinne, hinter jeder Eisbarriere blieben wir stehen, schauten nach links, nach vorne, nach rechts. Dann nahm die Magnetnadel vor meiner Brust wieder Witterung auf. Sie zeigte nicht genau nach Norden, aber weil ich das wußte, folgte ich der Richtung einer Zahl auf dem Kompaß, die zu einem irrationalen Punkt wies, zum Nordpol. Wir gingen in einer Schlangenlinie nach Norden und waren doch zur Eineisigkeit ins weiße Nichts verdammt, ohne uns ein Ende vorstellen zu können. Dieser mühevolle Marsch endete am Abend vor einer Eisbarriere.

Im Zelt war es anfangs ruhig. Plötzlich ein Knacken, eine Erschütterung, und es stand zwischen Millionen mahlender Eistrümmer. Dazwischen und darunter Wasser, darüber Nacht.

Keine Reue jetzt, weil wir nicht an Land geblieben waren. Sogar für die Flucht war es zu spät. Wir taten, was zu tun war. Ohne viel dabei zu denken. Wir zerrten Zelt und Schlitten weiter, von Eisscholle zu Eisscholle. Wir verschoben unser Leben aus den schlimmsten Eispressungen, aber nie in Sicherheit. Leben war jetzt nur noch Überleben, nichts als Keuchen, Frieren, Laufen, Schauen, Horchen. Wenn der Mensch kein Tier wäre, würde er zum Tier.

Mondlicht in der Arktis

Im April beginnt das Leben: Eiderenten

Zum Staunen blieben weder Energie noch Raum. Die Eisschollen – übereinandergeschichtete Eisplatten – wurden immer kleiner, die Barrieren um uns herum immer höher.

Am Morgen nach dem Scheitern – wir hatten einen Schlitten eingebüßt, das Argos-Gerät auf »Emergency« geschaltet und den Rückmarsch nach Süden angetreten – standen wir in einer mit Eisblöcken bewürfelten Einöde. Wir hatten wieder stabiles Eis unter den Füßen. Wir schauten zurück auf ein endloses Trümmerfeld: Nie hat ein Erdbeben größeres Chaos angerichtet! Hoffnungslosigkeit und Dankbarkeit waren eins. Mein »Nie zurück« klang jetzt endgültig. Als hätte ich endlich den Unsinn meines Lebens begriffen. Auch Hubert war mit mir einig: »Nie mehr zurück aufs Packeis!«

In diesen Stunden fiel auch Stegers Expedition ins Wasser. Obwohl noch viel näher an der Küste, brach das Eis im Nordsturm unter ihren Schlitten zusammen, eine Katastrophe war nahe. Nachdem der Däne Ulrik Vedel ins Wasser gesprungen war, um zwei seiner Hunde zu bergen, zog sich die Expedition die sieben Kilometer auf die Insel zurück, von der sie aufgebrochen war. Ulrik Vedel, mit Stegers Führungsstil nicht einverstanden, reiste wenig später ab. Die zwei verbliebenen Frauen und drei Männer, darunter der erfahrenen Victor Boyarski, warteten in der Station Golomianyj wochenlang auf besseres Wetter und stabilere Eisverhältnisse, um ihre Arktis-Transversale ein zweites Mal beginnen zu können.

Hubert und ich reisten zurück nach Europa. Unser Scheitern hing nicht nur mit der abnehmenden Mächtigkeit des Eises im Polarmeer zusammen, auch mit unserer Eile, die wir aus Mitteleuropa in die Polarnacht mitgebracht hatten. Wären wir später losgegangen, wie die Koreaner, die auf einer Eisscholle tagelang nordwärts trieben, wären wir weiter gekommen, viel weiter. In einem rasend gewordenen Eismeer kommt man stillhaltend besser zurecht als mit Hektik. Das hätten wir von Nansen lernen sollen.

Am 30. März waren Weber und Malakow auf ihrer Seite der Arktis bei 84°30' Nord, das heißt, sie hatten in eineinhalb Monaten etwa 150 Kilometer zurückgelegt. Fast zehnmal so lang war die Strecke vor ihnen, den Rückmarsch dazugerechnet. Ohba kam zwar schneller vorwärts, aber sein Brennstoff war zu Ende gegangen, und er litt an Erfrierungen an Händen und Füßen. Lange konnte er auf dem Eis nicht mehr überleben.

Ob wir mit unserer Logistik und Ausrüstung bis zum Pol und darüber hinaus gekommen wären? Hubert und ich, wieder daheim, wollten es wissen. Trotz allem. So flogen wir im April 1995 wieder nach Norden. In einer Düsenmaschine des Typs Antonow – zwischen Wissenschaftlern, Fallschirmspringern, Rockmusikern und einer Menge Ausrüstung hockend – landeten wir auf einer Station mitten im Treibeis, nur 120 Kilometer vom Pol entfernt. Neben der Landepiste standen Küche, Zelte, eine Hubschrauberstaffel, Skidoos. Wir stellten unsere Zelte auf und marschierten dann wieder nach Norden. Bei diesem Testmarsch gingen wir 100 Kilometer weit, vor und zurück, über dickes, altes Eis, über neues, dünnes Eis und über mannshohe Eisriegel, immer einen 100 Kilo schweren Schlitten im Kreuz, wie es gewesen wäre, hätten wir den Pol zu Fuß erreicht. Zuletzt flogen wir zum Pol, besuchten die Steger-Expedition, die sich über das brüchige Randeis hinweg bis 500 Kilometer an den Pol hatte heranfliegen lassen, um diesen Nicht-Punkt, der doch der Schlüsselpunkt jeder Polexpedition ist, am sogenannten »Earth Day«, dem 22. April, erreichen zu können. Jetzt lagerten Mannschaft und Hunde auf einer Eisinsel und erwarteten den Besuch mehrerer TV-Teams, Fotografen und Journalisten, die von Kanada her in Staffeln eingeflogen wurden. Steger wußte besser als jeder andere Expeditionsleiter, daß der eigene Ruhm nicht nur von der Leistung seiner Mannschaft abhing, sondern vor allem von der zeitgleichen Vermarktung. Die Voraussetzung dafür war Medienpräsenz.

Weber und Malakow gaben am 25. April ihre Position mit 87°10' Nord und 72°43' West an. Sie waren also nach gut 70 Marschtagen 450 Kilometer weit gekommen und noch 300 Kilometer vom Pol entfernt.

Seit Jahrhunderten dieselben Eispressungen

Zurück auf der russischen Station im Polarmeer, begannen Hubert und ich, wenn auch zögerlich, über einen zweiten Versuch einer Arktis-Überquerung zu reden. Wenn wir unsere Logistik veränderten, mußte es doch eine Chance geben! Und diese wollten wir 1996 nutzen. Nicht die Angst hatte uns kreativ gemacht, sondern das Scheitern. Niederlagen waren also genauso konstruktiv wie Erfolge.

Sogar mit den russischen Betreuern, allen voran Viktor Serow, der mit uns auf dem Eis unterwegs gewesen war, diskutierten wir unseren neuen Plan. »Wer sagt denn, daß eine Arktis-Überquerung im Winter begonnen werden muß?« fragte ich die Runde.

»Du meinst, man kann im Sommer anfangen und im Herbst aufhören«, konterte Viktor ironisch.

»Ja, warum nicht. Man kann jeden Zeitplan auf den Kopf stellen. Unsere Idee ist genauso richtig oder falsch wie die althergebrachte Methode.«

Was mich mitten im Eismeer begeisterte, war diese Unabhängigkeit, diese Regellosigkeit, diese Weite. Und niemand kümmerte sich wirklich um uns. Jeder Gedanke war erlaubt. Also, warum sollten wir es im Frühling 1996 nicht ganz anders nochmals versuchen?

»Man könnte zum Beispiel im späten Frühjahr losgehen und im Juli ankommen«, sagte Hubert jetzt mit dem verklärten Blick des ewigen Draufgängers. Er lachte dabei.

In diesem Fall war das Zeitproblem noch bestimmender: Wollten wir die schwierigste Strecke im Mai schaffen, bräuchten wir ein Boot und einen Monat für die ersten 300 Kilometer. So blieben für die restlichen 1500 Kilometer 60 Tage Zeit.

Seehunde – im Sommer auch Proviant

»Ihr müßt dann am Tag mindestens 25 Kilometer zurücklegen«, erklärte Viktor, mehr als jetzt möglich war.

»Im nächsten April sollten wir diese Strategie testen.«

Im Frühling 1995, in unmittelbarer Polnähe, zweifelten wir nicht daran, daß es ein Jahr später wieder zu versuchen war. Eine völlig neue Logistik konnte auch Erfolg bedeuten. Mehr als scheitern konnten wir auch beim zweiten Anlauf nicht.

»Al Capone könnte so einen Irrsinn sogar finanzieren«, sagte Hubert.

Alle lachten.

Die neureichen Russen aber, die mit uns eingeflogen waren – einer, den sie Mr. President nannten, ein junger Mann mit Schnauzbart und angezogen wie Al Capone, und seine Claqueure, Bodyguards und Diener –, waren leider nicht mehr da. Wir konnten also nicht um Sponsorship anfragen.

Bis spät in die Nacht wurde gesungen, geredet, erzählt. Auf der einen Seite die Russen, die alle irgendwo in der Arktis oder Antarktis ihren Dienst geleistet hatten – als Meteorologen in Vostok, als Geophysiker in Mirnyj, als Mechaniker auf driftenden Stationen im Eismeer –, auf der anderen Seite wir Wohlstandsbürger, denen nichts

35

Angreifender Eisbär

Der Pol zum Mitnehmen?

Besseres einfiel, als dorthin zu gehen, wo ein Arbeiter oder Ingenieur mit gesundem Menschenverstand ohne Befehl auch gegen Bezahlung nicht hingegangen wäre.

»Zum Nordpol?« lachte der Funker Alexej und klopfte sich an die Stirn. Er war 1995 von einem Eisbären angefallen worden und zeigte nicht ohne Stolz seine Wunden am Hinterkopf, an beiden Oberschenkeln, am Rücken. Auch seine Finger waren verkrüppelt. Bei irgendeiner Expedition erfroren und dann abgenommen worden.

»Heute ist Ostersonntag«, sagte Wladimir plötzlich. Er hielt eine Wodkaflasche in der Hand. Der »Chief of station« – schütteres Haar, viele feine Runzeln im Gesicht – war etwa 45 Jahre alt.

»Nastrowje!«

Er trank einen Schluck aus der Flasche und reichte sie weiter.

»Nastrowje – ich komme wieder«, sagte ich, als ich an der Reihe war. Lautes Gelächter.

»Wie weit seid ihr diesmal Richtung Pol gelaufen?« fragte Alexej ironisch.

»50 Kilometer hin, 50 Kilometer zurück.«

»Nastrowje«, schrien alle anerkennend, und darauf Sergej zynisch: »Morgen werden es 150 Kilometer sein, und zu Hause sagen dann alle, sie seien den ganzen Weg zu Fuß gegangen, von irgendwo bis zum Nordpol, immer allein und zu Fuß und ohne Hilfe.«

Alle lachten wir. Keiner widersprach.

»Als ob diese 90° Nord nur etwas wären, wenn man aus dem Marsch dorthin etwas machte.«

»Und was sagt ihr zu einem Wagen als Transportgerät?« fiel mir plötzlich ein.

»So eine Art Leiterwagen?« fragte Wladimir nach.

»Ja, ein leichtes Fahrgestell aus Titan mit großen, breiten Rädern darunter. Das Ding könnte sogar schwimmen.«

Die Begeisterung ging mit mir durch.

Wieder Gelächter.

Dann Stille. Die Wodkaflasche war leer. Daß es mitten in der Nacht war, merkten wir nicht. Draußen, vor dem Zelt, schien immer noch die Sonne. Der arktische Sommer hatte begonnen.

Als wir aufstanden, um zu unseren Zelten zu gehen, verstellte uns Wladimir den Weg. Er grinste breit, bevor er sein letztes Statement begann:

»Schlitten, Boote oder Wagen, ihr werdet den Nordpol nicht mitnehmen können«, sagte er ganz langsam in seinem Pidgin-English. »Den Nordpol hat leider noch keiner mitgenommen, und das ist ja der Keim eurer Krankheit: Der Nordpol ist nur ein Phantom.«

Nichts als blauer Dunst

1867, zwei Jahre nach seiner Erstbesteigung des Matterhorns, wobei vier von sieben Gipfelbezwingern zu Tode gestürzt waren, weil das Seil gerissen war, plante Edward Whymper eine Expedition ins Landesinnere von Grönland. 1872, bei einem zweiten Versuch, erkannte der Bergsteiger, daß das grönländische Inlandeis zu schwierig für ihn war. Seine Eiserfahrung war begrenzt, ein weiteres Vordringen zu teuer für seinen Geldbeutel.

Fridtjof Nansen

Whymper publizierte seine Erkenntnisse über die Eisinsel und wandte sich – überzeugt davon, daß das Innere von Grönland ein einziges Schneeplateau wäre, das mit Schlitten zu überqueren war – wieder den Bergen zu.

1888 durchquerte Fridtjof Nansen mit drei Kameraden das Inlandeis von Grönland auf Schneeschuhen (Ski), wobei sie die Proviantschlitten selbst zogen und nicht nur Whymper, Peary, Payer zuvorkamen.

Dieser andere Bergsteiger, der sich nach einer ansehnlichen Zahl wichtiger Bergbesteigungen in den Alpen ins Eis der Arktis vernarrt hatte, Julius Payer, war ein gutes Stück weit ins Innere der größten Insel der Erde vorgedrungen. Nach seiner Teilnahme an der zweiten deutschen Nordpolexpedition (1869–1870) aber reiste er als Kapitän zu Lande 1871 mit dem Schiff »Admiral Tegetthoff« nach Norden, wobei der Archipel Franz-Joseph-Land entdeckt werden sollte. Diese österreichisch-ungarische Nordpolexpedition (1872–1874) gab Payer mit seinen Bergführern und Jägern aus Südtirol, Haller und Klotz, Gelegenheit, die eisbedeckte Inselgruppe nördlich des 80. Breitengrades zu erforschen, zu vermessen, zu berennen, immer wieder zu berennen. Dabei wurden Berge bestiegen, Gletscher gequert, immer neue Inseln entdeckt. Die öde Gegend wurde vermessen und benannt. Jede Insel, jeder Berg, die Gletscher, alles bekam Namen.

Die »Tegetthoff« im Eismeer

Unruhig, nach Weite fiebernd, verließ Payer das unter den Eispressungen ächzende Schiff, das jahrelang eingeschlossen blieb, nicht um das trostlose Land zwischen den Eisschollen zu beackern, sondern um so der erzwungenen Ruhe zu entgehen. Unbarmherzig trieb er Mannschaft und Hunde nach Norden, trotz Blizzards, Kälte und Gletscherspalten. Schneeblind, ausgedörrt vom Eiswasser, mit aufgerissenen Lippen

Julius Payer mit Helfer

hetzten die von Payer für diese »Ruhmesmärsche« Auserwählten hinter dem Führer und der Hundemeute her: die Bluttemperatur 35 Grad, schlafsüchtig, die Schritte unsicher, der Wille träge. Sterben wäre oft angenehmer gewesen. Wofür die Schmerzen? Für wen die Müh? Aber keiner außer Payer fragte sich nach einem Warum. Für wen der Ruhm? Beim Rasten starrten sie in eine trostlose Welt, in die nur Payer wollte. Nach allen Himmelsrichtungen nichts als Eis und Kälte und Stille. Auch von den Männern kam kein Laut. Ihre Kinnladen waren vor Kälte so steif, daß sie nicht mehr sprechen konnten. Man unterhielt sich nur noch am Abend, im Zelt. Kläffend, wie die Hunde. »Vorschläge, Einwände, Wünsche?« fragte Payer. Aber das Wünschen und Denken hatten sie schon aufgegeben, bevor sie das Sprechen aufgaben. Nur das Gehen konnten sie nicht aufgeben, solange Payer voranging, dieser Phantast, der seine Horde mit allerlei Versprechungen am Leben hielt, selbst immer weitergetrieben vom Ehrgeiz und für billigen Ruhm, der mit dem Schiff zu sinken drohte, für immer.

Payers Gegenspieler, Carl Weyprecht, Wissenschaftler und Kapitän zu See auf der »Tegetthoff«, die er zuletzt mit seinem Maschinisten im Eis vor Franz-Joseph-Land

Carl Weyprecht

»Der internationale Wettlauf nach dem Pol ist ein Unfug, Abenteurer-fahrten kosten unnütz Menschen-leben und Geld und helfen mit ihren unkontrollierbaren Ergebnissen der Wissenschaft ver-zweifelt wenig; was wir brauchen, sind feste, auf das ganze Polar-gebiet verteilte Beobachtungs-stationen.«
CARL WEYPRECHT

Bärenjagd in der Arktis

Payer auf Franz-Joseph-Land

verlieren sollte, forderte – nachdem er mit seiner Rede »Nie zurück« wenigstens den Rest der Mannschaft gerettet hatte – ein Verbot polarer Husarenritte. Glücksritter wie Payer, die auf der Flucht vor den eigenen Abgründen in die Trostlosigkeit des hohen Nordens und damit ins Nichts stürmten, Freibeuter ohne wissenschaftliche Aus-bildung, die ihr Leben verspielten, indem sie ein paar Dienstfertige in ihre Extra-vaganzen zwangen, konnten die Arktis nicht entschlüsseln. Der Mensch war zu schwach für den Pol. Genug! Genug der Wettläufe, genug der Leiden, genug der Opfer! Mit Sensationslust war der Pol nicht zu nehmen, dem Ehrgefühl ergab sich kein Eismeer, und für die Wissenschaft war dieser Pol, dieser Nicht-Punkt, völlig be-langlos.

Weyprecht haßte alle diese Draufgänger, diese Dilettanten, diese Helden des Eises, die den Pol neu erfunden hatten, als Endpunkt ihrer ganz privaten Sinnhaftigkeit. Alles nur aus menschlicher Eitelkeit! Ihm, dem Wissenschaftler, war ein solcher Sinn zuwi-der, jede Eroberungssucht ein Ärgernis. Am meisten die Eroberung von Ehre, Ruhm, Orden. Keiner dieser Rekordjäger hatte die Aufgaben gelöst, die die Arktis stellte; alle großen Fragen waren weiterhin unbeantwortet geblieben; statt vom Eis erzählten die Heimkehrer von Land, das es nicht gab. Viele aber waren umgekommen und sagten nichts mehr.

Mit dem Gewicht der Presse wuchs auch das Gewicht der Überlebenskünstler und wieder nicht das Wissen. »Blauer Dunst« um den Pol, den Einzelgänger in Zeitungs-spalten verkauften wie Lehrer ihren Schülern Homers Geschichte über die Abenteu-erfahrten des Odysseus.

Ob Unfug oder nicht, der internationale Wettlauf zu den drei Polen sollte 1895 erst richtig beginnen. Das schwimmende Packeis, die gottverlassenste der Wildnis, die höchsten Höhen gehörten vor 100 Jahren zu den begehrtesten Spekulationsobjekten der Menschheit. Obwohl dort nichts zu holen sein konnte: kein Tier, kein Gold, kein Garnichts. Wenn es Öl am Pol gab, war es nicht zu kriegen: mehr als 3000 Meter unter dem Wasser am Nordpol, mehr als 3000 Meter unter dem Eis am Südpol. Die Großmacht Presse aber, an Sensationen um Sterben und Tod mehr interessiert als an der Wissenschaft, sicherte sich mit dem Monopol der Polgeschichten das weiße Gold des Nichts.

Der Meteorologe Weyprecht hatte mit seiner Kritik zwar recht, aber die Zeitungsleser wollten Fahnenschwinger, und die Sensationsmacher verkauften Heldendarsteller. Jahr für Jahr. Daß diese erzählten, was die Stubenhocker vom Pol lesen wollten, und nicht, was sich in den Seelen der irrlichternden Sucher tat, ist der einzige Vorwurf, den ich ihnen mache. Denn erlebt wurde viel, und es lohnte sich allemal, hinauszugehen und »Nie zurück« zu schreien.

Am 24. Januar 1895 betrat erstmals ein Mensch der modernen Zeit bei Cape Adare den Boden der Antarktis: der Norweger Carsten Borchgrevink. Ob südamerikanische Indianer schon vorher dort gewesen waren, interessierte damals niemanden und bleibt bis heute umstritten. Pfeilspitzen, die später auf der Halbinsel gefunden wurden, lassen zwar darauf schließen, sicher aber ist, daß der Mensch früher keinerlei Überlebenschance im Inneren des riesigen Eiskontinents gehabt hätte. Jetzt aber, mit der Landnahme durch den modernen Menschen, war die größte »weiße Fläche auf der Weltkarte« zugänglich und interessanter für diesen Menschen als fruchtbares Ackerland, blühende Gärten, mit Reichtum gefüllte Städte. Der Outlaw sah eine legale Möglichkeit zur Schatzsuche, zur Landnahme, zur Ruhmestat.

»Helden« des Eises vor dem Untergang

So wie die Missionare jahrhundertelang »für« den rechten Glauben und die Ungläubigen auf dieser Erde ausgezogen waren, war endlich ein neuer Aufgabenbereich gefunden. Das Unbekannte, das zu erobern sich die mutigsten, gesündesten, weisesten Weißen aufzumachen begannen, war wie der rechte Glaube das Gute, die Zukunft, das Licht. Wie man einst gegen die Heiden angetreten war, trat man jetzt gegen die Pole an. Was früher die Kirche gewollt hatte, wollten jetzt Wissenschaft und Abenteurertum, genauer betrachtet wissenschaftsgläubige Zeitungsleser. Der Mensch brauchte um die Jahrhundertwende einen Pol, an dem er sich orientieren konnte. Es herrschte ja wieder einmal Weltuntergangsstimmung.

Am Ende des 19. Jahrhunderts nahm also das Interesse an Arktis und Antarktis wieder zu. Eine junge Forschergeneration, bestehend aus zu spät geborenen Rittern, Neugierigen, gelangweilten Muttersöhnchen, machte sich über die letzten weißen Flecken der Erdkugel her. Und dieser moderne, genormte Held, eine Mischung aus Wildnisfresser und Freund der Natur, liebte die Übertreibung. Ausschweifungen der geographischen Art kamen in Mode. Alles Unbekannte sollte endgültig erobert, alles Eis sensationell überquert, jeder Pol endlich erreicht werden. Der Geist des industriellen Zeitalters konnte keine Terra incognita dulden, und der Magen des Polsuchers verdaute Hundefleisch. Dieser Mensch, der dabei war, zum Maschinenmenschen zu mutieren, hätte alles von seinem Menschsein gegeben, um sich an irgendeinem Pol festhalten zu können. Wie verloren, frage ich mich, müssen wir im 20. Jahrhundert auf dieser Erde gewesen sein? Nie war der Mensch reicher, und nie ist er erbärmlicher übers Eis gerannt, immer weiter hinaus und immer weiter von sich weg.

Am 26. Februar 1895 brach ein ungeduldiger Nansen mit Hjalmar Johansen und vier Hundegespannen von seiner driftenden »Fram« Richtung Nordpol auf. Nie zuvor hatte eine Schlittenexpedition einen so günstigen Ausgangspunkt zum Start für den Nordpol nutzen können. Die »Fram« lag damals auf mehr als 84° nördlicher Breite.

Die »Fram«-Leute

Nansens endgültiger Aufbruch

Die »Fram«-Drift

Die Männer steckten in Wolfsfellanzügen. Sie hatten die Uhren verglichen. Diese Zwitter, Tier und Maschine zugleich, redeten sich ein, jede Nation hätte versucht, ihre Männer so weit wie möglich nach Norden zu schicken. Diese Nordmänner aber schickten sich selbst, nur weil sie versuchen wollten, noch weiter nach Norden vorzudringen als alle ihre unsichtbaren Gegenspieler. Der Pol selbst war ihr Ziel.

Jeder Schlitten, von sieben Hunden gezogen, wog etwa 280 Kilogramm. Die Summe ergab sich aus nicht ganz 1000 Kilogramm Proviant – 100 Tagesrationen für die Männer, 30 für die Hunde –, dazu Schlafsäcke aus Rentierfellen, Kocher und Geschirr, das Zelt, aus einem Stück Rohseide genäht, Kajaks aus Bambusrohr und Segeltuch, Navigationsinstrumente, Büchsen und Munition.

Nansen hatte alle Hunde gewogen und war zu dem Schluß gekommen, seinen Marsch nach Norden 50 Tage lang über das Packeis vorantreiben zu können, wenn er die Tiere sukzessive schlachtete und die jeweils verbliebenen mit Hundefleisch fütterte. Bis nur mehr einer übrig blieb, als Reserveproviant für die Männer.

Aber Nansen und Johansen mußten bald umkehren: Die Kälte war zu groß, die Schlitten zu schwer, das Packeis zu schwierig. Am 28. Februar brachen sie ein zweites Mal auf. Und nochmals gingen sie zurück. Nochmals wurden die Schlitten umgepackt, die Ausrüstung verbessert, erleichtert.

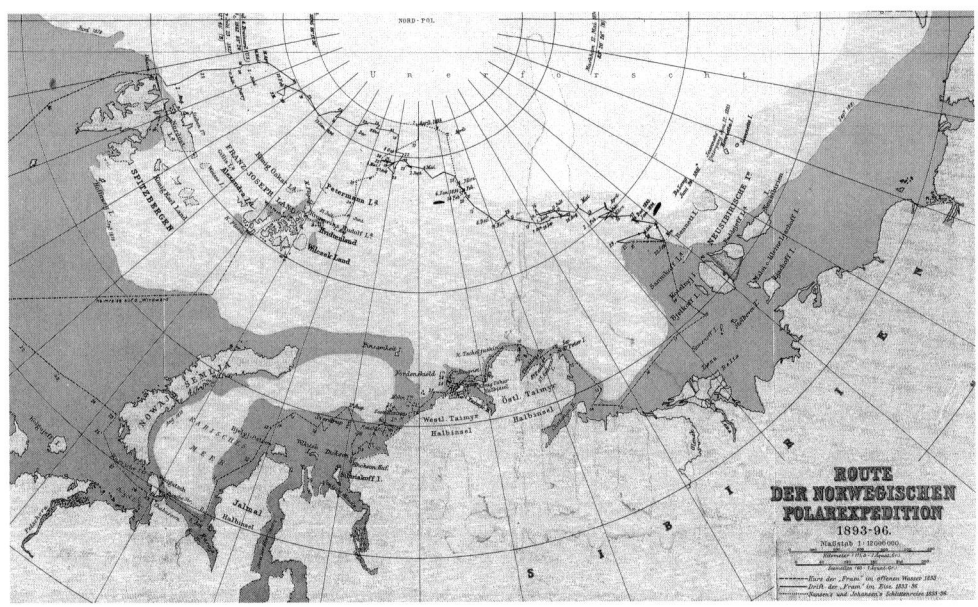

Am 14. März nahmen Nansen und Johansen – inzwischen auf Position 84°04' Nord, 102° Ost – wieder Abschied von Kapitän Otto Sverdrup und der »Fram«-Besatzung. Diesmal endgültig. Nansen nahm Kurs nach Norden, die »Fram« sollte mit der Eisdrift südlich am Pol vorbei Richtung Spitzbergen geschoben werden. Die Lebensmittel auf dem Schiff, ursprünglich für fünf Jahre geladen, und Nansens Wahlspruch »Mit der Natur, nicht gegen sie« machten Hoffnung.

Der Seefahrer Henry Hudson hätte 1607 mit seiner Absicht, von Westspitzbergen über das Polarmeer in den Pazifik zu kommen, nur theoretisch und in umgekehrter Richtung eine Chance gehabt. Denn wer von Europa kommt, hat die Eisdrift gegen sich. Die »Fram« aber trieb tatsächlich mit der Drift des Meereises immer weiter zur Polregion. Die von Sir Clement Robert Markham entwickelte Taktik, sich im Eis von Ostsibirien über die zentrale Arktis bis nach Ostgrönland treiben zu lassen, war also richtig, obwohl sie der De Longschen »Jeannette«-Expedition zum Verhängnis geworden war. Nansens Idee und die »Fram«, eigens so flach gebaut, daß sie in den Eispressungen nicht zerstört werden konnte, erwiesen sich als genial.

Die sinkende »Jeannette«

Der Norweger war nicht nur naturverbunden und arktiserprobt, er kannte sich aus in der Polgeschichte. Genau wurden in Norwegen andere Expeditionen verfolgt und ausgewertet. Nansen, der von den Kleidungsstücken und Ausrüstungsgegenständen erfahren hatte, die 1884, also drei Jahre nach der Zertrümmerung der »Jeannette«, bei der dänischen Siedlung Julianehaab in Ostgrönland gefunden worden waren, wußte also viel über Geschwindigkeit und ungefähre Richtung der Eisdrift.

Was Nansen aber unterschätzt hatte, waren die Schwierigkeiten auf dem Packeis. Mit Hundeschlitten über Eisbarrieren und Wasserrinnen zu reisen war kein Vergnügen. Die 28 ostsibirischen Hunde zogen zwar gut, Nansen und Johansen aber kamen viel zu langsam vorwärts. Sie sahen sich also gezwungen, bei 86°14' Nord, noch rund 440 Kilometer vom Pol entfernt, aufzugeben. Es gab auch »mit der Natur« keinen Weg zum Pol. Die zwei Flaggen, die Nansen und Johansen am 8. April inmitten des Packeises zurückließen, bevor sie wieder südwärts marschierten, symbolisierten ihre Ohnmacht. Sonst nichts.

Nansens Trost – von Eisbären einmal abgesehen, war nie jemand weiter nach Norden gekommen – beweist seine Egozentrik. Aber was bedeutete dieser Marsch für die Wissenschaft? Nichts oder verzweifelt wenig. Nein, Nansen und Johansen waren keine Egoisten; Egozentriker ja, zwei Verlorengegangene, die im Packeis nach dem nationalen Gefühl »farest north« irrten.

Der Weg zurück – mit immer weniger Hunden, immer mehr Sulzschnee, am Ende nur noch offenem Wasser – wurde zu einem Labyrinth durch die eigene Verzweiflung. Walrosse und Eisbären griffen an, Angst und Schrecken verflogen. Dem Tod geht die Todesangst voraus und ihr wieder eine Orgie des Überlebens: Zuerst blieb der Taschenkompaß liegen; dann vergaß man, die Uhren aufzuziehen. Zuletzt überließen sich Nansen und Johansen ihrem Schicksal und überlebten.

Lauter Wasserrinnen

Am 4. August passierten Nansen und Johansen das schlimmste Treibeis. Trotz allem fanden sie Land. In einer Steinhütte auf Franz-Joseph-Land, 3,5 mal 2 Meter im Grundriß, verbrachten sie die Polarnacht des Winters 1895/96. Am 19. Mai 1896 brachen sie wieder auf. Sie wollten weiter nach Süden und stießen einen Monat später – reiner Zufall – auf die englische Jackson-Harmsworth-Expedition, ein Forschungsunternehmen, das sein Hauptlager bei Cape Flora, in Payers Märcheninselreich, das Nansen zuerst vergeblich gesucht hatte, aufgeschlagen hatte. 461 Tage lang waren die beiden Norweger auf sich selbst gestellt unterwegs gewesen, zu Fuß und im Kajak, hinter den Hundeschlitten herlaufend und selbst vor die Schlitten gespannt, als Jäger und Gejagte, als Narren und Genarrte, als Grenzen-Verschieber und -Verflucher. Immer begrenzt in ihren Möglichkeiten, ihrem Können, ihrem Mut.

Endlich reisten sie heimwärts, geborgen auf einem fremden Schiff, Jacksons »Windward«. Am 13. August 1896 trafen in Vardö, dem Auslaufhafen der »Fram«, zwei Helden ein. Die »Fram«, die am gleichen Tag nördlich von Spitzbergen aus dem Eis freikam, folgte mit reicher wissenschaftlicher Ausbeute wenig später. Nansen blieb ein

»Arktische Entdeckungsreisen bieten genug an Tollkühnheit und Gefahren in ihren gesetzmäßigen und anerkannten Methoden, als daß sie auch noch die Bürde von Dr. Nansens unlogischem Selbstvernichtungsplane tragen sollten.«
ADOLPHUS WASHINGTON GREELY

Held, ein ganzes Leben lang. Johansen aber, der mit seiner Rolle als Mitläufer nicht zurechtkam, fiel aus der Rolle und zuletzt – auch am Südpol nie angekommen – in die eigene Verzweiflung.

Die 1055 Tage Eisdrift der »Fram«, mit 1000 und mehr Untersuchungen, die im Polarmeer durchgeführt worden sind, bedeuten den Anfang der modernen Polarforschung. Nansens persönliches »Vorwärts« und »Scheitern« hingegen, das Esoteriker später sogar als Beweis dafür anführen werden, daß die Erde hohl sei, ist der erste moderne Grenzgang zum Pol mit der theoretischen Chance, diesen zu erreichen. Nansen und Johansen haben nicht nur das Innere der »Todeszone« betreten, ohne zu sterben, sie haben uns mit ihren Berichten darüber einen Blick in die letzten Winkel ihrer Seelen erlaubt. Nansen aber brachte mit seinem Buch »In Nacht und Eis« auch die Weisheit unter die Leute, daß zwischen den Polen von Leben und Tod Geist und Kraft des Menschen wachsen, was den Run zu den unentdeckten Winkeln der Erde, ob oben oder unten, auf dem Ozean oder im Inlandeis weiter anheizte.

Ausgerechnet Julius Ritter von Payer, der sich damals als Maler und Vortragsredner durchschlug, inzwischen geadelt, aber verbittert, weil viele »sein Land« im Norden belächelten, brachte auf Nansen, dem in Wien die Medaille der Geographischen Gesellschaft überreicht wurde, einen Toast aus:

Nansen und Johansen segeln

»Gilt es, ein zweifelhaftes Verdienst aus Höflichkeit zu stützen, dann bedarf es vieler Worte. Ganz anders heute, wo der Geographischen Gesellschaft von Wien die Ehre zuteil wird, einen weltberühmten Gast zu feiern: Dr. Fridtjof Nansen!

Sein unsterbliches Verdienst bedarf eines Titelstempels nicht. Einen Gast von solcher Bedeutung hat diese Gesellschaft noch nicht gesehen, nicht die Stadt und nicht die Gegenwart; denn seine Tat findet nur im Heldentum der antiken Vorzeit ihresgleichen und übertrifft sie durch die Wahrhaftigkeit.

Umsonst suche ich in der Geschichte der Entdeckungen nach einem solchen Siege eines einzelnen Menschen. Dieser einzelne, in der Verschwendung der Natur gebildet, hat, mit unbeugsamer Seele und eisernem Körper gerüstet und seine Vorgänger überbietend, eine nie erreichte Welt betreten ...«

Payer und Nansen waren seelenverwandt. Beide waren Forscher und Abenteurer zugleich. Beide hatten sich von der weiten Leere, den Eisbergen, den Gletschern treiben lassen. Das Nichterschlossene, Nichtvermessene war ihr Ziel, daheim und in der Arktis. Zeichen und Signale, die sie hinterließen, Daten und Theorien, die sie mit ihren Tagebüchern nach Hause brachten, waren nur die Abfälle eines Wahns, der sie viel weiter getrieben hatte, als es für das Wissen notwendig gewesen wäre. Beide waren an den Rand der Wirklichkeit gestoßen. In den Nirgendländern am Rande des Polarmeers kreuzten sich ihre vergänglichen Spuren. Nansen fand die von Payer entdeckten Inseln zuerst nicht, nur blauen Dunst, wo Payer Hinterwelten gesehen haben wollte. Payer, inzwischen zu weit vom Pol entfernt, um gekränkt sein zu können, zog trotzdem vor Nansen den Hut. Die Größe ihres Charakters und ihre Schrullen ergaben diesen Payer, diesen Nansen, ein deckungsgleiches Krankheitsbild.

Während Nansen und Johansen im Sommer 1895 Franz-Joseph-Land suchten, erreichte der Brite Mummery nach der Erkundung der Rupalwand in der Diamirflanke

Eiskletterei vor 100 Jahren

des Nanga Parbat im Himalaja eine Höhe von mehr als 6000 Metern. Diesem ersten Versuch einer Gipfelbesteigung des Nanga Parbat und eines Achttausenders überhaupt kommt aus zweierlei Gründen eine besondere Bedeutung zu. Der britische Bergsteiger Albert Frederick Mummery griff nicht nur als erster nach dem Ostpol, der später der »dritte Pol« genannt wurde, er hatte eine reale Chance, den Gipfel zu erreichen.

Mummerys Gefährten waren G. Hastings und J. N. Collie, zu denen später für einige Zeit Major C. G. Bruce kam. Wie Mummery mit seinem Gurkha-Träger Ragobir nach der Erkundung der Rupal-Seite, die ihm unmöglich erschien, in der Diamir-Seite eine Höhe von etwa 6000 Metern erreichte, wo er ein Lager zu errichten versuchte, klingt wie ein Zukunftsroman. Über das Eis rechts der nach ihm benannten Rippen emporsteigend, spürte Mummery sowohl die Eisschlaggefahr wie auch die Folgen der dünner werdenden Luft. Er stieg also ab und wollte sein Basislager nochmals verlegen. Beim Versuch, über die Diamirscharte ins Rakhiot-Tal überzuwechseln, blieb der Ausnahmebergsteiger mit seinen beiden Trägern verschollen.

Mummery, der schon in den Alpen, besonders im Gebiet des Mont Blanc, Schönheit und Gefahren der Berge gesucht hatte, fand, nachdem er sich von seinen Führern gelöst hatte, im Kaukasus eine zweite Steigerungsform des modernen Bergsteigens: die größere Meereshöhe. Jahr für Jahr trieb ihn seine Neugierde weiter, bis zum Himalaja. Nicht das Land, das noch keines Menschen Fuß betreten hatte, reizte ihn, sondern die Auflösung dieses Landes in den höchsten Gipfeln der Erde. Einen riesigen Berg in all seinen ergründeten Flanken zu durchforschen, was in den Alpen nicht mehr möglich war, und am Ende über so viel Materie am Rande zum Nichts zu stehen, sollte sein nächster Schritt sein. Auch sein letzter.

So war der Nanga Parbat, dessen Südflanke weltentrückt über den Tälern von Kaschmir aufragt, Mummerys Ziel geworden. Die furchtbare Wand aber, die Mummery zuerst sah, als er den Fuß seines »Nanga« von Astor aus, also von Osten her, erreichte, war nicht nur unmöglich, sie lähmte ihn. Und dieser Beginn sollte verhängnisvoll für den Zeitablauf der Expedition werden. Es kostete Mummery Tage zu erkennen, daß die Südwand zu hoch, zu steil, zu schwierig war für ihn und seine Zeit. Niemals würde sie von Menschen durchstiegen, sagte er. Mit 5000 Meter Steilabfall war diese größte Eis- und Felsmauer der Welt wie von einer anderen Welt. Rastlos, aber zu spät zog Mummery weiter. Über hohe Pässe, Schutthänge, Eisfelder fand er den Weg in ein anderes Tal, um von dort aus die nächste Wand zu erkunden. Im Diamirtal stand Mummery vor der Nordwestwand des Nanga Parbat. Auch sie 4000 Meter hoch.

Bruce, der einige Tage nach Mummery im Diamirtal ankam, meinte: »Es war eine furchtbare Wand, die da auf uns herabsah. 14 000 Fuß steilstes Eis, Felsen und Schnee; grauenvoll der Gedanke, da hinaufzusteigen, aber doch nicht so hoffnungslos wie die Südwand. Die wirkliche Schwierigkeit lag in den ungeheuren Ausmaßen. Mindestens drei Nächte würde man am Berg zubringen müssen. Und die Kletterei sah so schwierig aus, daß es unmöglich schien, nur die leichteste Ausrüstung mit hinaufzunehmen.«

Mummery ließ sich nicht entmutigen. Noch einmal ging er über die Pässe und Geröllhalden zurück ins Rupaltal, um mit den Trägern alle Lasten ins Diamirtal zu holen. Drei Tage später schon suchte er mit Ragobir den Einstieg in die Wand. Er fand einen

Verloren, verschollen

»Ich mag keine wissenschaftlichen und topographischen Erkenntnisse zwischen die Geschichten von Felsen und Séracs, Sturm und gutem Wetter hineinzwängen. Ich habe nur eine vage Ahnung vom Theodoliten, und Zeichentische sind mir ein Greuel.«
A. F. Mummery

Trägerkolonne

Panik – in der Höhe ein Todesurteil

Zugang, und der weitere Aufstieg ging ausgezeichnet. Längs einer zweifach unterteilten Felsrippe gelangte er mit seinem Träger zum oberen Rand des zweiten Pfeilers. Sie waren jetzt 5300 Meter hoch und standen in einem gefährlichen Kessel direkt unter dem Gipfel. Schlechtwettertage kamen, die die Tätigkeit in der Wand einschränkten. Nur ein Depot konnte auf einem Felsvorsprung der zweiten Rippe angelegt werden. Collie, der von der Höhe benommen war, jubelte trotzdem über die aufregende Kletterei im Steilfels. Erst eine Woche später konnten Mummery, Ragobir und ein eingeborener Jäger Vorräte bis unter die dritte Rippe hinaufbringen. Collie war zurückgeblieben und sah die anderen wie Fliegen in der fast senkrechten Wand über sich »krabbeln«. Die Stelle war etwa 6000 Meter hoch. Die drei biwakierten. Eine Nacht lang blieben sie in einer der gefährlichsten Wände der Welt und warteten auf den Morgen.

Aber es kommt Nebel auf. Als es dunkel wird, ohne daß Mummery zurück ist, wird Collie unruhig. Lawinen donnern unaufhörlich durch das Dunkel. Collie weiß, daß die Felsrippe zwischen zwei Steilrinnen, zwei Lawinenkanälen, liegt. Der sichere Aufstiegsweg ist schmal, sehr schmal.

Aber dann kamen Mummery und seine Begleiter doch ins Lager zurück. Während die Kleider trockneten, gab Mummery Collie ein begeisterndes Bild von der Eiswelt in der Wandmitte. Nirgends im Kaukasus, in den Alpen hatte er Vergleichbares erlebt. Neben ihm waren Lawinen heruntergerast, die ganze Städte weggefegt hätten. Nur die Steilheit der Felsrippe, die beim Höherklettern so viel kostbare Zeit gefordert hatte, war Rettung und Schutz gewesen. »Der Nanga-Gipfel gehört uns!« schrieb Mummery in sein Tagebuch.

In dieser Nacht brach ein Schneesturm los, der viele Stunden lang tobte. Collie meinte, die Zelte müßten in Stücke gerissen werden. Am Morgen lag Schnee. Aber die Sonne kam wieder.

Hastings, der dritte Engländer, war immer noch auf Proviantsuche in Astor. Sollten sie auf ihn warten? Wie lange wohl? Inzwischen konnte die Schönwetterpause wieder verstreichen. Mummery entschloß sich, den entscheidenden Gipfelsturm nur mit Ragobir zu wagen.

Um Zeit zu sparen, wurde das Ausgangszelt dicht an den Wandeinstieg vorgeschoben. Von dort aus beobachtete Collie am Morgen des 18. August 1895 das Vorankommen seiner Kameraden. Langsam waren sie, und als Nebel die Wand verhüllte, verschwunden. Lawinen lärmten den ganzen Tag über. Plötzlich sah Collie seine Leute wieder, verschmolzen mit dem Fels, winzig klein, immer kleiner werdend. Aber bald verschwanden sie erneut.

Mummery und Ragobir verbrachten die Nacht auf Höhe der zweiten Rippe. Noch vor Tagesanbruch, ehe die Eisbalkone über ihnen wieder Lawinen zu speien begannen, verließen sie die Biwakstelle.

Mummery war frisch. Das Klettern an der Grenze seiner Möglichkeiten fiel ihm leichter als das Schneestapfen zwischendurch. Schon konnte er zu seiner Rechten den großen Hängegletscher sehen, der die konkave Wand nach oben abriegelt. Darüber waren die Gefahren geringer. Waren damit auch die größten Schwierigkeiten überwunden? Wie weit noch bis zum oberen Schneefeld, das zum Gipfel führt?

Plötzlich bricht Ragobir zusammen. Er wirkt irre, dreht durch, schreit. Vermutlich hat er Angst. Mummery kann ihm nicht helfen. Keiner versteht des anderen Sprache.

44

Auch der Brite atmet auf: Sie müssen umkehren. Ragobir fürchtet die Höhe über der Tiefe, das Verlorensein in dieser senkrechten Wüste und mehr noch die Nächte in einer zischenden, glucksenden, krachenden Dunkelheit, die einem ständig das Fallen vorführt – mit jedem Steinschlag, jeder Lawine, jedem Rinnsal. Wenn man sich immerzu festhalten muß, um nicht abzustürzen, ist nur im Abstieg Rettung oder im Wahnsinn. Also zurück.

Nie zuvor war jemand dem Gipfel eines Achttausenders so nahe gewesen. Außer den Vögeln natürlich. Zuerst noch zuversichtlich, nach einem dritten Biwak den Gipfel zu erreichen, schaute Mummery hinauf. Umsonst. Noch lagen 2000 Höhenmeter zwischen ihm und seinem Pol, seinem einzigen Lebensziel jetzt, das so nahe erschien und unerreichbar bleiben sollte für weitere 58 Jahre. Der Luftdruck, der geringer und geringer wurde, je höher man stieg, war es, der Anstrengung und damit alle Dimensionen steigerte bis in ein unbezwingbares Maß.

Kurze Zeit nur überlebte Mummery diese Tage, den Zenit seines Bergsteigerlebens. Auf dem Weg zum Paß, der ihm den Blick hinter den nächsten Horizont, zur Nordseite des »Nanga« erlauben sollte, blieb er mit seinen Gurkha-Trägern verschollen. Als Collie Wochen später ins Tal kam, war niemand mehr da. Alles Suchen blieb ergebnislos. Nur die Lawinen donnerten wie eh und je, die Steine fielen, der Wind heulte hoch oben an den Graten.

Ob Mummery, wenn er den Gipfel des Nanga Parbat erreicht hätte – 55 Jahre vor der Erstbesteigung der Annapurna, des ersten Achttausenders –, zum Mount Everest weitergezogen wäre?

Unvorstellbar ist es nicht, denn denkbar war auch für ihn nur die Steigerung. Und dann? Das Ende wäre immer tragisch gewesen. Jede Steigerung war eindeutig auf dem Weg zum Ende, beim Menschsein unterwegs in den Tod. Menschen, die gipfelbesessen sind oder polbesessen, erfinden immer wieder neue Ziele, die es nicht gibt. Ziele, an die sie glauben können und die zuletzt das Leben kosten.

Ergraut, alt, krank sterben nur die wenigsten von uns. Die meisten erledigt das Gipfel- oder Polfieber vorher. Wenn nicht beim dritten, dann beim letzten Versuch.

William Martin Conway, der große Teile des Karakorum-Gebirges vermessen und Spitzbergen zweimal, 1896 und 1897, teilweise durchquert hatte, wurde nur deshalb ein alter Mann, weil er mehr Wissenschaftler als Grenzgänger war. Die Gipfel, die er in den Alpen, in Asien, in der Arktis bestieg, waren Zugabe, aber nicht Inhalt seiner Reisen. Anders lag die Gewichtung der Interessen bei Peary, bei Cook und Amundsen, Mummery und Nansen, bei Hillary.

1898 überwinterte zum ersten Mal ein Schiff in der Antarktis, die »Belgica«. Sein Kapitän, Adrien de Gerlache, war Belgier. Die Expedition war viel zu spät aufgebrochen und schlecht ausgerüstet. Wie die »Belgica« im Packeis der Bellingshausensee eingeschlossen wurde und warum, interessiert mich weniger als das Verhalten jener zwei Polnarren, die – zufällig? – mit an Bord waren und später Süd- und Nordpol für sich haben wollten – ein ganzes Leben lang.

Das Ziel der Expedition sei die Überwinterung gewesen, sagen die einen, nein, das Einfrieren im Packeis sei nicht Absicht gewesen, die anderen. Zwei aber nutzten diese Notlage, um Erfahrungen zu sammeln, aufs Eis zu gehen, Material zu testen: Cook und Amundsen. Ob bei der Drift im Eis Absicht dahintersteckte oder Dummheit,

»Ich hoffe, Dir in ein paar Tagen den Nanga zu Füßen legen zu können . . .«
A. F. MUMMERY
im letzten Brief an seine Frau

»Es gibt noch einen Riesenberg, den ich gern besteigen möchte! Das ist der Mount Everest! Zum Gipfel eines jeden Berges führt ein gangbarer Weg. Ich glaube sicher, daß es auch einen auf den Mount Everest, den Allerhöchsten, gibt.«
MATTHIAS ZURBRIGGEN

Martin Conway im Karakorum

Pinguinjagd in der Antarktis

»Cook ist der zuverlässigste Mann, den ich je getroffen habe. Ich vertraue keinem anderen Mann so sehr wie ihm.«
ROALD AMUNDSEN

konnte nie aufgeklärt werden. Cook und Amundsen war es offensichtlich gleichgültig. Die Gelegenheit aber, mit ihren Fragen weiterzukommen, kam ihnen recht.

Vom 2. März 1898 bis zum 14. März 1899 drifteten Schiff und Mannschaft mit dem Packeis. Angst, Panik und Krankheiten breiteten sich auf der »Belgica« aus. Daß das Gros der Besatzung zuletzt den antarktischen Winter trotz Chaos drinnen und draußen überstand, verdankte die Expedition nur Cook und Amundsen, zwei eigenwilligen und krankhaft ehrgeizigen Phantasten, die sich sehr gut verstanden. Beide redeten nicht viel, wußten mehr als alle anderen und wollten alles.

Der amerikanische Schiffsarzt Dr. Frederick Cook, Spezialist in Ernährungsfragen, wird später, 1909, gegen Robert Peary beanspruchen, den Nordpol als erster erreicht zu haben. Der Norweger Roald Amundsen, Erster Bootsmann auf der »Belgica«, Bewunderer und später Schüler Fridtjof Nansens, war mit seinen 26 Jahren bereits ein erfahrener Abenteurer. Der I-Punkt seiner Karriere sollte der Südpol werden. Er wird nicht nur der erfolgreichste Eisfahrer aller Zeiten sein, er wird aufs Flugzeug umsteigen, den Nordpol erreichen und zuletzt dort untergehen.

Was die Männer auf der »Belgica« gezwungenermaßen mit sich hatten geschehen lassen, nahm Borchgrevink ein Jahr später freiwillig auf sich. 1899 überwinterte seine Expedition bewußt in der Antarktis – ein Experiment, das wichtige wissenschaftliche Erkenntnisse brachte. Anschließend, im antarktischen Sommer, fuhr Borchgrevink mit Hundeschlitten über das Ross-Schelfeis zum Murraygletscher. Zwei Finnen betreuten die Hunde, die, wie seit Jahrhunderten in der Arktis, damit erstmals auch in der Antarktis als Zugtiere eingesetzt wurden. Borchgrevink erreichte die Position 78°50' Süd, den südlichsten Punkt, an den je ein Mensch gekommen war.

Der Wettlauf nach Süden, nach Norden, nach oben hatte begonnen.

Dem Sieg verpflichtet

Polarfahrer früher

Mit der Jahrhundertwende änderte sich der Zeit-Geist. Gleichzeitig begann die Epoche des Zeit-Geizes. Die Pole wurden zur Rechenaufgabe. Das »Weg mal Zeit« der Pioniere wich dem »Weg durch Zeit« der Nihilisten. Hatten die Heroen der Polfahrerei – schicksalsergeben, tapfer, ehrgeizig – versucht, nur die Gesetze des Handelns selbst zu diktieren, ehe sie scheiterten oder starben, Nansen sogar die Tugend der Geduld gepredigt, wucherte jetzt das Geschwür der Zeitzertrümmerung. Nihilismus bis zu den Enden der Welt.

Die Elemente erschienen dem Menschen empfindungslos, die Naturgesetze berechenbar, die Erde begrenzt. Die Zeit wurde einteilbar. Damit wurden die Pole zur Mutprobe. Nicht den Zögerern und Mißtrauischen ergab sich die Natur, sondern der Technik.

1897 startete Salomon August Andrée einen Ballonflug zum Nordpol, als ob er gewußt hätte, daß das nächste Jahrhundert durch die Erfindung des Fliegens bestimmt sein würde. Er flog jedenfalls voraus ins Verderben.

Andrées Projekt, den Pol im Luftfahrzeug zu erreichen, schnell, ohne große Anstrengung, scheinbar sicher, klang noch genialer als Nansens »Fram«-Drift. Von Nordwestspitzbergen startend, rechnete Andrée damit, mit günstigen Winden den Pol in wenigen Tagen zu erreichen und über ihn hinauszufliegen zu können, um in Nordamerika zu landen. Eine »Fram«-Drift auf anderer Route und mit anderen Mitteln. Hatten Nansen und Sverdrup, sein Kapitän auf der »Fram«, drei Jahre gebraucht, um ihr Gefährt mit der Meeresströmung im arktischen Packeis von Sibirien bis Spitzbergen tragen zu lassen, rechnete der Schwede Andrée mit der Strömung der arktischen Luftmassen und ganz anderen Geschwindigkeiten. In nur sechs Tagen wollte er die doppelte Strecke zurücklegen, für die die »Fram« drei Jahre gebraucht hatte.

Der »Adler« am Boden

Hätte sich Nansen mit seinem Schiff nördlich von Cape Barrow in Alaska einfrieren lassen, er wäre vermutlich in unmittelbarer Nähe am Pol verbeigedriftet und hätte diesen ruck, zuck erreicht. In umgekehrter Richtung und durch die Luft kamen Salomon August Andrée, Nils Strindberg und Knut Fraenkel vom sicheren Boden zwar weg, aber nie mehr zu den Lebenden zurück. Sie kamen auch nirgendwo an.

33 Jahre später erst, im Polarsommer 1930, fanden Forschungsreisende auf der zu Spitzbergen gehörenden »Weißen Insel« das Todeslager der Andrée-Expedition: Schlitten, Kufenboot und andere Ausrüstungsgegenstände der Ballonfahrer, ein paar Skelette und abseits der Kopf Andrées, vermutlich von einem Eisbär abgerissen als Spielzeug für seine Jungen. Auch die schriftlichen Aufzeichnungen wurden gefunden.

Andrée, der mit verdächtigem Übereifer zum Abflug gedrängt hatte – als hätte er es mit dem Sterben eilig –, glaubte sich in seiner Gondel zu sicher. Für den Fall eines Absturzes waren die drei Männer kaum vorbereitet.

Aber sie stürzten ab.

Durch den Verlust von Schleppseilen beim Start stieg der Ballon steil an – Gasverlust, alle Berechnungen plötzlich falsch, und die Tragödie begann. Nach mehrmaligem Aufschlagen der Gondel auf dem Eis, Ballastabgabe, drehte am dritten Tag der Wind, der Andrées Expedition heimwärts hätte tragen können. Aber die übriggebliebenen Schleppseile waren jetzt zwischen den Eistrümmern verkeilt, der Ballon festgezurrt, die Expedition bewegungslos. Jetzt rächten sich Leichtsinn und Blindheit der Luftpioniere, die mit der Geschwindigkeit spekuliert und am Boden kaum Mittel hatten, um den ungezählten Gefahren auf dem Eis zu begegnen. Also riskierten sie alles, um wenigstens ihre Angst nach Hause zu tragen. Ein paar Luftsprünge wurden daraus.

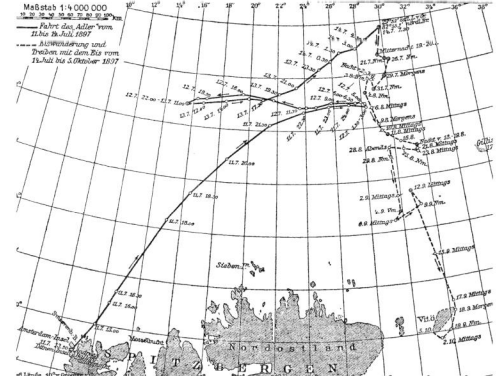

Flug und Ende der Andrée-Leute

Es war Hochsommer. Am 13. Juli läßt die starke Sonneneinstrahlung den »Adler« nochmals hochsteigen. Kurs Ostnordost. Am Abend aber schlagen ihn niedrige Temperaturen wieder nieder. Erneute Abgabe von Ballast, nochmals kann die Hoffnung steigen. Im Laufe der Nacht werden die Segel gekappt, alle Seile, die letzten Sicherungen. Weitere Lebensmittelkisten gehen über Bord. Die drei Männer, auf der Flucht vor der Realität und den harten Stößen der immer wieder auf das Packeis schlagenden Gondel, steigen in den Tragring hinauf und lassen sich treiben. Gegen Schlaf, Müdigkeit und Angst ankämpfend hocken sie da und fahren ins Nichts. Immer tiefer ins Innere der Arktis hinein, immer näher an ihr Verderben heran.

An Land

Am 14. Juli zieht Andrée die Reißleine. Die Landung auf einer Eisscholle gelingt. Der »Adler«, eisverkrustet, ist gelandet und endgültig am Boden zerstört. Er treibt im Wasser, nicht mehr in der Luft. Die Mannschaft treibt ihrem Ende zu.

Andrée beginnt wieder zu rechnen. Als ob er sonst nichts könnte. Auf Cape Flora in Franz-Joseph-Land liegen Vorräte für seine Expedition. Sie reichen für einen ganzen Winter. Bis dorthin sind es 300 Kilometer. Also 300 Stunden Marsch. Das heißt 50 Tage, wenn sie sechs Kilometer pro Tag vorwärtskommen. Am 1. September wollen die drei Schweden an Land sein.

Mit schweren Lasten – Zelt, Boot, Schlitten, Waffen, Munition, Proviant – gehen die Ballonbrüchigen gegen die Eisdrift. Aber alle Berechnungen sind illusorisch. Auch mit halbierter Last und doppeltem Marschtempo sind sie gegen die Strömung zu langsam. Am 4. August ändern sie den Kurs und gehen mit der Eisdrift, aber wohin? Sie lassen sich treiben, bauen eine Eishütte auf ihrer Scholle. Als wäre der Hausbau doch die letzte Rettung. Im Strömungsschatten der Insel Vitö bleibt ihre Drift blockiert. So liegen sie, apathisch auf den Winter wartend, bis die Eispressungen ihre Heimat erschüttern. Das Eis bebt. Ihre Welt knallt, kracht, singt in allen Tonlagen. Wasser gurgelt aus der Tiefe. Die Risse gehen nicht nur quer durch ihre Scholle, sie gehen durch ihr Haus, ihre Hoffnung, ihr Leben. Die Erkenntnis, daß es im Chaos keine Sicherheit geben kann, kommt zu spät.

Am 6. Oktober gehen Andrée, Strindberg und Fraenkel an Land. Vielleicht nur noch, um zu sterben. Nein, sie bauen keine neue Hütte mehr auf. Alle Beschwörungen von Heimat, Wärme oder Zukunft kommen zu spät. Vergebens ist jetzt jeder Handgriff. Sterbend beziehen sie einen Höhlenraum, sammeln Treibholz. Zum Jagen fehlt ihnen die Kraft.

Proviant war noch da, als sie starben, auch Brennholz. Was fehlte, war Zeit, die sie selbst zerstört hatten, und mit ihr die Hoffnung. Das Wissen, den Winter zu überleben, wie Nansen es getan hatte, die Sehnsucht nach daheim war ihnen abhanden gekommen mit dem Rechenstift. Ein beschwerlicher Heimweg war zum endgültigen Heimgang geworden.

Luigi Amedeo von Savoyen,
Herzog der Abruzzen

Zwei Jahre später, 1899, kam mit der »Stella Polare« eine starke italienische Expedition dorthin, wo Nansen 1896 hergekommen war, nach Franz-Joseph-Land. Das Unternehmen – von Nansen beraten, musterhaft ausgerüstet, vom ehemaligen Robbenfänger »Jason« begleitet – wurde von Luigi Amedeo von Savoyen, Herzog der Abruzzen, angeführt. Wieder einmal war es die Kreativität der Südländer, die im Norden ihr Überlebenspotential beweisen sollte.

In der Teplitzbucht liegt das Schiff, das unter den Eispressungen schwer zu leiden hat. Der Polarwinter ist hart. Die Mannschaft, Norweger und Italiener, überlebt die sechs Monate weite Öde in einem aus Rahen, Segeln und anderem Material gebastelten Zelt an der Küste.

Umberto Cagni

Am 21. Februar 1900 schon bricht die Hundeschlittenexpedition, von Umberto Cagni befehligt, Richtung Nordpol auf. Der Herzog selbst, dem die Spitzen zweier erfrorener Finger amputiert worden sind, muß zurückbleiben. Nach zwei Tagen schon kommt Cagni zurück: Die arktische Nacht, die polare Kälte, der Wind sind auf dem Packeis nicht zu überleben.

Am 11. März aber beginnt Cagni mit neun Mann und 104 Hunden seinen zweiten und entscheidenden Vorstoß Richtung Nordpol. Der Pol, nichts als der Pol ist sein Ziel und das des Herzogs der Abruzzen. Alles ist organisiert, berechnet, geplant. Die Gespanne funktionieren. 13 Schlitten sind unterwegs. Waken können in Booten überquert, Eisbarrieren eingeebnet werden.

Am 23. März fährt Francesco Querini mit zwei Mann zurück; ihre Arbeit ist erledigt. Auf der Rudolfinsel aber werden sie nie ankommen. Am 31. März beginnt Molinellis Hilfsabteilung den Rückmarsch. Als sie die Teplitzbucht erreichen, bringen sie zwei Botschaften mit, nein Wahrscheinlichkeiten: daß die erste Hilfsmannschaft umgekommen ist und Cagni auf seinem Weg zum Nordpol noch lebt.

Cagni geht wirklich weiter, mit sechs Schlitten und 49 Hunden, immer geradeaus nach Norden. Er kommt weiter, als Nansen und Johansen 1895 gekommen sind, weiter als je ein anderer Mensch. Bei 86°35' nördlicher Breite aber beschließt auch er die Umkehr. Es ist zuviel. Zuviel Risiko, zuviel Anstrengung, zuviel Ausgesetztsein. Man muß ja noch zurück!

Die Drift treibt die Expedition beim Rückmarsch nach Westen ab – kein Petermann- und König-Oskar-Land zu sehen, die Payer als Inseln beschrieben und schon Nansen nicht gefunden hatte, nur blauer Dunst. Mit äußerster Mühe können die Italiener die Harleyinsel erreichen. Mit nur zwei Schlitten und sechs Hunden schleppen sie sich in einem großen Umweg zum Ausgangslager auf der Rudolfinsel zurück, wo sie als Helden empfangen werden, die neuen Helden des Nordens.

In 104 Tagen haben Cagni, seine Männer und Hunde fast 1400 Kilometer im arktischen Packeis zurückgelegt. Und doch waren sie am Ende vom Pol noch eine Ewigkeit entfernt.

Wenn die Italiener keinen Erfolg hatten, die kühnsten Spieler damals, mußten alle anderen auch scheitern: der verbissene Walter Wellmann, der wiederholt mit lenkbaren Luftschiffen von Spitzbergen aus zum Pol wollte; die amerikanische »Baldwin-Ziegler«-Expedition, der nicht nur der Dampfer »Amerika«, 420 sibirische Schlittenhunde und 15 Ponys zur Verfügung standen, sondern auch eine Menge Vorurteile; und Anthony Fiala, der mit seinen 218 Hunden und 30 Ponys von Franz-Joseph-Land losging und bald steckenblieb.

Umsonst, alles umsonst.

Treiben auf der Eisscholle

Der bergerfahrene Herzog der Abruzzen, nicht zufrieden mit dem Marsch nach Norden, aber geheilt vom Kurs in den Tod, wandte sich einem anderen Pol zu, den höchsten Bergen der Welt, für die die Zeit gekommen war. Seine Leute, zum Teil ausgezeichnete Bergführer – obwohl auf dem Weg zurück vom Pol nur noch ein Zug in Panik –, waren beim Schleppen und Hasten und Eilen über die taumelnden Eisschollen weiter gekommen als alle Irren zuvor. Warum sollten sie auf dem Festland, wo diese Bergmenschen zu Hause waren, nicht bis zum Gipfel kommen?

Der Mount Everest, nach seiner geographischen Lage – 27°59'16" Nord, 86°55'40" Ost – eine Art Ostpol, war 1852 als höchster Berg der Welt erkannt und seine Höhe mit 8839,81 Metern angegeben worden. Er war zweifelsfrei höher als irgendein anderer bis dahin bekannter Gipfel.

Trägerkolonne im Himalaja

1856, nach mehreren Namensvorschlägen für den Vermessungspunkt Peak XV, hatte sich der damalige Chef der Survey of India, Sir Andrew Waugh, für den Namen Mount Everest entschieden, nach seinem eigenem Vorgänger im Vermessungsamt Sir George Everest. Dieser Name wurde von der Royal Geographical Society of Britain in London gutgeheißen und angenommen. Er gilt heute noch. Bei weiteren Vermessungen des Berges von sechs neuen Standorten aus erfolgte die Korrektur auf 8882,18 Meter Höhe.

K2 im Karakorum

Aber dieser Mount Everest lag an der Grenze zwischen Tibet und Nepal. Für Ausländer war er aus politischen Gründen unzugänglich. Also blieb für die Italiener »nur« der K2, der zweithöchste Berg der Erde.

50 Jahre früher, 1856, als der deutsche Forscher Adolf Schlagintweit den östlichen Mustaghpaß im Karakorum erstiegen hatte, war vom britischen Vermessungsoffizier

Captain T. G. Montgomery aus 200 Kilometer Entfernung im inneren Karakorum eine »Zusammenballung hoher Gipfel« gesichtet worden. Er numerierte die höchsten mit K1, K2, K3 etc.; K stand dabei für Karakorum. Fünf Jahre später erforschte der Brite Colonel H. H. Godwin-Austen große Teile des westlichen Karakorums, zeichnete eine erste Übersichtskarte und beschrieb den Zugang zum K2, der inzwischen als zweithöchster Berg der Erde galt.

1892 gelangte der Engländer Lord W. M. Conway bei seiner Forschungsreise bis an den Fuß des Berges. Die Expedition, angeführt von einem merkwürdigen Duo, dem Londoner Kunstprofessor William Martin Conway und seinem Stellvertreter Major Charles Bruce, folgte einer militärischen Ordnung. Bruce begleiteten vier Träger – Gurkha-Krieger, die von den Briten zwangsverpflichtet worden waren. Damit hatte Bruce einen Brauch begonnen, der für die zukünftigen Himalaja-Expeditionen typisch werden sollte – nur mit dem Unterschied, daß später Sherpa- oder Hunza-Träger an die Stelle der Gurkhas rückten. Drei weitere Briten und zwei deutschsprachige Bergsteiger vervollständigten die Gruppe: Oscar Eckenstein, ein nach England emigrierter Österreicher, sowie Matthias Zurbriggen, ein exzellenter Bergführer aus dem Monte-Rosa-Gebiet, ein typischer Walser, der im italienischen Bergdorf Macugnaga lebte.

Conway, der erkannt hatte, daß der Versuch, den K2 zu besteigen, scheitern mußte, beschloß weiterzuziehen. Er wandte sich weniger bedrohlich aussehenden Gipfeln zu. Eckenstein verließ daraufhin die Expedition. Ihm gefielen die aus alpinistischer Sicht rückständigen Ideen Conways nicht. Auch lehnte er es ab, sich an das Seil des Bergführers Zurbriggen zu binden, weil er immer ohne Führer ging. Grundsätzlich und aus Überzeugung. Eckenstein, der zwei der wichtigsten Steighilfen für das Eisklettern entwickelt hatte, ging im Eis mit einem nur 85 Zentimeter langen Eispickel und zehnzackigen Steigeisen, die sich an die Stiefel schnallen ließen.

Conway mit Trägerkolonne

Conway bestieg bei seiner Reise nicht nur den Vorbau des »Golden Throne«, er stellte mit seinen 6890 erkletterten Metern den Höhenrekord der Münchner Brüder Schlagintweit ein, und es sollte dem Professor und Kunstkritiker gelingen, mit seinem Bericht über das Vordringen in die Eiswüste des Karakorums Expeditionen zu den höchsten Bergen gesellschaftsfähig zu machen.

1902, zehn Jahre nach Conways Forschungsunternehmen, war Oscar Eckenstein ein zweites Mal dorthin unterwegs. Diesmal als Leiter seiner eigenen K2-Expedition. Seine Leute aber mußten erst einmal ohne ihn vorankommen, da der Expeditionschef an der Grenze Kaschmirs festgenommen worden war. Die Kolonialbehörden erschwerten Eckensteins Einreise, weil William Martin Conway, der 1902 zum Präsidenten des British Alpine Club gewählt worden war, »alles tat, um seinem Kameraden von 1892 Hindernisse in den Weg zu legen«. So jedenfalls deutete der Kunstsammler Guy Knowles die Internierung Eckensteins. Knowles war ein weiterer Teilnehmer jenes Unternehmens, bei dem ein halbes Dutzend Top-Alpinisten der Jahrhundertwende ernsthaft planten, dem K2 auf den Gipfel zu steigen.

Zur Mannschaft gehörten auch der Wiener Richter Heinrich Pfannl, sein Landsmann Dr. Victor Wessely, der Schweizer Arzt Jules Jacot-Guillarmod und der Ire Aleister Crowley, der als Beruf Journalist angab. Crowley war ein Freund des einzelgängerischen Eckenstein und okkulter Riten. Beide verdammten den British Alpine Club und alle altmodischen Methoden, auf Berge zu steigen. Er verstand es meisterhaft, mit Trägern umzugehen, griff aber zur Peitsche, wenn einer der Balti-Träger sich daranmachte, Salz, Zucker oder Ausrüstungsgegenstände zu stibitzen. Auch Streiks duldete er nicht. Der Wille des Sahib – des weißen Herrn – war heilig! Am Nord- und Südpol trieb man die Hunde an, am Ostpol die Träger, um ans Ziel zu kommen.

Drei Wochen nach seiner Verhaftung durfte Eckenstein der Gruppe nacheilen. Der Anmarsch war in vollem Gange. Am Godwin-Austen-Gletscher angekommen, sah Crowley, seinem Kletterinstinkt folgend, jene Route am K2, die 1954 erstmals überwunden werden sollte und heute »Abruzzigrat« heißt. Leider war Crowley mit seinem Routenvorschlag von den anderen Teilnehmern überstimmt worden. In 6000 Meter Höhe am Nordostgrat und zur Verbitterung von Crowley scheiterte daher der erste Besteigungsversuch am K2.

Träger bei der Rast im Karakorum

Aleister Crowley, der seine Träume ein halbes Jahrhundert zu früh geträumt hatte, versuchte drei Jahre nach dem Debakel am K2, den dritthöchsten Berg der Erde, den 8597 Meter hohen Kangchendzönga, zu besteigen. Eine Lawine tötete dabei zwei seiner Träger und den Schweizer Alpinisten Alexis Pache. Mit diesem Mißerfolg hatten die naiven Versuche, zur Spitze der Welt zu kommen, erst einmal ein vorläufiges Ende gefunden.

1909 endlich begann mit der ersten Mammutexpedition zu einem Achttausender, die bis ins kleinste Detail vorbereitet worden war, die neue Zeit am dritten Pol. Elf Europäer, 262 numerierte Lasten, 13 280 Pfund Gepäck wurden für den K2 aufgewendet. Darunter war das angestrebte Ziel nicht zu haben. Der Herzog der Abruzzen, ein Enkel von König Viktor Emanuel II., ahnte nicht nur, wie schwer der K2 zu besteigen war, er hatte sich und seine Leute bestens darauf vorbereitet.

Der Herzog der Abruzzen, Luigi Amedeo von Savoyen, war der richtige Mann, um zum Erfolg zu kommen. Er verfügte auch über die richtigen Leute. Das K2-Team von 1909 war stark. Die beiden Führerbrüder Alexis und Henri Brocherel aus Courmayeur waren dabei, die den damaligen Höhenrekord innehatten (aufgestellt 1907 mit dem Briten Tom George Longstaff am 7120 Meter hohen Trisul); der Führer Joseph Pétigax, der Geograph Filippo de Filippi und dessen Kollege Frederico Negrotto, ein Leutnant zur See, der auf den weiten Gletscherfeldern navigieren sollte; dazu Vittorio Sella, ein Fotopionier, der die moderne Alpinfotografie beeinflußt hat wie damals kein anderer.

Überquerung eines Gletscherbachs auf dem Weg zum K2

Der Treck – 500 Träger waren es am Beginn des Baltorogletschers, dazu Schafe, Bergziegen und Hühner als Frischfleisch – wurde über eine Lagerkette, die in Richtung K2 installiert war, versorgt. Ende Mai erreichten die Italiener den Fuß des K2. Eckensteins Weg, der Nordostgrat, erschien dem Herzog zu lang und zu ausgesetzt. Die Gruppe marschierte um den K2 herum und betrat einen Gletscher auf der Westseite, den man Savoiagletscher nannte.

Der Nordwestgrat aber – eine Route, die dem Herzog »nicht sehr steil« vorkam – war im unteren Teil ungangbar. Enttäuscht wandten sich die Italiener der Südseite des K2 zu, die schon vom Baltorogletscher aus zu sehen gewesen war. In 5000 Meter Höhe errichteten sie ein Basislager. Der »Abruzzengrat« darüber, wie der Herzog seinen Sporn nicht unbescheiden nannte, wurde ins Auge gefaßt. 1000 Höhenmeter quälte sich der Namensgeber selbst mit dem Brüderpaar der Brocherels am Grat empor. An »vorspringenden Felsen von gelbrötlicher Farbe« kapitulierten die Italiener. Mehr als zweieinhalb Höhenkilometer vom Eisdach des K2 entfernt. Dieser Gipfel war »unzugänglich«.

Pearys Schlittenkolonne auf dem Packeis
Richtung Pol

**». . . zwei, die um die Palme
ringen? Wer hat zuerst den Nordpol nicht entdeckt?«**
KARL KRAUS
»Die Entdeckung des Nordpols«

Im äußersten Norden Grönlands

Frederick Albert Cook

Die Strecke, die 1909 am K2 noch unmöglich schien, die letzten paar Kilometer bis zum höchsten Punkt, spielten am Nordpol keine Rolle. Auf den Kilometer genau hätte damals so und so keiner hinkommen können. Vor allem Peary navigierte dafür viel zu ungenau.

Die Frage heute ist vielmehr, wie weit der Amerikaner Robert E. Peary 1909 an den Nordpol herangekommen ist. Vielleicht war der Deutschamerikaner Frederick A. Cook ein Jahr zuvor schon am Pol gewesen? Oder war es beim spektakulären Wettlauf um den Nordpol gar nicht ums Hinkommen gegangen, sondern nur ums Heimkommen? Zuletzt ging es nur mehr darum, die eigene Heldentat der breiten Öffentlichkeit als wahr zu verkaufen und im Gegenzug den Konkurrenten als Schwindler, Lügner und Versager zu entlarven. Der Wettlauf zum Nordpol, Peary gegen Cook, der 1892 mit einer gemeinsamen Expedition in Nordgrönland begonnen hatte und 1909 in einem Medienskandal ohnegleichen seinen Höhepunkt finden sollte, dauert heute noch an.

Robert E. Peary, Marineingenieur aus Maine in den USA, floh, gerade 30 Jahre alt, von der Mosquitoküste in Nicaragua, wo er Vermessungen durchgeführt hatte, nach Grönland. Aus der Hitze in die Kälte, aus der Langeweile in die Todesgefahr, aus einer bürgerlichen Karriere in das Risiko eines Aussteigers.

Ein reiner Zufall – Peary blätterte in einem Antiquariat ein Buch über das Inlandeis Grönlands durch – bringt den ausgebrannten, lebensmüden Seemann auf die Idee, Grönland zu durchqueren. Diese Insel, fünfmal so groß wie Frankreich, von Eis bedeckt, ist ein Meer aus Kälte, Grauen und Not. Nacht im Winter, blendendes Licht im Sommer. Als wäre die Eiswüste die einzige Fluchtmöglichkeit für einen erwachsenen Karrieristen, der auf dem Weg ist, mit tausend anderen toten Jugendträumern im Gleichschritt in den Krater des Alterns zu steigen, marschiert er plötzlich neben seiner Laufbahn.

Verjüngt und naiv bricht Peary 1886 erstmals ins Innere Grönlands auf. Zusammen mit dem Dänen Maigaard legt er 200 Kilometer zurück. Er kommt nur bis auf den Kamm des Inlandeises und doch weiter als sein Vorgänger Nordenskiöld. Als ihm 1888 Nansen mit seinem 40-Tage-Marsch über das Inlandeis zuvorkommt, entschließt sich Peary, den Nordosten des Landes zu erforschen. Er will bis an die Küste marschieren oder bis zum Pol. Noch ist nicht gesichert, daß Grönland eine Insel ist.

1892 laufen Pearys Hunde – mit Astrup und Cook als Betreuern – in Netzmärschen 2200 Kilometer weit durch den Norden Grönlands. Peary, verletzt, sitzt meist auf dem Schlitten. In den Jahren danach versucht er, die Küstenlinie noch genauer zu erforschen. 1894 verliert der moderne Sklaventreiber Peary sein Lager mit allen Vorräten in einer Gletscherspalte. 1895 bringt er wieder nur sein Leben und das seiner Begleiter zurück. Und weil sich diese seine Rennen um Leben und Tod besser »verkauften« als Forschungsergebnisse und Landkarten über eisstarre Küstenstreifen, wird Peary zum Abenteuerdarsteller.

Wie weit Peary genau gekommen ist, wie falsch seine Karten waren, die Nansen mit einem Fragezeichen versah, wußte nach zehn Jahren seiner Grönlandfahrten niemand zu sagen. Wahrscheinlich auch Peary selbst nicht. Er wußte nur von seiner Bestimmung. Seine Laufbahn orientierte er jetzt nicht mehr an irgendeiner Gehälterstaffel und Pensionskasse, sondern einzig an nördlichen Breitengraden.

Frederick Albert Cook, der gute zehn Jahre später sein Gegenspieler im Machtkampf um die Behauptung sein sollte, den Pol als erster erreicht zu haben, war ein ganz anderer Typ als Peary. Cook, elf Jahre jünger, war Arzt. Dazu verfügte er über fundierte ethnologisch anthropologische Kenntnisse. Cook, der 1892, als Peary sich das Bein gebrochen hatte, bereit war, freiwillig weiterzumarschieren, weckte bei seinem Rivalen Neidgefühle und Ehrfurcht gleichermaßen. Trotzdem blieb nach dieser gemeinsamen Grönlandexpedition und einem Vorstoß Richtung Nordpol zehn Jahre später nur noch Rivalität zwischen den beiden. Am Ende haßten sie sich so sehr, wie nur in ihrer Ehre verletzte Männer hassen können.

Es steht heute außer Zweifel, daß Cook ein ausgezeichneter Expeditionsarzt, ein zäher Marschierer und ein feinfühliger Leader im Umgang mit Kameraden war. Warum aber hat er die Gipfelbilder gefälscht, mit denen er 1906 die erste Besteigung des Mount McKinley in Alaska zusammen mit Edward M. Barrill beweisen wollte? Warum steckt sein Expeditionsbericht über die Hundeschlittenreise »zum Mittelpunkt der Arktis« so voller Widersprüche? Warum verlor er in der Auseinandersetzung mit Peary zuerst sein Tagebuch und zuletzt fast seine gesamte Glaubwürdigkeit?

Beide, Cook und Peary, haben wiederholt Reisen in die hohe Arktis gemacht. Beide waren am Ende vom Polfieber befallen. Beide ahnten, daß die Welt nur auf die Nachricht wartete, daß der Pol erreicht worden war, und beide wußten, daß die Erfolgsmeldung nicht kontrollierbar sein würde. Den Nordpol gab es nicht, und auch wenn ihn einer erreichte, ein Zelt dort aufstellte, mitten im arktischen Packeis, oder eine Fahnenstange am Pol, drifteten alle diese Beweise ein Jahr später irgendwo an die Ostküste Grönlands. Nur wenn beide gleichzeitig an dem einen Punkt, den wir Nordpol nennen, angekommen wären, hätten wir heute einen eindeutigen Beweis dafür, daß sie den Pol auch wirklich erreicht haben.

Anders als am Südpol, wo Amundsen ein Zelt hinterließ, das Scott einen Monat später finden und fotografieren sollte, war im Zeitalter vor der Satellitenkommunikation und PR-Fliegerei der Marsch bis zum Nordpol schier unmöglich zu beweisen. Ob der intelligentere Cook mit dem Vorsatz zu schwindeln aufgebrochen war, der erfolgsbesessene Peary schwindelte, weil er nicht bis zum Pol kam, weiß ich nicht. Beide aber können den Nordpol nach meinem Dafürhalten nicht erreicht haben. So sicher es ist, daß beide, Norweger und Briten, im antarktischen Sommer 1911/12 am Südpol ankamen, so unwahrscheinlich ist es, daß beide Amerikaner, Cook und Peary, den Nordpol 1908/09 erreicht haben.

Der Südpol liegt auf dem Festland, inmitten eines Kontinents, der Nordpol mitten im arktischen Ozean. Der Südpol ist weiter weg vom Meer als der Nordpol vom Festland, aber mit damaligen Mitteln war 90° Süd leichter zu erreichen als 90° Nord.

Nach 25 Jahren eigener Erfahrung an den höchsten Bergen und fernsten Polen der Welt, nach dem Studium von 100 Jahren Polgeschichte weiß ich, daß der Nordpol »by fair means« – ohne Verbrennungsmotoren – der schwierigste der drei Pole ist. Erst 1995 sollte es gelingen, ihn so zu erreichen. »Ohne«, ohne Sauerstoffgerät und Trägerkolonne, ist der Mount Everest erst 70 Jahre nach dem Südpol betreten worden, der Nordpol 100 Jahre nach Nansens fairem Versuch.

Cook, damals 42 Jahre alt, hatte seinen Vorstoß nach Norden in aller Stille vorbereitet. 1907 schloß er sich der Expedition von John R. Bradley an, der in Westgrönland auf Großwildjagd gehen wollte. In Annoatok, der damals nördlichsten Eskimosiedlung,

Cook und Peary hatten von den Eskimos gelernt

Im Polarmeer

»Ich war im Begriff, das unbewußte Werkzeug meines Ehrgeizes zu werden.«
FREDERICK ALBERT COOK

53

Eskimo

Cook lebte auf der Heimreise von der Jagd

blieben Cook und Rudolph Franke, ein Deutscher, zurück. Fasziniert von der Arktis, 1300 Kilometer vom Pol entfernt, wartete Cook auf seine Chance.

Peary erfuhr vorzeitig von Cooks Plan. Er fühlte sich betrogen, hintergangen, im Recht. Er, der öfter als jeder andere im hohen Norden gewesen war, er, der 1906 weiter als jeder andere an den Pol herangekommen war, beanspruchte ein Vorrecht auf den »Großen Nagel«, wie er mit den Eskimos den Pol nannte. Nein, seinen Pol, mit seinen Eskimos, sollte ihm Cook nicht wegnehmen. Der »Ehrenmann« Peary begann nun eine Rufmordkampagne gegen den »Schwindler« Cook, die nicht einmal mit dem Tod Pearys enden sollte.

250 Eskimos halfen Cook, der ihre Sprache verstand, bei den Vorbereitungen seiner Expedition. Mit zehn Einheimischen, elf Schlitten und 103 Hunden verließ er am

13. Februar 1908 sein Winterquartier. Voraustrupps hatten auf der anderen Seite des Smithsunds, der Meerenge zwischen Grönland und Kanada, Depots angelegt. Ab jetzt zog Cook jagend nach Nordwesten weiter, ein moderner Kolonialist. Am 18. März begann er in Cape Svartevolg seinen 850 Kilometer langen Marsch Richtung Norden, zum Pol.

Im Eismeer begleiten Cook nur noch zwei Eskimos. 26 Hunde ziehen die Schlitten. »Aus dem Lande« können sie sich nicht mehr ernähren, denn die Jagdbeute wird mit jeder Meile nach Norden spärlicher. Brennstoff und Proviant auf den Schlitten sollen aber nur für 80 Tage reichen.

Ob Cook nun »das unbewußte Werkzeug seines Ehrgeizes« geworden war, wie er später schrieb, das »ohne Willensstärke, wie von einer unbestimmten Kraft vorwärts auf das ferne Ziel zugetrieben wurde«, oder einfach auf dem Eis im Kreis ging, um die Gefahren und das Ausgesetztsein im Innern des Polarmeers zu meiden, weiß ich nicht. Ich weiß auch nicht, ob er seinen beiden jungen Eskimos immer wieder »Land« zeigte, um sie zu beruhigen, wie er behauptete, oder die Eskimos wirkliches Land sahen,

Eskimos beim Fischen

was bedeuten würde, daß sich Cook bei seiner Expedition immer in Küstennähe aufgehalten hat.

Cook behauptet, den Pol am 21. April 1908 erreicht zu haben. Hundeschlittenexpeditionen heute brauchen länger, viel länger; trotz leichterer Ausrüstung, trotz Verproviantierung mit dem Flugzeug, trotz Satellitennavigation. Sicher, Cook hat seine Hunde sukzessive geschlachtet, aber auch diese Arbeit kostet Zeit und beflügelt den Schlächter sicherlich nicht zu unvorstellbaren Gewaltmärschen. Die angebliche Länge des eigenen Schattens am Pol und die in einer Metallbüchse hinterlassene Nachricht blieben so wenig ein handfester Beweis für Cooks Erfolg wie das neue Land, das er längs des 102. Längengrades, zwischen 84 und 85° Nord, entdeckt haben wollte. Es gibt dort kein Land.

Die Gefahren der Arktis – schaukelndes Neueis, Sturm, ausreißende Hunde, erfrierende Hände, White-out – und eine prähistorische Lebenseinstellung – tun, was die Natur vorschreibt, was am Ende der Welt das einzig brauchbare Dasein ist – hat Cook gekonnt beschrieben. Ob er sie auch erlebt hat, ist eine andere Frage. Der genau beschriebene Rückmarsch – ständig im Nebel, Standortbestimmung unmöglich, die Eisdrift falsch eingeschätzt – ist noch weniger ein Trumpf in Cooks Hand als der Hinweg. Im anschließenden Kartenspiel »Wer war als erster am Pol?« waren seine Argumente nicht bestechend.

Daß sich Cook, einmal an Land, mit seinen Eskimos durchzuschlagen vermochte – die Depots verfehlt, zum Überwintern gezwungen, die Jagd als einzige Überlebenschance –, beweist sein Können, seine Führerqualitäten, seine Ausdauer. Das alles aber ist kein Beweis dafür, daß Cook den Pol erreicht hat. Am 18. April 1909 kehrte der ausgehungerte Überlebenskünstler mit seinen beiden Begleitern nach Annoatok zurück, bis zur Unkenntlichkeit verwildert. Wenige Tage später begann er seine beschwerliche Reise zum nächsten Telegrafenamt.

Robert Edwin Peary, der sich seit mehr als einem Jahrzehnt als Instrument aller Amerikaner für das Erobern des Nordpols empfunden hatte, erfuhr in diesen Tagen, daß Cook dort gewesen sein wollte, wohin er mußte. Das konnte nicht sein, das durfte nicht sein, das sollte nicht wahr sein. Auch wenn Cook den Pol nachweislich erreicht hätte, Peary hätte ihm den Erfolg streitig gemacht.

Ende April 1909, Peary war eben erst zurück von seinem eigenen, vierten Versuch, bis zum Nordpol vorzustoßen, begann der eigentliche Wettlauf der beiden Polbesessenen um Sieg oder Platz. Der Weg zurück zum Anschluß an die Massenmedien, zum Zeitungsvolk, das zuletzt zu entscheiden hatte, wer den Pol zuerst, nicht oder später erreicht haben würde, sollte zur Rennbahn werden. Die Nachricht, für die es Zeit war, hatten beide in ihrem Gepäck. Die Beweise für den Pol hatte keiner. Peary aber hatte die besseren Sprüche, zuletzt mehr Redakteure auf seiner Seite und den Präsidenten als eine Art Kronzeugen.

Mit der »Windward« des Mäzens Lord Northcliffe, der schon Frederick George Jackson für eine Forschungsreise auf Franz-Joseph-Land ausgerüstet hatte, war Peary 1898 erstmals Richtung Pol aufgebrochen. Obwohl diese Reise vier Jahre dauerte, kam Peary nicht weit über Cape Morris Jesup hinaus. Aber Peary kam wieder. Unterstützt von einer ganzen Pol-Industrie, beflügelt vom Präsidenten der USA, Theodor R. Roosevelt, besessen von seinem Auftrag, mußte er als erster am Pol sein. Daß Carl Weyprecht diesen »Wettlauf zum Pol« als Unfug bezeichnet hatte, störte ihn ebenso-

»21. April 1908 – am Nordpol. Begleitet von den jungen Eskimos Arwilah und Itukischuk, erreichte ich heute mittag 90°N, eine Stelle auf dem Polarmeer 520 Meilen nördlich von Svartevoeg. Wir waren 35 Tage auf dem Marsch. Hoffe morgen auf einem Wege etwas westlicher, als wir gekommen, zurückzukehren.«
FREDERICK ALBERT COOK

Pearys Leute am Pol?

Hundegespann

Eskimos mit Hunden

wenig wie sein Alter. Peary war inzwischen 53, gehbehindert, in notorischer Geldnot. Er konnte nur noch auf dem Schlitten reisen, und nur ein Sieg konnte ihn vor seinen Gläubigern retten.

Am 1. März 1909 startete Peary seinen neuen, seinen letzten Marsch Richtung Pol. Cook war noch nicht zurück. Also war er gescheitert oder tot. Am Pol jedenfalls konnte Cook in Pearys Vorstellungsvermögen nicht gewesen sein. Der Pol gehörte ihm, und nur ihm. Nur er hatte ein Anrecht, die Erde am »Großen Nagel« quietschen zu hören. Peary folgte seinem Ideal, und alles folgte seinem Befehl. Ausrüstung, Mannschaft und Hunde waren zwar besser denn je, aber noch nicht selbständig genug für eigene Entscheidungen. Den unterwürfigen Henson, seinen schwarzen Begleiter, den der Herrenmensch Peary wie einen Sklaven hielt, wollte er mit bis zum Pol nehmen. Dazu vier Hundetreiber, Eskimos, die auch nicht lesen und schreiben konnten. Alle anderen Hilfsschlitten wurden zurückgeschickt, einer nach dem anderen.

Wollte Peary nur den Polerfolg für sich, für sich allein, oder wollte er etwas vertuschen? Niemand sollte ihm den Pol streitig machen! Weder ein eigenständiger Begleiter noch eine Berichterstattung, die mit handschriftlichen Aufzeichnungen seinen eigenen widersprechen konnte.

Mit Henson, sechs Landsleuten, 17 Eskimos, 19 Schlitten und 133 Hunden geht Peary von Cape Columbia im äußersten Norden Kanadas – 82°32' Nord, 70° West – los. Es wird nicht aufgebrochen. Seine Hilfsmannschaften fahren voraus und auf Befehl ohne ihn zurück. So schont Peary sein Gespann und seine Männer. Er legt auf dem Hinweg Proviant- und Brennstoffdepots für die Rückfahrt an. Als ob das Packeis stabil bliebe, nur weil Peary reist: Der vom Packeis Geschüttelte hätte wissen müssen, daß seine Depots nicht mehr zu finden sein würden, wenn er Monate später über die verschobenen und chaotisch durcheinandergewürfelten Eisplatten seinen Weg zurück suchen würde. Noch nie – nicht vor Peary und nicht bis heute – konnte eine Expedition auf dem Weg vom Pol zurück über dasselbe Eis reisen.

Peary rechnete auf seiner letzten Fahrt zum Pol zwischen Hin- und Rückreise nicht mit Monaten, sondern nur mit Wochen.

Am 1. April, inzwischen bis 87°46'49" weit nach Norden vorgedrungen, schickt Peary den letzten seiner Hilfsschlitten zurück, den Kapitän Bartlett führt. 246 Kilometer fehlen noch bis zum Ziel. Mit fünf Schlitten, 40 Hunden, seinem treuen Henson und vier Eskimos jagt Peary weiter. Weiter wohin? Taumelig, ergraut, halb erfroren sitzt er auf einem der Schlitten. Es gibt kein Verschnaufen, kein Schlafen, kein Zweifeln mehr. Peary beweist jetzt, daß er kein Forscher, sondern ein forscher Unternehmer ist. Er weiß, daß er alle Voraussetzungen geschaffen hat, seinen Pol zu erreichen oder ihn zu erfinden, wo immer er will. Sein Plan ist es, erfolgreich zurückzufahren. Inmitten der Arktis herrschten keine amerikanischen Gesetze. Auch keine Moral. Am Pol herrschte die Wildnis, und Peary, solange er sich ihr unterordnete. Zwischen den vielen Wasserrinnen und Eisaufwürfen spielte Charakter eine kleinere Rolle als Instinkt, Überlebenswille, Glück. Das Glück aber lag hinter ihnen, solange sie nach Norden jagten, vor ihnen beim Rückmarsch. Das Glück lag immer im Süden, an Land, auf dem Schiff. Deshalb hämmerten alle Instinkte »Zurück!«, so wie die Eispressungen mit tausend Stimmen »Nimmer vorwärts!« riefen.

Nein, in der Arktis herrschte keine Kirchenruhe und keine Moral. Damals nicht und heute nicht. Die frömmsten Wünsche und Gebärden zerbröckeln zwischen Blizzard und Polarnacht wie meterdicke Eisplatten im Eisstau. Mit Edelsinn und Menschenrechten kommst du vielleicht in den Himmel, aber nicht überallhin. Sicherlich nicht bis zum Nordpol.

Am 6. April 1909 will Peary den Pol erreicht haben. Fünf Tage für die letzten 246 Kilometer! »Sterne und Streifen am Pol gehißt«, wird er nach seiner Rückreise telegrafieren, und niemand wird fragen, wo. Nur die paar Menschen, die selbst Richtung Pol marschieren, mit oder ohne Hunde, fragen sich immer noch und immer wieder, wie das möglich sein konnte. 250 Kilometer in fünf Tagen? Vielleicht war Peary nur krank wie alle Kinder seiner Zeit, deren Fieberträume und Wünsche er als »Sieg« für ein ganzes Jahrhundert aus dem Eis in eine hoffnungsvolle Zukunft holen wollte. Bartlett wird später behaupten, daß Eisverhältnisse und Wetter einmalig günstig waren. Auszuschließen ist dies nicht, im Polarmeer ist alles möglich, nur nicht die Geschwindigkeit, mit der Peary das letzte Stück Wegstrecke zum Pol zurückgelegt haben will. Noch weniger sein Rückmarschtempo. In nur 16 Tagen wären Peary und seine stummen Diener und Hunde vom Pol zurück nach Cape Columbia gereist. Unmöglich!

Und wenn sie nicht am Pol waren?

Möglich.

Das Eis kann noch so für Peary gearbeitet haben, 1000 Kilometer schafft keiner auf dem Polarmeer in nur 20 Tagen! Gesichert ist also nichts, sicher ist nur, daß die Männer, die anschließend Pearys Ergebnisse zu prüfen hatten, dem Polarindustriellen gewogen sein mußten.

Die Peary-Expedition opferte ihrem Erfolg fast alle Hunde. Von 104 Tieren brachte sie sechs zurück. Der Meteorologe Ross G. Marvin war als Anführer des zweiten Hilfstrupps beim Rückmarsch durch das Neueis einer Wake ins Wasser gefallen oder von den aufgebrachten Eskimos hineingestoßen worden; jedenfalls war er nicht mehr zurückgekommen.

Peary hingegen hatte – im Hauptlager zurück – zuerst nichts von seinem Erreichen des Pols verraten. Er schlief 48 Stunden lang und begann dann unverzüglich mit den Vorbereitungen für die Heimreise. Noch wußte niemand, daß mit diesem letzten Vorstoß Pearys die Flucht aus Nicaragua über Grönland bis zum Nordpol zu Ende war. Wir aber werden nie wissen, was wirklich bei diesem ersten »Sieg« über einen der drei Pole, den schwierigsten dazu, erlebt worden ist. Pearys Ziel jedenfalls, das das Wunschdenken der Amerikaner und der ganzen lesenden Menschheit widerspiegelte, gilt seit damals als erreicht.

Jetzt erst begann der Wettlauf um Zeitungszeilen, Titel und Geld. Cook war der bessere Erzähler. Er hörte genau auf das Geraune der Leute und las ihnen von den Lippen, was sie hören wollten. Er trug dem Publikum zu, was es wünschte. Den Pol, die Wildnis, den Sieg des Menschen über die Natur? Zuträger oder Betrüger, ein gutes Medium waren beide, Cook und Peary. Die Träume, die sie der Menschheit auftischten, waren schon lange nicht mehr nur die ihren.

Beide waren jahrelang auf dem Eis gewesen. Beide kannten das Knistern der dünnen Eishaut unter ihren Schlitten, das wellenhafte Schwanken der zähen Masse, unter welcher das Meerwasser schlug. Zurück aus dem Eismeer aber hatten die Müden in ihrem eigentlichen Wettlauf das Vergessen begonnen: Vergessen wurden Strapazen, Gefahr und Tod. Der schwarze Abgrund überall unter dem Eis kam jetzt nur noch in ihren Alpträumen vor.

Die Hetze zurück

»Mit meiner Expedition hatte ich ein Ideal verwirklicht. Alles folgte meinem Willen so nachgiebig wie die Finger meiner rechten Hand.«
ROBERT EDWIN PEARY

Eskimoschlitten, wie ihn Peary benutzte

»Als Herr Cook erzählte, woher er komme, vollzog sich die Teilung der Welt in Idealisten und Skeptiker.«
KARL KRAUS
»Die Entdeckung des Nordpols«

Walrosse

Der Kampf um Zeitungsseiten, Dividenden und Ruhm kostete sie ihre letzte Energie. Nicht wer mehr Weiß an der Polarkappe erobert hatte, sollte Sieger sein, sondern derjenige, der mehr Druckerschwärze fließen ließ. Sowenig aber die Gesetze der Wildnis Gut und Böse kennen, die Massenmedien kennen nur die Marktgesetze. Zuerst verkaufen sie die erste Nachricht und dann das Schlechte. Ob wahr oder falsch, interessiert die Zeitungsleser weniger. Es war vor hundert Jahren so wie heute.

Peary hatte in Annoatok von Cooks Behauptung erfahren, den Pol ein Jahr vor ihm erreicht zu haben. Das bedeutete gar nichts. Er, Peary, würde der erste sein, die Nachricht von seinem Erfolg zu verbreiten. Dann wollte er Cook zum Lügner stempeln.

Cook erreichte in Lerwick auf den entlegenen Shetlandinseln die Zivilisation. Bei diesem ersten Kontakt mit der Welt telegrafierte er dem »New York Herold« 2000 Worte über seinen »Sieg«. Spesen: 3000 Dollar. Fünf Tage später telegrafiert Peary seine berühmten sechs Worte – »Sterne und Streifen am Pol gehißt« – und hat schon gewonnen.

Jetzt zählte der Pol nicht mehr. Jetzt zählte nur noch das Gefühl der Massen, und das Nationalgefühl der Amerikaner war auf Pearys Seite. Auch seine Biographie sprach für ihn. Und nicht zuletzt hatte der Präsident auf ihn gesetzt: Mit einem Händedruck und dem Satz »Peary, ich verlasse mich auf Sie« hatte Roosevelt bei der Abreise zum Pol Auftrag und Glaubwürdigkeit Pearys unterstrichen.

Die verbliebenen Unterlagen Cooks – einige hatte er in Grönland zurückgelassen, und Peary soll angeblich Teile davon verschwinden haben lassen – sowie die Bücher der beiden sind interessant, sogar spannend zu lesen. Eindeutige Beweise für den Marsch bis zum Pol finden sich darin nicht: Die 2742 Meter Tiefe, die Peary wenige Kilometer vom Pol entfernt gemessen haben will, ohne allerdings mit dem Lot auf Grund zu stoßen, sind ebensowenig Beweis wie Ortsangaben in Längen- und Breitengraden. Tagebucheintragungen sowie Sonnenhöhen allein können nie als Beweis für das Erreichen des Nordpols gelten. Und was soll die nördlichste Spur eines Eisbären, die nördlichste Fuchsspur, wenn es um den Rekord im äußersten Norden der Erde geht?

Was wir in allen Berichten finden, ist Chauvinismus. Peary, der die amerikanische Flagge auf all seinen Expeditionen nach Norden um seinen Körper gewickelt getragen hatte, reiste angeblich für Ehre und Ansehen der Vereinigten Staaten von Amerika. Und ein bißchen auch für seinen Ruhm. Cook war in diesem Punkt zwar ehrlicher, im großen und ganzen aber ist sein Bericht sehr vage.

Cook und Peary sind beide ohne zuverlässige Zeugen zum Pol gereist und zurückgekommen, aber beide beschrieben das Innere der Arktis sehr ähnlich. Zwischen 83 und 90° Nord hatten sie eine geschlossene Eisdecke gesehen. Schnee und Eis, auf denen sie liefen, sind in den Berichten sehr ähnlich. Nansen aber war 1907 zu dem Schluß gekommen, am Pol selbst sei offenes Meer. Zufall? Sind vielleicht Ähnlichkeiten in der Beschreibung der Eisdecke, der Wind- und Schneeverhältnisse der Beweis dafür, daß beide am Pol waren, 1908 Cook, 1909 Peary? Oder hat Peary Cooks Tagebuch benützt, um seinen Marsch zum Pol zu untermauern? Dann hätte er aber an Cooks Erfolg geglaubt. War es vielmehr so, daß Peary wußte, daß Cook nicht am Pol gewesen sein konnte, weil auch er selbst nicht am Pol war, und beide vom Eismeer auf eine geschlossene Eisdecke am Pol geschlossen hatten?

53 Tage und 43 Märsche reichen nicht für eine Reise vom Land zum Pol und zurück. Cook war angeblich länger auf dem Packeis unterwegs, verfehlte aber auf seinem

Rückmarsch die Ausgangsbasis um mehrere hundert Kilometer. Wie also will er beim Hinmarsch genau zum Pol gekommen sein?

Kein Zweifel besteht darüber, daß beide erfahrene Eisfahrer waren. Und beide waren besessen vom Pol. Beide erzählten anschließend in ungezählten Interviews, Vorträgen und Abendgesellschaften von ihren Hungersnöten, Qualen, Todesmärschen. Beide berichteten immer und immer wieder vom selben Eis, von ihrem Sieg. Vielleicht haben sie bei diesen Reisen durch die Vortragssäle, die viel länger dauerten als die vieldiskutierte Reise auf dem Eis, den Pol so oft erreicht, daß sie Erzähl- und Reiseerinnerungen durcheinanderbrachten.

Cook verlor mehr und mehr an Glaubwürdigkeit. Auch weil Peary Hunderttausende von Dollars zur Verfügung standen, Cook zu diffamieren. Bestechliche Schnellschreiber, Wortverdreher, Tintenkulis gab es damals so viele wie heute. Und der Peary Arctic Club benützte die Theorie, Cooks Reise sei im Abschnitt vom 83. bis zum 90. Breitengrad frei erfunden, als Strategie, um ihren Nordpolhelden noch besser verkaufen zu können.

So hilflos Cook zuletzt der Presse gegenüber war, so geschickt verstand es Peary bis zu seinem Tod, in vollem Einklang mit all jenen, die einen großen Namen brauchten, um sich selbst größer zu fühlen, seinen Ruhm zu steigern. Obwohl Cook sich besser zum Helden geeignet hätte, applaudierten die Amerikaner nur dem, der den Nordpol für sie erobert hatte.

Nicht Sportler und Geographielehrer waren damals gefragt, sondern Volksvertreter, Stellvertreter, Heldendarsteller. Peary hatte in weiser Voraussicht Kaps und Eisberge auf die Namen seiner Mäzene getauft, den Weg zum Pol Amerika gewidmet. Den Pol selbst schenkte er seinem Volk. Damit war der Held sozialisiert, er hatte viele Millionen Köpfe. Ein ganzes Volk hatte am Pol gestanden.

Cook, mehr Einzelgänger und Denker, war zum Narren geworden in diesem Zweikampf, der immer ungleicher wurde, je mehr Menschen sich mit Peary identifizierten. Dieser Don Quichotte des Eises durchschaute zwar den weltumspannenden Verleumdungsfeldzug gegen seine Person, kam aber gegen den Monopolisten Peary, der sogar Cooks Eskimos zu Zeugenaussagen gegen diesen mißbraucht hatte, nicht an. Nicht einmal mit Amundsens Zeugnis. All seine Mühen, seine Rechtfertigungen, sein Ernst waren nur noch privater Natur. Persönlich konnte er noch soviel geleistet haben, der Masse sagten seine Erfolge nichts.

Eine Kommission, die aus Mitgliedern der National Geographic Society bestand, befand am 3. November 1909 einstimmig, Peary habe den Pol erreicht. Dagegen erklärte ein Kopenhagener Universitätsausschuß am 21. Dezember 1909 zu Cooks Aufzeichnungen, daß eindeutige Beweise für das Erreichen des Pols darin fehlten. Das Gegenteil allerdings, den Beweis, daß Cook den Pol nicht erreicht hat, suchen wir im Urteil der Experten vergeblich.

So bleibt die entscheidende Frage bis heute offen: Wer entdeckte den Nordpol? Zeitungen auf der ganzen Welt werden sie weiter stellen. Wally Herbert, der die bisher längste Hundeschlittenreise durch die zentrale Arktis geführt hat, von Alaska über den Pol nach Spitzbergen, glaubt Peary ebensowenig wie ich. Peary hat beim Navigieren die Eisdrift nicht berücksichtigt und den berühmten Satz »Endlich am Pol!« nicht ins Expeditionstagebuch, sondern auf ein loses Blatt Papier geschrieben. Wo? Am Pol, auf dem Schiff, daheim?

Gefährlicher Zweikampf oder Lügengeschichte?

»Das Kreuz, das ehedem sagte, wo der sterbende Forscher sein letztes Stück Pemmikan aß, steht heute dort, wo man ihm den letzten Dollar gab.«
RICHARD BYRD

»Was man Peary blindlings glaubte, dafür sollte der andere unwiderlegliche Beweise beibringen.«
HEINRICH HUBERT HOUBEN
»Der Ruf des Nordens«

Eskimo bei der Robbenjagd

Meine Zweifel an Pearys Aussagen bedeuten aber nicht, daß Cook, der seinen Expeditionsbericht »den Pfadfindern« gewidmet hat, »dem Indianer, der Pemmikan und Schneeschuh erfand; dem Eskimo, der uns das Schlittenreisen lehrte«, den Pol erreicht hat. Im Gegenteil, der in Ungnade gefallene Held hat heute zwar wieder viele Bewunderer; die Beweise aber, daß er am Nordpol stand, fehlen oder sind gefälscht wie seine Gipfelbilder vom Mount McKinley, dem höchsten Berg Nordamerikas.

Aber wie sehr sich Geographen am runden Tisch, amerikanische Polarfahrer, die ihren Nationalhelden und damit sich selbst nicht beschmutzen wollen, sowie Journalisten in ihren Feuilletons auch bemühen werden, hinter die Poleroberung Pearys gehört ein Fragezeichen. Der Mann, der in fast allen Atlanten der Erde als der Entdecker des Nordpols angeführt wird, war sicher sehr weit im Norden; die einzige Entdeckung aber, die er dabei gemacht haben könnte, die Tatsache, daß der Mensch begrenzt ist in seinen Möglichkeiten, hat er uns leider verschwiegen.

Nur ein schwarzes Zelt im Schnee

Während der ferne Südpol ohne jeden Zweifel 1911 erreicht wurde, nach nur einem Jahrzehnt der Versuche und des Scheiterns, blieb die Reise zum Nordpol, obwohl dieser näher an Dauersiedlungen liegt, nach 300jährigem Ringen wenn nicht unmöglich, so doch unbeweisbar. Erst mit der modernen Technologie – Flugzeug, Luftschiff, Unterseeboot – sollte der Mensch eine Chance haben, den Nordpol zu erreichen und seine Heldentat auch zu beweisen. Die Zeit für Amundsen war gekommen.

Als sich Josef Enzensperger 1901 als Meteorologe zur deutschen Südpolarexpedition unter der Leitung von Dr. Erich von Drygalski meldete, gehörte er trotz seiner Jugend zu den erfolgreichsten Bergsteigern im deutschen Sprachraum. In den Dolomiten und den Nördlichen Kalkalpen waren ihm 30 Neutouren gelungen, darunter ein neuer Weg auf die Grohmannspitze in den Grödner Dolomiten. Enzensperger, ein begeisterter Vertreter des führerlosen Kletterns, saß als erster Beobachter auf dem neuerbauten Zugspitz-Observatorium, als er von Drygalskis Expedition erfuhr. Sein Fernweh wurde wach: unerforschtes, fernes Land! Unbestiegene Gipfel! Eis, Schnee und Kälte! Das alles war nach dem Geschmack dieses denkenden Alpinisten, der gleichzeitig ein vielversprechender junger Forscher war. Wie vor ihm Whymper und Payer, nach im Preuß und Maduschka, deren Sehnsucht über die Berge hinaus bis zu den Polregionen reichte. Im Februar 1901 schrieb Enzensperger auf dem Gipfel der Zugspitze sein Gesuch um Aufnahme in die deutsche Südpolarexpedition. Zwei Jahre später starb er, vom Fieberwahn gebrochen, als Meteorologe einer Station auf Kerguelen, einer unwirtlichen Insel im südlichen Polarmeer.

Bergsteiger und Polarforscher, obwohl sie sich nur selten begegnen, haben vieles gemeinsam: die Quelle für Fernweh und Heimweh zum Beispiel. Ist sie nicht ein und dieselbe? Wie die Quelle von Ebbe und Flut? So wie der Höhe die Gefahr für das Leben nicht zu nehmen ist, bleibt der Blick vom Rand des Lebens über die Eiswelten auch ein Schauen über das Vergängliche hinweg zum Vergangenen. Und noch etwas: Entdeckermut und Beutegier werden rasch eins, obwohl wenig zu entdecken ist und die Beute nichts wert. Das Mythologische legitimiert das Handgreifliche! So steigen, schreiten, hetzen wir fort, immer dem Unentdeckten nach, das heute weniger draußen zu finden ist als in uns selbst. Wer sind wir? Träumer, die zur Tat schreiten; Halbnomaden mit Spürsinn für das Mögliche und Witterung für das Fernste; Idealisten, den Blick auf das Höchste gerichtet, den Gipfel. Jede Tat einmalig und immer unterwegs zum Nullpunkt – auf die Bergspitze, weil sie da ist; zum Nordpol, um den Osten auf dem Weg über den Westen zu erreichen; in die Antarktis, weil jedes Vordringen dort absurd erscheint.

Das Ziel ist nur noch ein gedachter Punkt, immer auch Schnittpunkt von Fernweh, Ehrgeiz, Eitelkeit. Nicht die Füße, die Hirne messen die Güter der Welt. Nicht die Pflicht, die Idee reißt dich aus der bürgerlichen Festung. Die Träume dieser Entwurzelten lassen sich nur durch Traumenthüllung, als Tun, erfüllen. Also tauschen wir die heimische Scholle mit der Eisscholle, die tiefen Grundfesten unseres Behaustseins mit den luftigen Gebirgsketten, die weißen Flecken auf unserer ganz privaten Weltkarte mit geheimnisvollen Welten. Sie müssen lebendig, bunt, unsere werden. Und wenn nur für drei Monate. Auf nie betretene Höhen zu steigen, auf fernstem Land oder Eis zu stehen heißt der Traum! Als erster irgendwo Fuß zu fassen war es gestern, Unbekanntes zu vertilgen ist es heute noch; Geheimnisse einzufangen wird morgen ihre Lebensaufgabe sein.

Josef Enzensperger hatte zu einer der drei wissenschaftlichen Expeditionen gehört, die am Anfang des Jahrhunderts im Süden der Erde forschten. Die deutsche Expedition unter der Führung von Erich von Drygalski bereiste die atlantische Küste der Antarktis (Kaiser-Wilhelm-II.-Land), eine schwedische unter Otto Nordenskjöld widmete sich der antarktischen Halbinsel und eine schottische unter William Bruce war in der Weddellsee und am Coats Land auf Neulandsuche. Gleichzeitig begann jener Mann seine antarktischen Abenteuer, der sich mehr als alle anderen vom Ehrgeiz narren ließ und der mehr als alle anderen zum »Helden« des Eiskontinents werden sollte: Scott.

Der Brite Robert Falcon Scott (1868–1912) stammte nicht nur aus kleinbürgerlichen Verhältnissen, er war nicht für Abenteuer gemacht. Bierbrauer wie sein Vater wollte Robert aber nicht werden. Und die Mutter vergötterte den Knaben. Förderte sie so seinen Heldenwahn? Jedenfalls trat er 1881, gerade 13 Jahre alt, als Kadett in die Marineschule der Royal Navy ein. R. F. Scott absolvierte seine Lehrjahre, ohne zu murren, und wurde ein ausdauernder und willensstarker Mann. Was folgte, war die übliche Offizierskarriere, der Weg war vorgezeichnet. Scott, im Pazifik und in der Karibik eingesetzt, war 31 Jahre alt und im Rang eines Leutnants, als er auf Clement R. Markham, den damaligen Präsidenten der Royal Geographical Society, traf. Markham, ein unermüdlicher Mentor der Antarktisforschung, suchte gerade einen Expeditionsleiter für eine Antarktis-Expedition. Scott erkannte sofort die Gelegenheit, zu brillieren. War die Antarktis sein Land, um Karriere zu machen, ein Held zu werden? War die Begegnung mit Markham Zufall? Nein, es hatten sich nur die Richtigen getroffen: Markham, genarrt von der Geographie, und Scott, genarrt von Mutters Phantasie. Die Tragödie konnte beginnen.

Um 1900 war der Verlauf der Küstenlinie der Antarktis durch die vorangegangenen Expeditionen im großen und ganzen bekannt. Nun ging es um die Eroberung und Erforschung des Landesinnern, gleichzeitig um die Inbesitznahme des letzten herrenlosen Kontinents. Scott ging es von Anfang an auch um den Pol. Gebrauchsnutzen versprachen sich weder Markham noch er, von einem Marsch zum Südpol aber um so

Geheimnisvolles Eis

Clement R. Markham

Robert Falcon Scott

Polfahrer in Fellkleidern

mehr Ruhm, der sich mit jeder neuen Expedition an ihr Revers und auf Britanniens Fahne heften ließe.

Scott sollte der richtige Mann sein. Bis zuletzt. Er hielt seine Mannschaft zusammen, im Streben wie im Scheitern, im Leben wie im Sterben. Nicht, daß er den Südpol als zweiter erreicht hat, gibt ihm heute den Vorrang vor Amundsen, sondern sein Tod. Wie, wann und wofür gestorben wird, entscheidet über den Eingang in das Buch der Heldengeschichte.

Scott war ehrgeizig, stark, begeisterungsfähig. Er war aber auch labil, stur und rechthaberisch. Er war und blieb britischer Offizier, zur See und auf dem Eis, und das immer mit Stolz. Scott erhielt mit der Leitung der britischen Antarktis-Expedition nicht nur den Auftrag zur Forschung, er sollte zeigen, was Briten zu leisten vermochten. Ein nagelneues, eigens für diese Expedition konstruiertes Schiff, die »Discovery«, wurde für fünf Jahre verproviantiert und für schlimmste Stürme und Eispressungen ausgerüstet.

Als Scott am 31. Juli 1901 in See stach, verabschiedete ihn das englische Königspaar und eine jubelnde Menschenmenge. Aufbruch in das neue Jahrhundert! Um die Bedeutung seiner ersten großangelegten Entdeckungsreise zu unterstreichen, hatte Markham halb England für den Südpol begeistert.

Am 8. Januar 1902 erreichte die »Discovery« Cape Adare im Eiskontinent. Am McMurdo-Sund wurde für die Mannschaft eine Winterhütte aus Fertigteilen errichtet, ein stabiles Holzhaus. In einem Ballon, zur Luftaufklärung mitgeführt, stieg Scott auf, um das Ross-Schelfeis zu inspizieren. Er wollte so weit wie möglich ins Landesinnere sehen. Die Fläche des Schelfeises war nicht eben wie ein Brett, wie Scott gehofft hatte – dahinter Berge und darüber eine Folge von Wellen aus Eis wie ein weißer Ozean unterm Himmel. Mit Hunden waren solche Weiten und Schwierigkeiten vielleicht zu überwinden.

Nach der ersten Überwinterung startete Scott einen ernsthaften Versuch, ins Landesinnere vorzudringen. Er hoffte dabei insgeheim, in die Nähe des Pols zu gelangen. Seine Begleiter sollten der Ire Ernest Henry Shackleton und der Arzt Dr. Edward Wilson sein. Mit dem Aufbruch zu dieser Landreise, die die Freundschaft Wilson/Scott und die Rivalität Shackleton/Scott begründen sollte, wurde gleichzeitig das Schicksal dieser drei großartigen Antarktispioniere festgelegt. Unerbittlich. Die zwei Schlitten mit Proviant, Brennstoff und Ausrüstung zogen anfangs 19 Hunde; diese »Expedition« im Rahmen der dreijährigen Antarktis-Expedition dauerte drei Monate: vom 2. November 1902 bis zum 3. Februar 1903. Als die Männer zur »Discovery« zurückkehrten, waren sie verwahrlost, ausgehungert, am Ende ihrer Kräfte. »Nie mehr wieder«, dachte jeder für sich.

In 93 Tagen hatten Scott, Wilson und Shackleton eine Strecke von 1500 Kilometern zurückgelegt. Das war weniger als die Hälfte der Strecke zum Pol und wieder zurück, aber eine Route dorthin schien gefunden. Die drei Eis-Musketiere hatten die Schlitten zuletzt selbst gezogen, da die Hunde den Strapazen nicht gewachsen waren und nach und nach erschossen werden mußten. Das Fleisch diente als Futter für die restlichen Hunde, auch als Proviant für die Mannschaft.

Heute wissen wir, daß die Engländer schlechte Hunde hatten und nicht mit ihnen umgehen konnten. Ihre Kleidung war dürftig. Skilaufen konnten sie auch nicht. Aber Scott wußte es damals nicht. Das Vorurteil, daß Hunde in diesen südlichen Regionen unbrauchbar und Fellkleidungsstücke unsinnig wären, verfestigte sich bei den Briten. Nur Skilaufen wollte Scott lernen. Die spätere Katastrophe kündigte sich an.

Scott hatte einen neuen Rekord nach Süden aufgestellt und diese seine »Heldentat« in einem eindrücklichen Tagebuch beschrieben, mit all den Leiden, Strapazen, Verzweiflungsschreien am Ende, die jeden Marsch ins Landesinnere der Antarktis begleiten. Damit gelang ihm beim britischen Volk die endgültige Umdrehung der Interessen für dieses Land: vom Alles zum Nichts. »Südpolarland« war zuerst nur eine neue Vokabel gewesen, dann ein Wunsch, jetzt schon halber Besitz. In dieses Land aber, in dem keine politischen Entscheidungen fielen, war Scotts Traum vom Marsch zum Pol gefallen, und die Bürger eines Weltreichs träumten mit ihm von diesem Endpunkt, einem Zielpunkt im weißen Nichts. Nichts als ein Nicht-Punkt!

Wie armselig war Scott doch zum Schiff zurückgekommen! Nur die Tatsache, daß auf den letzten 100 Kilometern bis zum Schiff das Wetter gut war, sicherte der Mannschaft das Überleben, das nackte Leben. Der gesundheitliche Zustand der Teilnehmer war am Ende des Marsches miserabel gewesen. Alle litten an Schneeblindheit, Muskelschwund, Shackleton und Wilson hatten Skorbut. Alle drei Teilnehmer waren so erschöpft, daß keiner einen zweiten Vorstoß ins Innere des Eiskontinents auch nur denken konnte. Aber der Pol sank nur kurzfristig im Wert. Noch waren die Schrecken der vergangenen Monate zu nahe. Ein Schneesturm, und alles wäre aus gewesen. Doch bald schon sollte sich ihr »Nie zurück« ins Gegenteil verdrehen.

Für »Shack« war die Expedition zu Ende. Scott schickte ihn nach Hause. Einfach so. Trotz seines Protests wurde Shackleton, krank, wütend, beleidigt auch, mit dem Versorgungsschiff »Morning« nach England zurückgebracht. Das war der Anfang einer lebenslangen Rivalität zwischen »Shack« und Scott, vielleicht der Ursprung ihres tragischen Endes.

1903, nach dem zweiten antarktischen Winter, erkundete Scott das Transantarktische Gebirge. Er stieß bis nach Victoria Land vor, auf die hinter den Bergen liegende Ebene. Diesmal stieg er bis in eine Höhe von 2700 Metern auf. Bei mörderischen Temperaturen und mit »Man-hauling« – die Schlitten selbst ziehend – legten die Männer in zwei Monaten mehr als 1000 Kilometer zurück. Nun stand Scotts Taktik endgültig fest. Sein Glaubensbekenntnis hieß: Briten, »wilde Hunde«, ziehen die Schlitten selbst. Als am 1. April 1904 Scotts Schiff in den neuseeländischen Hafen Christchurch einlief, war er der unbestrittene »Held« der Antarktis. Scott wurde von der begeisterten Menge nicht wegen seiner wissenschaftlichen Leistungen gefeiert, sondern als sein eigener Schlittenhund.

Die Naturwissenschaft stürzt ab, wo sie keinen Nutzen sieht, und damit stagniert die Entwicklung der Technik. Der Technikverzicht aber und die Eigenleistung sind Voraussetzung für den Grenzgang. Er ist nur aus eigener Kraft möglich: am besten ohne Schlittenhunde. Der »Held« verwendet zwar die bestmögliche Ausrüstung und neueste Karten, aber das tatsächliche Erleben liegt nicht außerhalb, es zielt ins Unterbewußte des Menschen. Es nährt sich vom Extrem, von der Gefahr. Die Absage an Hilfen und der Verzicht auf Sicherung bedeutet innere Erschütterung, Trance, Tod. Das Wissen im Tun macht weise und dumm zugleich. Nur deshalb kommen sie alle wieder, immer wieder, bis zum endgültigen »Nie zurück«.

Nansen, Scott und viele Bergsteiger haben immer und immer wieder die Chance genutzt, Lebensintensität aus dem Unbekannten zu gewinnen. Mit jedem Weiter,

»Südpol und Nordpol, diese beiden fast wesenlosen, unsinnlichen Punkte, um die ihre Achse seit Jahrtausenden schwingt, sie hat die Erde sich rein gehütet und unentweiht.«
Stefan Zweig
»Der Kampf um den Südpol«

Durch den Schneesturm ins Nirgendwo

63

Höher, Schwieriger aber ging auch Unbekanntes verloren. Bis der letzte Rest an Erlebnismöglichkeit zerschlagen schien. Immer weitere Wege, immer kühnere Aufstiege zertrümmern auch die Wildnis außerhalb der Erforschbarkeit. Das Bouldern ist eine logische Konsequenz dieser Entwicklung oder der Abenteuertourismus, der das Wiedergekäute häppchenweise anbietet, verdaubar für jedermann/-frau: zehn Tage Schlittenziehen am Nordpol, Skilanglauf in Grönland in Tagesetappen, im Gänsemarsch auf den Mount Everest. Der Wildnisverzehr heute ist eine Möglichkeit, die übriggeblieben ist, nach 100 Jahren Grenzgang ohne Maß und Ziel.

Die Geschichte der Eroberung von Nordpol, Südpol und Mount Everest hatte nur vordergründig mit Geographie zu tun. Von Anfang an. Es ging und es geht dabei nicht um die Pole, sondern um die Menschen, die dorthin oder nirgendwohin kamen und kommen. Es geht auch um unsere Geschichte, denn nur das, was im Leben der Menschheit weiterwirkt, ist geschichtliche Wirklichkeit. Taten, die den Fortgang der Szene bewirken, sind von historischem Wert, so wertlos sie für die Menschheit sein mögen. Geschichte ist nicht die Summe all dessen, was geschieht. Auch nicht das, was im Moment des Geschehens wichtig erscheint oder nachher mit Worten wichtig gemacht wird. Die Polgeschichte spiegelt mehr als alles andere den Menschen dieses Jahrhunderts, und nur deshalb ist sie existent.

Was als Geschichte von den Polen geblieben ist, weil es zur richtigen Zeit, mit den richtigen Leuten geschah, das heißt historisch geschah, ist also nicht die wissenschaftliche Erforschung dieser Pole, sondern Sehnsucht, Scheitern, Erfolg, Tod der Menschen dort. Nansens »Fram«-Drift ist Geschichte, Scotts Heldentum, das ihn antreibt und zuletzt umbringt, Shackletons Sehnsucht, von der er lebt, an der er stirbt.

Die praktischen Ergebnisse der ersten Scott-Expedition in die Antarktis – Ross-Schelfeis, Transantarktisches Gebirge, Victoria Land waren erkundet – wurden vergessen. Man wußte jetzt zwar viel mehr über den Eiskontinent als vorher, aber daß der Südpol noch weit weg, unerreicht war, blieb der Brennpunkt für Scott und die Menschheit. Diese Wichtigkeit spürte auch Shackleton, den Scott nach Hause geschickt hatte. Der Südpol wurde jetzt auch sein Ziel, seine fixe Idee.

Ernest Henry Shackleton (1874–1922), in Irland geboren, von seinen Freunden »Shack« genannt, war sechs Jahre jünger als Scott. Er war ein umgänglicher Typ, ein Haudegen und idealer Leader. Mit 17 Jahren war er in die englische Handelsmarine eingetreten und hatte es zum Dritten Offizier gebracht. Als er Scott in die Antarktis begleitete, war er mehr ein Neugieriger und Lebensfroher als ein Forscher. Ein Mann voller Abenteuerlust. Shackleton war auch lernbereit. Am Ende wußte er, daß Scott in vielem überlegen war. Weil ihn sein Führer ausgemustert hatte, mußte er diesem seine Überlegenheit beweisen.

»Shack« hielt ein paar Vorträge, kandidierte erfolglos um einen Parlamentssitz und träumte weiter vom Pol, den er vor Ort schon einmal verflucht hatte. Weder als Geschäftsmann noch als Journalist hatte der Ire Erfolg. Also nichts wie zurück ins »echte« Abenteuer.

1906 entschloß sich Shackleton, ein zweites Mal und auf eigene Faust in die Antarktis zu gehen. Er wollte den Pol erobern, koste es, was es wolle. Aber schon bei der Finanzierung drohte er zu scheitern. Geld, das Scott von der Royal Navy reichlich zur Verfügung gestellt worden war, floß bei »Shack« spärlich. Es reichte gerade aus, um Expeditionsausrüstung – Schlitten, Schlafsäcke, Ski – zu kaufen. Sein Schiff, die »Nim-

rod«, auf der er seine Männer versammelte, war 40 Jahre alt. Sonst nur Schulden –
ein weiterer Grund, das Weite zu suchen.

Am Neujahrstag 1908 fuhr eine ärmliche Expedition von Neuseeland aus nach Cape
Royds, wo »Shack«, 20 Kilometer von Scotts Winterhütte entfernt, sein Lager aufschlug. Er hatte ein motorbetriebenes Eisfahrzeug dabei, ein »Auto« mit 15 PS, das
sich jedoch nicht bewährte. Statt der Hunde hatte er mandschurische Ponys mitgenommen, wie es Grönlandfahrer auch getan hatten. Man hatte die Zugtiere um die
halbe Welt transportiert, um sie die Schlitten über das Ross-Schelfeis, jenen Weg, den
er mit Scott kennengelernt hatte, ziehen zu lassen. Den Weiterweg zum Pol plante
der »Boß« über den Beardmoregletscher und die Südpolarebene.

Am 20. Oktober 1908 brachen Shackleton und drei Begleiter auf. Brennstoff und Lebensmittel für 91 Tage zogen ein halbes Dutzend Ponys. Dazu Futter für die Tiere. Auf
dem Ross-Schelfeis ließ »Shack« die ersten Tiere erschießen. Im Gegensatz zu Hunden
schwitzen Ponys. Sie sind also für die extremen Minusgrade der Antarktis denkbar un-
geeignet.

Am 26. November schon erreichte er mit seinen Männern den südlichsten Punkt seiner ersten Antarktisreise, der Scott-Expedition. Shackleton triumphierte. Weiter! Aber
ein Pony nach dem anderen brach zusammen. Das Fleisch wurde zwar in Depots für
den Rückmarsch eingelagert, aber die Männer kamen mit den schweren Lasten kaum
noch voran. Das letzte der geschundenen Tiere fiel in eine Gletscherspalte. Aus?
Nein! Also selbst ziehen. Es gab viel Wind, viel Schnee. Als sie sich den Beardmoregletscher hinaufkämpften, wurde die Situation immer deprimierender. Es wurde kälter. Würden sie bis zum Pol und zurück kommen? Die Lebensmittel wurden knapp.
Die Marschleistung von 20 Kilometern pro Tag war jetzt viel zu gering, um zum Pol
und vor dem antarktischen Winter zurück auf der »Nimrod« zu sein. Nein, sie waren
nicht schnell genug. Trotzdem gingen sie weiter. Bis an den äußersten Rand der Vernunft.

Spaltenzone in der Antarktis

Der Rückmarsch wurde zu einem Wettlauf mit dem Tod: ständig schlechtes Wetter,
Erschöpfung, Hunger, nur noch Pony-Mais als Nahrungsmittel. Wie überleben? Shackleton befahl nicht, er lief voraus. Mit Ironie und Frohsinn trieb er seine Männer an.
Obwohl sie Segel auf die Schlitten montierten und damit sogar auf Tagesleistungen
von 47 Kilometern kamen, sie waren zu langsam. Der Rückmarsch endete Ende Februar irgendwo auf dem Eis: Zusammenbrüche, Apathie, Ende. Am 28. Februar würde das Schiff ohne sie auslaufen. Zwei gingen weiter, zwei blieben zurück. Wenn sich
alle aufgäben, kämen alle um.

Als Shackleton die Küste erreicht, ist nur noch die Rauchfahne des ausgelaufenen
Dampfers zu sehen. Also zünden die Gestrandeten ihre letzte Habe an. Das Rauchzei-
chen rettet sie vor dem sicheren Tod. Nochmals zurück aufs Eis, die Kameraden werden geholt, und am 4. März 1909, 128 Tage nach dem Aufbruch, sind alle an Bord
der »Nimrod« und Shackleton wieder der »Boß«. Er wird, nach England zurückgekehrt, als neuer »Held« der Antarktis gefeiert. Edward VII. schlägt ihn zum Ritter und
stiftet 20 000 Pfund. Der Ire genießt den Beifall, schreibt ein erfolgreiches Buch, zahlt
Schulden ab, hält ungezählte Vorträge und wird Berufsabenteurer. Aber Schulden
werden bleiben.

Parallel zu Shackletons Vorstoß nach Süden hatte Douglas Mawson eine zweite
Gruppe seiner Expedition zum magnetischen Südpol geführt, der damals etwa 500 Ki-

lometer vom Ankerplatz des Schiffes entfernt lag, eine große Leistung, die neben Shackletons »farest south« aber verblaßte. Diesem Mawson werden wir wieder begegnen – auch er ein »Held«.

Nur dreieinhalb Jahre später sollte der Wettlauf nach Süden mit zwei Erfolgen und einer Tragödie enden. Und zwar ohne Shackleton. Scott und Amundsen sind die Akteure.

Roald Amundsen

Der Norweger Roald Amundsen (1872–1928), in der Nähe von Oslo geboren, der Medizin, die er studieren sollte, überdrüssig, fuhr zur See und wurde Entdecker, zum besten Spezialisten im arktischen und antarktischen Eis. 1898 hatte er an Bord der »Belgica« in der Antarktis überwintert. In drei Jahren und mit einer kleinen Mannschaft bewältigte er 1903–1906 die Nordwestpassage, was vor ihm 300 Jahre lang, vor allem von Engländern, erfolglos versucht wurde. Nicht nur die hervorragenden Führungseigenschaften, die genaue Planung und seine Kaltblütigkeit machten Amundsen zur Ausnahmefigur. Er war ein blendender Skifahrer und mit Ausrüstung und Überlebenstaktik der Eskimos vertraut. Seine Logistik beruhte auf kleinen, schnellen Expeditionen. Er war in jeder Hinsicht ein Profi.

Amundsen bereitete eine Reise zum Nordpol vor – Fridtjof Nansen half ihm mit dem berühmten Schiff »Fram« aus –, als plötzlich die Nachricht um die Welt ging, Robert Peary hätte den Nordpol erreicht. Amundsen – obwohl am Bericht des Amerikaners zweifelnd – änderte stillschweigend seinen Plan. Mehr nämlich, als er zum Nordpol wollte, wollte er als erster zu irgendeinem Pol. Also auf zum Südpol!

»Beide sind sie randvoll von rasendem Ehrgeiz, herrisch, skrupellos.«
LION FEUCHTWANGER
»Erfolg«

Es war zufällig im gleichen Jahr, ja fast zur selben Zeit, als Robert F. Scott zum zweiten Mal in die Antarktis aufbrach. Auch er mit dem Ziel, zum Südpol zu kommen. Diesmal »mußte« Scott seinen Pol erreichen. Er wollte Shackleton schlagen und, wie er sich ausdrückte, »dem britischen Empire die Ehre sichern, diese Großtat vollbracht zu haben«. So wie Peary Streifen und Sterne am Nordpol gehißt hatte, wollte Scott den Union Jack am Südpol aufrichten.

Am 15. Juni 1910 lief Scott mit seinem Schiff »Terra Nova« in Cardiff aus. Als er in Melbourne Zwischenstation machte, lag ein Telegramm für ihn bereit: »Erlaube mir, Ihnen mitzuteilen, daß die »Fram« in die Antarktis fährt. Amundsen.« Obwohl Scott wußte, was das zu bedeuten hatte, blieb er gelassen. Sein Gegner hieß Shackleton, nicht Amundsen. Der Norweger sollte doch versuchen, mit Hunden zum Südpol zu kommen, er, Scott, würde es auf britische Art tun.

Amundsen hatte seinen Plan bis zuletzt geheimgehalten. Die Mannschaft sollte glauben, er wolle um Südamerika herum in das Beringmeer und die Arktis fahren. Auf hoher See aber eröffnete er seinen Leuten seine wahre Absicht, das neue Ziel der Reise. Wer wollte, sollte bleiben und sich ihm anschließen. Wer nicht mitmachen könnte, dürfte auf seine Kosten zurückreisen. Amundsen wollte keinen Unfreiwilligen auf seiner Expedition in die Antarktis. Aber kein einziger seiner Nordpolmannschaft weigerte sich, ihm in das Südpolarmeer zu folgen. Am 14. Januar 1911 lief Amundsens Schiff in die Walfischbucht ein. Er hatte den Weg über die kürzeste Eisroute zum Südpol gewählt. Auf dem Ross-Schelfeis errichtete die kleine norwegische Mannschaft ihr Winterlager. Sie nannten es »Framheim«.

Scotts Motorschlitten

Scott, der die Antarktis zehn Tage früher erreicht hatte, lagerte am Cape Evans, 30 Kilometer nördlich seiner ersten Landungsstelle. Die beiden Lager waren 800 Kilometer voneinander entfernt. Scott, der über Motorschlitten, Ponys und Hunde verfügte, war sicher, auf der bereits bekannten Shackleton-Route im Vorteil zu sein. Also begann er die Vorbereitungen für den Winter ruhig. Amundsens Basis lag 100 Kilometer näher am Pol, und trotzdem hatte er es eilig. Als ob ihn Scott zur Hektik antriebe.

Amundsen, der ausschließlich mit von Hunden gezogenen Schlitten operierte, hatte mehr als 100 der besten Schlittenhunde mitgebracht. Er wußte nur, daß Scott Motorschlitten hatte und daß es für ihn 1300 Kilometer bis zum Pol waren, sonst nichts über seinen Weg. Den Rest des antarktischen Sommers nutzten beide Gruppen, um Vorratslager auf ihren geplanten Routen anzulegen. Die Norweger kamen dabei weiter als die Briten.

Der Winter war streng. Amundsen, obwohl immer noch nervös, organisierte das Leben der Norweger familiär. Alles wurde diskutiert, einschließlich einer Regelung, wann wieviel Alkohol getrunken werden durfte. Es gab einen streng einzuhaltenden Tagesplan: Jeder hatte seine Aufgabe. Ausrüstung wurde überprüft, geflickt, umgeändert. Scott hingegen kapselte sich den Winter über von der Mannschaft mehr und mehr ab. In der britischen Unterkunft herrschte die hierarchische Ordnung der Royal Navy. Sichtbar teilten Proviantkisten den Raum zwischen Offiziers- und Mannschaftsmesse.

Amundsen, beim Aufbruch zu ungeduldig, mußte beim ersten Versuch scheitern. Also Fehlstart. Hjalmar Johansen, den Nansen seinem Landsmann Amundsen für die Freigabe der »Fram« als Pflichtmann »empfohlen« hatte, rettete den zuerst ungeordneten Ruckmarsch nach »Framheim«. Beinahe hätte der arktiserfahrene Nansen-Partner die Expeditionleitung an sich reißen können. Amundsen aber rächte sich auf seine Weise. Er ließ seinen besten Mann zu wissenschaftlichen Arbeiten zurück und beim endgültigen Start nicht mit sich Richtung Pol aufbrechen.

Als das Wetter am 20. Oktober 1911 den Marsch zum Pol zuließ, war Johansen nicht mehr dabei. Amundsen hatte sich vier Mann als Begleiter ausgesucht: Wisting, Bjaaland, Hassel, Hanssen. Auf vier Schlitten waren Verpflegung und Brennstoff für drei Monate gestapelt. Sie wurden anfangs von 52 Hunden gezogen, die vor allem aus Nordgrönland stammten. Die Route wurde weiter mit Depots versehen und diese mit Schneepyramiden markiert.

Scott startete fast zwei Wochen später, am 2. November 1911. Er fuhr mit allem los, was er hatte: einem Motorschlitten, zehn Ponys und 23 Hunden, die aus Sibirien kamen. 13 Schlitten und 16 Mann bewegten sich übers Schelfeis. Die Männer beider Expeditionen liefen auf Ski – die Norweger gekonnt, die Briten, denen es Nansen nur hatte zeigen können, gequält.

Amundsen kam schnell über das Schelfeis vorwärts. An jedem Breitengrad wurde ein Depot angelegt und mit Schneeblöcken markiert. Am Fuß des Transantarktischen Gebirges, 550 Kilometer vom Pol entfernt, hatten die Norweger noch 42 Hunde. Mit diesen schafften sie den steilen Aufstieg zur Südpolarebene. Oben angelangt, ließ Amundsen 24 schwächere Hunde, deren Zugkraft er nicht mehr brauchte, erschießen. Sie konnten nicht weiter gefüttert werden, und ihr Fleisch war als Hundefutter überaus wertvoll. Spalten, Kälte und Sastrugis machten den Norwegern jetzt schwer zu schaffen. »Ballsaal des Teufels« nannten sie diese gefährlichste Strecke der Südpolarebene, ein Spaltengebiet mit weichem Schnee und vielen Hindernissen. Am 14. Dezember 1911 erreichten Amundsen und seine Begleiter den Südpol. Kein

»Er baut auf die Zähigkeit und das Fleisch seiner Hunde, die Transportmittel und Nahrung zugleich sind.«
LION FEUCHTWANGER
»Erfolg«

Hjalmar Johansen

Die Amundsen-Expedition nach Süden

Zeichen, keine Spur, nichts. Auch keine Nachricht von Scott. Amundsen war wieder einmal der erste.

Ein paar Tage lang ist Amundsen in seinem Element. Er mißt den Sonnenstand und Entfernungen, vermißt die Polarebene und zuletzt die Freude, da zu sein. Er hat den Sieg, aber keine Genugtuung. Der Weg zurück ist ihm zuwenig. Amundsen, der zum Nordpol wollte und am Südpol steht, der seine Männer und Hunde unentwegt antrieb, bleibt ein Getriebener.

Also mit vollem Tempo zurück! Tun ist Tun, gleich was getan wird, Hin- oder Rückmarsch. Amundsen bleibt nur die Tat, nicht die Ruhe; der Sieg, nicht der Erfolg. Und je weiter er wieder vom Pol weg ist, um so weniger kann er mit seinem Südpol etwas anfangen, sein Dasein fassen. Jetzt quält ihn nur noch die Einsicht, am falschen Pol gewesen zu sein.

Ohne Schwierigkeiten kehrten die Norweger am 25. Januar 1912 mit noch elf Hunden und zwei Schlitten zur Basis an der Walfischbucht zurück. Für die 2600 Kilometer Luftlinie hin und zurück hatten sie 99 Tage gebraucht. Ihre Durchschnittsleistung von 30 Kilometern pro Tag war nicht nur außerordentlich, Amundsens Südpolexpedition wird bis in unsere Tage die schnellste Hundeschlittenreise dieser Art bleiben.

Vorratslager Amundsens am Fuß des Gebirges

Nein, Amundsens »Sieg« war kein Zufall. Er ergab sich als Summe einer richtigen Rechnung, und Amundsen verfolgte seinen Weg mit einer Besessenheit, als lebte er auf einer Geraden. Die richtige Einschätzung der Antarktis und die penible Planung kamen dazu. Amundsens Taktik, mit mathematischer Genauigkeit berechnet, war wieder einmal aufgegangen. Alle seine Komponenten – Männer, Hunde, Schlitten, Nahrung – waren optimal, und so konnte er, den Blick aufs Ziel fixiert, trotz Kälte, Schneestürme und Spalten, auf unerforschter Route zum Ziel kommen. Als lohnte dieses Tun des noch nie Getanen wenigstens auf dem Vormarsch.

Scott ließ sich von Amundsen nicht treiben. Mit Shackletons Taktik – Ponys als Zugtiere – und auf Shackletons Route wollte er diesmal zum Pol und damit weiter als

»Die Zahl ist unser großes Mittel, uns die Welt handlich zu machen. Wir begreifen so weit, als wir zählen können, d. h., als eine Constanz sich wahrnehmen läßt.«
FRIEDRICH NIETZSCHE

Shackleton kommen. Er marschierte also weniger gegen Amundsen als vielmehr gegen »Shack«, der einmal sein Schüler gewesen war.

Als Scott den Beardmoregletscher erreichte, hatte er von seinen zehn Ponys fünf bereits verloren. Die restlichen erschoß er jetzt und legte mit dem Fleisch ein weiteres Depot an, für den Rückmarsch. Nach dem gefährlichen Aufstieg auf das 3000 Meter hohe Plateau schickte er die Hundemannschaft zurück. Diese Hunde, mit denen die Engländer immer noch nicht richtig umgehen konnten, wollte er aus Pietät nicht schlachten. Und dies, obwohl er sie für unzuverlässig hielt.

Mit nur zwei Schlitten marschierten sieben Mann zu Fuß weiter. Selbstziehen »ehrt den Mann«. Stürme, Sastrugis, stumpfer Schnee bremsten das Vorankommen. Scott hätte umdrehen müssen. Aber er wollte weiter; weiter, als Shackleton gekommen war. Er lief ins Verderben. Als wollte er mehr als den Pol, trieb er seine Männer immerzu an. Scott wollte mehr.

Amundsen wollte den Pol erreichen und den Ruhm, der erste zu sein. Sonst nichts. Das setzte voraus, daß er sein Unternehmen überlebte.

Auch Scott wollte der erste sein. Sein Handeln aber war weniger vom Gesetz des Wettkampfes diktiert als vom »Heldentum«. Scotts Expedition war ideologisch überladen. Er wollte über die geographischen Fakten hinaus beweisen, der ganzen Welt zeigen, daß die Briten keineswegs dekadent waren, sondern eine »Heldenrasse«, für »ihre Sache« auch zum Sterben bereit. Scotts Begleiter Bowers stilisierte in seinem Tagebuch das Schlittenziehen als Beweis dafür hoch. Und Scott schrieb: »Die Reise hat wieder einmal gezeigt, daß Engländer Mühsale ertragen, einander helfen und dem Tod tapfer ins Auge sehen können wie in der Vergangenheit.«

Diese Form der Selbstaufopferung, wie krankhaft sie auch immer war, wurde allerdings auf der Südpolarebene mit ihren Sastrugis, dem stumpfen Schnee und der polaren Kälte bald auch überlebensnotwendig. Scotts Mannschaft war ein maroder Haufen. Die Tagesetappen sanken auf zehn Kilometer. Am 4. Januar 1912 teilte Scott seine kleine Truppe ein letztes Mal. Mit nur noch einem Schlitten und vier Mann – darunter sein jahrelanger Freund Dr. Wilson – zog er weiter nach Süden. Die letzte Hilfsmannschaft ging zurück.

Schon wie Scott sein Ziel erreichte, ist eine Tragödie, nicht erst der Rückmarsch. Am 17. Januar 1912 endlich war er am Pol. Ja, er hatte Shackleton geschlagen, aber Amundsen war vor ihm dort gewesen. Seinen Wettlauf um den Südpol hatte er gewonnen, den vor der Welt hatte er verloren.

Neben die norwegische Flagge, die am Pol flatterte, pflanzte Scott den Union Jack. Sein Foto vor dem schwarzen Zelt, das Amundsen am Pol hatte stehenlassen, sollte der eindeutige Beweis dafür werden, daß Amundsen zuerst angekommen war. Um an seinem Ziel zugrunde gehen zu können, mußte es Scott, krank vor Eifersucht, erreichen. Wäre er doch wie »Shack« rechtzeitig zurückgegangen. Aber Scott war nicht Shackleton.

Der Rückmarsch der demoralisierten Engländer wurde zur Katastrophe. Zwei, Evans und Oates, starben unterwegs. 13 Kilometer von dem rettenden »Ein-Tonnen-Depot« entfernt, begann am 29. März 1912 der inszenierte Heldentod von Scott. Tödlich geschwächt und vom Schneesturm festgehalten, konnte Scott nicht mehr. Auch Wilson und Bowers sollten nicht mehr weiter. Und keine Hilfstruppe konnte sie erreichen. Als man ihre gefrorenen Leichen acht Monate später fand, entdeckte man auf ihrem

Die Norweger am Südpol

Scott (Mitte stehend) mit Oates, Bowers, Wilson und Evans am Südpol

Das Grab Scotts in der Antarktis

»(Amundsen) zollt dem Nebenbuhler, nun der gescheitert und tot ist, große Bewunderung.«
LION FEUCHTWANGER
»Erfolg«

Bergsteigen ist ein komplexer, ein einzigartiger Lebensstil, der die Elemente Sport, Kunst und Mystik verbindet. Erfolg und Mißerfolg hängen dabei von Ebbe und Flut immenser Inspiration und Energie ab. Es ist schwierig, ein einziges Gesetz zu finden, dem diese Energien gehorchen. Sie entstehen und verschwinden wie das Bedürfnis zu tanzen und bleiben so rätselhaft wie das Phänomen des Lebens selbst.
VOYTEK KURTYKA

Schlitten 16 Kilogramm Gesteinsproben und im Zelt Scotts Tagebuch, das ihn »unsterblich« machen sollte. Die englische Presse titelte: »Vom Schicksal geschlagen!«

Auch Scott hatte den Südpol erreicht, diesen Punkt, den Amundsen einen Monat vorher als Ergebnis seiner nautischen Berechnungen markiert hatte. Die Engländer waren zu schwach, um nachzumessen, und wohl auch enttäuscht, nur zweite zu sein. Dieser Südpol, Schnittpunkt ersonnener Hilfslinien, war nach ihrem Abgang wieder unwirklich, ein Nichts. Wirklich war nur Amundsens Zelt und seine Nachricht, die die Engländer nach Norwegen schicken sollten, wären die Norweger beim Rückmarsch umgekommen.

Beim Gedanken an den eigenen Heimweg aber erschien Scott und den Seinen nicht nur der Südpol selbst ohne Breite und ohne Länge, ohne Hoffnung und ohne Ziel, ohne Wärme und ohne Leben, sondern die ganze Welt. Nie sah die Erde für eine Handvoll Menschen trostloser aus. Ob Scotts Leute am Pol seelisch zu verhungern begannen oder am Ende den Hungertod starben – um mehr als 30 Kilogramm abgemagert –, bleibt Spekulation. Scotts Sehnsucht nach Ehre aber hatte ein paar Skelette so lange am Leben gehalten, bis ihre Gedanken festgeschrieben waren von einem Mann, der erst aufgeben wollte, als seine Finger restlos erfroren waren.

Die Fähigkeit Scotts, den Opfermut seiner Kameraden und seine eigenen Leiden plastisch zu erzählen, befriedigte das Bedürfnis nach einem tragischen Helden, und zwar nicht nur damals. Vor dieser Schilderung der unendlichen Schinderei verstummten gleichzeitig alle Fragen zu den unbrauchbaren Transportmitteln, der unzureichenden Planung und dem Heldengehabe der britischen Südpolfahrer.

Aber auch Amundsen mit Scott zu vergleichen ist falsch. Weder in ihrer Methode noch in ihrem Geist sind die beiden vergleichbar. So professionell Amundsen war, er hatte auch Glück.

Grenzgänge im Eis und am Berg haben etwas Unberechenbares und damit Anstößiges. Trotz aller erdenklicher Vorkehrungen kann dabei das Risiko, die Gefahr bis hin zum Tod nicht ausgeschaltet werden. Es gibt tausend und mehr Beweise dafür. Deshalb wird dieses Tun, das der allgemeinen Verpflichtung zum Leben zu widersprechen scheint, verurteilt oder heroisiert, wie immer wir unsere Motivationen auch erklären. Anders können Bürger mit diesem Paradoxon, etwas begründen zu wollen, was nicht zu legitimieren ist, nicht umgehen. Mein »Nie zurück« wagt tausendundeine subjektive Antwort dazu.

Als Wilhelm Filchner (1877–1957), ein bayerischer Oberleutnant, seine Herausforderung formulierte, 1912/13 die Eiswüste zwischen Weddellsee und Rossmeer zu durchqueren, war das eine Irrsinnsidee. Die zweite deutsche Antarktis-Expedition sollte endlich feststellen, ob der Kontinent eine geschlossene Landmasse oder aber durch einen Eiskanal getrennt sei.

Filchner, der Expeditionen ins Pamirgebirge und durch das Hochland Tibets geführt hatte, reiste zum Training mit seinen Leuten nach Spitzbergen. Skilaufen, der Umgang mit Huskies, das Leben im Zelt wurden geübt. Nansen, Shackleton und Nordenskjöld halfen bei Auswahl und Umbau des Schiffes. Viel prominente Unterstützung!

Die »Deutschland« schob sich vom 10. Dezember 1912 bis zum 27. Januar 1913 durch ein Labyrinth von Eisbergen in die Weddellsee und bis zur Küste vor. Diese aber war nicht fest, sondern das nach Filchner benannte und bis dahin unbekannte Schelfeis, eine 200 Meter dicke Eisplatte auf dem Ozean. Kaum hatte man Anfang Februar ein Holzhaus aus vorgefertigten Teilen als Winterstützpunkt errichtet, zerbrach das Eis. Auf riesigen Schollen trieben Hunde, Haus und Männer nach Norden, einer Katastrophe zu. Die Rettung gelang, aber nicht mehr rechtzeitig die Flucht bis zur offenen See. Es war zu spät, um mit der »Deutschland« nach Südgeorgien zu reisen und bei der dortigen Walfangstation zu überwintern. Anfang März fror das Meer zu. Das Schiff wurde vom Eis eingeschlossen und saß fest. Einen ganzen antarktischen Winter lang driftete die »Deutschland« im Eis. Erst Ende September 1913 kam sie wieder frei und Filchner nie mehr zurück in die Antarktis.

Sir Ernest Henry Shackleton, mittlerweile 40 Jahre alt, griff 1914 nicht nur Filchners Idee wieder auf. Er konkurrierte immer noch mit Scott, mit dem toten Scott, als er das Abenteuer seines Lebens begann. Er plante, über das Filchner-Schelfeis, den Südpol, den Beardmoregletscher und das Ross-Schelfeis zum McMurdo-Sund zu laufen. Seine Polarexpedition würde alle vorangegangenen in den Schatten stellen. In einer beispiellosen Werbekampagne trieb er innerhalb von zwei Jahren so viel Geld auf, daß er zwei Schiffe ausrüsten konnte. 5000 Abenteurer meldeten sich, um an seiner neuen antarktischen Expedition teilzunehmen. »Shack« konnte auswählen.

Wieder ins südliche Polarmeer

Im Frühsommer 1914 waren die Vorbereitungen abgeschlossen. Die »Endurance« (Ausdauer) unter dem Kommando von Shackleton sollte am Rand des Filchner-Schelfeises in der Weddellsee überwintern. Ein zweites Schiff, die »Aurora«, sollte am McMurdo-Sund anlegen, um auf dem Ross-Schelfeis Lebensmitteldepots einzurichten. Treffpunkt beider Expeditionen: der Beardmoregletscher.

Gleich zu Beginn des antarktischen Sommers würde Shackleton, begleitet von sechs Mann, mit Hilfe von Hundeschlitten den Kontinent überqueren. Ein neuartiges Schneefahrzeug, ein Vorläufer des heutigen Skidoo, sollte sie unterstützen. Eine so kühne Überquerung war nach den Erfahrungen von Scott, Filchner und Amundsen immer noch ein Irrwitz. Wollte »Shack« beweisen, daß er besser war als alle anderen? Wollte er die britische Ehre nach dem Desaster von 1912 wiederherstellen? Oder wollte er nur die Tat, weil es daheim nicht lange auszuhalten war – den »letzten Trip auf Erden« als Ausgleich zum bürgerlichen Leben? Zuallererst mußte Shackleton Scott vom Heldenthron holen, weil er selbst hinaufwollte.

Die »Endurance« in der Weddellsee

Alles war vorbereitet und vorausberechnet. Nicht aber der Ausbruch des Ersten Weltkriegs. Shackleton stellte Schiffe und Mannschaften der Admiralität zur Verfügung. »Shack« sollte sein kühnes Vorhaben ruhig fortsetzen, meinte diese, der Krieg wäre bald vorbei. Am 8. August 1914 lief die »Endurance« im Hafen von Plymouth aus, erreichte am 26. Oktober Südgeorgien und fuhr weiter, in die Weddellsee hinein.

Zwischen Packeis und Eisbergen manövrierte Shackleton seine »Endurance« drei Monate lang nach Süden. Am 19. Januar 1915 fror sie ein und trieb mit den Eismassen 2410 Kilometer weit. Die 28köpfige Besatzung trainierte inzwischen die Hunde, spielte Fußball auf dem Eis und las in der Encyclopaedia Britannica. Das Schiff geriet zwischen die Eispressungen und kam nicht wieder frei, nicht zu Beginn des antarktischen Sommers, nicht im »Herbst«. Ehe es in tausend Teile zerbrach, konnten Ausrüstung, Rettungsboote und der gesamte Proviant geborgen werden.

Die »Endurance« versinkt im Polarmeer

Shackletons Expedition war wieder einmal gescheitert, schlimmer noch, sie war dem treibenden Eis ausgeliefert, zum Tode verurteilt. Man verfügte über drei Beiboote, fünf Zelte und etwas Essen. Beim Marsch über das Treibeis, bei der Fahrt über die offene See, am Ende mit Kurs Elephant Island, schworen alle, die nichts mehr hatten

Überwintern in umgestülpten Booten

außer das Leben, daß sie es freiwillig nie wieder verschenken würden. Alle stöhnen ihr »Nie zurück!«. Es war jetzt aber zu spät für Flüche und Gebete.

Am 14. April 1916 betraten die Männer nach 16 Monaten Odyssee auf dem Eismeer zum ersten Mal wieder festes Land. Auf Elephant Island gab es Seehunde und Pinguine. Das Nahrungsproblem war vorerst also gelöst. Aber würde je ein Schiff vorbeikommen? Nein.

Hilfe mußte also selbst organisiert werden. Wo? In Südgeorgien, 1300 Kilometer von Elephant Island entfernt! Am 24. April 1916 brach Shackleton mit einem Beiboot und fünf Männern dorthin auf. Das Kommando über die Zurückgebliebenen auf Elephant Island übertrug er seinem Freund Frank Wild, dem erfahrensten Eis-Mann von allen. Der Überlebenskünstler Wild organisierte den Lageralltag wie ein gelernter Psychologe. Die umgestülpten Boote wurden zu Behausungen umfunktioniert und winterfest gemacht. Sonnabende und Geburtstage wurden mit einem Cocktail aus heißem Wasser, Ingwer, Zucker und einem Teelöffel denaturiertem Spiritus gefeiert. Man sang Spottverse auf die kleinen Schwächen einzelner Expeditionsteilnehmer, auf das Leben. Als wäre es damit leichter zu ertragen. Der »Boß« würde zurückkommen, sagte Wild. Nach 105 Tagen Eisgefangenschaft auf Elephant Island kam »Shack« am 30. August 1916 zurück, um seine Mannschaft abzuholen.

Elephant Island, Symbol für Verlassensein

An den Klippen der Küste von Südgeorgien gekentert, hatte er, um die rettende Walfangstation zu erreichen, einen 3000 Meter hohen Bergrücken überquert, ohne adäquate Ausrüstung, ohne Karte, ohne Proviant. Drei Rettungsversuche scheiterten. Erst mit dem vierten Schiff, einem chilenischen Eisbrecher, den er in Punta Arenas aufgetrieben hatte, kam »Shack« nach Elephant Island durch. Noch vom Schiff aus hatte er seine Männer gezählt, die am Strand zusammenliefen. Es waren 22. Shackleton hatte über drei Jahre hinweg nicht einen einzigen Mann verloren.

Nicht so viel Glück hatte die Parallelexpedition. Die Mannschaft blieb lange abgeschnitten. Vier Mann starben. Die Expedition hatte sich in Scotts alter Hütte eingerichtet. Im April 1915 trieb ein ungeheurer Sturm die »Aurora« nach Norden ab. Niemand konnte ahnen, was Shackleton widerfahren war. Immer noch erwartete man ihn vom Pol her. Unter größten Strapazen wurden auf dem Ross-Schelfeis bis zum Beardmoregletscher Lebensmitteldepots eingerichtet. Alles vergebens.

So wie der Sieg am Nordpol in Lächerlichkeit enden mußte, weil sich zwei besessene Eisfahrer, Cook und Peary, nach ihrer Rückkehr an die Spitze von Reporterbanden stellten, endete der Sieg am Südpol tragisch, weil zwei Offiziere in Gewaltmärschen gegeneinander nach Süden marschierten. Jeder auf seinem Kontinent und nur beim ersten Mal gleichzeitig.

Shackleton sollte so oft in den Eiskontinent zurückkehren, bis er dort starb. Scott hatte sich und seine Mannschaft dem letzten erwärmenden Gedanken geopfert, zu dem er noch fähig gewesen war, nachdem das Zurück zu Frau und Kind aussichtslos war: dem Gefühl, Brite zu sein. Johansen aber, auch nach der Südpolexpedition allein gelassen, enttäuscht, verwahrlost, versoffen, sollte sich umbringen. Der inzwischen weltberühmte Nansen hatte ihn nicht bis zum Pol geführt und der verschlossene Amundsen nicht dorthin gelassen. Ein Pol hätte ihm sicher gereicht – oder ein bißchen Anerkennung. Die Magnetfelder wechseln ja sowieso alle 22 000 Jahre. Dann wird der Südpol zum Nordpol und der Nordpol zum Südpol.

Amundsen reichte der Südpol nicht. Er sollte daran zugrunde gehen, daß er nicht am richtigen Pol war. Der richtige Pol ist immer der andere. Der dritte Pol ist das Nicht-Erreichte. Jeder hat also seinen falschen und viele von uns leiden schwer unter einem dritten Pol, wenn sie nicht merken, daß sie nur einer eigenen Fiktion unterliegen.

Shackleton, immer gescheitert, aber erfahren

Der Ersatzpol

Kein anderer war so fanatisch polorientiert wie der Norweger Roald Amundsen. Als er von 1903 bis 1906 mit seiner »Gjöa« die Nordwestpassage durchfuhr, trainierte er für den Nordpol, und während er sich vom 14. bis 17. Dezember 1911 als erster am Südpol aufhielt, wußte er schon, daß sein eigentliches Ziel der Nordpol war. Er hat ihn angepeilt, immer wieder angepeilt. Daß 1908 Frederick Cook und 1909 Robert Edwin Peary die Nordpolregion betreten hatten, bezweifelte der große Schweiger nicht. Aber nicht nur weil er glaubte, daß der Pol selbst nicht erreicht war, nahm er 1918 seine früheren Polpläne wieder auf. Um näher an sein Ziel heranzukommen als Nansen, wollte Amundsen seine Drift weiter östlich, auf der anfänglichen Driftroute der »Jeannette«, beginnen.

Nicht für den Menschen gemacht

Amundsen, der das Spezialschiff »Maud« hatte bauen lassen, lief am 24. Juni 1918 von Norwegen zur Polardrift nach Osten aus. Nach zweimaligem Überwintern in der Nordostpassage wollte er die Drift nutzen, um schließlich mit Hundeschlitten über die Polregion nach Cape Columbia zu fahren. Nur vier Mann nahmen 1920 an der Schiffsdrift teil: Amundsen, Harald Ulrik Sverdrup, der Kapitän Oscar Wisting und der russische Ingenieur und Telegrafist Genady Olonkin. Das Eis aber hielt die »Maud« nicht fest, und Amundsen kehrte um. Im Januar 1922 kehrte er nach Norwegen zurück, um Geld für die Fortsetzung der Expedition aufzutreiben. Ein zweiter Versuch, in die Eisdrift zu kommen, sollte folgen.

1920, im gleichen Jahr, in dem Amundsen mit seinem Versuch gescheitert war, mit der Eisdrift Richtung Nordpol zu kommen, zu seinem zweiten Pol, erhielt Sir Charles

»Chomo Lungma, die tibetische ›Göttin-Mutter des Landes‹, bekannter unter dem Namen Mount Everest, bleibt ›der dritte Pol‹, der höchste Punkt der festen Erdoberfläche über dem Meeresspiegel.«
GÜNTER OSKAR DYHRENFURTH
»Zum dritten Pol«

Bell, Vertreter Großbritanniens in Lhasa, ein offizielles Schreiben vom tibetischen Ministerpräsidenten, das eine erste Mount-Everest-Expedition erlaubte. In diesem Schreiben stand, daß Sahibs Cho-mo-lung-ma zu sehen wünschten. Das »Ringen um den dritten Pol« begann.

Cho-mo-lung-ma oder Chomo Lungmo bedeutet »Göttinmutter des Landes«. Aber die Gegend um den Cho-mo-lung-ma wird auch als Lho-cha-mo-long (»Vogelland im Süden«) bezeichnet, ein Gebiet, das mit der Everest-Makalu-Gruppe identisch sein dürfte. Unter »Chomolungma« versteht man heute mehr als das Everest-Massiv. Wenigstens die Everest-Makalu-Gruppe im Khumbu Himal gehört dazu.

1921 fanden Mallory und Bullock, nach wochenlanger Erkundung des Mount Everest von Tibet aus, den Zugang über den östlichen Rongbukgletscher zum Nordsattel.

Bei der zweiten britischen Expedition, 1922 unter dem Leiter General C. G. Bruce, wurde erstmals die 8000-Meter-Marke überschritten. Mallory, Norton und Somervell erreichten am 21. Mai eine Meereshöhe von ungefähr 8200 Metern. Finch und Bruce kamen am 27. Mai sogar bis auf 8326 Meter – beides Höhenweltrekorde! Die Expe-

Eiskamin unterm Nordsattel

Everest-Mannschaft 1921,
stehend ganz rechts Mallory

»Der Kampf ums Dasein, als Kampf um das Bestehen aufgefaßt, wird bei den meisten in den Bergen zu einem Kampf ums Da-Sein.«
ANTON FENDRICH
»Der Alpinist«

dition, die erstmalig Sauerstoffgeräte erprobte, endete trotz der Höheneuphorie tragisch: Sieben Sherpas starben in einer Lawine unterm Nordsattel.

Die dritte britische Expedition, 1924, leitete E. F. Norton. Dieser erreichte am 4. Juni eine Höhe von mehr als 8500 Metern. Somervell kam bis 8540 Meter Meereshöhe. Mallory und Irvine, die zuletzt starteten, kamen nicht mehr zurück. Sie wurden von Odell auf über 8530 Meter Höhe gesichtet und blieben verschollen. Mallory und Irvine verwendeten bei diesem letzten und verhängnisvollen Aufstieg künstlichen Sauerstoff und hatten damit eine Chance, den Everest-Gipfel zu erreichen. Welche Vorteile Seilschaften durch den Einsatz von Sauerstoffgeräten gegenüber jenen hatten, die keine benützten, sollte erst Jahrzehnte später klar werden.

74

Am Mount Everest stand, bildlich gesprochen, jede Expedition auf den Schultern der vorangehenden. Man kannte den Weg, und mit der Zeit war eine hervorragende Trägergruppe aufgebaut worden. Die Sauerstoffgeräte waren brauchbar.

Mallory und Irvine sind mit an Sicherheit grenzender Wahrscheinlichkeit höher hinaufgekommen als alle anderen Bergsteiger vor ihnen. Daß aber ethische Grundsätze und Eifersucht bei den Expeditionskameraden eine verfälschte Berichterstattung entstehen ließen, glaube ich nicht. Nach meinem Eindruck sind Mallory und Irvine abgestürzt, bevor sie den Gipfel erreicht haben. Die von »Ignoranz und Eifersucht angezettelte Verschwörung«, die heute von Mallory-Fans gern beschworen wird – sie soll einen wahrscheinlichen Gipfelerfolg der beiden verhindert haben –, hat es sicherlich nicht gegeben.

1924 aber war noch nicht eindeutig nachgewiesen, daß man mit Sauerstoffgeräten im Gipfelbereich weniger unter der Kälte litt, schneller vorankam und damit bessere Chancen hatte, den Gipfel zu erreichen. Mallory hatte also bei seinem Versuch die denkbar günstigsten Voraussetzungen.

E. F. Norton

Captain Noel, filmend

Wenn Sauerstoffapparate bei Himalaja-Bergsteigern der Zwischenkriegszeit nicht sonderlich beliebt waren, dann aus ethischen Gründen, eben weil sie den Aufstieg erleichterten. Mallory und Irvine waren überzeugt, daß der Mount Everest auch ohne Maske zu bezwingen war. Bei ihrem letzten Versuch aber gingen sie mit Sauerstoffgeräten los. Es ging um den Gipfel der Welt! Wie diese Sauerstoffgeräte allerdings funktionierten, weiß niemand. Ich zweifle, ob die Geräte einwandfrei gearbeitet haben. Die Sauerstoffausrüstung von 1924 war zwar gut, im Extrembereich – in der Kälte vor allem – war sie jedoch nie getestet worden. Mallory und Irvine aber hätten damals so oder so nicht über die »zweite Stufe« kommen können. Nicht mit und nicht ohne Maske. Odell hat mir gegenüber nicht bestätigt, die beiden auf der zweiten Stufe ge-

G. L. Mallory

»Du kannst nicht ewig auf dem Gipfel bleiben, jeder muß wieder herunter. Also, warum die ganze Mühe? Nur dies: Was oben ist, weiß, was unten ist, aber was unten ist, weiß nicht, was oben ist.«
RENÉ DAUMAL

Mallory und Norton in der Todeszone

sichtet zu haben. Sie können nicht bis zur Gipfelpyramide des Mount Everest vorgedrungen sein.

Trotzdem, Mallory und Irvine wurden damals verehrt – nicht nur in Bergsteigerkreisen, von der gesamten britischen Nation –, als ob sie den Gipfel des Mount Everest erreicht hätten. General Bruce, Colonel Norton und Professor Odell, der die beiden zuletzt am Gipfelgrat gesehen hatte, hielten Gedenkreden in der Albert Hall, und Sir Francis Younghusband, der große Veteran des Himalaja-Bergsteigens, schrieb: »Mallory, der in Cambridge Dozent war, und Irvine, ein Student aus Oxford, haben dem Land Ehre gebracht, und die Nation hat es ihnen gedankt.«

Nein, Mallory und Irvine waren nicht am Gipfel, auch wenn sich das der eine oder andere wünscht. Sie kamen nur nicht mehr zurück und ließen damit alle Fragen zu ihrem Tod offen. Die Behauptung aber, Norton wäre auf Mallory eifersüchtig gewesen, weil dieser höher gekommen war als er selbst, ist genauso niederträchtig wie lächerlich. Norton, der Expeditionsleiter, respektierte Mallory und betraute ihn mit der Führung der Gipfelgruppe. Er selbst unterstellte sich beim Klettern immer Mallorys Anweisungen. Umgekehrt hielt Mallory Norton für den idealen Expeditionsleiter. Die beiden waren ein gutes Team. Norton bezeichnete seinen Freund kurz nach Mallorys Tod als »den größten Gegner, den der Mount Everest jemals hatte oder vielleicht haben wird«.

Spätestens mit dieser Mount-Everest-Expedition reihte sich die Höhe lückenlos in die Entdeckungsgeschichte der Weite ein. Dennoch, die Höhe unterscheidet sich in drei Punkten von der Ebene: in den Dimensionen, der Gefahr – ein falscher Schritt in der Höhe hat andere Folgen als ein falscher Schritt in der Ebene – und im Sauerstoffmangel. Am Südpol kann man hinfallen, am Everest fällt man hinunter. Auch Eis und Steine fallen dort. Nein, die Horizontale ist nicht sicher, aber die Höhe ist für den Menschen in vielerlei Hinsicht gefährlicher. Die Dimensionen des Mount Everest, verglichen mit der Antarktis, sind minimal. Die Höhe aber löst die Weite auf. Sie steht darüber. Die Höhe ist sowenig des Menschen Welt wie das nördliche Polarmeer oder die Antarktis. Weil dieser neugierige Mensch aber noch nicht bis zum Gipfel der Erde vorgedrungen war, wurde dieser sein begehrtestes Ziel.

Wieder, wie bei der Erschließung der Alpen, waren es zuerst Briten, die sich den »dritten Pol« zur selbstgewählten Aufgabe gemacht hatten. Es ging dabei nicht um Prahlerei, die die Gefahr um der Gefahr willen suchte, wie Charles Dickens meinte, es ging um das Ideal der Eroberung. Auch wieder um den Beweis, daß England »keine Nation von Krämern« war. Gerade weil der Himalaja-Bergsteiger vom Alltag abgeschnitten war, ohne sichtbaren Gewinn auskam, sah man in ihm ein ethisches Vorbild. Nicht mehr die aristokratische Distanz gegenüber den Wundern der Natur erhöhte den Gipfel, sondern die Illusion, ihn für die Menschheit zu erobern, aus eigener Kraft: der Gipfelgang als Beweis für die Überlegenheit des Menschen über die Welt! Der Blick von der Bergspitze galt als Höhepunkt von Zielsetzung, Anstrengung, Erfolg. Der Bergsteiger wurde zum Ideal des Gentleman, zum Vorreiter einer Mittelklasse, die sich gerade neu definierte. Wie der Kapitalist der Gründerzeit hielt er Geist und Körper in ständiger Anspannung. Er forderte sich, war jederzeit bereit aufzubrechen, und wenn er abstürzte, landete er nicht in der Privilegienwelt der Aristokratie.

Damals schon wurden im Himalaja die Pfründe verteilt. Engländer, die mit ihren Kolonien in Asien auch als Bergsteiger im Vorteil waren, sicherten sich eine Art

Vorrecht am Mount Everest; Italiener und Amerikaner wandten sich dem K2 zu; deutschsprachige Bergsteiger versuchten wiederholt Kangchendzönga und Nanga Parbat.

1899 hatte der Brite D. W. Freshfield mit dem italienischen Fotografen V. Sella das Kangchendzönga-Massiv umrundet. Kangchendzönga, abgekürzt »Kantsch«, eine vielgipfelige Bergformation aus Hauptgipfel (8586 m), Mittelgipfel (8482 m), Südgipfel (8476 m) und Westgipfel (8433 m), bedeutet »Fünf Schatzkammern des großen Schnees«, und zu diesen gehört der dritthöchste Gipfel der Erde. 30 Jahre nach den Engländern, 1929, kam eine deutsche Expedition unter der Leitung von Paul Bauer am Nordostsporn bis in eine Höhe von 7400 Metern.

Im darauffolgenden Jahr führte G. O. Dyhrenfurth eine internationale Expedition zur Nordflanke. Beim Versuch, den Nordgrat über einen Hängegletscher zu erreichen, kam ein Sherpa in einer Eislawine ums Leben. Daraufhin ging die Gruppe zum Nordwestgrat und kam dort bis auf eine Höhe von 6400 Metern.

Stille, Weite, Himalaja

Expedition auf dem Biafogletscher

Dyhrenfurth hat die Expedition zum Kangchendzönga in seinem Buch »Himalaja-Fahrt – Unsere Expedition 1930« beschrieben und zusammen mit seiner Frau Hettie für Leistung und Werk olympische Goldmedaillen erhalten. Der Schweizer Professor, der später mit dem Standardwerk »Der dritte Pol« zum »Himalaja-Papst« der fünfziger und sechziger Jahre werden sollte, faßte seine erste und erfolgreichste Expedition später in einer »Jugend- und Volksausgabe« zusammen, die 1942 erschien. Dieses Buch charakterisiert nicht nur Geist und Sprache der damaligen Bergsteiger. Dyhrenfurths Worte spiegeln den Ungeist der deutschsprachigen Alpinistik vor und auch noch nach dem Zweiten Weltkrieg wider. Leider gibt es nur wenige Ausnahmen.

Mit dem »Angriff auf die höchsten Gipfel der Erde« »mußte der Kampf um den Himalaja allmählich volkstümlich werden«. Deshalb wurde dem Geologen Prof. Dr. Günther Oskar Dyhrenfurth und seiner »tapferen Frau« das »Ringen um die höchsten Gipfel der Welt zur inneren Notwendigkeit«. Mehr noch: »Dieses Ringen ist zu einer Menschheitssache geworden, zu einer Aufgabe, der sich der abendländische Mensch nicht entziehen kann, trotz aller Opfer, die dieser Kampf kostet.« Und weiter: »Eine große Himalaja-Expedition, die auch bergsteigerisch erstklassige Ziele verfolgt,

Douglas W. Freshfield

ist keine Vergnügungsreise, kein bloßes Abenteuer, kein gewöhnlicher Sport. Um die Gipfel der Welt starben schon viele tapfere Männer vieler Nationen.« Der Mount Everest erschien Dyhrenfurth nicht opportun, hatten »die Engländer bei ihren Everest-Expeditionen so schwere Opfer an Gut und Blut gebracht, daß sie damit auch ein gewisses moralisches Anrecht auf diesen Berg erworben hatten«. »Memsahib« und »Bara Sahib« (»Das war ich. Bara = groß, Sahib = der weiße Herr. Bezeichnung für den Kommandanten«) planten den »Kampf um den Kangchendzönga« wie ein militärisches Unternehmen. Endlich rückte »ein hart umkämpftes Ziel in greifbare Nähe«!

Aber schon die »Kämpfe vor der Expedition« waren beachtlich: »Um aus den Spinnweben der Gedanken das Eisengerüst der Tat formen zu können, braucht man auch für eine Himalaja-Fahrt ... Geld, Geld und nochmals Geld.« In einem »mehrjährigen Leidensweg« und mit »eisernen Nerven« gelang es dem Schweizer Professor »in letzter Minute, die Finanzierung zu sichern«. Also auf zum Kampf am »Kantsch«. »Nun galt es!« Die Gruppe »setzte sich aus vier Schweizern, vier Deutschen und drei Engländern zusammen«. Da waren neben dem »Kommandanten« Frau Hettie Dyhrenfurth als »Etappenkommandant«, »Stabsarzt« Dr. Helmuth Richter, Marcel Kurz, Uli Wieland, Hermann Hoerlin, Erwin Schneider, Frank Smythe als Bergsteiger, George Johnson und John Hannah als Transportoffiziere. »Am 3. Januar 1930 konnte der ›Mobilmachungsbefehl‹ ausgegeben werden.« Die Nachtruhe war vorher häufig durch »stramme Haltung ersetzt« worden, weil monatelang gepackt worden war. Die Reise nach Indien konnte beginnen. »Frisch auf, Kameraden!«

In Darjeeling, am Südfuß des Berges angelangt, wurde »durch Feldstecher, Fernrohre und Teleobjektive ein förmliches Schnellfeuer eröffnet« auf den »furchtbaren Gegner«; jeder Tag war ein »Großkampftag«. »Die ganze Organisation und der Nachschubdienst einer großen Himalaja-Expedition ist eine überaus komplizierte Generalstabsarbeit.« Die »kleine Armee« geriet beim Anmarsch »durch die Schluchten von Sikkim« fast täglich in ernste Schwierigkeiten. »Der Übergang über den Kang La (5015 m)« am 16. April 1930 wurde wieder so ein »Großkampftag«. Als sich die eine Hälfte der Mannschaft »Khunza im Kangchental« näherte, war »die Kriegslage auf der Ostseite des Kang La, gelinde gesagt, recht unbefriedigend«.

In Khunza gab es Schwierigkeiten mit den Trägern. Wood aber »fauchte« den »Dorfschulzen« und den »Trägerobmann« in einer Weise an, »daß selbst ein alter preußischer Feldwebel vor Neid erblaßt wäre«. »Vorwärts!« Drei Tage später erreichte die Expedition das Basislager in Pangpema. Der eigentliche »Kampf um den Kangchendzönga konnte beginnen«.

»Wie ein inneres Erschrecken« löste der erste Blick auf den Kantsch »an der Nordfront« Dyhrenfurths »altes Kämpferherz«. »Noch herrscht nächtlicher Friede. Doch in wenigen Stunden kommt die Morgensonne, und dann beginnt es ... der alpine Nahkampf mit der blanken Waffe!« Bara Sahib »weiß nur, daß er diesen Kampf kämpfen muß« und »daß es ein guter Kampf sein wird«. »In innerer Ehrerbietung grüßend senkt er die Klinge« – »zum Angriff bereit«.

Über den Kangchendzönga-Gletscher und eine flache Schneerinne erreichte die Mannschaft das riesige Amphitheater am Fuße der gewaltigen, von Séracs durchzogenen Nordwand des Massivs. Ganz links, im Winkel zwischen der Steilwand zum Nordsattel und der zweieinhalbtausend Meter hohen Nordwand zum Hauptgipfel, gab es die einzige schwache Stelle. Dort waren die Séracs gegliedert. »Angriff!« »Es

Anmarsch-Camp im Himalaja

Hochlager im Himalaja

war bestimmt die wildeste Eiskletterei, die bis dahin im Himalaja gemacht worden ist! Vielleicht auch die gefährlichste.« Dem Sherpa Chettan, der unter kalbenden Eistrümmern starb und im Eis begraben wurde, hält »Bara Sahibs alte Eisaxt die Totenwacht«. »Ehre seinem Andenken!«

»Der Beschluß, die Nordroute auf den Kangchendzönga aufzugeben, stand fest.« Zu spät. Ein Sherpa »ist auf dem Felde der Ehre gefallen«. »Jawohl, der Kampf um die höchsten Gipfel der Welt ist ein harter, schonungsloser Krieg, der immer wieder Opfer gekostet hat und kosten wird« – also »Umgruppierung der Streitkräfte«. Der »zweite Angriff« sollte am Nordwestsporn erfolgen. Aber »der Nachschub versagte«. »Kulis waren desertiert – die Auslese war ja bei uns an der Front«; »es drohte also, ohne jede Übertreibung, nicht nur der Zusammenbruch des Kangchendzönga-Angriffs, sondern darüber hinaus die Katastrophe«. Dyhrenfurths »Streitkräfte« versagten, die Expedition scheiterte an der übermächtigen Naturgewalt, den großen Gefahren, der »Fahnenflucht« der Träger.

Vor der Heimreise wurden dennoch einige Sechs- und Siebentausender »zur Strecke gebracht« und gekämpft, gekämpft, gekämpft. »Kampf, Kampf bis zum letzten Atemzug.«

1931 führte Paul Bauer eine zweite deutsche Expedition zum Nordostsporn des »Kantsch«. Eine Höhe von etwa 7700 Metern wurde erreicht. Wieder waren drei Tote zu beklagen. H. Schaller und ein Sherpa stürzten tödlich ab; der Sirdar wurde krank und starb am Ende.

Dieses damalige Höhenbergsteigen, nur nachvollziehbar im Zeitgeist der dreißiger Jahre, fand seinen Symbolberg im Nanga Parbat. Dieser sollte die deutsche Alpinistik beeinflussen bis in unsere Tage.

Die Nanga-Parbat-Expedition 1931 kam nicht zustande, weil der Initiator Willo Welzenbach von der Stadt München, für die er arbeitete, keinen Urlaub bekam. Die Idee zu dieser Expedition hatte Welzenbach vom Bergschriftsteller Walter Schmidkunz übernommen, der Mummerys Buch und dessen Briefe vom Nanga Parbat an seine Frau studiert hatte.

Aber der Nanga Parbat war schon vorher »ein deutscher Berg« gewesen – hatte doch Alexander von Humboldt den Brüdern Schlagintweit empfohlen, den Himalaja geographisch und geologisch zu erforschen. Adolf Schlagintweit stieß dabei bis an den Fuß des Nanga Parbat vor. 1857 wurde er dann in Kaschghar enthauptet, weil der lokale Regent Wali Khan in dem Asienforscher einen europäischen Spion vermutet hatte.

Endlich, 1932, startete unter der Leitung von Willy Merkl die deutsch-amerikanische Himalaja-Expedition. Merkl, der vom verhinderten Welzenbach Leitung und Planung übernommen hatte, wollte zur Nordseite des Berges. Willo Welzenbach hätte wohl versucht, wie Schmidkunz vorgeschlagen hatte, auf Mummerys Spuren über die Westseite des Nanga Parbat aufzusteigen. Die Gruppe um Merkl bestieg zuerst den Rakhiot Peak und erreichte am 30. Juli den Ostgrat des Nanga Parbat. Die Expedition scheiterte an mangelnder Himalaja-Erfahrung.

Dieser Nanga Parbat, übersetzt »Nackter Berg«, bildet als gewaltiger Bergstock den westlichen Eckpfeiler des Himalajas. An ihm knickt der bis dorthin von Ost nach West fließende Indus – einer der großen, heiligen Ströme Asiens – nach Süden. 7000 Meter Höhenunterschied sind es zwischen Flußbett und Gipfel.

Carlo Wien am »Kantsch«

»Welche Begierde fühl' ich, mich in den unendlichen Luftraum zu stürzen, über den schauerlichen Abgründen zu schweben und mich auf einen unzugänglichen Felsen niederzulassen!«
JOHANN WOLFGANG VON GOETHE

Ob Dr. Willo Welzenbach, »der erfolgreichste Eisbergsteiger zwischen den beiden Weltkriegen«, weiter gekommen wäre als Merkl? Immerhin hatten Merkl, Bechtold und Wiessner den Mohrenkopf am Rakhiotgrat unterhalb des Silbersattels erreicht. Aschenbrenner und Kunigk hatten mit dem Rakhiot Peak einen Siebentausender erstiegen. Es gab keine Toten. Daß der amerikanische Bergsteiger Rand Heron auf der Heimreise bei der Ersteigung der Cheopspyramide in Ägypten stürzte und an seinen Verletzungen starb, hat mit der Expedition nichts zu tun.

Willy Merkl brachte vom Berg die feste Überzeugung mit, »den einzig möglichen Anstieg zum Gipfel« gefunden zu haben. Dabei ist der Anstiegsweg durch die Gletscherbrüche und die weiten Firnfelder der Nordflanke über Rakhiot-Eiswand, Silbersattel, Silberplateau, Vorgipfel, Bazhinscharte und Schulter der längste aller Anstiegswege auf einen der 14 Achttausender. Höhenunterschied: 4625 Meter, Horizontaldistanz: 18 Kilometer.

Die Tragödie beim »Kampf um den Nanga Parbat« nahm mit diesem Vorurteil ihren Anfang. Daß es den Bergsteigern bei ihrem »Zug nach dem fernen Osten« »um höhere Dinge« ging als um »Bergsteigergeist« und »Bergsteigersehnsucht«, kam dazu. Es ging um die höchsten Berge und höchste moralische Werte. Daß der Nanga Parbat der leichteste Achttausender mit dem kürzesten Anmarschweg sei, war nichts als Propaganda gewesen, um die Expedition finanzieren zu können.

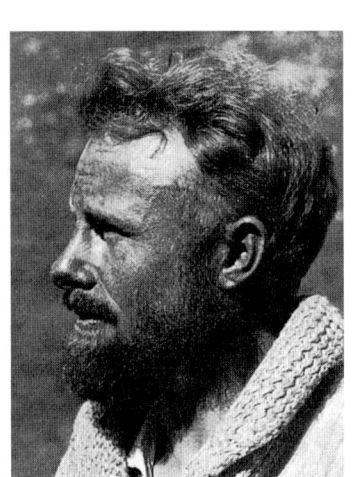

Willy Merkl

Willy Merkl gelang es, auch die erforderlichen Mittel für eine zweite Expedition aufzutreiben, und der »Kampf« um den »Nackten Berg« wurde sowohl in Deutschland als auch in Österreich populär.

Er wurde mehr und mehr auch mit nationalen Parolen geschürt. »Welche Nation, welches Volk erkämpft als erste einen Achttausender?« war die Frage. Das Ansehen, das die Bergsteiger der beiden Paul-Bauer-Expeditionen am Kangchendzönga erworben hatten, und die großartigen Bilder der ersten Merkl-Expedition ließen »den Kampf um die Weltberge« ein allgemeines Anliegen werden.

Willy Merkls Mannschaft von 1934 sah so aus: der großartige Peter Aschenbrenner, Fritz Bechtold, Willy Bernhard, Alfred Drexel, Peter Müllritter, Erwin Schneider, Willo Welzenbach, Uli Wieland und Hanns Hieronimus als Lagerverwalter. Dazu eine wissenschaftliche Gruppe: Professor Richard Finsterwalder, Walter Raechl, Peter Misch. 35 Sherpas wurden als Hochträger verpflichtet.

Der Abmarsch erfolgte in Srinagar, das Hauptlager stand auf der großen Moräne unter der Nordflanke. Zügig ging der Aufbau der Lagerkette vorwärts. Da erkrankte in Lager II Alfred Drexel. Er starb, vermutlich an einem Lungenödem. Erst am 25. Juni konnte Lager IV (6185 m), »das obere Lager«, wieder besetzt werden.

Am 4. Juli gingen Merkl, Bechtold, Welzenbach, Wieland, Aschenbrenner und Schneider mit 16 Trägern hinauf zum Lager VI. Der eigentliche »Angriff auf den Gipfel« sollte beginnen. Erwin Schneider, damals einer der erfolgreichsten Himalaja-Bergsteiger, hat festgehalten, wie es 1934 zur ersten großen Tragödie am Nanga Parbat kam:

»Lager VI (6900 m) ist wohl das schönste, das wir je gebaut. Hier lagern wir auf schmalem Grat, und drüben liegt, 5000 Meter aus dem Rupaltal in einer Linie aufgebaut, der Gipfel des Nanga Parbat. Noch 1300 Meter Höhe, dann sind wir oben, drei Tage trennen uns vom Ziel, wahrscheinlich ...

Der großartigste Gang ist nach Lager VII. Wir steigen über den schmalen Wächtengrat zum tiefsten Sattel ab, dann gehen wir hinauf auf breitem Rücken. Der Schnee ist meist gut zu begehen, hartgeblasen vom Sturm. Unter uns ein Nebelmeer, manchmal steigen die Wolken und schlagen über dem Grat zusammen. Wenn der Wind eine Lücke in die Wolken jagt, dann sehen wir zu unseren Füßen, 4000 Meter tiefer, die flachen Schuttgletscher im Rupaltal, daneben grüne Wiesen. Es ist für uns, die wir schon Wochen im Schnee leben, wie der Blick in eine andere Welt.

Auf einem Absatz des Grates, dort, wo wir unsere Zelte zum siebenten Lager in den Schnee graben, geht ein schwerer Schneesturm über uns hinweg. Abends klart das Wetter wieder auf, und wir sind, wie auch am folgenden Tage, wieder über dem Wolkenmeer auf der einsamen Insel.

Der Grat hinauf zum Ostgipfel wird immer steiler, kurz unter den Felsen queren wir hinüber zum Silbersattel und schlagen für die Träger eine lange Stufenreihe. Oft hatte uns in abendlichen Gesprächen der Augenblick, wo wir über dem Silbersattel auftauchen und über die Hochfläche hinüber zum Vorgipfel sehen könnten, beschäftigt. Die Ostgipfel und die dazwischen liegende Senke, die wir ›Silbersattel‹ tauften, weil nachmittags die Sonne auf dem blankgewehten Eis glänzte, waren uns das höchste sichtbare Ziel. Was dahinter war, blieb für uns verborgen. Nun ist eigentlich dieses oft herbeigesehnte Erlebnis enttäuschend. Der Sturm treibt uns den Schneestaub ins Gesicht und trägt auch dazu bei, uns diesen Augenblick zu ernüchtern. Wie meist bei solchen Dingen stellen wir nur mit Befriedigung fest, daß der Steilhang zu Ende ist und die nächsten Stunden über eine sanft ansteigende und friedliche Hochfläche führen.

In den Felsen des einen Ostgipfels rasten wir. Es ist früher Vormittag, wir hätten leicht Zeit, die beiden Ostgipfel, den Vorgipfel und den Nordgipfel zu ersteigen. Aber was sagen uns diese Erhebungen, wenn drüben der Hauptgipfel steht, der Berg, um deswillen wir herkamen und der morgen unser werden soll?

Als die ersten Träger am Silbersattel auftauchen, gehen wir weiter. Langsam, wie Maschinen, setzen wir unsere Tritte, hier weht wahrscheinlich immer Sturm. Jetzt fegt er in wechselnden Stößen über die Hochfläche, man sieht ihn schon kommen in wehenden Schneewirbeln, dann bleibt man stehen und schützt das Gesicht. Bald ist der Sturmstoß vorbei, und man geht wieder gleichmäßig im ewig wehenden Wind weiter.

Bis unter den Vorgipfel queren wir die Hochfläche, dort warten wir erst einige Zeit, dann gehen wir zurück, als wir sehen, daß die Träger nicht mehr weiter wollen und das Lager VIII in der Nähe des Silbersattels aufgeschlagen wird. Es war noch früh am Tage, als wir umkehrten; wir waren auf 7900 Meter Höhe, 50 Meter unter dem vermessenen Vorgipfel. Ein Grat von etwa 900 Meter Länge und 240 Meter Höhe trennte uns noch vom Hauptgipfel. Wir sind voller Zuversicht und ohne Zweifel, am nächsten Tage den Gipfel zu erreichen.

Abends singen wir in den Zelten, kaum können wir den Morgen erwarten. Früh um 5 Uhr sehe ich aus dem Zelt, es ist noch klar. Um 7 Uhr, als wir aufbrechen wollen, tobt ein furchtbares Schneetreiben um die Zelte. Das Schicksal hat gegen uns entschieden. Noch einen Tag und eine Nacht warten wir, die härtesten Stunden, die wir bis heute verlebt, es ist umsonst. Am Morgen des zweiten Tages steigen wir nach Lager IV ab. Wir sind sicher, abends alle unten zu sein, und in ein paar Tagen, wenn das Wetter besser wird, kommen wir wieder.

Im Eisbruch am Nanga Parbat

Peter Aschenbrenner am Nanga Parbat

Basislager am Mount Everest

Aber nur zwei von uns Bergsteigern kommen hinunter, drei, Merkl, Welzenbach und Wieland, mit sechs Trägern kommen nicht mehr. Und wir räumen nach zehn weiteren Tagen Lager IV, nachdem wir vergeblich versucht hatten, ihnen Hilfe zu bringen. Wir gehen hinunter ins Hauptlager, müde, abgekämpft und geschlagen.«

Auf Merkls Wunsch sollten Schneider und Aschenbrenner eine Spur in den tiefen Schnee legen; die anderen wollten dicht aufgeschlossen folgen. Die beiden Tiroler schafften es mit drei Trägern, sich in die unteren Lager durchzuschlagen. Sie kamen ins Lager IV, im Glauben, die anderen, drei Sahibs und elf Sherpas, wären dicht hinter ihnen. Rasender Schneesturm, keine Sicht, Schneefall.

Die anderen aber hatten zu sterben begonnen. Als erster starb Uli Wieland; in der Nacht zum 13. Juli Willo Welzenbach; zuletzt Willy Merkl mit seinem Träger beim Mohrenkopf. Der Sherpa Ang Tsering, der bei den Sahibs bis zuletzt ausgeharrt hatte, erreichte Tage später wie »ein Bote aus dem Jenseits« das Lager IV und meldete, was geschehen war. Die Tragödie dieser Expedition und vieler Familien ist oft beschrieben worden, aufgearbeitet nicht. Im Gegenteil: Der Nanga wurde zum »Schicksalsberg« hochstilisiert und seine Ersteigung als »Vermächtnis der Toten« vorangetrieben.

Im gleichen Jahr, 1934, wollte der fanatische Engländer M. Wilson so hoch wie möglich Richtung Mount Everest fliegen, eine Bruchlandung riskieren und weiter zum Gipfel steigen. Mit dem Flugzeug erreichte er nur Indien. Zu Fuß das obere Basislager. Noch unter dem Nordsattel kam er um.

Ein Jahr vorher, 1933, hatte eine vierte britische Expedition unter Leitung von H. Ruttledge versucht, den Mount Everest zu besteigen. Ein letztes Lager wurde auf 8350 Meter errichtet. Wyn Harris und L. R. Wager erreichten am 30. Mai eine Höhe von 8572 Metern, einige Tage später stieg Smythe noch höher. Amerikaner flogen über den Mount Everest, fotografierten den Gipfel von oben. Damit hatte eine neue Zeit an den Enden der Welt begonnen: die Eroberung aus der Luft.

Höhenflug der Helden

Nach dem Ersten Weltkrieg beginnt die Zeit der Polfliegerei. Als wären die Jahrhunderte und die tausend und mehr Toten vergessen, die es gekostet hatte, nicht dorthin zu kommen, wollten jetzt alle dorthin fliegen. Und wieder ist es Amundsen, der weder alt noch zufrieden sein kann, der von neuen Höhenflügen träumt, der die neuen Wege zuerst geht.

Der Russe Nagursky hat zwar schon 1914 erste Flüge in die Arktis unternommen, aber Amundsen will zum Pol, zu seinem Pol. Der praktische Nutzen interessiert ihn dabei wenig, und die Verluste, die dieser Punkt an Geld, Gut und Menschenleben gekostet hat, sind schon längst im Eismeer untergegangen. Er sieht sie nicht. Amundsen sieht nur den Pol als Fluchtpunkt seiner Eitelkeiten und die paar Konkurrenten, die auch dorthin wollen. Denn er will wieder als erster im Ziel sein – wie als Langläufer, wie in der Nordwestpassage, wie am Südpol. Ob zu Fuß schon jemand da war, zählt jetzt nicht mehr, der erste Polflug, das Noch-nie-Getane, erfüllt sein Leben.

Nachdem der Schweizer Pilot Mittelholzer 1923 einige Flüge in Spitzbergen unternommen hat, plant Roald Amundsen seinen Polflug. Mit zwei Dornier-Maschinen will er von Spitzbergen starten, zum Nordpol und wieder zurück fliegen. Das Geld kommt vom Amerikaner Ellsworth. Auch die Begeisterung für die Sache. Amundsen ist nur noch besessen vom Pol.

Amundsen, Ellsworth und ihre vier Begleiter aber müssen 1925 bei ihrem Flug auf der Route von Spitzbergen zum Pol bei 87°43' Nord notlanden. Motorpanne! Sie gehen auf dem offenen Wasser nieder. Drei Wochen brauchen sie, um eine Startpiste einzuebnen, und nach 24 Tagen sind alle sechs Mann mit einem der Flugboote wieder in ihrer Basis zurück. Um ein Haar wären sie alle umgekommen.

Die Technik hatte zwar neue Möglichkeiten geschaffen und den Horizont erweitert, aber mit dem Sehfeld wuchs nicht auch gleichzeitig die Sehkraft des Menschen. Dieser blieb, was er war: ungeschickt, zerbrechlich, unfähig, in der Wildnis zu überleben. Die Technik aber, genauer die Spielmöglichkeiten mit ihr, lockte den Menschen immer weiter hinaus, Amundsen zuletzt in seinen Untergang.

Im Schneesturm ist die Arktis keine Menschenwelt

Einst Jagd nach Walrossen und Walen, jetzt Jagd nach Rekorden

Ein Mann, der nicht aufhören konnte, Knabe zu sein, wollte sich mit einem gescheiterten Polflug nicht abfinden. Also startete Amundsen einen neuen Versuch, diesmal mit dem Luftschiff »Norge«. Ob die beiden Amerikaner Richard Byrd und Floyd Bennett wirklich von Spitzbergen aus bis zum Pol geflogen waren, wie sie behaupteten, sollten andere glauben. In 15 Stunden zum Pol und zurück, das klang nicht nur unglaublich, das war damals unmöglich.

Aber auch wenn sie dort gewesen wären, Amundsen wollte mehr. Um sein Heldenleben weiter finanzieren zu können, bot er alles zum Verkauf an, was er hatte: Renommee, Ziel, Gefahr. Er verkaufte sogar, was er noch nicht hatte: Erfolg, den das neue Abenteuer bringen sollte, Bücher, Vorträge; ja sogar den möglichen Tod.

Mit Ellsworth und dem Italiener Nobile überflog Amundsen 1926 den Pol und landete nach einer Überquerung der gesamten Arktis in Alaska.

Waren Ellsworth, Nobile und Amundsen noch als gute Freunde gestartet – drei Musketiere der Lüfte –, begann sofort nach der Landung ihr Wettlauf gegeneinander,

Umberto Nobile

Nach der Jagd

die Rivalität um die Gunst der Massen. Der Spurt um den ersten Platz in den Zeitungsspalten aber wurde nicht im Eis, sondern am nächstgelegenen Antennenmast entschieden. Er wurde von der Medienpräsenz via Internet und Satellitentelefon abgelöst. Heute, morgen oder einst, bei den hündischen und den unmenschlichen Wettrennen um »farest north«, »to the limit« geht und ging es um die Befriedigung des Geltungstriebs, der bei allen Primadonnen stark ausgebildet ist.

Ellsworth hatte Geld gegeben. Nobile, kein Einzelgänger, wenn auch wie Amundsen verrückt genug, dem Fluchtpunkt zuzustreben ohne Wenn und Aber, alle seine Sehnsüchte. Und er hatte wesentlichen Anteil am Erfolg. Damit war der Tintenkrieg vorprogrammiert. Nobile und Amundsen steigerten sich in eine Orgie der Eifersucht hinein, wobei es zu einem unversöhnlichen Streit kommen mußte über das Recht, wer wann wo und wieviel veröffentlichen durfte. Diese Rivalität wurde schlimmer noch als bei Peary und Cook. Wem welche Filme gehörten, wer seine Vortragstournee in welchem Land unternehmen konnte, war nur vordergründig der Grund für die Streitigkeiten. Amundsen – einsam, verschlossen, eindimensional – war es gewohnt, die Eins vor der Mannschaft zu sein. Nach der Landung aber wollte auch Nobile beim Publikum landen. Amundsen, durch den Erfolg verwöhnt und mächtig dank seines Ruhms, asozial, durch den starren Blick in die Ferne von allen anderen Menschen getrennt, konnte einen jungen, gutaussehenden Helden neben sich nicht dulden. Er mußte Nobile vernichten. Und wenn es sein eigenes Leben kosten würde.

Amundsen hatte auf alles in seinem Leben verzichtet: Frau, Geld, Alter. Nur, um das Nichts der Pole als erster zu haben. In einem einzigen Feld, im Eis, wollte er brillieren. Er war in vielem begrenzter als seine Mitbürger; in der Kunst zu überleben übertraf er sie alle. Ohne je zu wissen, ob dieses Leben auch lohnte. Sein ganzes Erwachsenenleben lang jagte er dem Nichts hinterher. Nach der Finanzierung die Jagd nach dem Ziel und dann wieder Jagd nach Geld, der die Jagd nach Ruhm folgte: Packeis, Vortragsreise, Packeis. Sein Überleben hinter der Hundemeute mutierte alle paar Jahre zum Vorleben auf der Bühne: Aus der »Arena der Einsamkeit« tauchte er plötzlich auf, um in den Menschenmassen unterzutauchen. Immer wieder kam er zurück vom geradlinigen Trip Richtung Süd oder Nord in den Käfig des Redners, Autors, Stars.

In Erfolgen wurde Amundsen gemessen. In der Distanz zu den anderen hätte man ihn messen müssen. Auch in Lebensjahren war er nicht zu fassen. Er blieb – nicht nur auf dem Eis erfahrener als Nobile, sondern auch im Umgang mit den Medien – nach der Fahrt mit der »Norge« der unumstrittene Polarheld, obwohl der Italiener seinen Anteil am Erfolg nicht verschwiegen hatte.

Nobile aber, der, um die Ehre seines Landes zu mehren, angeblich mehr und größere Flaggen auf das Polarmeer abgeworfen hatte, war Amundsen zu nahe getreten. Als würde die Welt den Wert solcher Taten nach Zahl und Größe irgendwelcher Symbole messen, mußte der kleine Priester des Eises exkommuniziert werden. Denn wo Amundsen dabei war, waren die anderen nur Begleiter, Helfer, Personal, niemals seinesgleichen. Amundsen war es, der die anderen mitnahm. Er flog zum Pol, und er war es, der – zurückgekehrt – redete, funkte, kabelte, schrieb. Er tat es nicht nur, um möglichst viel vom Ruhm der Nordpolfahrt auf seine Person zu lenken, er tat es, weil es ihm zustand, aus einer Art Gewohnheit. Der Südpol-Ruhm gehörte ihm, der Nordpol nicht ganz allein ihm, aber hauptsächlich, das Abenteuer war er. Amundsens Bild leuchtete stärker als je zuvor. Wenn nur dieser Lotse Nobile nicht gewesen wäre!

Dieser reagierte, wie Amundsen zu reagieren pflegte. Er baute ein neues Luftschiff und überflog 1928 den Nordpol ein zweites Mal. Auf dem Weg zurück aber fiel die »Italia« auf das Eis und Nobile aus der Gunst des Publikums. Verletzt, frierend, kopflos nimmt Nobile als Kapitän die Rettung als erster in Anspruch. Mit seinem Schoßhündchen kommt er zurück zu den Lebenden, die lieber Tote als »Feiglinge« feiern.

Amundsens Stunde war gekommen. Er kümmerte sich nicht um den ehemaligen Freund, er sorgte sich um seinen eigenen Ruhm. Wie immer. Amundsen wollte den verlorengegangenen Teil von Nobiles Expedition suchen, retten, was dieser »Dilettant« verstreut auf dem Polarmeer zurückgelassen hatte. Er hatte immer gewußt, was er wollte. Was er nicht wollte, war Nobiles Ruhm. Als Held seiner Zeit konnte Amundsen also nur noch die Blamage für Nobile suchen.

Amundsen also besteigt ein Flugzeug, fliegt ins Eismeer und riskiert sein Leben, um die Helfer seines Rivalen zu retten. Er entschwindet – ganz Held der Antike – und bleibt verschwunden, ewig junggeblieben. Nicht nur das Altern bleibt Amundsen erspart, noch sein Tod ist eine Tat. Bis zuletzt ein Mann der Aktion, läßt er seinen Gegner Nobile in Haß, Verachtung und allein zurück. Der Heldenruhm des einen wischt die Verdienste des anderen endgültig vom Tisch. Verfemt, geächtet, ausgepfiffen bleibt der Lebendige mit seiner Schmach und der Hypothek von Amundsens Tod zurück. Als sollte der ohnmächtige Verlierer endgültig unter dem stummen Fluch des Verschollenen verschwinden. Die Rache des Täters verfolgt Nobile bis an sein Lebensende, erdrückt ihn, vernichtet seine Karriere. Was zählt der Erfolg, den Pol ein zweites Mal und ohne Amundsen erreicht zu haben, wenn dieser bei der Rettung der Nobile-Leute stirbt? Amundsen entschwindet mit Nobiles Expedition in den Olymp und reißt seinen Rivalen gleichzeitig und für immer von der Heldenbühne. Nein, nicht einmal das Scheitern Nobiles kann sich neben dem Scheitern Amundsens sehen lassen.

Amundsen war also tot. Umgebracht vom Wahn, der erste zu sein. Aber auch die Technik verführte den Menschen. Zwerge wurden zu Riesen. Allerorten, immer mehr.

»Italia«-Schatten im Polarmeer

Das rote Zelt der Nobile-Leute

Nicht nur in der Arktis war der Horizont durch die moderne Technik plötzlich weiter, auch in der Antarktis, im Himalaja. 1928 erprobte der australische Abenteurer George Hubert Wilkins die Fliegerei erstmals auch in der Antarktis. Mit zwei Lockheed-Eindeckern unternahm er von Deception Island aus die ersten Flüge über der antarktischen Halbinsel. Wilkins, der den Ersten Weltkrieg als Fotograf im Eis verbracht hatte, war schon 1926 von Alaska aus in die Arktis geflogen.

Gleichzeitig mit Wilkins startete auch der Nordpolheld Richard Byrd, ein im Ersten Weltkrieg hochdekorierter Fliegeroffizier, seine Antarktisflüge. Er wollte jetzt zum Südpol. Byrd – aus bester amerikanischer Südstaatenfamilie – erreichte am 24. Dezember 1928 mit seinem Schiff den Rand des Ross-Schelfeises. Wie Amundsen erreichte er in der Walfischbucht den Stützpunkt Little America. Seine Expedition, bestausgerüstet, verfügte über drei speziell für extreme Kälte ausgerüstete Flugzeuge, 95 Hunde und 50 Mann. Trotzdem Hoffnungslosigkeit. Das Anwerfen der Motoren, die beständig einzufrieren drohten, die Vereisung der Tragflächen, die Navigation, das schlechte Wetter mit häufiger Sichtbehinderung waren zuviel der Probleme. Zudem zerstörte im antarktischen Winter der Schneesturm eine der Maschinen.

Der Direktflug zum Pol war ohne Zwischenstation damals noch nicht möglich. Das

»Die Geldfrage machte uns mehr Sorgen als alle Stürme und Gletscherspalten ... Alle mir bekannten Polarforscher waren ganz oder nahezu bankrott.«
RICHARD EVELYN BYRD

Transantarktische Gebirge, bis zu 4500 Meter hoch, war zu überfliegen, und eine solche Flughöhe konnten die dreimotorigen Ford-Maschinen schwer beladen nicht schaffen. Also brauchte es darunter ein Benzindepot zum Auftanken für den Rückflug. Am Axel-Heiberg-Gletscher, an der Amundsen-Route am Fuß der Berge, mußte also ein Tanklager eingerichtet werden. Dabei wäre es beinahe zu einer Katastrophe gekommen. Auf dem Rückweg vom Depotflug nach Little America ging der Treibstoff aus. Die Maschine mußte, noch 160 Kilometer von der Station entfernt, notlanden. Es dauerte drei Tage, bis eine zweite Maschine der in Not geratenen Mannschaft zu Hilfe eilen konnte.

Am 28. November 1929, bei gutem Wetter, flog Byrd mit drei Begleitern los. Sie überquerten das Ross-Schelfeis, überflogen nach 700 Kilometern spontan den Livgletscher und die ihn begrenzende Bergkette, wobei sie Ballast abwarfen: zwei Lebensmittelsäcke, die ihnen im Falle einer Notlandung das Überleben hätten sichern sollen. (Wie oft wird für den Erfolg das Überleben geopfert?) Problemlos – Wind und Wetter waren günstig – erreichten sie den Pol. Ohne zu landen, flogen sie zum Auftanken ins Depot. Nach 16 Stunden schon waren sie in Little America zurück. Byrds Ankunft in Amerika wurde zum Volksfest. Der Held der zwei Pole wurde zum Konteradmiral gemacht.

Ein paar Jahre später wollte der passionierte Flieger Ellsworth die Antarktis im Flugzeug überqueren: von der Walfischbucht zur Weddellsee und zurück, 5500 Kilometer weit. Wieder einmal startete »das letzte große Abenteuer«. Ellsworth, reicher Millionenerbe, sparte weder am Schiff noch am Flugzeug, einer Spezialanfertigung, die er »Polar Star« taufte und die 370 Stundenkilometer schnell war. Hubert Wilkins organisierte Versorgung und Ausrüstung der Expedition. Bernt Balchen, Byrds Pilot, sollte Ellsworths Flugzeug steuern.

Im Januar 1934, kaum war das Flugzeug auf dem Ross-Schelfeis, zerbrach die Eisplatte unter dem Flieger. Ellsworth kehrte in die USA zurück, ließ die »Polar Star« reparieren und fuhr beim zweiten Versuch in die Weddellsee, um von dort zur Walfischbucht zu fliegen. Man konnte die Antarktis ja auch in umgekehrter Richtung überqueren.

Wieder hatte der Millionär Pech. Beim ersten Startversuch schon brach eine Pleuelstange. Im Ersatzteillager aber gab es keinen Ersatz. Und in der Antarktis war nichts zu haben außer Eis. Auch keine Pleuelstange.

Aus!

Ende?

Nein, Ellsworth schickte sein Schiff nach Südamerika, um das Ersatzteil zu besorgen. Er bezahlte, und Ende November 1934 war die »Polar Star« wieder startklar.

Es folgte Schlechtwetter. Den ganzen Dezember über. Die Mannschaft verbrachte ihn mit Warten. Am 3. Januar 1935 gab Ellsworth auf. Als das Wetter plötzlich besser wurde, bestiegen Ellsworth und Balchen doch noch das Flugzeug. Sie kamen nicht weit. Abbruch der Expedition. Heimreise.

Aber aufgeben konnte Ellsworth nicht. Er finanzierte einen weiteren Versuch. Die Summen, die ihn seine fixe Idee bereits gekostet hatte, waren nichts gegen seinen anwachsenden Wahn. Er engagierte den Briten Herbert Hollick-Kenyon als Piloten. Im November 1935 reisten sie in die Antarktis.

Als die beiden am 23. November 1935 losflogen, hatten sie zu ihrem Glück keine Ahnung, was sie erwarten würde. Sie wären sonst geblieben, wo sie waren. Zuerst

Eisberg in der Weddellsee

Andrées »Adler«-Flug in den Tod

zwang sie extrem schlechte Sicht zum Niedergehen. Nach 19 Stunden Warten konnten sie eine halbe Stunde weit fliegen. Die zweite Zwangspause dauerte drei Tage. Ihr dritter Flug war nach einer Stunde zu Ende. Acht Tage hielt sie ein Schneesturm fest. Wieder gruben sie die »Polar Star« aus dem Schnee und starteten ein viertes Mal. Sie flogen vier Stunden weit. Von der Walfischbucht trennten sie noch 200 Kilometer. Nochmals gingen die beiden Flieger in der Einöde nieder. Wieder wunderbares Flugwetter. 16 Kilometer vor Little America aber plötzlich Nebel; das Wetter wurde schlecht; auch das Benzin reichte nicht mehr – Ellsworth und sein Pilot mußten notlanden. Sichtweite 30 Meter. Acht Tage lang marschierten die beiden »Abenteurer« orientierungslos herum, ehe sie am 15. Dezember 1935 die Station fanden.

Mit diesen Flügen war der »Entdecker« an den Polen abgelöst worden vom Techniker. Das »Abenteuer« fand erst statt, wenn die Technik versagte. Der Maschinenmensch, eine ganz neue Spezies, hatte Arktis und Antarktis erobert. Diese neuen Entdecker konnten immense Räume durchqueren, ganze Kontinente vermessen, das Maß des Menschenmöglichen aufheben. Die Welt unter ihren Schwingen aber ermaßen sie nicht. Wenn sie niedergingen, waren sie verloren oder verwirrt, fast immer auf fremde Hilfe oder das Glück angewiesen. Mit Genickstarre und Scheuklappen saßen sie in ihren Maschinen, rechneten, hofften, lasen Instrumente ab. Sicher, sie deckten verborgene Landstriche auf, aber *da* waren sie nicht. Wer nur über dem Ungewissen schwebt, im dunkeln reist, läßt ebenso die Außenstehenden im dunkeln – auch wenn er vorgibt, auf dem Licht der Erleuchtung zu reiten.

Everest-Überflieger Westland Wallace

Byrd, Amundsen, Ellsworth und alle die Lotsen ins Nichts ließen mit ihrer rasenden Technik die Horizonte schrumpfen. Sie erlösten die Menschheit einerseits von tausend Ungewißheiten, andererseits umnachteten sie sie gleichzeitig mit ihren sterilen Ergebnissen. Diese Welt war keine Menschenwelt mehr und interessierte die Daheimgebliebenen nicht.

Am 3. April 1933 flog Lord Clydesdale als Pilot mit einer kleinen Maschine über das Everest-Massiv und glaubte, den »dritten Pol« erobert zu haben. Colonel L. V. Blacker fotografierte Makalu, Lhotse und den Mount Everest aus der offenen Maschine. Erstmals sahen Menschen – Maschinenmenschen – den höchsten Berg der Erde von oben. Eine Sensation! Am 24. April veröffentlichte die »Times« einen dreiseitigen Bildbericht mit den Fotos dieser Houston-Expedition. Die Geschichte war aufgemacht, als wären Flug und Bilder der Beweis dafür, daß auch der Mount Everest erobert worden war.

Ju 52 über dem »Schicksalsberg« Nanga Parbat

Durch diese Technik war man dem Gipfel zwar nahe gekommen, aber nicht nahe genug. Landen konnte der Mensch oben nicht, also mußte er hinaufsteigen; das Flugzeug konnte dabei die entscheidende Hilfe sein. Was mit Versorgung von unten nicht gelungen war, mußte mit Versorgung von oben möglich werden. Wenige Jahre nach Wilsons Idee, das Dach der Welt nach einer Bruchlandung zu stürmen, führte Paul Bauer 1938 eine Expedition mit Luftunterstützung zum Nanga Parbat, mit Fritz Bechtold, Uli Luft, Rolf von Chlingensberg, Ilias Rebitsch, Hans Herbert Ruths, Ludwig Schmaderer, Stefan Zuck als Bergsteiger, dem Arzt Dr. Bruno Balke und Ernst Udet als Piloten. Das »Dritte Reich« hatte der Expedition ein Flugzeug zur Verfügung gestellt, eine Ju 52. Die Crew bildeten Alexander Thooenes (Bergsteiger bei der Kantsch-Expedition 1929), Rudolf Mense als Funker und Otto Spengler als Bordmonteur. Der Funker Alfred Ebermann hielt bei der Bergsteigermannschaft die Verbindung

zur Ju. Zum ersten Mal wurde an den Weltbergen Versorgung aus der Luft praktiziert. Wertvolles Bildmaterial sollte vom Flugzeug aus aufgenommen werden.

Trotz allem, auch dieser Expedition blieb der Gipfelerfolg versagt: Schneefälle, Schlechtwetter, Unentschlossenheit bremsten das Vorankommen. Bauer, Bechtold, Luft und Zuck fanden am Mohrenkopf zwar die vom Frost konservierten Leichen Willy Merkls und seines Trägers Gay-Lay, aber nicht den Schlüssel zum Erfolg. Weiter kam Bauer, der ein Jahr zuvor am gleichen Berg 17 Menschen tot aus Lawinenschnee gegraben hatte, nicht. In den Taschen Merkls fand er eine letzte Botschaft Willo Welzenbachs, eine verzweifelte Bitte um Hilfe. Der ferne Silbersattel und das Silberplateau, wo die Tragödie der Merkl-Expedition begonnen hatte, konnten nicht wieder erreicht werden, auch nicht die Netze voller Ausrüstung, die mit Fallschirmen dort abgeworfen worden waren.

An Süd- und Nordpol hatte die Fliegerei die klassischen Expeditionen verdrängt, die heroische Periode der Polforschung war zu Ende gegangen. Aber noch keiner der 14 Achttausender war bestiegen worden.

1936 war der Russe Golowin zum Nordpol und zurück geflogen. 1937/38 setzten Techniker und Wissenschaftler aus der UdSSR in Polnähe die Forschungsstation Nordpol 1 aus. Unter der Leitung von Iwan Dimitrijewitsch Papanin driftete sie 274 Tage lang nach Süden, bis Zelt und Mannschaft vor der Küste Ostgrönlands wieder vom Eis geholt wurden. Sowjetische Soldaten eroberten in Folge das nutzlose Eis bis weit nördlich des Polarkreises und bauten im Laufe von Jahrzehnten ungezählte Stationen mit Radarschirmen, Drifting Stations mit Eisflughäfen und Forschungslabors auf, eine Verteidigungslinie, die bis zum Zusammenbruch des Weltreiches nicht knackbar gewesen wäre. Forschung besteht aus Kreativität und einer Reihe von Handgriffen, die erlernbar sind. Die Sowjets aber, praktisch veranlagt und an Mangel gewöhnt, lernten, zwischen Sibirien und Nordpol zu leben.

Auch Amerika profitierte während des zweiten großen Krieges und des Kalten Krieges von der Erfahrung seiner Polarflieger. Und die deutsche »Polarforschung« machte Aktionen wie »Nußbaum« 1942/43, »Kreuzritter« 1943/44 auf Spitzbergen, »Schatzgräber« 1943/44 auf Franz-Joseph-Land oder »Haudegen« 1944/45 erst möglich.

Nach dem Krieg hatten die Deutschen andere Sorgen. Die Sowjets bauten ihre Arktisforschung und Verteidigung aus. Die Amerikaner begannen mit ihrer Art der »Eroberung« in der Antarktis. Sie wurde nicht nur zum Tummelplatz von »Eroberungsspielen«, sie wurde besetzt. Technische Machbarkeit und politische Einflußnahme bestimmten die Forschungsstrategie. Nicht mit Dornier-Flugbooten, die Göring geschickt hatte, um das Land mit abgeworfenen Hakenkreuzsymbolen zu markieren und so die Ansprüche des Deutschen Reiches zu demonstrieren, mit Stationen im Eis wurden jetzt Claims abgesteckt. Um Ansprüche geht es noch immer.

1946 begann die größte Expedition aller Zeiten ins ewige Eis. Die U. S. Navy rückte aus. Das Kommando hatte Richard Byrd. 13 Schiffe, darunter Eisbrecher und U-Boote, stachen in See. Sie transportierten auf ihren Decks 4700 Mann Besatzung, Flugzeuge und Hubschrauber. Als die Flotte am 1. März 1947 von diesem Unternehmen, »High Jump« genannt, zurückkehrte, hatten die amerikanischen Piloten 60 Prozent der gesamten antarktischen Küstenlinie aus der Luft fotografiert. Eine Fläche von 3,9 Millionen Quadratkilometern war abgeflogen worden. Der sechste Kontinent war endlich erobert. Endgültig.

Paul Bauer

Lastenabwurf, oben der Silbersattel

Der Diamant in der Königskrone

Als ob das Unbekannte, das Nicht-Erreichte, mit der stetig vorwärts drängenden Eroberungswelle aufgewertet würde, zieht es den Menschen an. Dabei belastet es den Eroberer, engt ihn ein, bedrückt ihn. Mit der Eroberung selbst wird dieses vorher Unbekannte entwertet, ja vernichtet. Der Eroberer ist immer auch ein Zerstörer. Ob er selbst diesen Widerspruch ahnt? Vielleicht. Der Geist der Menschheit aber verfällt den Herrn über die Natur. Hinter dem Entdecker her marschiert die gelangweilte Zivilisation in eine immer langweiligere Welt.

Angriff der Walrosse

Aber auch, daß es ein Ende gäbe in der Entdeckung der Welt, erträgt der Mensch nicht. Also erfand er nach der Eroberung der beiden Nicht-Pole einen dritten Pol, und als auch dieser erreicht war, erfand er immer neue Handikaps, um dorthin zu kommen, wo es nichts mehr zu erobern gab. Denn Grenzen zu überschreiten – existente oder erfundene – ist ein menschlicher Trieb. Tiere sind so primitiv nicht. Sie begnügen sich mit der Selbsterhaltung. Der Mensch will mehr, er möchte darüber hinaus. Der Traum lockt ihn immer weiter, bis in das Nichts, in den menschenfeind-

»Er hatte nur die Sehnsucht, unterwegs zu bleiben, genau wie jetzt, auf Entdeckungsreise, bis das Leben vorbei war. Ein Franklinsches System des Lebens und des Fahrens.«
STEN NADOLNY

Don Quichotte des Eises?

lichsten aller Abgründe. Die meisten von uns können sich gerade ernähren, also bleibt für Traum und Spiel mit Handikap keine Zeit. Einige aber wollen träumen, und sie finden, genarrt von der eigenen Krankheit Fernweh, immer wieder nichts, am Ende meistens den Tod.

Auch nach dem Zweiten Weltkrieg gab es wieder Robinsons, Don Quichottes, mindestens einen Faust. Zu den klassischen Polen konnten sie nicht. Dort waren Eroberer ganz anderer Art, die mit Kriegsmaterial Kolumbus spielten. Bei den Seßhaften hatten die Träumer keinen Spielraum. Dort wurde wieder gesät, gepflanzt, geerntet und fortgepflanzt. Diese Besitzenden gaben den Besessenen die Chance aufzubrechen; die Heimkehrer brachten der Welt nichts als das Gesetz des Handelns, aber es reichte bis heute aus als Legitimation zum Weitermachen.

Schwieriger Rückmarsch

»Die Eroberung der Annapurna I (8078 m) durch die französische Himalaja-Expedition 1950 gehört zum Wichtigsten, was bisher auf dem Gebiete des Alpinismus geleistet worden ist. Dieser ›erste Achttausender‹ ist eine Tat, die mindestens ebensoviel Beachtung verdient wie z. B. eine erfolgreiche Südpolexpedition.«
GÜNTER OSKAR DYHRENFURTH
»Zum dritten Pol«

Eric Shipton

Das Lomonossowgebirge mitten im arktischen Ozean, 1948 entdeckt, ist 2500 Kilometer lang. Es reicht von den Neusibirischen Inseln über den Polraum bis zur Nordküste von Ellesmere Island und teilt das Polarmeer in zwei große Becken. Diese Unterwasserberge sind nur 3000 Meter hoch und stoßen nirgendwo durch die Eiskruste. Also nichts für Bergsteiger. Diese, obwohl an den Eiskappen und Polen gescheitert – Whymper zum Beispiel oder Payer, Cook und der Abruzzenherzog – sahen jetzt endlich ihre Chance. Im Himalaja und Karakorum war »Neuland« genug. Hunderttausend und mehr unbestiegene Gipfel.

Weil der K2 als »unbezwingbar« galt, so jedenfalls das Verdikt des Herzogs der Abruzzen, waren die Expeditionsbergsteiger nach dem Ersten Weltkrieg zu den beiden anderen höchsten Bergen gepilgert. Mehr als ein halbes dutzendmal hatten Briten bis 1938 den höchsten Berg der Welt belagert. Dreimal waren deutsche oder internationale Expeditionen am Kangchendzönga umgekehrt. Endlich, 1950, gelang die Eroberung des ersten Achttausenders: der Annapurna. Bis zu diesem Zeitpunkt war sie nicht erforscht. Eine französische Expedition unter M. Herzog, von ihrem ursprünglichen Ziel, den Dhaulagiri zu besteigen, abgekommen, erkundete zuerst die Zugänge, dann die Flanken des Eisriesen.

Von Westen her erreichen die Franzosen das Gletscherbecken nördlich des Hauptgipfels, von dem eine Aufstiegsmöglichkeit zu einem sichelförmigen Gletscher ins Auge gefaßt wird. Da der Monsuneinbruch nahe ist, darf keine Zeit verloren werden. Mit nationalem Stolz und trotz ungenügenden Schuhwerks wagen M. Herzog und L. Lachenal einen Aufstiegsversuch und stehen am 3. Juni 1950 auf dem Gipfel.

Abstieg und Rückmarsch aber waren alles andere als triumphal. Durch Drogen, Schneeblindheit und Erfrierungen in ihrer Selbstkontrolle eingeschränkt, wurde die Gipfelseilschaft zusammen mit ihren Rettern durch Spaltenstürze, Lawinen und Freibiwaks arg in Mitleidenschaft gezogen. Der Expeditionsarzt Dr. Oudot mußte noch auf dem Rückmarsch erfrorene Finger und Zehen amputieren. Aber Herzog und seine Männer, zu Untertanen im bürgerlichen Sinne untauglich, verwandelten ihre Not in eine Tugend: Fast alle wurden erfolgreiche Profibergsteiger. Der Expeditionsleiter selbst, nach der Expedition schwer verstümmelt, wurde Sportminister in Frankreich. Damit war die Jagd nach dem dritten Pol erst richtig eröffnet. Das Jahr 1949 hatte im Himalaja die Öffnung Nepals und die Abriegelung Tibets wegen der chinesischen Okkupation gebracht. Dies bedeutete gleichzeitig die Verlagerung der Everest-Sehnsucht von der Nord- auf die Südseite, die bis dahin unerforscht war. Gleichzeitig wurde das 30jährige britische »Monopol« auf den Everest beendet.

1950 und 1951 fanden Engländer im Rahmen der ersten Erkundungen einen Weg zum Berg und Richtung Gipfel. Das im Auftrag des Alpine Club und der Royal Geographical Society gebildete britische Himalaja-Komitee operierte mit kleinen Mannschaften, zu denen auch Edmund Hillary, Tom Bourdillon und Dr. med. Michael Ward gehörten. Eric Shipton leitete sie. 1951 stieg er über den berühmten Khumbu-Eisfall bis zur oberen Randspalte, dem Western CWM. Diesen walisischen Namen für das Tal zwischen Everest, Lhotse und Nuptse hatte der unvergessene George Leigh Mallory dem versteckten Sanktuarium des Everest gegeben. Shipton selbst kannte das Westbecken nur von einem Blick vom Lho La.

1952 kam die erste Schweizer Expedition unter Dr. med. Wyss-Dunant, der den Begriff der »Todeszone« prägen sollte, zum Mount Everest. Die Bergsteiger waren René

Dittert, Jean-Jacques Asper, René Aubert, Leon Flory, Ernst Hofstetter, Raymond Lambert, André Roch. Sirdar, also Chef der Sherpas, war der damals schon berühmte Tensing Norgay. Am 28. Mai 1952 stehen Lambert und Tensing hoch oben am Südostgrat. Auf einer Höhe von 8500 Metern verspielen sie ihre Chance. Nur 348 Höhenmeter unter dem Gipfel geben sie auf. »An der äußersten Grenze des Möglichen« kommen sie aus der Todeszone zurück. Das ist phänomenal!

In Europa zurück, verhökern sie ihre Notizbücher, um das Geld für die nächste Expedition aufzutreiben. Im Herbst 1952 unternehmen sie einen zweiten »Angriff«, diesmal geführt von Dr. Gabriel Chevalley. Neu in der Bergsteigergruppe sind Ernst Reiß und Norman Dyhrenfurth. Am 20. November erst kapitulieren sie in Orkan und arktischer Kälte auf 8100 Meter Meereshöhe.

Jetzt erst war die Pyramide der Erfahrungen hoch genug für den vollen Erfolg. Als das Wissen um den Gipfel fast so groß war wie der Mount Everest selbst, wurde die Besteigung möglich. Die taktische und praktische Vorarbeit der beiden Schweizer Expeditionen sollte zum Erfolg der Engländer 1953 führen – zum Krönungstag ihrer Königin errungen.

John Hunt, ein hoher Stabsoffizier, begeisterter und erfahrener Hochalpinist, war Leiter der Expedition. Hunt setzte auf künstlichen Sauerstoff: »Sauerstoff reduziert die Höhe und schafft für das Bergsteigen die gewohnten Bedingungen.« Die natürliche Akklimatisationsgrenze lag laut Hunt bei 6500 Metern. Darüber wurde zunehmend ein physischer und psychischer Abbau der Kräfte deutlich. Ein Achttausender-Mann mußte also über 6500 Metern das Tempo steigern. Hunt schwor auf eine »Eilmarschtaktik«, die nur mit Sauerstoffausrüstung denkbar schien.

Neben John Hunt als Chef bestand die britische Mannschaft aus Edmund Hillary, Tensing Norgay, George Lowe, Wilfried Noyce, Charles Evans, George Band, Alfred Gregory, Tom Bourdillon, Charles Wylie, Michael Westmacott, Michael Ward (Arzt), Griffith Pugh (Physiologe), Tom Stobart (Kamera), James Morris (Korrespondent der »Times«); dazu 27 Sherpas. Nur zwei von 40 sollten den Gipfel erreichen.

Am 10./11. März brach die Gruppe in Katmandu auf. Nach einer Akklimatisations- und Trainingswoche, in deren Verlauf der Umgang mit den Sauerstoffgeräten geübt wurde, begann am 1. Mai im vorgeschobenen Hauptlager (6462 m) der Aufstieg über die Lhotse-Flanke. Am 22. Mai stand Lager VIII am Südsattel, 7986 Meter hoch. Am 26. Mai erreichten Bourdillon und Evans den Südgipfel (8760 m). Zum Weitersteigen zu spät! Schon am 28. Mai wurde für einen zweiten Versuch auf 8504 Meter Höhe ein Zwischenlager am Grat errichtet. Gregory, Lowe, Sherpa Ang Nyma, die anschließend sofort wieder zum Lager VIII abstiegen, Hillary und Tensing bauten es auf. Mit Schlafsauerstoff verbringen die beiden Gipfelmänner eine gute Nacht. Am 29. Mai verlassen sie um 6.30 Uhr das Zelt. Um 9 Uhr stehen sie am Südgipfel. Um 11.30 Uhr, nach nur fünf Stunden, erreichen sie die Spitze des Mount Everest. Als erste Menschen stehen sie auf dem Gipfel der Welt. 32 Jahre sind seit dem Beginn des »Kampfes um den dritten Pol der Erde« verstrichen. Hillary spürt die äußerste Ausgesetztheit und wird später über diese Augenblicke schreiben:

»Es war schaudererregend, in die enorme Felswand gerade unter uns hinabzublicken und tief unten im Western CWM, mehr als 2400 Meter tiefer, die winzigen Zelte von Lager IV zu sehen. Auf der anderen Seite des Gipfelgrates hingen ungeheure Wäch-

John Hunt

Francis Younghusband

A. M. Kellas

Tensing Norgay,
von Edmund Hillary fotografiert

ten, überhängende Massen aus Schnee und Eis. Mehr als 3000 Meter tief fiel der Abgrund der Kangshung-Flanke ins Leere.«

Hillary hatte die 15 Meter hohe Felsstufe wenig unterhalb des Gipfel gemeistert – »der Fels war glatt und bot wenig Halt« –, die seitdem »Hillary-Step« genannt wird. An der Ostseite, zwischen Fels und Wächte, stemmend und spreizend, schob er sich hoch. Tensing folgte. 15 Minuten lang nur blieben die beiden auf dem höchsten Punkt. Um 14 Uhr waren sie am Gratlager und rechtzeitig – obwohl vor den Zelten des Südsattel-Lagers der Flaschensauerstoff zu Ende gegangen war – im Lager auf knapp 8000 Meter.

Edmund Hillary hat von all denen profitiert, die vor ihm erfolglos geblieben waren: von Sir Francis Younghusband zum Beispiel, der 1904, nach seinem Kriegszug in Tibet, vom Dalai-Lama in Lhasa eine erste Zusage bekommen hatte, daß Briten im tibetischen Himalaja bergsteigen dürften; von Dr. Kellas, der von der Möglichkeit wußte, über Darjeeling zum Nordfuß des Everest zu gelangen; von John Noel, der als Einheimischer verkleidet unerlaubt nach Tibet gereist und bis etwa 60 Kilometer an den Berg herangekommen war. Es folgte die »Aufklärungsexpedition«, der »Versuch« 1922 und der »Angriff« 1924. Ein halbes Dutzend solcher Anläufe scheiterten in den dreißiger Jahren. Trotzdem, man wußte immer mehr über die große Höhe und den Gipfelaufbau des Mount Everest. Die Höhe verlor mehr und mehr ihre Fremdheit.

Hillary ist für den abendländischen Menschen zum Symbol des Fortschritts geworden, weil er ganz aufgestiegen ist, bis unter den Himmel. Im Unterschied zur Weite, welche die beiden anderen Pole charakterisiert, ist die Spitze des Mount Everest der Punkt, wo Materie auf die Nichtmaterie des Firmaments trifft.

Im Juli 1953, einen guten Monat nach der Everest-Besteigung, glückte Hermann Buhl der Gipfelgang am Nanga Parbat. Initiator der Expedition war der Münchner Arzt Dr. Karl Herrligkoffer, der als Stiefbruder Willy Merkls seine Legitimation vom Vermächtnis der Heroen von 1934 ableitete. Herrligkoffer, selbst kein extremer Bergsteiger, hatte keine Expeditionserfahrung. Nur seine Zähigkeit bei der Geldbeschaffung war bewundernswert. Teilnehmer der Herrligkoffer-Expedition waren Dr. Walter Frauenberger, Peter Aschenbrenner, der als Überlebender der Spitzentruppe von 1934 als Führer der Bergsteigermannschaft fungierte, Fritz Aumann als Lagerverwalter und Funktechniker, Albert Bitterling, Hermann Buhl, Kuno Rainer, Otto Kempter und Hermann Köllensperger. Dazu kam als Filmgestalter Hans Ertl, der große Expeditions- und Himalaja-Erfahrung hatte.

Am 24. Mai stand das Hauptlager bei der großen Rakhiotmoräne (3967 m). Der Aufbau der Hochlager bis zum Lager IV auf 6185 Meter wurde ein langwieriger Prozeß. Am 21. Juni erreichten Buhl und Kempter den Rakhiotgrat und den Mohrenkopf. Es folgte die Sicherung der Rakhiot-Eiswand.

Unter dem Eindruck früherer Katastrophen – das Scheitern war besser als der Tod – beorderte die Expeditionsleitung Herrligkoffer/Aschenbrenner die Spitzengruppe Walter Frauenberger, Hans Ertl und Hermann Buhl trotz guten Wetters zurück ins Basislager. Die drei aber verweigerten den Abstieg und nutzten die Chance, den Aufstieg zum Gipfel zu versuchen. In der Einschartung hinter dem Mohrenkopf stellten Buhl und Kempter Lager V auf: nur ein Sturmzelt mit dem Allernötigsten für zwei Mann. Frauenberger und Ertl stiegen mit den Trägern wieder ab. Vom Lager V, 6900 Meter hoch, betrug die Höhendifferenz zum Gipfel 1225 Meter, die horizontale Entfernung sechs Kilometer.

In der Nacht vom 2. zum 3. Juli kam starker Wind auf, das Wetter aber blieb herrlich, der Himmel wolkenlos.

Buhl steht um 1 Uhr auf und geht um 2 Uhr früh los. Otto Kempter folgt ihm eine gute Stunde später. Er muß am Silberplateau aufgeben. Hermann Buhl geht von Anfang an allein. Was er vorhat, ist gegen jede »bergsteigerische Vernunft« und jede Wahrscheinlichkeit des Gelingens. Es ist der Gang eines von einer Idee Besessenen in das fast sicher erscheinende Verderben. Nach fünf Stunden erreicht Hermann Buhl den Silbersattel. Der Weg über das Silberplateau – der Wind hat den Schnee auf der Hochfläche zu halbmeterhohen Windgangeln ausgefräst, die Sonnenglut wegen der Windstille – ist eine einzige Qual: jeder Schritt ein Seufzer, jeder Atemzug ein stiller Schrei. Die Hochfläche ist ein Hitzespiegel. Vor dem Anstieg zum Vorgipfel läßt Buhl seinen Rucksack zurück, die Drogen Pervitin und Kokatee nimmt er mit. Gegen 14 Uhr ist er in der Bazhinscharte (7812 m).

Hermann Buhl, fotografiert von Hans Ertl

Der Gipfelaufbau ist »wie ein Berg für sich«: senkrecht die Gesteinsaufschwünge, scharf und überhängend die Wächten, alles ausgesetzt. Buhl nimmt zwei Pervitin-Tabletten.

Ein großer Gendarm, ein freistehender Felsturm, verstellt den Weiterweg. Buhl umgeht ihn auf der Diamir-Seite mit einer Hangeltraverse und über einen leicht überhängenden Riß. Um 18 Uhr ist er auf der Schulter (8060 m), trinkt den letzten Rest Kokatee. Zu essen hat er nichts. Um 19 Uhr, 17 Stunden nach dem Aufbruch vom Zelt, erreicht Hermann Buhl den höchsten Punkt des Nanga Parbat. Er steht auf 8125 Meter: Abendlicht, der Himmel dunkel, Abstieg. In etwa 8000 Meter Höhe verbringt Buhl stehend die Nacht – und hat Glück. Auch der 4. Juli ist ein schöner Tag. Halluzinierend – Stimmen, Gestalten begleiten ihn – geht Hermann Buhl seinen Weg wie in Trance weiter. Durst! Nochmals nimmt er Pervitin, das gefährliche Aufputschmittel müder Krieger.

Richtung Mohrenkopf am Nanga Parbat

Um 17.30 Uhr, 13 Stunden nach dem Aufbruch im Biwak, steht der Tiroler im Silbersattel. Die Lager, die er sieht, liegen wie verlassen im schrägen Sonnenlicht. Nur am Mohrenkopf erkennt er zwei Gestalten. Um 19 Uhr ist er bei ihnen: Hans Ertl und Walter Frauenberger umarmen ihn weinend. Nicht weil er am Gipfel war, weil er zurück ist, weinen drei Männer. Buhl redet, erzählt und erzählt. Die halbe Nacht lang befreit er sich von seinem Verlassensein. Er ist geborgen.

Mit mehr als 30 Toten – verschüttet, erfroren, verrückt – war dieser Weg bis zum Gipfel bezahlt. 30 Todesseufzer für diesen einen »Sieg«. Aber auch am Mount Everest, am K2, am Kangchendzönga lagen die Toten. Die Verunglückten gehörten zum Glück der Sieger. Waren nicht diese Toten – Mumien irgendwo im Eis – der Grund gewesen, es wieder und nochmals zu versuchen? Der Tod der Morbus, an dem sie starben? Dazu kam die Idee, die Besessenheit, Abenteuerlust und der Traum von der Tat, die noch nicht getan war.

Die fünfziger Jahre bedeuteten Vergessen, Neuanfang, Aufbruch. Alles drängte damals zum Handeln. Als ginge es auf Berggipfeln um mehr als um Goldmacherglück und nationales Prestige.

1954 wollte eine italienische Expedition bergsteigerische Ehren für das Vaterland erringen – am K2. Nachdem Franzosen an der Annapurna, Engländer am Mount

Gasherbrum IV

Everest und Hermann Buhl am Nanga Parbat ihre Flaggen gehißt hatten, sollte die Trikolore am zweithöchsten Berg der Erde flattern. Die Mannschaft war außerordentlich stark: Die stärksten Alpinisten – Erich Abram, Ugo Angelino, Walter Bonatti, der später den Gasherbrum IV erstbegehen sollte, Achille Compagnoni, Cirillo Floreanini, Pino Gallotti, Lino Lacedelli, Mario Puchoz, Ubaldo Rey, Gino Soldá, Sergio Viotto, der Arzt Dr. Guido Pagani und der Kameramann Mario Fantin – waren medizinisch getestet worden. Die Leitung wurde Professor Ardito Desio anvertraut, dem bekannten Mailänder Geologen, Karakorum-Kenner und Organisator.

Auch dieser Aufstieg ging nicht glatt. An der Abruzzirippe erkrankte Mario Puchoz an »Höhenhusten« und Kehlkopfentzündung. Eine Lungenentzündung folgte. Vielleicht war es ein Lungenödem. Er starb am 20. Juni in Lager II, als sechstes Opfer des K2. Doch der »Kampf« ging weiter. Trotz Sturms wurden die Hochlager nach oben geschoben. Am 25. Juli stand Lager VII an der Schulter. Am 28. Juli erreichte ein Voraustrupp den Platz für Lager VIII. Am 30. Juli stiegen Compagnoni und Lacedelli bis an den Fuß des großen dunklen Felsgürtels unter der stumpfen Gipfelkalotte und bauten auf etwa 8100 Meter Höhe Lager IX auf, das Sturmlager für den Aufstieg zum Gipfel.

Erich Abram, Walter Bonatti und der Hunza-Träger Mahdi sollten die Sauerstoffgeräte nachbringen. Abram stieg rechtzeitig ab und kam zum Lager VIII zurück. Die beiden anderen konnten Lager IX vor Einbruch der Nacht nicht erreichen. Warum Bonatti mit Mahdi in mehr als 8000 Meter Höhe biwakieren wollte, nachdem er verzweifelt nach Compagnoni und Lacedelli gerufen hatte, weiß ich nicht, frage mich aber auch, warum diese lange nicht antworteten.

Mahdi ging es schlecht, er brüllte unverständliches Zeug. Wie ein Besessener soll er getobt haben. Als plötzlich in der Nacht ein Licht aufleuchtete, meldete sich Lacedelli. »Habt ihr den Sauerstoff?«, wollte er nur wissen. Er stand unterhalb des rechten Felsrandes.

»Ja«, antwortete Bonatti.

»Gut, laßt ihn da und geht zurück!«

»Aber Mahdi ist von Sinnen.«

Dieser hatte sich erhoben und ging im Dunkeln umher, auf den steilen Eishang zu, von wo der Schein der Taschenlampe herüberleuchtete. Das Licht verschwand wieder. Stille. Für den Hunza Mahdi und Bonatti, denen eisiger Pulverschnee ins Gesicht und unter die Kleidung trieb, begann jetzt die Hölle. Wie Schiffbrüchige klammerten sie sich ans Leben. Eine ganze Nacht lang.

Am anderen Morgen ließ der Wind nach. Bonatti konnte das Zelt der Gipfelmannschaft immer noch nicht sehen. Also buddelte er die Sauerstoffgeräte aus dem Schnee und ließ sie stehen. Er hatte damit seine Pflicht getan. Dann begann er den Abstieg. Mahdi – schon bei der ersten Morgenhelle auf und davon – eilte jetzt zum Camp VIII hinab.

Lacedelli und Compagnoni fanden später die Sauerstoffgeräte, rüsteten sich zum Gipfelgang und stapften im tiefen Schnee aufwärts. Die Rinne, die den Felsgürtel durchreißt, war nicht begehbar. Compagnoni versuchte es in den Felsen, stürzte und landete im Schnee. Lacedelli zog seine Fäuslinge aus und erkletterte oberhalb vom »Flaschenhals« eine 30 Meter hohe Steilstufe. Darüber nur noch grundloser Pulverschnee!

»So geschehen die Taten, die Ereignisse, langsam, Manche Wünsche werden Jahrtausende alt, Aber unaufhaltsam wachsen die Organe ins Unsichtbare hinein, Und der Gewinn der Unsterblichkeit ist nahe.«
ARNOLT BRONNEN
»Ostpolzug«

Wer weiß, wo die Sauerstoffflaschen leer waren. Die Masken jedenfalls rissen sich die beiden K2-Helden erst am Gipfel von den Gesichtern, den sie um 18 Uhr des 31. Juli erreichten. Der Abstieg war abenteuerlich. Infolge der Dunkelheit und ihrer furchtbaren Erschöpfung kam es wiederholt zu lebensgefährlichen Zwischenfällen: Schneebrett; Sturz des einen, der den anderen mitriß; Verlust eines Pickels; Erfrierungen. Compagnoni stürzte zuletzt 15 Meter tief in einen Schrund. Beim weiteren Abstieg rutschte Compagnoni aus und sauste an die 200 Meter auf den Rand des großen Ostabsturzes zu, wo er glücklicherweise im weichen Schnee zum Halten kam.

Die Ereignisse bei der nächtlichen Fast-Begegnung Bonattis und der Gipfelmannschaft konnten nie eindeutig aufgeklärt werden. Es gibt widersprüchliche und für mich unverständliche Aussagen, die weder Bonattis Ausharren noch den Versuch, die beiden Sauerstoffträger aus dem Zelt im letzten Lager auszusperren, einleuchtend erklären.

Es steht mir nicht zu, Gerichtete zu richten, aber daß die Protagonisten mehr als 40 Jahre nach ihrem gemeinsam errungenen Erfolg am K2 – wobei Bonatti inzwischen ebensoviel Ehre, Applaus und Ruhm widerfuhr wie Compagnoni und Lacedelli – immer noch und immer wieder mit neuen Rechtfertigungen an die Öffentlichkeit treten, liefert Zweifel und Futter für die Tintenkulis. Mir stellt sich in diesem Zusammmmenhang heute mehr die Frage nach den pathologischen Zügen in der Persönlichkeit der Pioniere als nach der Bewertung ihrer Leistung.

Als hinge Vergangenheit und Zukunft dieser großartigen Männer mit Seilen festgezurrt am K2, kamen sie nie mehr von ihrem Berg weg. Wie Amundsen, Peary, Cook von ihren Polen. Schicksalspole? Schicksalsberge: Nanga Parbat – K2 – Mount Everest.

Wie immer, wenn sich eine Mannschaft hinterher in eine Reporterbande verwandelt, wird »Schwarzer Peter« gespielt, und einer muß es sein, der den Mount-Everest-Gipfel als zweiter betreten, den Expeditionsvertrag verletzt, die »Kameraden« im Stich gelassen hat. Sicher, was für Süd- und Nordpol galt, galt 50 Jahre später für die Achttausender. Heute gilt es für uns. Alles, was zu sehen, zu hören, zu lesen ist, geschieht doppelt, dreifach – so viele Pole, Gipfel, Wahrheiten wie Protagonisten.

Mit den ersten vier Achttausendern und dem Sieg der Reporter über die Bergsteiger war die Großexpedition abgewirtschaftet. In kleiner Gruppe, mit möglichst wenig Gepäck, einer kleinen Zahl an Trägern, ohne Journalisten im Basislager mußte der Zwist auch möglich sein.

Der erste Schritt zur Kleinexpedition und zum Frieden war Herbert Tichys Versuch am Cho Oyu. Dem Österreicher gelang die erste Besteigung des sechsthöchsten Berges der Erde mit nahezu nichts. Weder Geld noch Träger waren vorhanden. Auch Ideale waren unwichtig. Tichy war Realist und in Asien. Er erreichte – trotz seiner Erfrierungen – mit S. Jöchler sowie dem Sherpa-Sirdar Pasang Dawa Lama am 19. Oktober 1954 ohne Sauerstoffmasken über den Westgrat und die Westflanke den Gipfel. Ein Erfolg nach meinem Geschmack!

1957 sollte eine Kleinexpedition aus Österreich unter der Leitung von M. Schmuck am Broad Peak noch einen Schritt weiter gehen und erfolgreich sein. Der starken Viererseilschaft H. Buhl, M. Schmuck, K. Diemberger und F. Wintersteller gelang der Aufstieg zum Gipfel mit minimalem Aufwand: keine Träger, keine Masken, nur 2000 Kilo Expeditionsgepäck. Erstmals verzichtete man auf Hochträger. Die vier Bergsteiger schafften ihre Ausrüstung für die drei Hochlager selbst bis auf eine Höhe von

Kameradschaft bis zuletzt?

»Liebe Kameraden, seid frohen Mutes! Durch eure Anstrengungen habt ihr großen Ruhm für das Vaterland errungen.«
ARDITO DESIO

Broad Peak

Chogolisa

Vivian Fuchs

Edmund Hillary

6950 Metern. Nachdem sie beim ersten Gipfelversuch den »falschen Gipfel«, den Vorgipfel, erreicht hatten, stiegen sie ins Basislager ab, um sich zu erholen. Am 9. Juni, beim zweiten Anlauf, glückte der Gipfelgang.

Buhls Bergsteigerleben – vom schwächlichen Buben zum weltweit bewunderten Nanga-Parbat-Bezwinger – mußte tragisch enden. Wenn von hundert Möglichkeiten umzukommen keine eingetreten war, bedeutete dies nicht sein ewiges Leben. Nur Aufschub. 18 Tage nach seinem zweiten Achttausender blieb er, »der Buhl«, an der Chogolisa verschollen. Buhls Leben war ein einziger, verdächtiger Übereifer gewesen. Versöhnlich war nur sein Ende. Es bleibt fraglich, ob dieses Leben ein Glück war, bevor es eine Qual wurde. Der Krankheit jedenfalls mußte zuletzt der Tod folgen.

Hillary war anders strukturiert, solider. Noch ehe alle Achttausender bestiegen waren, fuhr der Everest-Bezwinger zum Südpol.

1957, zum »Internationalen Geographischen Jahr«, beteiligten sich zwölf Nationen an Projekten im sechsten Kontinent. Allen voran engagierten sich die USA. 60 Forschungsstationen sollten in der Antarktis eingerichtet werden, und Vivian Fuchs organisierte die »Commenwealth Transantarctic Expedition«. Sein Plan, die alte Shackleton-Idee mit Maschinenkraft zu realisieren, wurde von Queen Elizabeth II., die das Patronat übernommen hatte, von Neuseeland, Australien und Südafrika großzügig unterstützt. Nicht nur eine Unsumme an Geld, Logistik und technischer Aufwand waren notwendig, sondern auch die richtigen Leute. Mit Snowcats und Eistraktoren, versorgt und begleitet von Flugzeugen, sollte die Fuchs-Gruppe vom Filchner-Schelfeis und die Hillary-Gruppe vom Ross-Schelfeis des McMurdo-Sunds nach Süden fahren. Hillary folgte dabei einem völlig neuen Weg, der über den Skeltongletscher und Victoria Land zum Pol führte. Er sollte die Route für Fuchs mit Benzin- und Lebensmitteldepots präparieren.

Am 14. Oktober 1957 brach Hillary in McMurdo mit einer Kolonne raupenbewehrter Traktoren auf. Am 4. Januar 1958 erreichte er den Pol. Nur noch 90 Liter Treibstoff waren in den Tanks. Fuchs war mit seinem Konvoi am 24. November 1957 zur Antarktis-Überquerung aufgebrochen und kam wenige Tage nach Hillary am Pol an. Hillary wurde vom Pol ausgeflogen. Fuchs, der die Überquerung für sich allein gebucht hatte, fuhr auf der Hillary-Route weiter bis zum McMurdo-Sund.

Drei Jahrzehnte später sollte Hillary der erste sein, der alle drei Pole schaffte: den Mount Everest zu Fuß, den Südpol im Traktor, den Nordpol im Flugzeug. Hillary war weder als Bergsteiger noch als Polfahrer eine Ausnahmeerscheinung. Neu bei Hillary war nur seine geistige Freiheit, mit den vorhandenen Mitteln zu den Plätzen seiner Sehnsucht zu reisen und dabei ganz normal zu bleiben. Diese unverkrampfte Einstellung hat ihm ein langes Leben beschert.

Mit Hillary also waren die Pole alle erreicht. Und wieder einmal übernahm die Jugend den Genuß des Erreichten. Mit dem Genuß aber erbten sie auch die Schwierigkeiten und das Fieber nach mehr. Wieder lockte das Abenteuer, und wieder hieß die Beute Ehre und Ruhm. Die Gier aber nach dem Weiter, Höher, Mehr war ohne Gefahr nicht zu stillen. Der Tod blieb als Hypothek.

Hatten Peary, Amundsen, Hillary noch versucht, das Abenteuer möglichst auszuschalten, um an ihr Ziel zu kommen, die jungen Wilden hatten nur noch das Glück, sich und ihr Spiel auf die Probe zu stellen.

Der dritte Pol ist immer der andere

Die drei Pole sind dauerhafter als Firmen, Kunstrichtungen oder Parteien. Sogar dauerhafter als Ideologien. Auch nachdem sie »erobert« waren, blieben sie nicht nur Fluchtpunkte der Phantasie. Als hätte Imagination die Wirklichkeit von Realität, brachen immer wieder Menschen auf, um ihren Wimpel der Unsterblichkeit an die äußersten Ränder der Erde zu tragen. Das Lied von Ruhm und Ewigkeit der Pioniere auf den Lippen, ertrugen diese Entdecker des Entdeckten, die Wagemutigen mit Funk und GPS, alle alten Qualen und letztendlich das Verenden in Eis und Sturm. Grün, international und intensiv sind ihre Farben.

Und es wurden immer mehr. So wie in der ersten Hälfte dieses Jahrhunderts ganze Völkerstämme von den Feldern in die Fabriken gezogen sind, begann mit der Flucht der Wünsche und Ziele des Proletariats die Völkerwanderung als Freizeitvergnügen, der Tourismus. Himalaja, Eismeer und Antarktis wurden zum Abenteuerspielplatz für immer mehr und schnellere sowie verwöhntere Technikfetischisten.

Massenandrang unter dem Everest-Nordsattel

Der Verzicht auf Fremdhilfen und Sauerstoffgeräte wurde Mode, nicht aber der Verzicht auf das Reisen selbst. So ging das »Entdecken um der Entdeckung willen« weiter, wobei alle nur erreichen wollten, was an Nicht-Erreichtem übriggeblieben war. Daß ein Winkel dieser Erde nicht erreichbar sein sollte, gehörte nicht zu den Tagträumen dieser Träumer. Jeder Platz, der ein Leben als Tat gewährte, wurde so zum Rummelplatz, auch Nordpol, Mount Everest, Südpol.

Sogar die Reisegeschichten wurden der neuen Zeit angepaßt. Entsprachen sie früher dem Geschmack einer ganzen Nation, lagen sie jetzt im Trend. Mit ungewöhnlichem Talent wurden immer neue Sekten mit Idealen gefüttert. War für Hillary die Besteigung des Mount Everest noch der Traum seines Lebens gewesen, wurde das Leben in den Bergen selbst bald zum Alptraum, denn nur was Spitze war, zählte. Junge Alpinisten und Eisfahrer lebten in der Stadt, nicht mehr im Gebirge, um präsent zu sein, wenn sie von ihren Rekorden zurückkamen.

Seit Hillary sind 100 und mehr Expeditionen auf dem Mount Everest zum Ziel gekommen. Bald 1000 Menschen – darunter viele Frauen – haben auf dem höchsten Punkt der Erde gestanden. Und diese Zahl steigt mit wachsendem Andrang. Denn die beiden »Normalrouten« zum Gipfel weisen, bis auf den Khumbu-Eisfall im unteren Teil, rein bergsteigerisch keine großen Schwierigkeiten auf.

Der K2 ist seit seiner Erstbesteigung seltener bewältigt worden: Erst 1977 hat eine Großexpedition aus Japan die Aufstiegsroute von 1954, den Abruzzigrat, wiederholt und sieben Kletterer auf den Gipfel gebracht. Alle stiegen mit Sauerstoffmasken. 1978 schafften es Amerikaner. Damals brauchte auch die kleinste Kleinexpedition jahrelange Vorausplanung und eine genaue Kenntnis des Berges. Es erforderte Organisationstalent, Verhandlungsgeschick und Finanzierungskünste, ehe es den Beteiligten endlich gelang, auf den Berg ihrer Sehnsucht zu steigen. Heute übernimmt das Reisebüro Planung und Logistik, Animation und Versicherung sind inklusive.

Natürlich ist die Teilnahme an einer kommerziellen Expedition zum Mount Everest teurer als Trekking in Nepal, aber es gibt immer wieder Sponsoren für immer andere Verheißungen. Wer verstanden hat, daß nicht mehr die »weißen Flecken«, sondern der Müll in der Antarktis stört, wer seiner »Erforschung der Arktis« einen ökologischen Touch gibt und den »wissenschaftlichen Fortschritt« auf das Zwischenmensch-

»Die Spitzenalpinisten der fünfziger Jahre lebten in den Bergen, das Klettern war Selbstzweck. Der Profi der neunziger Jahre lebt in der Stadt, trainiert in der Halle und versucht, Wettkämpfe zu gewinnen. Dafür erhält er Geld und Ausrüstung.«
GALEN ROWELL

Nach der Plage ums Geld
die Plage mit dem Schlitten

Karl Maria Herrligkoffer

liche auszudehnen versteht, kann mit all diesen abgestandenen Redensarten den Geldstrom auf sein Expeditionskonto lenken. Allerdings nur tröpfchenweise. Bergsteiger und Eiswanderer sind nicht so populär wie Boxer, Autorennfahrer oder Golfer.

Vor 100 Jahren schon war die Finanzierung der schwierigste Teil jeder Expedition. Wer steckte schon leichtfertig Mittel in ein riskantes Unternehmen, dessen Aufgabe es war, Atlanten zu verändern? Für eine Eiswüste, deren Durchquerung nicht zu garantieren war, gab es keinen Kredit. Schon Amundsen war mit seiner »Goja« vor seinen Gläubigern ins Polarmeer geflüchtet, um die Fahrt durch die Nordwestpassage erst einmal beginnen zu können. Lieber auf dem Eis als hinter Gittern! 168 Vorträge in 96 Tagen hatte Peary nach seiner ersten Reise zum Nordpol gehalten, um seine Schulden abzahlen und wieder aufbrechen zu können – mit neuen Schulden. Shackleton, Shipton, Buhl waren ständig pleite. Sogar der verhältnismäßig wohlhabende Byrd stöhnte mehr unter dem Druck der Gläubiger als unter seinem Kampf mit den Naturgewalten.

Es hat sich bis heute nicht viel geändert. Wally Herbert tut sich schwer, wirtschaftlich zu überleben, und Monika Kristensen hat ihre Bankrotterklärung abgegeben. In einem Spiel, in dem es weniger um Sieg und Niederlage geht als um Urteil und Vorurteil, behaupten sich auf Dauer nur Leistung, Image und Präsentation. Wer solide Leistung interessant und farbig verpackt, überlebt in unserer Kommunikationsgesellschaft auch wirtschaftlich. Der Profi zeigt sich heute vor allem in seinem Wirtschaftsgebaren.

Anders Dr. Karl Maria Herrligkoffer. Er war weder als Bergsteiger noch als Organisator ein Profi. Er hatte nur die richtigen Leute: H. Buhl, T. Kinshofer, später H. Engl.

1961 führte Herrligkoffer seine zweite Expedition zum Nanga Parbat. Träger des Unternehmens war das von Herrligkoffer gegründete und geleitete »Deutsche Institut für Auslandsforschung«, eine gemeinnützige Stiftung. Zur Mannschaft gehörten auch die Himalaja-Neulinge Toni Kinshofer, Jörg Lehne, Sigi Löw und Harry Rost. Am 20. Juni stiegen Kinshofer, Löw und Lehne zwischen Mummeryrippe (1895) und Aufschnaiterrippe (1939) bis in eine Höhe von 7150 Metern. Dann scheiterten sie.

Im folgenden Jahr, 1962, sollte die zweite Diamir-Expedition vollenden, was 1961 so vielversprechend begonnen hatte. Toni Kinshofer und Sigi Löw waren wieder dabei. Dazu Anderl Mannhardt, Kinshofers Seilgefährte bei der ersten Winterbegehung der Eiger-Nordwand. Die steilen Passagen wurden mit Stahlseilen abgesichert, für den Lastenaufzug in der Wandmitte eine »Seilbahn« installiert, drei Lager eingerichtet.

Am 20. Juni startete der erste Vorstoß in die Bazhinmulde. »In einer Art Schneekolk unter einem Eiswandl« wurde der Platz für das vierte Lager (7100 m) gefunden. »Um das Zelt herum gibt es viele Spalten«, lautete eine weitere Notiz Herrligkoffers, der diese Stelle selbst nie erreicht hat. Am nächsten Morgen Wind, Schneefall, dichter Nebel.

Am 22. Juni klärt sich das Wetter. Kinshofer zögert nicht. Aufbruch gegen 1 Uhr. Michl Anderl kehrt um. Nach vier Stunden muß auch Manfred Sturm aufgeben. Im Laufe des Tages steigen die beiden ins dritte Lager ab. Toni Kinshofer, Anderl Mannhardt und Sigi Löw erreichen gegen 9 Uhr die Bazhinscharte und treffen hier auf den Weg von Hermann Buhl. Nach sieben Stunden Kletterei, gegen 16 Uhr, wird die 8070 Meter hohe Schulter erreicht. Knapp nach 17 Uhr endlich stehen die drei oben auf dem Nanga Parbat: überall Wolken, keine Sicht. Die Sonne sinkt. Abstieg.

In 8080 Meter Höhe richten sich die drei ein Biwak ein, um das sie noch eine kleine Windschutzmauer aus Schnee und Steinen gebaut haben. Am Morgen steigen sie über eine geeignete Steilrinne direkt zur Bazhinmulde ab. Ein schneidend scharfer Wind peitscht ihnen ununterbrochen Schneestaub ins Gesicht. Sie sind erschöpft. Sie legen das Seil ab. Kinshofer und Mannhardt gehen voraus und bleiben beieinander. Sigi Löw fällt 200 Meter zurück. Er ist – aufgeputscht mit Pervitin – zu weit gegangen. Er kann nicht mehr unterscheiden zwischen Möglichem und Wirklichem. Jede Kontrolle durch Angst fehlt. Sigi Löw stürzt ab. Mit weit von sich gestreckten Gliedern saust er auf dem Rücken lautlos in die Tiefe. Er hat Kopfverletzungen, ist bewußtlos. Ihn abzutransportieren ist unmöglich. Also bleibt Kinshofer bei Löw. Mannhardt bricht auf, um Hilfe zu holen. Sigi Löw aber kommt nicht mehr zu sich. Er stirbt. Es ist etwa 20.30 Uhr.

Toni Kinshofer geht eine ganze Nacht hindurch abwärts. Jede Bewegung ein Fallstrick, jede »Rast« ein Todesurteil. Halluzinationen – er geht durch Tabakplantagen. Am Morgen trifft er auf die Kameraden, die ihm vom Lager III entgegenkommen. Kinshofer und Mannhardt bezahlten die erste Zweitroute an einem Achttausender mit Amputationen. Herrligkoffer bettelte um Geld für seine nächste Expedition.

Ein Jahr später und genau zehn Jahre nach der ersten Ersteigung des Mount Everest gelingt im Mai 1963 einer amerikanischen Expedition, angeführt von Norman G. Dyhrenfurth, die erste Überschreitung des höchsten Bergs der Welt. Zu der Großexpedition gehören 19 Amerikaner, ein Engländer, ein nepalesischer Verbindungsoffizier, 32 Sherpas. Zwei Lagerketten werden aufgebaut: eine über Lhotse-Flanke, Südsattel und Südostgrat, eine zweite vom vorgeschobenen Hauptlager über die Westschulter und die Nordflanke.

Am 1. Mai erreicht die Seilschaft Whittaker/Sherpa Gombu den Gipfel, wo sie an einer Alustange die US-Flagge in den Schnee rammen. Nach Schweizern und Indern stehen auch sie als »Sieger« auf dem dritten Pol.

In der Nacht vom 16. zum 17. Mai trifft die Westgrat-Mannschaft ein Sturm. Zwei miteinander verbundene Zelte – in ihnen liegen die Amerikaner Auten und Corbet sowie vier Sherpas – werden aus den Halteseilen gerissen, sie treiben über die Westflanke dem Absturz auf die tibetische Seite zu. Eine Schneewehe bremst sie hart am Abgrund. Alle überleben.

Tom Hornbein und Willi Unsoeld, deren Zelt gehalten hat, rücken nach zwei Erholungstagen weiter vor. Am 21. Mai stellen sie ihr Sturmlager auf eine Höhe von 8300 Metern. 548 Höhenmeter fehlen zum Gipfel. Der Platz ist ein »Sims von 50 Zentimeter Breite und 2,50 Meter Länge«. Der Zeitplan steht. In Camp VI-S, drüben auf der anderen Seite, sind Barry Bishop und Luther Jerstad bereit für ihren Gipfelgang. Unsoeld und Hornbein steigen am 22. Mai durch das »Hornbeincouloir« zum Gipfel auf. Jerstadt und Bishop erreichen den Gipfel am gleichen Tag auf der Südroute, über die dann auch Unsoeld und Hornbein nachts, ohne Lampe und ohne Sauerstoff, absteigen.

Die amerikanische Flagge flatterte in den letzten Strahlen der Abendsonne im Sturm. Erstmals war die Besteigung des Mount Everest auf neuer Route gelungen. Schritt für Schritt – Stürze, Torkeln, Unsicherheiten – kamen Unsoeld und Hornbein tiefer. Knapp nach Mitternacht hockten sie sich zum Biwak auf einer Gratkante nieder. Am Abend des 24. Mai waren alle wieder im Basislager. Eine bahnbrechende Tat.

»Nord- und Südpol sind ihres geheimnisvollen Schleiers beraubt, Ozeanflüge sind zu einer Alltäglichkeit des modernen Verkehrs geworden, Afrika, einst der dunkle Kontinent, ist wohlbekannt, sogar das Innere der tropischen Rieseninsel Neuguinea ist jetzt erschlossen.«
GÜNTER OSKAR DYHRENFURTH
»Zum dritten Pol«

»Von 1745 bis 1818 galt der Chimborazo (6310 m), ein erloschener Trachytvulkan in den Cordilleren von Ecuador, als höchster Berg der Erde. Dieser Ruhm ging dann auf den Dhaulagiri (8172 m) über, einen gewaltigen Achttausender im Herzen von Nepal. Es folgte der Kangchendzönga (8585 m), der bis in die Mitte des 19. Jahrhunderts als Kulminationspunkt Hochasiens angesehen wurde. Die Entdeckung des wahren Gipfels der Welt vollzog sich etappenweise und mit nüchterner Sachlichkeit durch die Survey of India.«
GÜNTER OSKAR DYHRENFURTH
»Zum dritten Pol«

Eisbären überleben in der Arktis
problemlos

Blick in den Gipfelaufbau (Diamirflanke)
des Nanga Parbat

Sechs Jahre später, am 6. April 1969, erreichte der Brite Wally Herbert im Rahmen seiner Transarctic-Expedition den Nordpol. Bis zum Südpol hatte man ihn ein paar Jahre zuvor nicht reisen lassen. Sein Weg durch die Arktis, von Point Barrow in Alaska – Start am 21. Februar 1968 – bis nahe der Nordküste von Spitzbergen – Ankunft am 1. Juni 1969 –, wo Mannschaft und Hundeschlitten vom Eis geholt wurden, gehört zu den ganz großen Polreisen. Nur mit Flugunterstützung für die Versorgung war eine so lange Strecke möglich geworden: Einen Sommer und einen Winter lang drifteten Männer und Hunde mit dem Eis, einen Frühling, Herbst und nochmals einen Frühling lang trieben sie sich und die Hunde vorwärts, schlugen Schneisen in die Eisbarrieren, querten Wasserrinnen. Jeder Schritt ein Wagnis, jeder Monat 30 Tage Angst, mehr als ein Jahr auf dem Eis.

Die beiden Eispole »lockten« in diesen Jahren weniger als die Achttausender im Himalaja, die leichter zu erreichen waren. Obwohl die »Eroberung« auch dort abgeschlossen war, gingen »Kampf und Sieg« »zwischen Himmel und Hölle« weiter.
1970 gelang die zweite Besteigung der Annapurna durch eine britische Expedition auf dem Weg der Erstbesteiger. Kurz darauf glückte die dritte Besteigung. Die Gipfelbezwinger, D. Whillans und D. Haston, gehörten zu einem Team ausgezeichneter Alpinisten, mit denen Chris Bonington zur Annapurna aufgebrochen war, um zum ersten Mal die äußerst schwierige Südwand zu durchsteigen: spezielle Hochlagerzelte und Funkgeräte wurden eingesetzt, auch 4500 Meter Fixseil. Der neue Himalaja-Stil bewährte sich.
Im Juni 1970 gelang meinem Bruder Günther und mir sowie der Seilschaft F. Kuen und P. Scholz die erste und zweite Begehung der Rupalwand am Nanga Parbat. Günther und ich sahen uns gezwungen, über die Westseite des Berges, die »Mummery-Rippen«, abzusteigen, was ungeplant zur ersten und bisher einzigen Überschreitung des Nanga Parbat führte. Mein Bruder wurde am Wandfuß von einer Lawine erschlagen.
Wie schon 1953 gab es auch nach dieser Expedition Meinungsverschiedenheiten zwischen der Expeditionsleitung und einem Teil der Mannschaft. Herrligkoffer war am Berg kein Führer gewesen. Zum Erfolg kam es wie durch Zufall, zum Streit in der Mannschaft regelmäßig. Ich erlebte Herrligkoffer als einen, der ins Nichts blickte. Kompetent weder in Fragen der Organisation noch im Umgang mit den Trägern, geschah, was geschehen mußte. Mit den Toten und Prozessen aber, die den Gipfelbesteigungen folgten, rückten seine Expeditionen immer wieder von der dritten Seite der Zeitungen auf die erste. Als ob er die Geschehnisse auch steuern könnte, obwohl sie sich seiner Kontrolle mehr und mehr entzogen.
Ein »Streiflicht« zu unserer Expedition von 1970 aus der »Süddeutschen Zeitung« möchte ich dazu auszugsweise zitieren, auch weil es die Krankheiten anspricht, an denen das Höhenbergsteigen heute noch leidet.

»Wenn von Bergkameradschaft die Rede ist, dann schweigt gemeinhin der Flachländer ehrfurchtsvoll. Was man über sie aus Büchern und Berichten weiß, muß wie das Edle schlechthin erscheinen. Erst recht, wenn es sich um eine Expedition handelt, wo jeder auf jeden angewiesen ist. Hier können die Begriffe Mannschaft und Seilschaft noch keineswegs durch das blasse Modewort Team ersetzt werden. Bewunderung, vielleicht auch Verständnislosigkeit wird den jungen Menschen entgegengebracht, die immer wieder in den Himalaja ziehen, um die höchsten Runzeln der Erde zu besteigen. Sie setzen Leib und Leben für etwas völlig Nutzloses ein. Wer tut das heutzutage noch? Freilich, seitdem alle Achttausender inzwischen, zum Teil schon mehrmals, bestiegen sind, hat das öffentliche Interesse nachgelassen. Es sei denn, es »passiert« etwas. Zum Beispiel, daß die Bergkameradschaft einen Knacks erleidet und sich die Alpinisten zu Hause gar nicht als Übermenschen, für die sie gelegentlich gehalten werden, erweisen, sondern als ganz einfache Individuen mit Schwächen und Eigenheiten . . .

Es wird immer mit Rätseln behaftet sein, was sich in der dünnen Luft des Nanga Parbat abgespielt hat, vor allem in der Region über 7500 Meter, die man die ›Todeszone‹ nennt. Herrligkoffer, inzwischen ein rüstiger Fünfziger, hat sich als unermüdlicher Organisator von Himalaja-Expeditionen erwiesen, er treibt das nötige Geld auf und die übrigen Utensilien, er bahnt den Jungen den Weg zum großen Abenteuer. Aber dann? Wie es scheint, überläßt er sie am Berg führungslos ihrem Schicksal. Hier wird es von einer Mischung aus Ehrgeiz und Höhenrausch bestimmt.«

Die Trangotürme, Tagträume heute

Obwohl schlechte Wetterbedingungen herrschen, als im Frühjahr 1971 eine französische Expedition unter R. Paragot zum Makalu aufbrach, wurde der äußerst schwierige Westpfeiler bezwungen. In der Direttissima stiegen B. Mellet und Y. Seigneur zum Gipfel. Es war die dritte Makalu-Besteigung.

Da Japaner 1956 den Manaslu erstbestiegen hatten, sollte es eine japanische Expedition sein, organisiert von der »Tokyo Metropolitan Mountaineering Federation« unter der Leitung von A. Takahashi, die im Frühjahr 1971 die zweite Besteigung des Berges über die Nordwestwand wagte. Die neue, schwierige Route gelang.

1972 wieder Manaslu. Eine Tiroler Expedition unter Leitung von W. Nairz, die sich die Durchsteigung der Südwand zum Ziel gesetzt hatte, endete in einem Desaster. Am 25. April 1972 gelang es mir, bis zum Gipfel zu steigen. F. Jäger und A. Schlick starben unmittelbar danach im Schneesturm. Ein paar Wochen vorher waren am Normalweg vier Koreaner, ein Japaner und zehn Sherpas von Lawinen verschüttet worden. Alle tot.

Als suchten wir die Gefahr freiwillig, um ihr – »spielerisch, geschult, gekonnt« – zu entkommen, wurden die Berge – sturmumtost, sonnendurchflutet, nebelumwabert – weiter idealisiert. Und wir Bergsteiger mit ihnen. Als Höhepunktfetischisten stellten wir uns selbst dar. Als Durchhaltetypen, Naturliebhaber, Stehaufmännchen wurden wir verehrt. »Die Eroberung des Unnützen«, getragen von Erfolgsneurotikern und Zivilisationsverachtern, mußte lächerlich erscheinen bei der beängstigenden Bevölkerungsentwicklung auf dieser Erde. Bergsteigen als Instinkt-Rettungsversuch war also auch keine Lösung, höchstens ein Korrektiv, nicht selten mit tödlichen Folgen.

Reinhold Messner

1973 führte der Italiener Guido Monzino, ein Multimillionär mit einem Hang nach Größe, eine Expedition zum Mount Everest. Nachdem er 1970 den Nordpol erreicht hatte, blieb ihm nur noch der höchste Berg der Erde, um brillieren zu können. Hubschrauber schleppten Lasten bis ins Western CWM. Wie die Italiener von Basis zu Basis durch das Eismeer getanzt waren, im Flugzeug oder auf dem Hundeschlitten hockend zum Nordpol, folgten sie jetzt der Schlangenlinienspur, die ihre Sherpas bis zum Gipfel des Mount Everest getreten hatten. Für guten Lohn. Um in Rom für die öffentliche Verehrung ausgestellt zu werden, hatten schon die Kaiser ihre Sklaven zu Spitzenleistungen antreiben lassen.

Endlich, 1975, nach mehreren gescheiterten Versuchen, gelang der zweiten britischen Expedition unter Chris Bonington die erste Durchsteigung der Südwestwand des Mount Everest. Den Seilschaften Haston/Scott – Biwak im Abstieg auf dem Südgipfel (8760 m) – und Boardman/Sherpa Pertemba gelangen Auf- und Abstieg. M. Burke blieb nach Erreichen des Everest-Gipfels verschollen. Die schwierigste Wand am höchsten Berg war durchstiegen. Wieder einmal surrten die Telegrafendrähte, die letzten Meldungen, die Schnellpressen.

Nein, das nimmermüde Volk der »Eroberer« stürmte nicht in andere Zonen, es erfand nur die gleichen Berge wieder neu. Im Mai 1978 stieg ich zusammen mit Peter Habeler erstmals ohne Sauerstoffgeräte auf das Dach der Erde, und wenig später, am 9. August 1978, glückte mir die erste Alleinbesteigung des Nanga Parbat über die Diamirwand und damit die erste vollständige Solo-Begehung eines der 14 Achttausender. Nur in kleiner Gruppe oder allein lohnte es sich, zweiter Entdecker zu sein.

Chris Bonington

Im gleichen Jahr trieb der Japaner Naomi Uemura, der 1970 den Gipfel des Mount Everest erreicht hatte, sein Hundegespann von Kanada zum Nordpol, nur zweimal unterstützt mit Ausrüstung, Proviant und Brennstoff, die ihm nachgeflogen wurden. Am Pol selbst holte ihn ein Flugzeug wieder ab. Im Winter 1984 dann sollte dieser arktiserfahrene Uemura am Mount McKinley in Alaska verschollen bleiben. Gegen eine winterliche Arktis konnte selbst Uemura ohne Luftunterstützung wenig ausrichten. Er, der alles mit den Eskimos geteilt hatte, der sich an den Hundeschlitten gebunden hatte, war mit dem Überleben zuletzt doch überfordert. Eine intensive Suche – auch aus der Luft – war während der kurzen Tage nicht möglich. Die große Kälte und die Stürme deckten den Einzelgänger für immer zu.

Trotzdem ist er all den Einzelgängern, die aus den Schluchten und Einöden der großen Städte, aus den Gattern des bürgerlichen Lebens in die Weite der Arktis streben, zum Vorbild geworden. Sterben wie Naomi Uemura! Als ob der Endpunkt der Flucht vor privater Not der Tod sein müßte. Wie stumpf sind doch die Kanten der zivilen Ordnung im Vergleich zum Jet-stream-Sturm, dem Eisschlag im Eisfall und der Höhenkrankheit. Mit erfrorenen Füßen aber – auf den Krücken des Willens humpelnd –, mit einem Lungenödem – im eigenen Körpersaft erstickend – hören Ordnung, Moral und Denken auf. Zuletzt auch das Hoffen.

Nansen wieder an Land

Einer, der wie einst Fridtjof Nansen immer wieder zurückkam und deshalb meine ganze Bewunderung hat, ist der Brite Doug Scott. Am 24. September 1975 hatte er mit Dougal Haston in einer Schneehöhle unterhalb des Everest-Gipfels übernachtet: ohne Kocher, ohne Schlafsack, ohne Sauerstoffgerät. Sogar ohne Erfrierungen. Nun wollte er den Kangchendzönga in Angriff nehmen, ohne Sauerstoffhilfe. Mit Georges Bettembourg, Peter Boardman und Joe Tasker machte sich Doug Scott im Frühling 1979 auf, wobei sie eine Route über die Nordwand zum Westsattel und den Grat hinauf zum Gipfel wählten. Es war der 4. Mai, als sie bis an die Grenze gingen. Eine Notsituation – Tausende Meilen von zu Hause entfernt, 7900 Meter hoch – zwang sie dazu.

Der Wind wuchs zum Sturm an. 150 Stundenkilometer. Steine flogen in den Windböen über den Schnee. Zusammengekauert wie in einem Kokon steckten sie in ihren

Daunenanzügen und warteten ab. Wenn der Wind nachließ, stolperten sie über Geröllblöcke weiter. Der nächste Windstoß warf sie wieder hin. Aneinandergeklammert, den Wind im Rücken, versuchten sie zu überleben. Immerzu die Angst, zu Eis zu erstarren, vom Berg geworfen zu werden. Und wieder rannten sie los. Wieder nur ein paar Schritte.

Am Grat war der Nordweststurm stärker. Er tobte Richtung Sikkim. Sollten sie nach Sikkim hinüber und hinunter in den Windschatten? Im Schneestaub und durch fliegende Eisstücke aus der Hölle ausbrechen? Beinahe wären sie in der Nacht dorthin geblasen worden.

Die dunkelste Stunde kam kurz vor der Morgendämmerung. Der Wind riß das Zelt Stück für Stück weiter. Es brach. Eissplitter flogen den Männern ins Gesicht. Doug Scott rammte seinen Eispickel in den Zeltboden. Die Ankerschnüre waren gerissen, Zeltstäbe brachen, Stoffetzen flatterten.

»Laßt nichts zurück«, schrie Scott, und dann: »Nur keine wilde Flucht!« Da riß die Außenhaut des Zelts ganz ab und flog in der kalten Nachtluft davon. Still war es auch jetzt nicht, aber gegen den östlichen Horizont stand ein blaß orangefarbenes Licht. Doug Scott fürchtete um sein Leben. Die Ausrüstung zu verlieren und seine Freunde war schlimmer als der Tod.

Immer noch kauerten sie auf einem 1,80 Meter langen und 1,50 Meter breiten Eissims, fast 8000 Meter hoch, im stärksten Sturm, den jeder von ihnen erlebt hatte. Den Gipfel gab es nicht mehr, alle Gedanken kreisten nur um den Abstieg. Und es wurde nicht Morgen.

Die geglückte Selbstrettung – ein schmaler Grat zwischen Hiersein und Nicht-Hiersein – verstand Scott als Zeichen des Himmels. Die erfrorenen Fingerspitzen wären jetzt zwar eine gute Entschuldigung gewesen, nach Hause zu gehen, der Kangchendzönga aber rauchte Schnee und Nebel, ein erhabener Berg. Also hinauf!

Nach einem zweiten Versuch, der wieder im Sturm unter dem Gipfel endete, erreichten Joe Tasker, Peter Boardman und Doug Scott spät im Mai den Gipfel. Es war ein herrlicher Tag, den sie hoch über den Wolken und ihren irdischen Sorgen erlebten. Wieder unten, waren die Sorgen nicht verschwunden, aber sie sahen diese aus einer anderen Perspektive.

Tasker und Boardman verschwanden 1982 beim Versuch, den gesamten Nordnordostgrat bis zum Everest-Gipfel zu begehen. Irgendwo zwischen den Felstürmen in der Todeszone über 8000 Meter Meereshöhe waren sie am Ende. Warum, wissen wir nicht. Jedenfalls kamen sie nicht zurück. Wie ungezählte Spitzenbergsteiger vor ihnen und noch viel mehr nach ihnen. Doug Scott lebt noch, und das wenigstens ist ein Trost.

Höhenstürme können tödlich sein

»Schrecklich, der Großteil der genialen Bergsteiger ist umgekommen. Viele von ihnen – Heinrich, Chrobak, Piotrowski, Rutkiewicz, Wroz – starben um die Fünfzig, nachdem sie jahrelang der Stimme gefolgt waren, der sie nicht widerstehen konnten.«
VOYTEK KURTYKA

Parry unterwegs zum Pol

Jeder auf seiner Eisscholle

Wer die Wege zu den Polen studiert – vom Heereszug Alexanders des Großen bis zur Nordpolreise des Explorers Club 1996 mit einem Eisbrecher –, kann die militärische, weltpolitische, ökonomische, ökologische und touristische Bedeutung der Polregionen vielleicht begreifen. Nicht einsehen wird er die Begründungen, mit denen immer noch immer andere Polfahrer mit immer neuen Zielen zu ihrem Traum im Norden, Süden und Osten aufbrechen. Als wüßten sie nicht, daß Träume nur im Kopf geträumt werden, alle Rechtfertigungen lächerlich sind und die Kunst des Überlebens nur in der »Todeszone« praktiziert werden kann.

Aber wie oft, wie lange?

Wenn einer dann in den mörderischen Zonen – zwischen den Eispressungen im Polarmeer; ohne Maske am Mount Everest; im Fallwind bei Gateway in der Antarktis – unter dramatischen Umständen umkommt, ist ihm mehr als ein Nachruf in den Fachblättern gewiß. Aber was fängt das Opfer der eigenen Begierde damit an? Auch eine Notiz in der Morgenzeitung ist für die Hinterbliebenen kein Trost. Eines Menschen Mühen, Leiden und Ängste sind mit dem Tod zwar für alle Zeiten vorbei, aber wofür sind sie gewollt, ertragen, geopfert worden? Nur, daß die Naiven dieser Welt einen Augenblick lang an die Größe des Menschen glauben dürfen und gleichzeitig an die unbezwingbaren Kräfte der Natur? Bringen wir uns also selbst als Menschenopfer dar, weil uns der Glaube an Gott und an uns selbst abhanden gekommen ist?

Die Wissenschaft hat ihr Publikum verloren. Wer will schon wissen, von wie vielen Eisbrechern wie viele Lotungen wie tief im Eismeer durchgeführt wurden? Wen interessieren Geländeschnitt, Geodäsie, Gesteinsanalysen vom Mount Everest? Was bedeuten Elektrizitätsgefälle und veränderte Ablesungen bei der Feuchtigkeitsmessung am Südpol? Die Gelehrten ernten auch keine Häme mehr, wenn das, was sie heute errechnen, morgen nicht mehr stimmt. Der Laie versteht sie nicht, und mit Geheimnissen kann er leben.

Wenn aber drei Überlebenskünstler ins Nirgendwo aufbrechen oder ohne Resultate von einem der drei Pole zurückkommen, erhitzen sich nicht nur die Gemüter der Kollegen. Gruppen von Befürwortern bilden sich, und Gegner schreiben Leserbriefe. Über Selbstzweck und Risiko wird immer noch gestritten. Als hinge das Überleben der Menschheit von Recht oder Unrecht ab, sein eigenes Leben aufs Spiel zu setzen. Nur weil auch jeder mitreden kann, wenn es um Hunger, Pemmikan, Heizmaterial geht, verfolgen Millionen unsere Veitstänze auf dem Eis, beurteilen Journalisten das Imponiergehabe der modernen Nomaden auf ihren Eisschollen. Es interessiert dabei weniger der Inhalt der Reise als Anspruch an sich – die Todesgefahr ist es und ihre Verlobte, die Einsamkeit. Denn es lebt sich recht angenehm mit den vielen eigenen Mängeln, wenn man weiß, daß der »Held« umkommen wird.

So hat jeder von uns sein lokales Publikum und heute – im Zeitalter der schnellen Verkehrsverbindungen – mindestens drei Pole, um seine Versuche zu wiederholen, sich ernstlich das Leben zu nehmen.

Nachdem der »Seven Summits Summiter«, der Besteiger der sieben höchsten Gipfel aller Kontinente – Mount Everest in Asien, Carstenszpyramide in Australien/Ozeanien, Kilimandscharo in Afrika, Elbrus in Europa, Mount McKinley in Nordamerika, Aconcagua in Südamerika, Mount Vinson in der Antarktis – alltäglich geworden ist

Die »Fram« auf ihrem Weg mit dem Eis

Veitstanz auf dem Eis

und bald ein Dutzend Bergsteiger alle 14 Achttausender bestiegen haben werden, kommen die »Three Poles People« in Mode. Nach Roald Amundsen waren es vor allem Edmund Hillary, Naomi Uemura und Wally Herbert, der 25 000 Meilen mit Hundeschlitten und offenen Booten in Arktis und Antarktis zurückgelegt hat, die mehr als einen Pol wollten.

Naomi Uemura träumte als erster laut von allen drei Polen. Erst nach ihm haben Erling Kagge, Fjodor Koniukow und viele andere sie auch betreten. Der dritte Pol als das nächste, noch nicht erreichte, das letzte Ziel wurde zum Synonym für die blaue Blume der Moderne.

Dreimal marschierte Fjodor Koniukow zum Nordpol, dann bestieg er den Mount Everest, am 7. Januar 1996 erreichte er auch den Südpol zu Fuß.

Wo waren die Helden genau?

Koniukow, ein »professioneller Forschungsreisender«, fährt und wandert immer noch. Er studierte an einer Marineschule, wurde Jachtkapitän und Meister des Sports der UdSSR. Er fuhr auf einem Floß die Lena abwärts, kletterte auf Gletschern im Tienschan herum und reiste in einem Hundeschlitten durch die Tschuktschenhalbinsel. Der Trip zum Nordpol, den er vorher mit Dimitrj Schparos sowjetisch-kanadischer Expedition und dann als Mitglied einer sowjetischen Expedition unter Leitung von Wladimir Tschukow ohne Unterstützung von Flugzeugen geschafft hatte, war als Alleingang sein erstes großes Lebensziel.

Aber was heißt hier »Alleingang«? Natürlich half ihm niemand, den Schlitten über die dünne Eisdecke zu ziehen. Unterwegs aber empfing Koniukow einige Male Besuch. Ein paar Journalisten, die mit Hubschraubern angeflogen kamen, brachten Proviant und nahmen Informationen mit, auch Skizzen, die der Kunstmaler auf dem Eis gemacht hatte.

Fjodor Koniukow

Da auch diese Expedition nur dank der Sponsoren stattfinden konnte, zu denen Zeitungsredaktionen, das Fernsehen, Forschungsinstitute und Betriebe zählten, war zur Vorbereitung des Skimarsches eine Firma gegründet worden. Auch sein Mount Everest und sein Südpol wurden freiwirtschaftlich finanziert. Das moderne Abenteuer funktioniert im ehemals kommunistischen Rußland also schneller als die kapitalistische Volkswirtschaft.

Interessant in diesem Zusammenhang ist, daß im vergangenen Jahrzehnt viele Grenzgänger aus dem Ostblock kamen. 1980 schaffte eine polnische Gruppe zum ersten Mal eine Winterbesteigung am Mount Everest. Trotz schlechter Verhältnisse gelangte im Februar eine Seilschaft bis zum Gipfel. Im Rahmen einer weiteren polnischen Expedition wurde 1980 auch der Südpfeiler des Mount Everest erstmals erklettert. 1982, in der Vormonsunzeit, startete eine sowjetische Expedition unter J. Tamm einen »Angriff« auf den Südwestpfeiler des höchsten Berges der Erde. Insgesamt elf Mann schafften dabei den schwierigsten Everest-Weg. Y. Kato, der den Mount Everest als erster Nicht-Sherpa ein zweites Mal bestiegen hatte, sollte 1983 bei der japanischen Winterexpedition unmittelbar nach dem Gipfelgang umkommen.

Mitte der achtziger Jahre begann der organisierte Tourismus am Mount Everest. Die amerikanische Durchsteigung der Ostwand 1983 sowie der kühne Gipfelgang der Schweizer E. Loretan und J. Troillet im August 1986 über die Rinne und das Hornbeincouloir in der Nordwand blieben Ausnahmen. Die meisten, die heute auf den höchsten aller Berge wollen, lassen sich hinaufführen, um sich als »Sieger« gebärden zu können.

Briefmarke mit chinesischen
Everest-Bezwingern

Es sind immer noch die alten Gesten, mit denen wir unsere körperliche Anstrengung preisen und unser Territorium markieren. Als ob es immer noch um mehr ginge als um uns selbst und unseren Marktwert. Es sich und den anderen gezeigt zu haben wird bei all unseren modischen Selbsterfahrungstrips verschlüsselt, wie die genaue Reiseroute oder die Versorgerteams im Hintergrund.

Aber nur wer Abstand gewinnt zu seiner Vision, zielt über das Gipfelglück hinaus. Dieses besteht ohnehin nur in einem eingeredeten Höhepunkt. Als müßte er sein, wird er vorgetäuscht: mit einem Schrei, einem Jodler, Händehochreißen, Fahnenschwingen. Immer noch und immer öfter.

1984, als Loretan mit einer Schweizer Gruppe die Traverse des Ostgrats der Annapurna im Alpinstil anzugehen wagte, erntete er nur Spott. Nach nur drei Tagen Aufstieg aber standen E. Loretan und N. Joos auf dem Ostgipfel. Über den Mittelgipfel gingen sie zum Hauptgipfel weiter, von dem sie auf der Holländerroute abstiegen. Damit hatten sie nicht nur die drei Annapurna-Gipfel im alpinen Stil überschritten, sie hatten dem »dritten Pol« eine neue Dimension gegeben. Leserbriefschreiber können es noch so »lächerlich finden, wie erwachsene Menschen ihren ganzen Ehrgeiz daransetzen, sich wichtig zu machen und Berge zu besteigen« – Loretan ging mit großem Selbstverständnis auf die höchsten Berge. Und zwar in Serie.

Ob die »Gebirge dabei nur das sichtbare Ergebnis eines Druckausgleichs in Form von Materialauswurf waren, das nur in eine Richtung, also nach oben, ausgewichen war«, spielte keine Rolle. Wohl aber die Tatsache, daß »der Ehrgeiz proportional zur jeweiligen Höhe des Berges ansteigt«.

Im Sommer 1986 waren gleich sechs Expeditionen am K2 unterwegs. Die Erstbegehung der »Magic Line« gelang mit gewaltigem Materialaufwand, die Südwand und angeblich eine Sekundärrippe im rechten Teil der Südwand. Auch drei Frauen standen auf dem Gipfel. Am Ende waren 13 Todesopfer zu beklagen: Tod durch Absturz, Tod durch Erfrieren, Erschöpfungstod. Nein, da waren keine Richter im Spiel, nur Dummheit und Ehrgeiz, wie immer. Wenn sich aber ein paar Gescheiterte, ein paar Abgewiesene, ein paar Zuspätgekommene zu einer Horde zusammenschließen – »Kleinexpedition« genannt –, müssen die Folgen verheerend sein.

Die Nansen-Zeiten sind leider vorbei

Als sich im Jahr 1986 zwei völlig unterschiedliche Nordpol-Expeditionen inmitten der Eiswüste begegneten, sollte die Faszination Arktis neu belebt werden. Jean-Louis Etienne, als Arzt und Bergsteiger weniger erfolgreich, marschierte »allein« zum Nordpol, um dort als der neue »Held der Franzosen« abgeholt zu werden. Daß er sich unterwegs fünfmal Proviant nachfliegen, fotografieren, filmen, defekte Ausrüstung flicken ließ, änderte nichts an den Geheimnissen, die er der Arktis entlockte. Der Nordpol war in seinen Augen ein heiliger Ort, an dem nur noch die französische Flagge fehlte. Also vorwärts mit allen Mitteln!

Zeitgleich war Will Steger mit seinen prächtigen Hunden »nordwärts zum Pol« unterwegs. Sieben Männer, eine Frau und 49 Hunde starteten am 8. März an der Küste im äußersten Norden von Kanada, um den Nordpol ohne Zwischenversorgung zu erreichen. Sechs von ihnen erreichten den Pol, hißten wie Peary »Stars and Stripes« und wurden ausgeflogen.

Nicht nur Jean-Louis Etienne und Will Steger, die ein Team wurden, auch die anderen Teilnehmer sollten den Run zu den Polen wieder anheizen. Im gleichen Jahr, 1986, war der Engländer Robert Swan »in the footsteps of Scott« unterwegs zum Südpol. Sein Plan leuchtete seinen Landsleuten ein, und innerhalb von drei Jahren fand er Partner – Roger Mear und Gareth Wood – sowie 500 Sponsoren, die insgesamt 3,5 Millionen DM beisteuerten. Die Zeit der Historienspiele hatte begonnen. Die Absicht der drei war es, 75 Jahre nach Scotts Scheitern die alte Route zum Pol ganz auf sich gestellt im Stil der Jahrhundertwende nachzulaufen: zu Fuß, ohne Funkgerät, ohne Luftunterstützung. Die Expedition sollte allerdings am Pol beendet werden, wo Scotts Sterben erst begonnen hatte.

Im Oktober 1984 brachen die Briten mit dem kleinen Trawler »Southern Quest« in die Antarktis auf. Ein Jahr lang trainierten sie auf dem Ross-Schelfeis, bestiegen den Mount Erebus. Am 2. November 1985 zogen sie mit drei Schlitten zu je 100 Kilogramm los. Was Scotts Mannschaft gequält hatte, Schneestürme, extreme Minusgrade, Nebel, Sastrugis, Gletscherspalten, erlebten auch sie. Am 11. Januar 1986 trafen sie am Südpol ein. Die »Southern Quest« wurde vom Packeis zerdrückt, genau an dem Tag, als die Polgruppe ihr Ziel erreichte. Froh jetzt, den Weg zurück nicht laufen zu müssen, wurden Swan, Mear und Wood mit US-Flugzeugen ausgeflogen.

Monika Kristensen, die zur gleichen Zeit Amundsens Marsch zum Pol mit den Mitteln von damals wiederholen wollte, sollte scheitern. »90° Süd« taufte die Glaziologin Kristensen ihre Expedition. Sechs Jahre Vorbereitung, der Walfänger »Aurora«, 22 Schlittenhunde, Versorgungsflüge und alle die Helfer waren zu wenig für den Erfolg. Kristensen scheiterte, weil sie Amundsen weder verstanden hatte noch seinen Gedanken hätte folgen können.

Mehr als das Dreifache der Strecke von Kristensen hatten sich Will Steger und Jean-Louis Etienne im Sommer 1989/90 vorgenommen, als ich die Antarktis mit Arved Fuchs durchquerte. Der Hundezüchter aus Minnesota, Steger, und der Zampano aus Paris, Etienne, wollten mit Ihrer Expedition alles: die längstmögliche Überquerung (6450 Kilometer), Frieden in der Welt, Ökologie, vor allem ein PR-Spektakel. In vielerlei Hinsicht ein großes Vorhaben. Die Durchquerung von der Nordspitze der antarktischen Halbinsel bis zur UdSSR-Station Mirnyj war für den US-Amerikaner, einen Russen, einen Chinesen, einen Japaner, einen Engländer und den Franzosen Etienne eine harte Aufgabe. Die Internationalität der Gruppe sollte ihr internationales Anliegen bekräftigen. Jeder hatte seine Aufgabe. 36 Hunde, die öfter ergänzt und ausgewechselt wurden, zogen die drei Schlitten. Mehr als ein Dutzend Depots, mit Flugzeugen angelegt, erleichterten den Nachschub. Eine Expedition ohne mechanische Hilfsmittel, wie immer wieder kolportiert, war es nicht. Schneefahrzeuge, Flugzeuge, die aus der Luft angelegten Depots waren notwendig, und fünf Forschungsstationen wurden als Etappenziele benutzt. Allein an Nahrungsmitteln und Hundefutter wurden 14 Tonnen verbraucht. Heute ist es nicht mehr schicklich, Hunde zu schlachten oder sie mit Robbenfleisch zu füttern. Man denkt ökologisch oder paßt sich dem Zeitgeist an.

Die Expedition, irgendwo auf das Inlandeis geflogen, startete unter den härtesten Witterungsbedingungen am 17. Juli 1989. Im September, bei Temperaturen von – 43 °C, saß sie wegen eines Schneesturms 13 Tage lang fest. Sie hielt am Ende ihren Zeitplan ein und erreichte am 11. Dezember 1989 den Südpol. Von dort bis zur russischen Station Vostok benutzte sie eine Route, auf der noch nie ein Mensch gefahren war. Am 24. Februar 1990 gelangten die sechs Männer an ihr endgültiges Ziel, die rus-

Robert F. Scott in seinen Pelzkleidern

»Eine Pressekonferenz auf dem Gipfel des Erdenglobus zu organisieren wäre einfach geschmacklos. Man kann sich kaum etwas Schlimmeres vorstellen, um einen der letzten mystischen Plätze des Planeten zu entweihen.«
JEAN-LOUIS ETIENNE

sische Station Mirnyj an der Davissee, wo sie ihr Schiff, die eigens dafür gebaute »UAP«, benannt nach einer französischen Versicherungsgesellschaft, die sie gesponsert hatte, erwartete. In 213 Tagen hatte die Expedition 6400 Kilometer geschafft, was einem Tagespensum von durchschnittlich 30 Kilometern entspricht. Eine großartige Leistung!

Wenige Monate später erreichten die beiden Norweger Børge Ousland und Erling Kagge den Nordpol auf Ski und ohne die Zugkraft ihrer Hunde. Nur einmal war ein Flugzeug für sie aufs Packeis gekommen, aber nicht um Proviant zu bringen, nur um ihren verletzten Freund Geir Randby auszufliegen. In 56 Tagen waren sie von Ward Hunt Island in Kanada bis zum Pol marschiert, erstmals »unsupported«. Vom Pol zurück allerdings nahmen auch sie das Flugzeug.

Hundefutter und Proviant wird
an Land gezogen

Im Herbst 1990 kletterten erstmals Bergsteiger aus der zusammenbrechenden UdSSR durch die schwierigste Wand der Welt, die Lhotse-Südwand. Das 20 Mann starke Team baute sechs Lager auf in ihrer Direttissima, die vorher noch keiner versucht hatte. S. Berschow und V. Karatayew erreichten am 16. Oktober den Gipfel, erlitten allerdings schwere Erfrierungen.

Im darauffolgenden Jahr, 1991, gelang Bergsteigern aus Slowenien – Stremfelj und Prezeli – die Erstbegehung des schwierigen Südwestgrats zum Südgipfel (8476 m) des Kangchendzönga, des vielleicht schwierigsten und unbekanntesten Achttausenders. Nachdem eine sowjetische Expedition den Berg über die hohen Nebengipfel überschritten hatte, konzentrierte sich das Interesse der Pioniere auf die Erschließung neuer Wege an den Nebengipfeln. Überschreitungen sollten folgen. Slowenische Alpinisten wurden als Gruppe darin die erfolgreichsten der Welt.

1991 gelang einer französischen Zweierseilschaft – P. Beghin und C. Profit – die erste Begehung des Nordwestgrates am K2 in sauberem Stil und damit ein großartiger neuer Anstieg.

»Bergsteigen als eine Art zu leiden, war ein Ventil für traditionelle Werte der Polen wie Mut und Ausdauer.«
VOYTEK KURTYKA

Die Skiabfahrt von 8770 Meter am Mount Everest hingegen, 1992 durchgeführt, ist wohl mehr als der Versuch zu werten, in das Guinness-Buch der Rekorde zu kommen und weniger als Grenzgang.

Vielleicht bedeutet der Marsch von Sir Ranulph Fiennes und Michael Strond, die 1992/93 fast 2100 Kilometer weit ohne Fremdhilfe durch die Antarktis liefen – von Berkner Island bis hinter Gateway –, die letzte »crazy tour« durch das Eis. Alles, was nachher kommen sollte, war Rekord, Tourismus oder blauer Dunst. Mit anfangs 200 Kilo Last marschierten die Briten 94 Tage lang, bis sie zusammenbrachen. Noch einmal typisch britisch.
Sicher, der Norweger Børge Ousland – er hat den Nordpol 1994 allein erreicht, den Südpol 1995 – ist erfahren, schnell, stark. Zur Zeit der beste Eisläufer, den die Welt kennt. Auch Liv Arnesen ist Norwegerin und hat den Südpol solo geschafft. No-limits-Mentalität, mehr nicht.

»Denken wir daran, daß ein guter Sponsor den Sport und den Sportler begleiten, nicht aber optisch und visuell in den Hintergrund drängen sollte.«
HANS WILHELM GÄB

Børge Ousland auf dem Weg zum Pol

Mich interessiert aber weniger, wer wie, wo und wie weit steigt oder läuft. Mich interessiert das Hin und Zurück, vor allem das Ausgesetztsein dazwischen. Mich interessiert das, was die Pioniere ertragen mußten und wir erleben dürfen, jeder auf seiner Eisscholle – der eigenen Idee, dem eigenen Ziel, der eigenen Moral unterworfen –, der blanke Irrsinn beim Gebären unserer Kopfgeburten.

Gipfel der Aussichtslosigkeit

Zweimal stand ich auf dem Mount Everest. Beim ersten Mal war Sturm, beim zweiten Mal Nebel. Keinerlei Sicht. Auch kein Glücksgefühl ganz oben. Je höher der Gipfel, je größer die Anstrengung, um so weiter auch der Horizont, denkt der Untengebliebene. Es ist umgekehrt: Je höher die Gipfel sind, je steiler und mühevoller die Wege dorthin, um so wüstenhafter wird die Welt, eisiger die Luft, stumpfer auch unsere Sinne. Auf den Achttausendern ist es kalt, meist windig und immer ungemütlich. Der Mount Everest ist der Gipfel der Aussichtslosigkeit. Da oben ist nicht einmal mehr ein klarer Gedanke denkbar.

Ausgesetzt: Nansen und Johansen vor Franz-Joseph-Land

Hjalmar Johansen – von den »Kameraden«
allein gelassen

Als ich zehn Jahre später zum Südpol kam, wieder keine hehren Gefühle. Nur die Sorge, nicht rechtzeitig ans Meer zu kommen, für die Heimreise. Mein Partner wollte schon lange nicht mehr. Trotz alledem wollte ich auch zum Nordpol, zu meinem dritten Pol. Ich mußte es versuchen. Nicht, weil es auch dafür ein Diplom gab – weil ich krank bin.

Nein, ich habe weder Probleme mit meinem Krankheitsbild noch mit dem Neid der Zu-Hause-Gebliebenen. Nur die Nachspiele bei meinen erfolgreichsten Expeditionen – Nanga Parbat 1970, Mount Everest 1978, Antarktis 1989/90 – haben mich verletzt. Und sie haben mir die Augen geöffnet. Zwar liegen mir Leute, die mehr mit dem Aufblasen beschäftigt sind als mit dem Aufarbeiten, nicht, aber sie machen eine Reise spannender. Vor allem hinterher. Und meine Sehnsucht nach der Weite ist immer noch groß, sie wird mit dem Hinausgehen immer weiter genährt, so daß mich auch die zwischenmenschliche Realität nicht endgültig in die Seßhaftigkeit locken kann. Sind die sozialen Spannungen in den Städten nicht noch größer? Zurückgestoßen füh-

ЭКСПЕДИЦИЯ НА ГЕОГРАФИЧЕСКУЮ ТОЧКУ СЕВЕРНЫЙ ПОЛЮС

1876 A. Markham and 2 sledge parties reach 83°34N.
1882 J. Lockwood dog-sledges to 83°40N.
1895 F. Nansen dog-sledges to 86° 22N.
1900 U. Cagni dog-sledges to 86°57N.
1906 R. Peary claims having reached 87°10N by dog sledge.
1908 F. Cook claims having reached 90°N by dog-sledge.
1909 R. Peary claims having reached 90°N by dog-sledge.
1925 R. Amundsen flies and crash lands at 87°78N.
1926 R. Byrd claims having flown over Pole by aircraft.
1926 R. Amundsen flies over Pole by airship.
1937 I. Papanin establishes first drift station at 89°43N.
1948 P. Gordiyenko lands an aircraft at 90°N.
1958 Nuclear powered submarine Nautilus passes beneath Pole.
1961 Nuclear powered submarine Skate surfaces at Pole.
1968 R. Plaisted skidoos to Pole.
1969 W. Herbert dog-sledges to Pole.
1971 G. Monzino dog-sledges to Pole.
1977 Arktika nuclear powered ice-breaker reaches Pole.
1978 K. Ikeda dog-sledges to Pole.
1978 N. Uemura dog-sledges to Pole, alone.
1979 D. Shparo skis to Pole without sledge.
1982 R. Thorset skidoos to Pole.
1982 R. Fiennes skidoos to Pole.
1984 J. Kauma reaches Pole by man-hauled pulka.
1986 W. Steger dog-sledges to Pole, without assistance.
1986 J.-L. Etienne reaches Pole, alone, by man-hauled sledge.
1987 Y. Kazama motorcycles to Pole.
1988 D. Shparo walks to Pole.
1990 V. Tchukov walks to Pole.
1994 B. Ouseland skis to Pole, alone, without assistance.

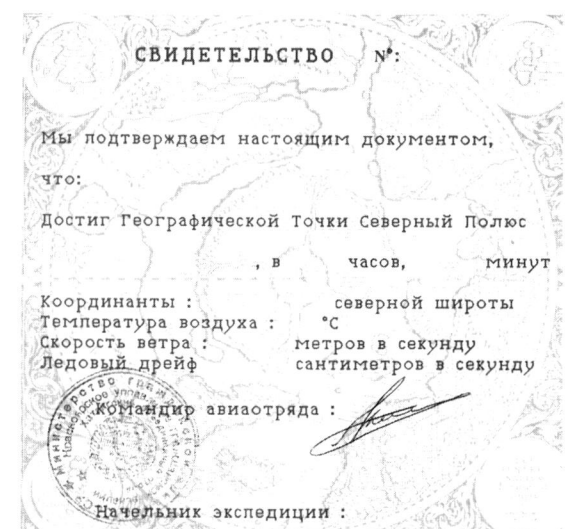

»Diplom« für das Erreichen des Nordpols

le ich mich nicht; zurückgescheucht in die Wildnis aber, kann ich die Verletzungen, die mir ein paar »Bergkameraden« zugefügt haben, ertragen und heilen lassen. Vielleicht gehe ich heute auch deshalb lieber in der Gruppe als allein, weil ich im anderen Gesicht lesen möchte. Langsam lerne ich zu unterscheiden, wer mit Seifenblasen herumläuft – Seifenblasen, gemacht aus Moral, Rekorden, PR-Gags – oder mit Ansprüchen an sich selbst.

Ein Dutzend Expeditionen hatte seit Peary versucht, zum Nordpol und zurück zu kommen, ohne auf die Hilfe von Verbrennungsmotoren zurückzugreifen, wie es Usus wurde, seit es Motorschlitten, Flugzeuge, Hubschrauber gibt. 1995 hatten sich gleich drei Expeditionen auf den Weg gemacht, um den Nordpol endlich »unsupported« zu schaffen. Auch Hubert und ich. Bei unserem Test-Trip in das Innere der Arktis aber konnten wir nur staunen.

Der Andrang in der Arktis war viel größer als geahnt. So viel Nordpoltourismus war noch nie. Als wäre das Packeis zum Spielplatz von Adrenalin-Freaks verkommen, tummelten sich dort Hundertschaften. Der Fallschirmabsprung am Pol und die »Expedition« per Flugzeug waren alltäglich. Ein paar Gruppen landeten so nahe am Pol, daß dieser in einer Skiwanderwoche erreicht werden konnte – Abholung per Hubschrauber garantiert.

Noch bequemer reist es sich auf dem atomgetriebenen russischen Eisbrecher »Yamal«, der mit der Kraft seiner 75 000-PS-Maschine durch mehrere Meter dickes Packeis pflügen kann. Nur acht Tage von Murmansk bis zum Nordpol sind es, und 30 000 DM pro Passagier.

Will Steger, dem russische und kanadische Piloten mehrere Depots mit Hundefutter und Proviant eingeflogen hatten, kam mit seiner Expedition über den Pol hinaus, nachdem er mehr als 400 Kilometer über die brüchige Anfangszone geflogen worden war. Der Kanadier Richard Weber, ein früherer Ski-Champion, der zusammen mit Michail Malakow, einem russischen Arzt, von Ellesmere Island mit Ski, Rucksäcken und Schlitten »by fair means« zum Nordpol und zurück gehen wollte, mußte ihn erst noch erreichen. Und sie schafften es! Am 12. Mai erreichten sie den Pol und marschierten sofort zurück – über weichen Schnee jetzt, viele Wasserrinnen, Eisbarrieren. Nach 121 Tagen auf dem Eis kamen Weber und Malakow am 13. Juni zurück zu ihrem Ausgangspunkt in Ward Hunt Island. Am 13. Februar 1995 waren sie mit einer Last von 500 Kilo und dem Anspruch, völlig auf sich allein gestellt zum Nordpol und zurück zu kommen, gestartet. Vier Monate für den Polerfolg ihres Lebens.

Inzwischen hatte Mizuro Ohba wegen Erfrierungen aufgeben müssen, und die beiden Polen Marek Kaminski und Wojciech Moskal waren nach 72 Marschtagen zum Pol gekommen. Ein Team aus Südkorea hatte das Eismeer von Sibirien bis Kanada mit Unterstützung aus der Luft überquert, wie es die russisch-kanadische »Polar Bridge«-Expedition 1988 schon getan hatte. Alle diese Erfolge aber verblassen gegen den Fußmarsch von Weber und Malakow, die das eigentliche Problem, das sich der Grenzgänger im Norden der Erde gestellt hat, endlich gelöst haben. Da waren keine Rekordjäger unterwegs, sondern zwei erfahrene und zähe Spieler, die beim zweiten Anlauf schafften, woran alle anderen vor ihnen gescheitert waren. Getrieben vom Sekundenzeiger der Weltgeschichte oder vom Takt der Setzmaschinen sind vielleicht Rekorde möglich, nie aber Pionierleistungen.

Mir imponieren Breitengrade so wenig wie Titelseiten, realisierte Ideen aber begeistern mich. Auch wenn sie andere umgesetzt haben. Es gibt für uns Menschen nichts Aufregenderes als die Schwebe zwischen Vertrautem und Fremdem sowie den Augenblick des Zurückkommens aus einer anderen Welt.

Nein, es lohnt sich nicht, bis zum Nordpol zu marschieren für ein bißchen Ruhm. Das Licht in der Arktis? Ja, wenn ich Maler wäre! Das Brechen der Eiskruste ist schrecklich schön, ich habe es erlebt, aber ich muß es nicht noch einmal hören, und der Tanz auf schwankenden Eisschollen ist nicht nach meinem Geschmack. Ich bin Nichtschwimmer! Eiswasser aus Meereis schmeckt salzig, und die Fingerspitzen sind bei – 50 °C immerzu pelzig. Die ersten Berge am Horizont, nach vier Monaten Packeis, Unsicherheit, Chaos, müssen wie eine Erleuchtung sein. Ich beneide Weber und Ma-

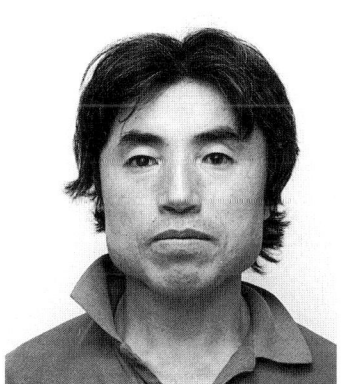

Mizuro Ohba

Michail Malakow

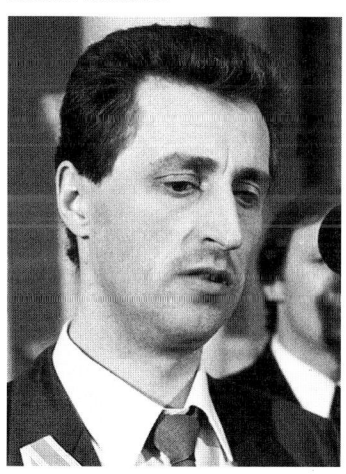

111

Benoît Chamoux

lakow nur um diesen einen Moment, den ersten Geruch von Land, dieses Gefühl von Leben, dieses Da-Sein! Mir fällt dazu nur Moses am Berg Sinai ein. Für diesen einen Augenblick täte ich alles, gäbe ich alles, für diesen Augenblick lebe ich. Es lohnt sich also doch, zum Pol und zurück zu marschieren.

Meine Art von Unterwegssein, das in einer Summe von Traum, Tun und Gnade besteht, hat in unserem genormten Dasein allerdings kaum noch Platz. Was nicht in Breitengraden, Stunden, Höhenmetern, Schwierigkeitsgraden meßbar ist, scheint immer schwerer vermittelbar. Dabei braucht der Leser nicht Zahlen, sondern genaue Beschreibungen von Befindlichkeiten, um mit dem Eiswanderer oder Bergsteiger beim eigenen Ich zu landen.

Das Gipfelfieber als Krankheit ist heute wohl deshalb gefährlicher als das Polfieber, weil die Berge so nahe gerückt sind. Auch nach dem Tod der Engländerin Alison J. Hargreaves 1995 am K2 und dem spurlosen Verschwinden des Franzosen Benoît Chamoux am Kangchendzönga brachen 1996 wieder Hunderte zum Mount Everest auf, den Hargreaves drei Monate vor ihrem Tod ohne Sauerstoffmaske bestiegen hatte. Und wieder kamen mehrere Bergsteiger um, unter ihnen der Neuseeländer Rob Hall, der den höchsten Berg der Erde fünfmal bestiegen hatte.

Schwindel! Kein Beweis
gegen Peary!

Was an den Achttausendern der Tourismus ist – der Mount Everest wird heute fast ausschließlich im Reisebüro gebucht –, sind an den Polen die »Wettläufe«: Obwohl nur von den Massenmedien kolportiert, suggerieren sie Machbarkeit, Sicherheit. 1995 »Messner gegen Ohba« am Nordpol, dann »Ousland gegen Mear« am Südpol. Als ob ein Brite bald 100 Jahre nach Scotts Tod in der Antarktis Revanche suchen könnte. Wofür? »Engländer gegen Norweger.« So wurden 1995 die Märsche von Børge Ousland und Roger Mear über die Antarktis angekündigt und dann zum Wettrennen hochstilisiert, obwohl gar kein Vergleichskampf stattfinden konnte. Jeder war ja für sich, Kälte, Wind und Einsamkeit gegen beide. Mear gab bald auf, Ousland knapp nach dem Südpol, den er nach nur 45 Tagen erreicht hatte. Auch der Russe Fjodor Koniukow, der Pole Marek Kaminski, der Brite David Hempleman-Adams schafften es »unsupported« bis zum Pol. Die Überquerung der Antarktis ohne Fremdhilfe aber bleibt als Herausforderung.

Wie weit ein russisches Damenteam 1995/96 bei ihrem Südpol-Trip wirklich gelaufen ist, kann ich nicht prüfen. Es interessiert mich auch nicht. Und zwar nicht, weil ich der Meinung wäre, Frauen sollten besser daheim bleiben, nein, Frauen sind in Polargebieten und an den höchsten Bergen physisch sogar stärker als Männer; aber ich habe dieselben Frauen in der Nähe des Nordpols getroffen – mit Jelzins Empfehlung und Hubschrauberunterstützung.

Marek Kaminski

Vielleicht war es in der Zeit der Poleroberung verständlich, wenn der eine oder andere einen »Erfolg« mehr oder weniger auf Schwindel aufbaute. Heute nicht mehr. Erfolg und Scheitern sind nach außen hin gleich lächerlich, jeweils nur subjektive Erfahrungen. Mehr noch: Da es Lärm, Menschenmassen und nicht zuletzt die Lügenwelt der Zivilisation sind, die Polargebiete und Berge heute mehr denn je als Verlockung erscheinen lassen, betrüge ich mich mit gezinkten Karten nur selbst. Wir spielen ja nicht gegeneinander!

Also, was sollen alle diese Kontroversen um Beweise und Gegenbeweise? Warum soll es unter den Polfahrern keine Schwindler geben? Nicht nur zu Byrd auf seinem Flug zum Nordpol, zu Cook unterwegs mit seinem Hundeschlitten, zu Česen in der

Lhotse-Südwand gibt es Zweifel. Sie konnten ihren Erfolg nicht eindeutig beweisen, Widersprüche und Geographie waren gegen sie. Aber Byrd wäre bis zum Pol gekommen mit seiner dreimotorigen Fokker, wenn es kein Ölleck gegeben hätte.

Und wenn auch Peary 17 Jahre vor ihm geschwindelt hat? Wenn beide nur etwa 150 Meilen oder Kilometer an den Nordpol herangekommen sind? Wie Shackleton 1909 am Südpol, bevor er umdrehte, um seine und seiner Männer Haut zu retten. Wenigstens kamen sie alle zurück. Sicher, »Shack« hätte auch schwindeln können, wenn alle seine Leute zu ihm gehalten hätten. Weder seine Markierungen noch seine Peilungen waren kontrollierbar. Auch Byrds Flaggen, die er am Nordpol abwerfen hätte sollen, wären nie gefunden worden. Der Unterschied ist einfach: »Shack« hat nicht gemogelt. Nie. Warum sollte er auch? Seine Erlebnisse waren ihm genug. Ob irgendein Pol britisch wurde, war ihm nicht so wichtig. Auch Scott, den Shackleton schlagen wollte, war ehrlich bis zuletzt. Er war sogar so irre, daß er in seiner Rivalität gegen »Shack« sich und seine Männer opferte. Für den Union Jack. In seinem Wahn, England wenigstens moralisch zu retten, ging er nicht nur zu weit, er ging dabei unter.

Schwindeln oder nicht, der Nordpol ist nicht amerikanisch. Er ist überhaupt nicht. So wie der Südpol nur ein Phantom bleibt. Mir scheint gesichert, daß Amundsen an beiden Polen der erste war. Sind sie deshalb norwegisch? Nein! Der Mount Everest wäre sonst zu teilen zwischen Indien und Neuseeland. Und die Briten, die Hillary, den Neuseeländer, und Tensing, den Sherpa aus Darjeeling, zum Gipfel geholfen haben, gingen leer aus. Wem steht das Verdienst zu, »den dritten Pol« erobert zu haben? Lächerliche Frage! Niemand sitzt oben. Aber auch bei allen anderen Reisen gab es Helfer, Leute im Hintergrund, »Sherpas«, ohne die ein Vorstoß hinter die »letzte Barriere« nicht möglich gewesen wäre. Menschen, die zuletzt auch Zeugen wurden für oder gegen die berühmt gewordenen Helden. Hatte Byrd nicht einen Mechaniker auf seinem Nordpolflug dabei? Die beiden unterhielten sich in der lauten Maschine, indem sie Notizen in ihre Tagebücher schrieben und hin und her schoben, die späteren Beweise für Byrds Aufrunden der Flugstrecke. So wie Cook seine zwei Eskimos, Nansen Johansen, Hillary Tensing hatte jeder seinen Zeugen. Amundsen hatte am Südpol auch nicht nur seine Hunde dabei.

Wenn vielleicht ein Prozent der berühmt gewordenen »Heldendarsteller« im Jahrhundert zwischen 1895 und 1995 an den drei Polen gemogelt haben, was ist das schon? 50 Prozent von ihnen sind umgekommen. Diese Tragödien sind unmenschlicher. Zum Ziel und zurück kam vielleicht jede zehnte Expedition, bevor sich der Tourismus der Pole bediente.

Wenn ein Expeditionsleiter heute die »Erste Mount-Everest-Trilogie« verkauft, um seine Gruppenreise zu füllen, oder die Leistungsexpedition des DAV zum Nuptse-Südpfeiler das Scheitern als Erfolg, sind das Werbesprüche, sonst nichts. Daß »der Weg zurück ins Tal nur über den Gipfel führt«, ist so falsch wie die Meinung, magnetischer und geographischer Nordpol seien gleich schwer zu erreichen.

1996 scheiterten wieder Expeditionen auf dem Weg zum Nordpol, vier Franzosen kamen durch. Mizuro Ohba gab nach 70 Tagen zum dritten Mal auf, diesmal 180 Kilometer vom Pol entfernt, weil Lebensmittel und Brennstoff zu Ende gingen. Wie weit er gekommen ist, zählt für mich weniger als das, was er erlebt hat im arktischen Eismeer, das am ehesten Wildnis geblieben ist in dieser »eroberten« Welt.

Shackletons Grab in Grytviken (Südgeorgien)

»Peary, der Typus des unzweifelhaft hochbegabten, furchtlosen Energiemenschen, der nur sich allein durchsetzen will, auf sein Forschungsgebiet eine Art Monopol beansprucht.«
HEINRICH HUBERT HOUBEN
»Der Ruf des Nordens«

Eskimos in der Arktis

Nansen mit Schlitten

Leider ist wahr, was unsere Kritiker sagen: Die Wildnis schrumpft mit jedem Tag. Vielleicht haben wir uns deshalb vom Naturerlebnis auf die Selbsterfahrung umgepolt. Wenn dann noch Reiseveranstalter mit meinem Namen auf Kundenfang gehen – »Auf Messners Spur zum Südpol« oder »Nicht wie Messner, gefahrlos in die Todeszone« –, komme ich mir selbst vor wie in Disneyland.

Im Zeitalter der Vergnügungspark-Abenteuer mit Free Falls, Loops, Helik Turns, Space Shots und Space Driver Turns zählt offensichtlich auch auf den höchsten Bergen, am Nord- oder Südpol der gemeinsam erlebte Nervenkitzel mehr als das Ausgesetztsein. Auf der kommerziellen Expedition läßt man sich auf den Mount Everest führen, zum größeren Spaß im Gänsemarsch. Hillarys und mein Protest helfen wenig dagegen. Hundert Fallschirmspringer schweben gleichzeitig über dem Nordpol, man läuft auf einer Spur durch Grönland oder ein Stück weit über die Antarktis, Reisegepäck, Expeditionsküche und Animierzelt sind mit dem Motorschlitten, der auch die Spur gelegt hat, schon vorneweg gefahren. Von Anstrengung stand nichts im Reisekatalog. »Fit for Fun« ist man und immer gut drauf. Der moderne Held, für den die Welt keine Grenzen hat, klettert immer steiler, schneller, höher; er läuft immer weiter und glaubt, wieder daheim, wirklich am Pol angekommen zu sein, den er im Reisebüro gebucht hat.

> »Der moderne Alpinist ist viel besser ausgerüstet und technisch weit kompetenter, als wir es vor 40 Jahren waren.«
> SIR EDMUND HILLARY

Reinhold Messner mit Edmund Hillary

Wenn Herr Meier dann seinen Trip in den Himalaja als »Expedition« und der konditionsstarke Reinhard Patscheider seinen Aufstieg zum Mount-Everest-Gipfel zwischen ein paar Dutzend Seilschaften »als Alleingang« verstehen, haben wir es nicht mehr mit dem Krankheitsbild des romantischen Menschen zu tun, sondern mit der Hybris einer No-limits-Gesellschaft, die immer mehr an die Allmacht des Menschen glaubt und immer weniger an die Unendlichkeit der Natur. Ändern wird sich diese Einstellung nicht. Denn zu den ältesten Traditionen der Abenteurer gehört die Verachtung von Reflexion und Selbstkritik. Wo wären wir sonst hingekommen? Zur seltenen Kunst des Überlebens in der Todeszone gehören allerlei Instinkte – mit einem Schlitten voller Selbstzweifel allerdings ist noch niemand weit gekommen.

Wer wenig weiß, kann um so weiter laufen, um dann so unbeschwert zu strahlen wie ein Kind. Vielleicht ist unser Geheimnis wirklich so einfach. Wir haben uns diese Phi-

> »Das schönste für mich ist die Nacht. In der Nacht, bei Mondlicht allein am höchsten Berg der Welt unterwegs zu sein – das hat mich zum Gipfel gezogen . . .«
> REINHARD PATSCHEIDER

losophie erlaufen, unser Selbstverständnis erstiegen, unser Da-Sein immer wieder auf die Probe gestellt. Wir sind also immer noch Eroberer, ersessen haben wir nichts.

Es kann sein, daß Zusammenhänge im Sitzen erst klar strukturiert werden, sie sedimentieren dann, verfestigen sich, wie verwittertes Gestein aus den Bergen wieder zum Berg wird nach Verfrachtung, Sedimentation, Aufwurf. Aber mit dem Wissen wachsen auch die Zweifel, und mit denen kommen wir nirgendwohin.

Nein, die Pole und Gipfel sind nicht der wohlverdiente Lohn für Todesrisiko und Schinderei. Sie sind die fernste aller Möglichkeiten, den Kopf in den Schnee zu stecken. In meiner Passion für Limits zeigt sich das Verhaltensmuster des besessenen Menschen: In der Freiheit, aufzubrechen, wie und wohin ich will, liegen Ohnmacht und Zwang gleichermaßen.

Also weiter. Mit jedem Er-Fahren nimmt auch das Nichtwissen zu. Mit dem Messer im Kopf aber, das den Leichtsinn beschneidet, der bisher nicht zum Tode geführt hat, können Messner wie Faust nicht leben. Ich muß also tun, was getan werden kann.

Lebensgefährliche Minuten

»Nur über den Gipfel führt der Weg wieder zu den Hamburgers und zu unseren Frauen.«
REINHARD KARL

115

Nordpol

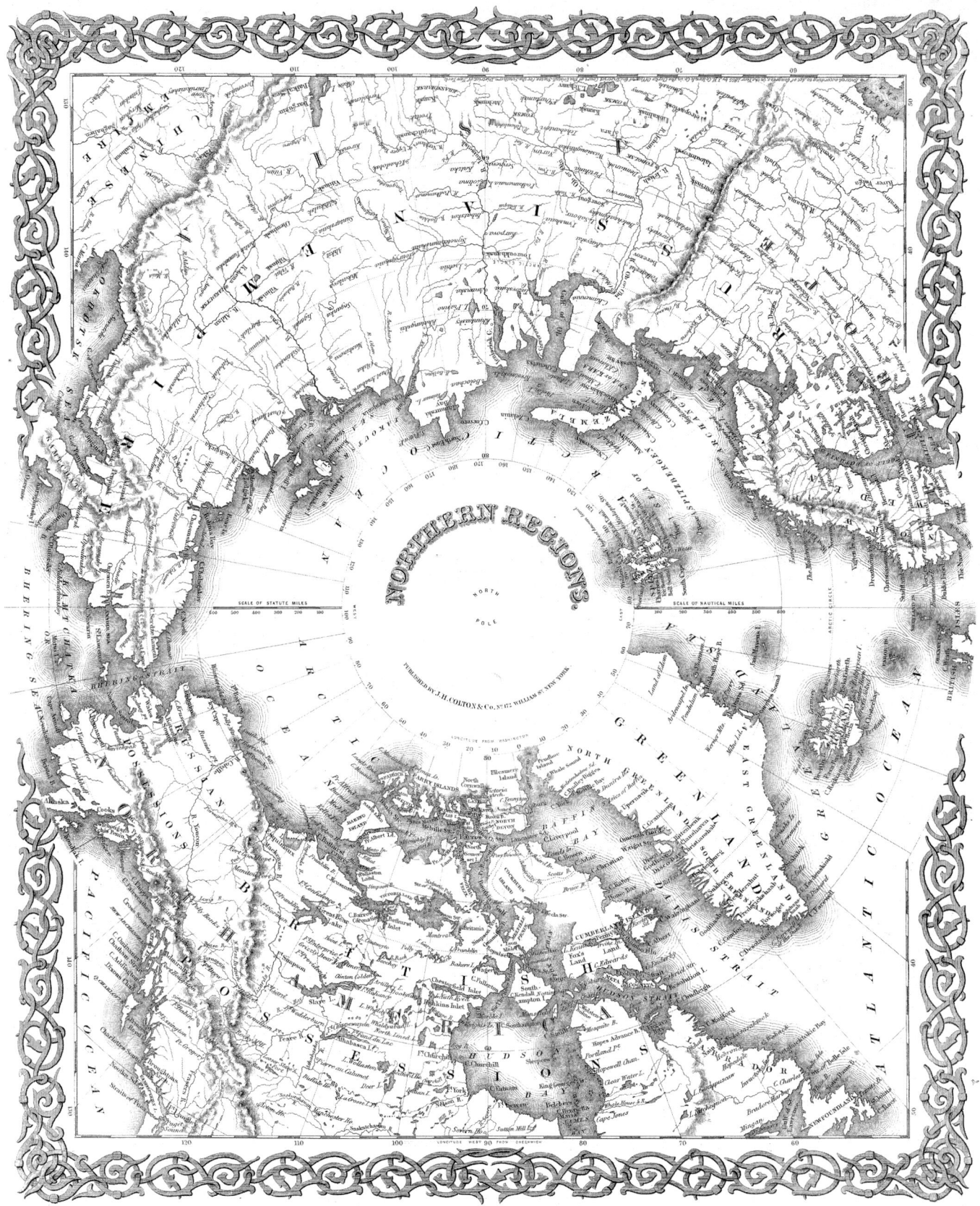

NORTHERN REGIONS.

NORTH POLE

PUBLISHED BY J. H. COLTON & Co., No 172 WILLIAM ST, NEW YORK.

SCALE OF STATUTE MILES

SCALE OF NAUTICAL MILES

Geheimnisse zwischen Land und Nicht-Land

Die Arktis, aus dem griechischen »arktos«, der Bär, abzuleiten, ist jener Teil der Erde, den die Sternbilder des Großen und Kleinen Bären am nördlichen Himmel markieren. Die arktische Landschaft darunter, zwischen Sibirien, Alaska, einem riesigen Archipel im Norden von Kanada, Grönland und Spitzbergen ist trotz ihrer Weite und Leere von großer Vielfalt. Die Inseln mit ihren mächtigen Eiskalotten, kahlen Bergen und Gletschern einerseits sowie die flachen Permafrostzonen andererseits umschließen das Eismeer mit Millionen und Abermillionen von Eisbergen, Packeisfeldern und Wasserrinnen. Dieser schwimmende, zerrissene Eispanzer um einen fiktiven Punkt, den wir Nordpol nennen, erreicht eine maximale Ausdehnung von 15 Millionen Quadratkilometern – 40mal die Fläche Deutschlands. Im Sommer, wenn das Gletschereis auf Grönland, Island, Spitzbergen, Franz-Joseph-Land, Alaska schmilzt, schrumpft auch das unregelmäßig dicke schwimmende Eismosaik, das sich in den kalten und finsteren Wintermonaten zwischen der Südspitze Grönlands und der Beringstraße aufgebaut hat. Verschwinden bis zu sieben Millionen Quadratkilometer Eisfläche innerhalb weniger Monate, wird nicht nur mehr Sonnenenergie absorbiert als zurückgestrahlt, es werden dabei mächtige und komplexe Luft- und Meeresströmungen in Gang gesetzt beziehungsweise in Gang gehalten.

Eiderenten

Die Ausläufer des Golfstroms, der warmes Wasser aus dem Golf von Mexiko in den Nordatlantik führt, schmelzen in der Grönlandsee – zwischen Island, Norwegen, Grönland – sowie in der Labradorsee – zwischen Grönland und Labrador – angetriebenes Treibeis. Das salzreiche kalte Wasser, das auch beim Zufrieren des Polarmeeres in Bewegung bleibt, weil dabei Salz frei wird, sinkt in Mengen von 20 Millionen Kubikmetern pro Sekunde in die Tiefe und strömt am Meeresboden südwärts, in den Indischen und Pazifischen Ozean, um aufgewärmt als Oberflächenwasser im Atlantik Richtung Polarmeer zurückzufließen. Diese gigantische Wärmepumpe – ihr Zyklus dauert Jahrhunderte – beschert uns Europäern vorerst noch ein erträgliches Klima und bestimmt Ausdehnung und Zusammensetzung des Meereises, das als schlechter Wärmeleiter den Energieaustausch zwischen Ozean und Atmosphäre hemmt. Seine gleißende Oberfläche reflektiert bis zu 90 Prozent des Sonnenlichts und trägt all jene Anachronisten, die zu Fuß zum Nordpol laufen wollen.

Während die Wissenschaftler heute sein Interesse mehr und mehr auf die Phänomene unter – geologischer Aufbau des Nordpolarmeeres, Tiefenströmungen, die untersten Jahresschichten des Inlandeises – und über der Packeisdecke – Nordlicht, Ozonloch, »arktischer Smog« – richtet, läuft unsereiner immer noch fasziniert durch die unerschlossene und ständig driftende Welt des Polarmeeres. Keine Zeichen, keine Signale, keine Menschenseele! Das Eismeer ist chaotisch, vergänglich, menschenausweisend. Wie die Wissenschaftler aber, die die Natur mit Vorliebe in ihren Extremen beobachten, um sie zu erkennen, sind auch wir unter extremen Bedingungen unterwegs, um mehr über die Natur des Menschen zu erfahren.

Walrosse

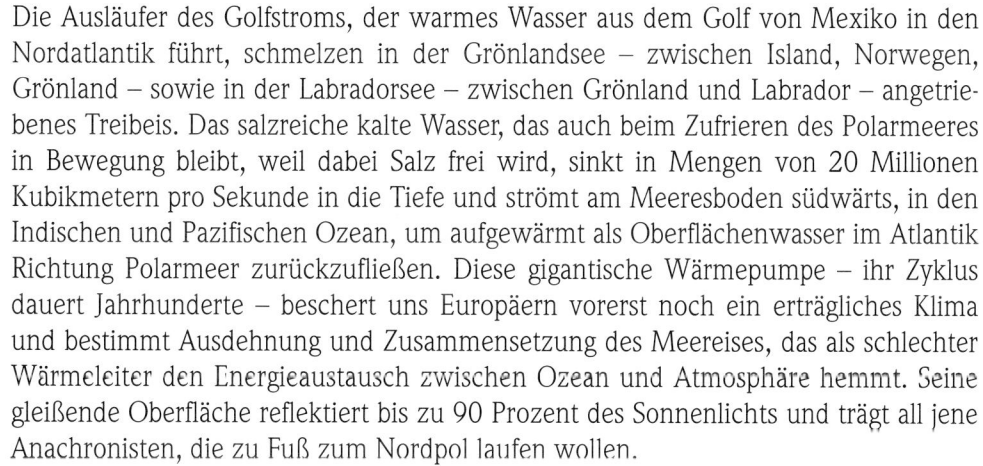
Linke Seite: Die Arktis

Die Nordpol-Geschichte in Stichworten

Altgriechische Küstenfahrer

ca. 420 v. Chr.
Der griechische Geschichtsschreiber Herodot (ca. 484–425 v. Chr.) nennt den Nordpol.

ca. 325 v. Chr.
Pytheas, ein griechischer Bürger aus Massilia (Marseille), segelt um die Britischen Inseln und gelangt angeblich bis zu den Lofoten, die er »Thule« nennt.

ca. 500 n. Chr.
Nach einer Legende segelt der Heilige Brendan von Irland nach Nordamerika.

ca. 795
Irische Mönche entdecken Island.

ca. 870
Rabna Floki, ein Wikinger, segelt bis Island.

ca. 875
Normannen entdecken auch Grönland.

Iglus in Grönland

ca. 986
Normannen unter der Führung von Erik Thorvaldsson (Erik der Rote) siedeln sich auf Grönland an.

ca. 1000
Leif Eriksson, der Sohn Eriks, entdeckt, folgt man den Islandsagen, die Ostküste von Labrador und kommt bis Neuschottland (»Vinland«). Auch Bjarni Herjulfsson soll Amerika entdeckt haben.

Am Rande der Arktis

ca. 1003–1006
Der Normanne Thorfinn Karlsefni siedelt an der Mündung des St.-Lorenz-Stroms.

1025
Nachdem Gudleif Gudlaugsson vom Kurs abgetrieben wurde, landet er in Amerika.

1497
Der Italiener Giovanni Caboto (John Cabot, um 1425–1498), in britischen Diensten, entdeckt mit seinen Söhnen auf der Suche nach einem nordwestlichen Seeweg nach China und Japan die Küste von Labrador.

1498

John Cabot versucht die Nordwestpassage ein zweites Mal und kommt vermutlich dabei um.
(1497–1499 gelingt dem Portugiesen Vasco da Gama der Seeweg nach Ostindien durch Umfahren der Südspitze Afrikas).

ca. 1509–1517

Auf der Suche nach einer nordwestlichen Durchfahrt befährt Sebastian Cabot, Sohn von John Cabot, die Hudsonstraße. Er kommt vermutlich bis zum Eingang der Hudsonbai.

1513

Vasco Nuñez de Balboa erreicht den Pazifischen Ozean und erklärt die Gewässer vom Nord- bis zum Südpol zum spanischen Hoheitsgebiet.

Sebastian Cabot

1524–1525

Französische und spanische Nordwestpassage-Expeditionen erreichen Neufundland.

1527

Robert Thorne macht, unterstützt von König Heinrich VIII., mit zwei Schiffen den ersten bekannten Versuch, den Nordpol zu erreichen. Die Expedition scheitert.

1553

Die Engländer Sir Hugh Willoughby und Richard Chancellor unternehmen, angeregt durch die von Herberstein entworfene Karte, den ersten Versuch, Rußland im Norden zu umfahren. Sie kommen bei ihrem Versuch einer Nordostpassage möglicherweise bis zur Insel Novaja Semlja.

1576–1578

Der Engländer Martin Frobisher (1535–1594) entdeckt auf der Suche nach einer nordwestlichen Durchfahrt und nach Gold Baffinland.

Martin Frobisher

1594–1597

Die Holländer Conelis Naj und Willem Barents (um 1550–1597) dringen auf der Suche nach einer nordöstlichen Durchfahrt bis zur Samojeden-Halbinsel vor und erkunden Spitzbergen sowie Novaja Semlja.

Willem Barents

1606

Captain John Knight segelt mit dem Schiff »Hopewell« Richtung Nordwestpassage. An der Küste von Labrador verläßt er das beschädigte Schiff und wird nie mehr gesehen. Man vermutet, daß Eskimos ihn getötet haben.

1607–1608

Der Engländer Henry Hudson (um 1550–1611) versucht, über den Arktischen Ozean zu segeln, und kommt bei Spitzbergen bis 80°23' nördlicher Breite. Die Expedition landet auch in Novaja Semlja.

Der weiße Mann in Grönland

1610–1611

Hudson entdeckt den Fluß und die Bai, die beide seinen Namen tragen; er hält irrtümlich den ersteren für die nordwestliche Durchfahrt, die letztere für den Stillen Ozean. Nachdem die 20köpfige Crew in der Hudsonbai überwintert hat, meutert ein Teil der Mannschaft und setzt Hudson mit seinem sechs Jahre alten Sohn und sieben Mann in einem offenen Boot aus. Robert Bylot bringt das Schiff »Discovery« zurück nach England.

1612

Nachdem Captain James Hall in Grönland von Eskimos ermordet worden ist, endet die Expedition, die William Baffin in den Norden geführt hatte.

1614

William Baffin besucht Spitzbergen und könnte Franz-Joseph-Land gesichtet haben.

1615 und 1616

Nach mehreren gescheiterten Versuchen (1612–1613 durch Thomas Button mit der »Discovery« und der »Resolution« und 1614 durch William Gibbon mit der »Discovery«) starten Captain Robert Bylot und William Baffin zweimal hintereinander in der »Discovery«, um durch die Nordwestpassage nach Japan zu segeln. Smithsund, Jonessund und Lancastersund werden benannt und der 78. Breitengrad erreicht.

Eingefrorener Walfänger

1619–1620

Jens Munk verliert in der Hudsonstraße 61 Mann durch Skorbut.

1639

Der russische Kosakenführer Iwan Moskwitin erreicht die Küste des Ochotskischen Meeres und betritt als erster Russe die westlichen Gestade des Stillen Ozeans. Russische Forscher erkunden die Nordküste Sibiriens. Handelsorte werden eingerichtet. Dänische Fischer halten inzwischen Spitzbergen besetzt und jagen in der Grönlandsee Wale.

Am Ufer des Eismeeres

1648

Der Russe Semjon Deshnew erreicht mit sieben Schiffen und einer großen Mannschaft, die größtenteils an der Küste Kamtschatkas untergehen, die östliche Spitze Asiens (Cape Deshnew) und entdeckt die Beringstraße, wobei nur Deshnew mit seiner Crew zurückkehrt.

1670

Gründung der Hudsonbai-Gesellschaft und Einrichtung von Handelsposten, die regelmäßig versorgt werden. Beginn der englisch-französischen Rivalität an der Hudsonbai.

1711

Die Russen Danila Antsiferoff und Iwan Kozyrewski entdecken die Kurilen.
Peter Popoff legt eine Beschreibung des »Großen Landes« vor, wie die Russen das gegenüberliegende amerikanische Festland nennen.

1719–1721

James Knight bleibt mit 27 Mann 300 Meilen nördlich von Churchill in der Hudsonbai verschollen. Nach Berichten von Eskimos sollen alle an Hunger und Krankheiten gestorben sein.

1721

Der norwegische Priester Hans Egede erreicht die Westküste Grönlands.

1725–1730

Der in russischen Diensten (bei Peter dem Großen) tätige Däne Vitus Bering (1680–1741) bestätigt das Vorhandensein einer Meerenge (Beringstraße), die Asien von Amerika trennt.

Vitus J. Bering

1728

Ein erster Versuch von Paars, das Inlandeis der Insel Grönland zu überqueren, scheitert.

1733–1742

An der von Rußland ausgesandten »Großen Nordischen Expedition« (570 Mann) unter Vitus Bering zur Erforschung Sibiriens, Kamtschatkas, Alaskas und der Aleuten nehmen der Historiker Gerhard Friedrich Müller (1705–1783), der Botaniker Johann Georg Gmelin d. Ä. (1709–1755) und der Zoologe Georg Wilhelm Steller (1709–1746) als Wissenschaftler teil. Die Küstenaufnahme erfolgt durch Seeoffiziere, von denen Tscheljuskin bis zur nördlichsten Spitze Asiens kommt. Bering selbst erreicht zwar Alaska, stirbt aber nach Havarien noch vor Beendigung der Expedition an Erschöpfung.

1741–1746

Nachdem Christopher Middleton im Nordwesten der Hudsonbai Wager Inlet entdeckt hat, wird es von William Moor erforscht.

1751

Wieder scheitert ein Versuch (von Do Pager), Grönlands Inlandeis zu überqueren; Captain MacCallum aber stößt als Grönlandfischer bis über den 83. Grad nördlicher Breite vor.

1770–1772

Nachdem die Suche nach der Nordwestpassage auf dem Seeweg weiterhin ergebnislos bleibt, marschiert Samuel Hearne mit Einheimischen (Indianerführern) von Churchill bis zur Mündung des Kupferminenflusses. Er betritt die nördlichen Landzungen Kanadas.

Hoffnungsloser Versuch, den Pol zu erreichen

1773

Captain C. J. Philipps M. P. will mit zwei Schiffen zum Nordpol segeln, auf den seit 1755 ein hoher Geldpreis ausgesetzt ist. Bei Spitzbergen, 80°48' Nord, wird er vom Packeis gestoppt.

1776–1779

Der Engländer James Cook (1728–1779) dringt auf seiner dritten großen Reise vom Pazifik aus durch die Beringstraße in das Polarmeer vor.

1789

Der Schotte Alexander Mackenzie (um 1755–1820) befährt mit Einheimischen auf Kanus den nach ihm benannten Strom (Mackenzie River) vom Großen Sklavensee abwärts und beweist damit die große nördliche Ausdehnung Nordamerikas.

Alexander Mackenzie

1791

Der Russe Bocharoff entdeckt die Nordküste der Halbinsel Alaska, die er südwärts quert. Fast gleichzeitig erforschen auch George Vancouver auf seiner »Discovery« und William Broughton auf der »Chatham« die Küsten Alaskas.

1806

Der britische Walfangkapitän William Scoresby segelt bis 81°30' Nord.

1809

Die von Jägern entdeckten Neusibirischen Inseln werden von Hedenstrom, Sannikov und Koshevin erforscht. Die Lyakov-Inseln sind bedeckt mit Mammutknochen.

1818

John Ross gelangt bei seiner ersten Expedition durch die Nordwestpassage in den Lancastersund und entdeckt die nördlichsten Bewohner der Erde, die Etah-Eskimos.

1818

Nachdem William Scoresby bei seiner Grönland-Expedition ein Jahr vorher viel offenes Wasser vorgefunden hat, segelt David Buchan mit den Schiffen »Dorothea« und »Trent« von Spitzbergen Richtung Nordpol. Stürme und Eis beschädigen die Schiffe, und sie müssen beidrehen (80°37' Nord). John Franklin ist als Leutnant mit dabei.

John Ross

1819

Der Engländer William Edward Parry (1790–1855) erreicht auf der Suche nach der Nordwestpassage, auf deren Entdeckung 20 000 Pfund ausgesetzt worden sind, Banks Island und die Melville-Insel.

Ferdinand von Wrangel

1819–1822

Der Engländer John Franklin (1786–1847) marschiert mit seinen Männern unter größten Strapazen bei seiner ersten Landreise auf der Suche der Nordwestpassage von der Hudsonbai über den Winnipegsee bis zum Großen Sklavensee. Elf Teilnehmer kommen dabei um.

1820–1823

Der Russe F. P. von Wrangel (1795–1870) erforscht Nordsibirien und beweist, daß Asien mit seinen nördlichsten Teilen keine Verbindung zu Amerika hat. 78tägige Hundeschlittenreise. Von Wrangel wird Gouverneur Russisch-Amerikas, Alaskas.

1822

William Scoresby mit Sohn erforscht die Ostküste Grönlands zwischen 74 und 79° nördlicher Breite.

John Franklin

1825–1827

John Franklin erforscht mit Dr. John Richardson bei seiner zweiten Landreise im Norden Kanadas 1000 Meilen Küstenland vom Coronation Gulf bis zum Icy Cape in Alaska, wo sie von der Beechey-Expedition, die über die Beringstraße gekommen ist, um ein Jahr verfehlt werden.

1827

William Edward Parry gelangt nach einem zweiten und dritten vergeblichen Versuch, die Nordwestpassage zu finden, auf dem Weg zum Nordpol in der Spitzbergensee bis 82°45' nördlicher Breite, ein Rekord, den er 50 Jahre hält.

William Edward Parry

1831

John Ross entdeckt den magnetischen Nordpol auf 70°5' nördlicher Breite und 96°46' westlicher Länge.

1840

Alexander Theodor Middendorf (1815–1894) und Karl Ernst von Baer (1792–1878) reisen ins nördliche Eismeer.

1845–1847

John Franklin will mit seiner Expedition und den zwei Schiffen »Erebus« und »Terror« die nordwestliche Durchfahrt erzwingen und findet mit allen 139 Teilnehmern den Tod.

1848 und später

Zahlreiche Forscher sind auf der Suche nach Franklin, darunter James Ross, Kane, Stewart, Saunders, Austin, Forsyth, Kennedy, Rae, Belcher, Kelett, Collinson, McClure, Moore – alles in allem 40 Suchexpeditionen, die versuchen, das Schicksal der Verschollenen zu ergründen.

Nordwestpassage 1853

1849

John Gravill landet erstmals im Süden von Ellesmere Island.

Francis Leopold McClintock

1850–1854

Die Engländer Robert John McClure (1807–1873) und Francis Leopold McClintock (1819–1907) lösen das immer noch nicht enträtselte Problem der nordwestlichen Durchfahrt theoretisch.

1858

McClintock findet auf King Williams Island Gerippe der Franklin-Leute, außerdem den Bericht von Francis Crozier, der in knappen Angaben den Tod von Franklin und den Hergang der Katastrophe schildert.

1860–1861

Isaac Hayes führt eine amerikanische Expedition durch den Smithsund Richtung Nordpol, der von vielen im offenen Wasser des arktischen Ozeans vermutet wird. Wie weit Hayes kommt (81°35' Nord oder 80°14' Nord), bleibt umstritten. Vom Nordwesten Grönlands erreicht die Expedition in Hundeschlitten Ellesmere Island.

1861 und 1868

Adolf Erik Nordenskiöld (1832–1901) fährt als Wissenschaftler wiederholt bis über den 80. Breitengrad und erforscht Land und See in der Nähe Spitzbergens.

Adolf Erik Nordenskiöld

1867

Whymper scheitert beim Versuch, Grönland zu überqueren.

1868–1870

Die Deutschen Koldewey und Hegemann untersuchen mit den Schiffen »Hansa« und »Germania« die Ostküste Grönlands, nachdem ein weiteres Vordringen Richtung Pol unmöglich ist. Die »Hansa« zerbricht unter den Eispressungen, und die Mannschaft kann sich nach 201 Tagen Drift auf einer Eisscholle retten.

1869

Mit dem Suezkanal wird der Seeweg nach Ostindien verkürzt und der Seeweg über das Polarmeer sekundär.
Der Deutsche Emil Bessels (1847–1888) untersucht das östliche Eismeer und Novaja Semlja.

Die »Hansa« im Eis

1871

Der Deutsche Carl Weyprecht (1838–1881) versucht auf der »Isbjörn«, die Nordwestpassage zu durchfahren.

1871–1873

Der Engländer Charles Francis Hall erreicht mit dem Schiff »Polaris« bei seiner dritten Expedition (USA) im Smithsund auf dem Weg zum Nordpol 82°11' nördlicher Breite. Er stirbt unter mysteriösen Umständen. Nachdem die Hälfte der Mannschaft sechs Monate lang auf dem Eis driftet, werden die Männer von Walfängern gerettet.

Charles Francis Hall

Expeditionsstart 1876

1872–1874

Carl Weyprecht und der Österreicher Julius Payer (1842–1915) entdecken auf der Suche nach der nordöstlichen Durchfahrt Franz-Joseph-Land. Dramatische Rettung nach Verlassen des eingefrorenen Schiffes »Tegetthoff«, nachdem in Cape Fligely (81°51' Nord) das nördlichste Land der alten Welt betreten wurde.

1875–1876

George Nares führt mit »Alert« und »Discovery« die letzte britische Navy-Expedition Richtung Nordpol. Durch den Robesonsund kommt er bis Grant Land (83°28' nördlicher Breite).

1876

A. H. Markham erreicht mit Schlitten 83°20' nördlicher Breite.

1878–1879

Unterstützt von der schwedischen Regierung gelingt dem Schweden Adolf Erik Nordenskiöld die nördliche Umschiffung Asiens auf der »Vega«. Die wissenschaftliche Ausbeute dieser Fahrt ist groß, und sie ist der Höhepunkt in der Karriere eines erfolgreichen Nordlandfahrers.

1879–1882

Eine amerikanische Expedition unter G. W. De Long kommt durch die Beringstraße und will auf der Wrangelinsel überwintern, um den Nordpol anschließend von Sibirien aus zu erreichen. Ihr Schiff, die »Jeannette«, wird vom Eis eingeschlossen und driftet zwei Jahre lang, bevor es sinkt. In zwei Gruppen schlägt sich die Mannschaft zur Lena durch. Melville und neun seiner Leute erreichen die rettende Zivilisation. De Long entdeckt mehrere Inseln. Er stirbt mit elf Mann im Lenadelta; nur zwei seiner Leute überleben.

George S. Nares

1881

Die Amerikaner Lockwood und Brainard suchen im Norden Grönlands (83°24' nördlicher Breite) nach einem Weg zum Pol.

1881–1884

Die amerikanische Expedition unter Adolphus Washington Greely baut Fort Conger in Discovery Harbour (Ellesmere Island) und erforscht auf Schlitten das nördlichste Inselreich von Kanada. Am Ende scheitert der Heimweg auf tragische Art und Weise im Robesonsund. 20 von den insgesamt 26 Männern kommen durch Erschöpfung, Selbstmord, Mord und Hunger ums Leben.

1882–1883

Im Rahmen eines ersten Internationalen Polarjahres werden von verschiedenen Nationen zwölf Stationen für die wissenschaftliche Forschung in der Arktis aufgebaut und betrieben; auch die Greely-Expedition forscht und arbeitet in diesem Zusammenhang in Ellesmere Island.

G. W. De Long

1883

Nordenskiöld dringt auf dem Inlandeis Grönlands in 62° nördlicher Breite rund 340 Kilometer ins Landinnere vor.

1886

Der Amerikaner Robert Edwin Peary (1856–1920) scheitert beim Versuch, Grönland zu durchqueren.

1888

Der Norweger Fridtjof Nansen (1861–1930) durchquert Grönland mit Schlitten und Schneeschuhen auf 64° nördlicher Breite.

Fridtjof Nansen

1891–1892

Peary führt eine große Expedition nach Nordgrönland und reist mit Hundeschlitten vom Inglefield Gulf im Westen bis zum Navy Cliff im Nordosten.

1893–1895

Peary durchquert Grönland ein zweites Mal im äußersten Norden (Walsund bis Independence Fjord und zurück).

1893–1896

Fridtjof Nansen driftet mit der »Fram« unter Kapitän Otto Sverdrup über das Polbecken und marschiert mit Frederic Hjalmar Johansen bis 86°12' nördlicher Breite. Ein Jahr später werden sie in Franz-Joseph-Land von Frederick Jackson gerettet, der den Archipel kartographiert – zufällig.

1897

Verunglückte Ballonfahrt des schwedischen Ingenieurs Salomon August Andrée (1854–1897), der von Spitzbergen startet, die Position 82° Nord, 25° Ost erreicht und verschollen bleibt. 1930 findet man die Leichen der Ballonfahrer auf White Island.

Salomon A. Andrée

1898–1902

Der Amerikaner R. E. Peary gelangt auf dem Weg zum Pol bis 84°17' nördlicher Breite. Er verliert wegen Erfrierungen acht Zehen.
Der Norweger Otto Sverdrup erforscht mit der »Fram« und auf Schlitten den Archipel im nördlichsten Kanada.

1900–1901

Der Italiener Cagni erreicht nordöstlich von Franz-Joseph-Land 86°34' Nord. Diese Expedition des Herzogs der Abruzzen (»Stella Polare«) stellt damit einen neuen Rekord auf.

1901–1902

Im Rahmen der ersten Ziegler-Expedition zum Nordpol erreicht die »America« unter der Leitung von Evelyn Baldwin von Nordnorwegen aus eine Breite von 82° Nord und scheitert.

1903–1905

Bei der zweiten Ziegler-Expedition, unter dem Kommando von Anthony Fiala, startet die »America« in Trondheim (Norwegen) und geht unter.
Der Norweger Roald Amundsen (1872–1928) durchfährt auf der »Gjöa« als erster die Nordwestpassage von Osten nach Westen (Kleinexpedition).

Eskimos waren die Vorbilder Amundsens

1906

Der Amerikaner Peary reist auf der »Roosevelt« bis Grant Land und startet mit vielen Hunden und Eskimos Richtung Pol. Er übertrifft seine bisher erreichten Breiten und gelangt bis 87°6' Nord.

1909

Frederick Albert Cook (1865–1940) behauptet, 1908 den Nordpol erreicht zu haben. Er findet wenig Glauben, nachdem Peary ihn als Lügner abtut. Dr. Cook, der sehr viel Eiserfahrung hatte (gesammelt mit Amundsen in der Antarktis, mit Peary in Grönland, als Bergsteiger im Massiv des Mount McKinley), überlebt in Begleitung zweier Eskimos 14 Monate lang in der menschenleeren Arktis.

Robert Edwin Peary will den Nordpol erreicht haben. Die begrenzten Navigationsmittel, die unglaublich hohe Geschwindigkeit bei der Rückreise vom Pol zum Schiff »Roosevelt« und die Tatsache, daß keiner von Pearys Polkameraden die Positionsbestimmungen kontrolliert, lassen Zweifel an Pearys Angaben zu. Peary verdankt seine Glaubwürdigkeit in erster Linie dem Nationalstolz vieler Amerikaner, für die er stellvertretend den Pol erreicht hat, und einem Präsidenten, der schon bei der Abreise für ihn Partei ergriffen hat.

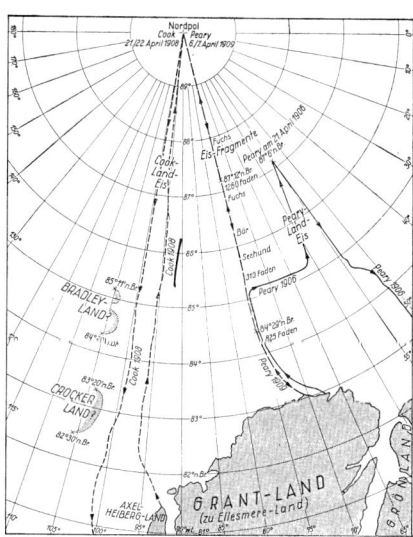

Routen von Cook (1908) und Peary (1906 und 1909)

»Der Nordpol ist entdeckt! Da war es, als ob das Weiß dieser Region der gefundene Hintergrund wäre, auf dem das Antlitz der weißen Kreatur wieder Farbe bekam, und die erstarrte Welt belebte sich, erwärmte, taute auf an der Erkenntnis, daß die Eskimos doch bessere Menschen sind.«
KARL KRAUS
»Die Entdeckung des Nordpols«

Im Eismeer

1912

Knud Rasmussen quert Grönland im Norden vom Inglefield Land bis zum Denmark Fjord. Dabei stellt er fest, daß Pearys Angaben und Kartenskizzen, die schon einer dänischen Expedition (Leiter Ludwig Mylins-Erichsen) zum Verhängnis wurden (1907), falsch sind.

1912–1914

Zwei russische Expeditionen unter der Leitung von Sedow bzw. Broussilow enden beim Versuch, den Nordpol zu erreichen, in einem Desaster. Sedow stirbt auf Franz-Joseph-Land, und die Expedition kehrt heim. Broussilow driftet mit dem Schiff »St. Anna« im Packeis in die Karasee bis nahezu zum 83. Breitengrad. Nur zwei Männer der Crew überleben.

Am Rande des Polarmeers

1913

Der grönlanderfahrene J. P. Koch unternimmt die längste Grönlandtraverse. Mit Ponys überquert er das Inlandeis von Denmark Harbour bis Upernavik. Mit von der Partie ist der deutsche Wissenschaftler A. Wegener.

1913–1915

Amundsen durchfährt auf der »Maud« die nordöstliche Durchfahrt von Ost nach West nur teilweise.
Der russische Admiral Vilkitski durchsegelt die Nordostpassage von Ost nach West und führt dabei hydrographische Messungen durch. Severnaja Semlja (Taimyr-Archipel) wird entdeckt.

1913–1917

Der Amerikaner Donald McMillan sucht nördlich der Axel-Heiberg-Insel »Crocker Land«, das Peary gesichtet haben will. Nichts als blauer Dunst.

1914

Der Russe J. Nagursky führt über der Barentssee und Novaja Semlja die ersten erfolgreichen Arktisflüge aus.

1914–1915

Den russischen Eisbrechern »Taimyr« und »Waigatsch« gelingt die nordöstliche Durchfahrt von Ost nach West.

1918–1920

Roald Amundsen wiederholt Nordenskiölds nordöstliche Durchfahrt.

1921–1924

Der Grönländer Knud Rasmussen erforscht auf seiner berühmten fünften Thule-Expedition in dreieinhalb Jahren das Eskimoleben in Nordgrönland und Kanada.

1923

Der Schweizer Pilot Mittelholzer unternimmt mehrere Flüge in der Gegend von Spitzbergen.

Knud Rasmussen

1925

Roald Amundsen und Lincoln Ellsworth versuchen, mit zwei Dornier-Maschinen von Spitzbergen zum Pol zu fliegen. Auf 87°43' nördlicher Breite zwingen Motorprobleme zur Landung. 25 Tage bauen sie an einer Startbahn, lassen ein Flugzeug zurück und retten sich im letzten Augenblick.

»Die Entdeckung des Nordpols gehört zu den Tatsachen, die sich nicht vermeiden ließen.«
KARL KRAUS
»Die Entdeckung des Nordpols«

1926

Die Amerikaner Richard Byrd (1888–1957) und Floyd Bennett wollen im Flugzeug von Spitzbergen zum Nordpol und zurück in 15 Stunden geflogen sein.
Amundsen, der Amerikaner Ellsworth, der Italiener Nobile und weitere 13 Personen überfliegen mit dem Luftschiff »Norge« das Nordpolarmeer von Spitzbergen bis Alaska.

George Hubert Wilkins und Carl B. Eielson erkunden von Point Barrow aus große Teile der Beaufortsee aus der Luft.

James Wordie, ein Wissenschaftler mit Arktis- und Antarktiserfahrung (Shackletons »Endurance«), arbeitet in Ostgrönland. Im nächsten Jahrzehnt folgen weitere wissenschaftliche Expeditionen und die Ausbildung von Vivian Fuchs zu einem ausgesprochenen Eisspezialisten.

1928

Der Italiener Umberto Nobile (1885–1978) überfliegt mit dem Luftschiff »Italia« den Nordpol. Auf dem Rückweg wird sein Luftschiff durch einen Sturm zerstört. Dramatische Rettungsaktionen folgen. Roald Amundsen kommt bei dem Versuch, dem verlorenen Teil der Besatzung der »Italia« Hilfe zu leisten, ums Leben. Der sowjetische Eisbrecher »Krassin« rettet schließlich die Überlebenden der »Italia« bei der Insel Foyn aus dem Packeis.

Transarktisflug des Engländers Wilkins (geb. 1888) von Alaska nach Spitzbergen.

1930

Dr. Krügers Arktis-Expedition startet in Nordgrönland Richtung Ellesmere Island und verschwindet.

1930–1931

Die deutsche Gronlandexpedition baut die Station Eismitte und leistet wichtige Forschungsarbeit. Wegener bleibt verschollen.

1931

Aeroarctic-Expedition mit dem Luftschiff »Graf Zeppelin« nach Franz-Joseph-Land, zur Taymir-Halbinsel und nach Novaja Semlja.

George Hubert Wilkins versucht, den arktischen Ozean im Unterseeboot »Nautilus« zu durchmessen.

1932

Der sowjetische Eisbrecher »Sibirjakow« meistert die nordöstliche Durchfahrt ohne Überwinterung. Bald folgen planmäßige Fahrten sowjetischer Schiffe um Nordasien.

1937

Die ersten Nonstopflüge über den Nordpol erfolgen durch die Sowjetflieger W. Tschkalow (von Moskau nach Portland, USA – 9000 Kilometer) und M. Gromow (von Moskau nach San Jacinto, Kalifornien = 10000 Kilometer).

1937–1938

Sowjetische Driftfahrt auf einer Eisscholle durch I. D. Papanin von 89°41' Nord, 87° West bis an die Ostküste Grönlands.

1937–1940

Der Eisbrecher »Sedow« driftet 812 Tage (bis 86°35' nördlicher Breite) und wird vom Eisbrecher »Stalin« befreit.

»... Heroen, die einander die Ideale an den Kopf warfen.«
KARL KRAUS
»Die Entdeckung des Nordpols«

Die »Italia« startklar

»... mit der Dimension der Bewunderung wächst die Dimension der Tatsachen, bis im Wettlauf den Gaffern wie dem Schicksal der Atem ausgeht.«
KARL KRAUS
»Die Entdeckung des Nordpols«

Im Packeis einst

1938

Die kanadische »Aklavik« durchfährt die Nordwestpassage vom Stillen zum Atlantischen Ozean (eine Überwinterung).

1958

Das atombetriebene Unterseeboot »Nautilus« durchfährt den arktischen Ozean in 96 Stunden vom Pazifischen bis in den Atlantischen Ozean. Ein Jahr später durchbricht ein ähnliches US-Unterseeboot, »Skate«, am Nordpol das Eis. Der Alterstraum von Julius Payer ist wahr geworden.

In den sechziger Jahren werden im Polarmeer Drifting Stations (driftende Plattformen) ausgesetzt. Die wissenschaftliche Forschung hat sich völlig vom »Abenteuer« abgespalten.

Erfolgreich forscht der Franzose Victor weiter in Grönland.

1968

Der Amerikaner Ralph Plaisted, der ein Jahr vorher beim Versuch gescheitert ist, mit Skidoos vom äußersten Norden Kanadas (Ellesmere Island) zum Nordpol zu kommen (Rettung auf 83°36' Nord), erreicht nach einer gefahrvollen Reise von Ward Hunt Island aus mit zwölf Mann und Skidoos den Pol.

Dr. Hugh und Myrtle Simpson ziehen ihre Schlitten zur gleichen Zeit bis 84°42' nördlicher Breite.

Wally Herbert

1968–1969

Wally Herbert, ein erfahrener Hundeführer, wagt zusammen mit Ken Hedges, Allan Gill und Roy Koerner die Überquerung der Polkappe von Alaska bis Spitzbergen (»British Transarctic Expedition«). In 476 Tagen, einen Sommer und einen Winter auf dem Eis driftend, schaffen sie mit Unterstützung aus der Luft die Strecke von Point Barrow bis Seven Islands mit Hundeschlitten. Mit dieser extrem langen Transversale beginnt das moderne Polabenteuer.

1970

Naomi Uemura

Der italienische Multimillionär Guido Monzino finanziert und führt eine Hundeschlittenexpedition (300 Huskies, 14 Eskimos) zum Nordpol, wobei bei Hin- und Rückreise große Teile der Strecke zwischen Kanada und dem Pol im Flugzeug zurückgelegt werden.

1978

Naomi Uemura, ein japanischer Bergsteiger und Abenteurer, der 1974–1976 im Hundeschlitten von Grönland nach Alaska reiste, startet im kanadischen Cape Columbia zu einer Hundeschlittenreise im Alleingang und erreicht den Pol nach 57 Tagen, wobei er zweimal aus der Luft mit Nachschub versorgt wird.

Er läßt sich und die Hunde gleich anschließend nach Nordgrönland fliegen, um zusätzlich noch das Inlandeis der Insel mit Flugzeugunterstützung der Länge nach zu überqueren.

Im gleichen Jahr reist auch ein Zehn-Mann-Team aus Japan unter der Leitung von Kaneshige Ikeda in Hundeschlitten bis zum Nordpol.

1979

Eine zwölfköpfige russische Expedition, geleitet von Dimitrj Schparo, startet von Henrietta Land und erreicht mit Hilfe mehrerer Versorgungsflüge nach zweieinhalb Monaten den Nordpol.

1981–1982

Im Rahmen seiner berühmten »Transglobe«-Expedition erreicht der Brite Ranulph Fiennes, der 1977 bei ca. 87° Nord gescheitert war, mit Skidoos den Nordpol und fährt mit Luftunterstützung Richtung Spitzbergen weiter.

1982

Einer Mannschaft aus Norwegen unter Ragnar Thorseth gelingt die Fahrt zum Pol im Skidoo.

1984

Finnen marschieren zum Nordpol (Leiter Jussi Kauma).

1986

Will Steger (USA) führt eine internationale Hundeschlittenexpedition bis zum Nordpol, wobei die Luftunterstützung nur als Rettungshilfe eingeplant ist.
Gleichzeitig läuft der Franzose Jean-Louis Etienne mit einem superleichten Schlitten zum Pol; er wird dabei häufig aus der Luft versorgt. Steger und Etienne treffen sich zufällig auf dem Packeis und überqueren in der Folge zusammen die Antarktis.

1987

Mit Snowmobilen und Spezialmotorrädern schaffen Japaner (Leiter Shinji Kazama) die Fahrt zum Pol.

1988

Dimitrj Schparo führt im Rahmen der berühmten »Polar Bridge«-Expedition ein Team von acht Russen (darunter Michail Malakow) und vier Kanadiern (darunter Richard Weber) von Severnaja Semlja (Cape Arctichesky) über den Nordpol bis Ward Hunt Island in Kanada. Diese Überquerung des Polarmeeres auf Skiern, obwohl nur mit Hilfe von fünf Versorgungsflügen möglich, gehört zu den herausragenden Erfolgen der modernen Polfahrerei.

1989

Tschukow und zwölf weitere Russen (darunter Fjodor Koniukow) marschieren auf Ski von Schmidt Island Richtung Pol. Einer stirbt, fünf werden ausgeflogen, sieben erreichen den Nordpol.
Zur gleichen Zeit reist die japanische Schauspielerin Masako Izumi mit großem Aufwand auf einem Snowmobil zum Pol.
Der Brite Robert Swan führt im Rahmen seines »Ice Walk«-Projekts, das mit einem professionellen PR-Programm für die Arktis werben will, mehr oder weniger erfahrene Natursportler aus verschiedenen Nationen von Kanada aus zum Nordpol. Dabei operiert er mit einer breitangelegten Luftunterstützung.

»Wenn man die Spitze eines Berges einmal erreicht hat, dann ist alles klar: Man ist am Ziel, man kann nicht mehr weiterklettern. Aber am Nordpol setzt sich das Eis immer weiter fort.«
JEAN-LOUIS ETIENNE

Start in Cape Arctichesky

133

»Dort ist Ruhmes genug für alle.«
FREDERICK ALBERT COOK

»Denn nicht nur als einen Ausweg aus der Verlegenheit, sondern auch als die Erfüllung eines alten Herzenswunsches empfand man die Entdeckung des Nordpols. Seit Jahrhunderten hatte der Menschheit, die immer vorwärts schritt, ein letztes Etwas zu ihrem Glücke gefehlt. Was war es nur? Wovon fieberten Tage und Täume? Was hielt eine Welt in Atem, deren Puls nach Rekorden gezählt wird? Was war das Paradigma aller Begehrlichkeit? Der Trumpf der Streberei? Die Ultima Thule der Neugier? Der Ersatz für das verlorene Paradies? Die große Wurst, nach der auf dem irdischen Jahrmarkt die Wissenschaft alle Schlittenhunde hetzte? Ach, es litt die Menschheit nicht beim Tagwerk: Der Gedanke, daß da oben ein paar Quadratmeilen waren, die ein menschlicher Fuß noch nicht betreten hatte, schien unerträglich.«
KARL KRAUS
»Die Entdeckung des Nordpols«

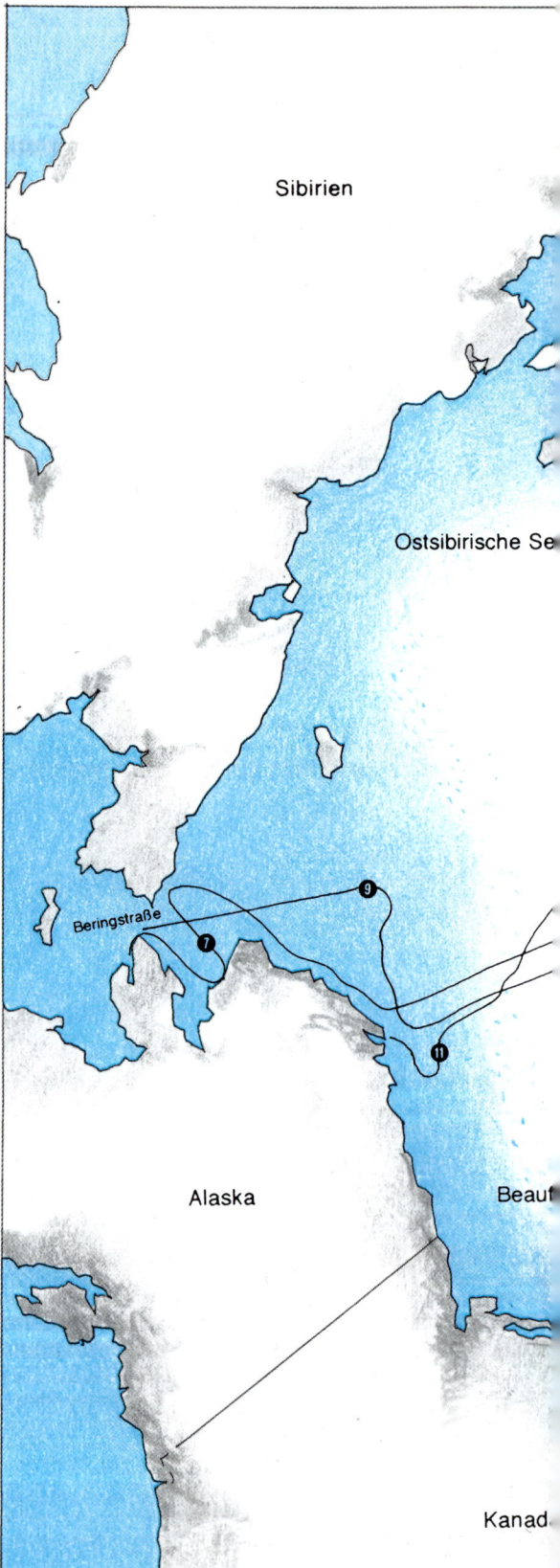

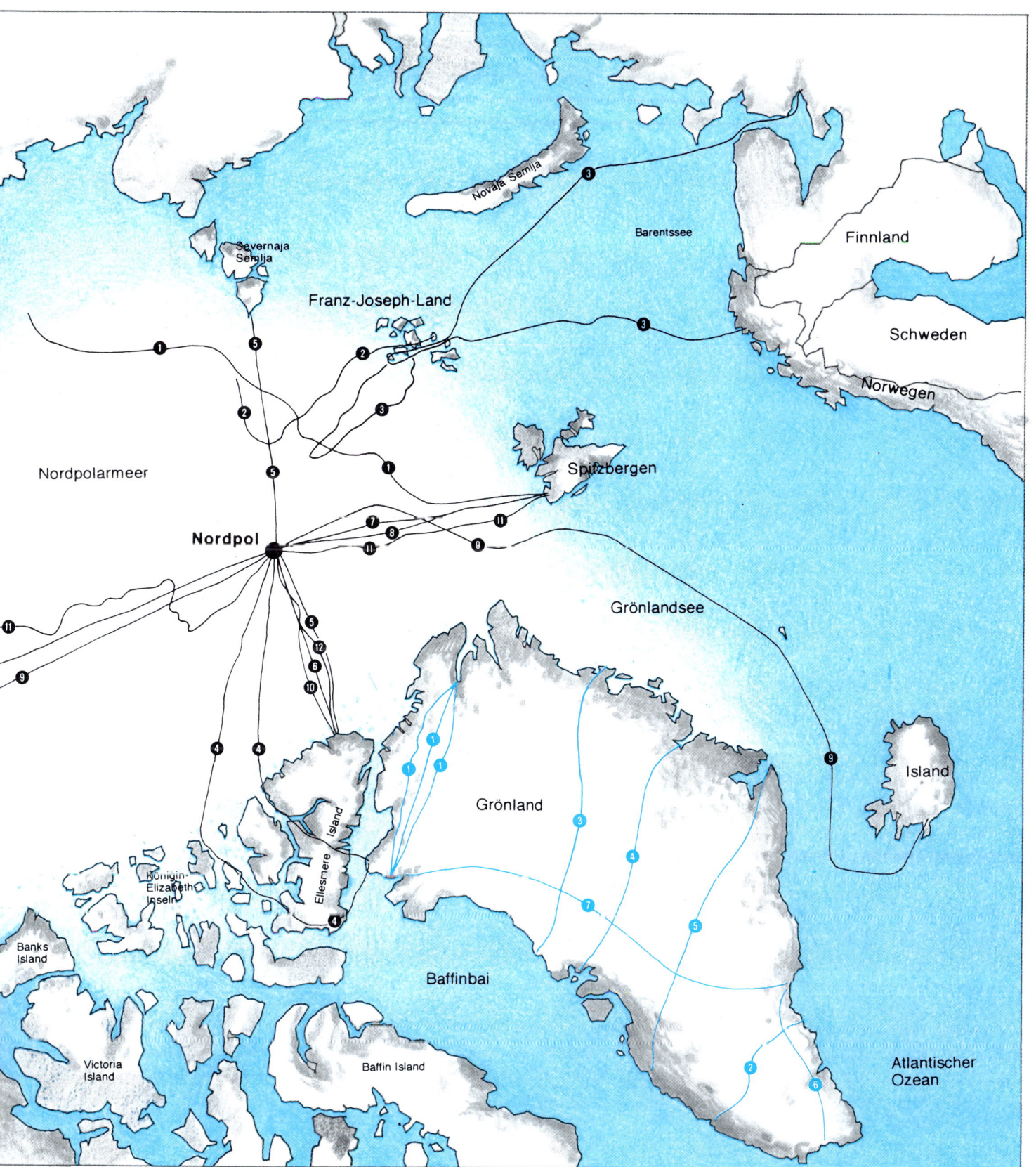

Nordpolarmeer

Severnaja Semlja

Franz-Joseph-Land

Novaja Semlja

Barentssee

Finnland

Schweden

Norwegen

Spitzbergen

Nordpol

Grönlandsee

Island

Grönland

Königin-Elizabeth-Inseln

Ellesmere Island

Banks Island

Baffinbai

Atlantischer Ozean

Victoria Island

Baffin Island

In früheren Zeiten auf dem Eis

1990

Während drei Norweger von Kanada aus versuchen, ohne Unterstützung aus der Luft zum Pol zu kommen, scheitert Sir Ranulph Fiennes, der nur mit einem Partner von Cape Arctichesky loszieht, bei einer ähnlichen Zielsetzung in 88,5° Nord. Erling G. Kagge und Børge J. Ousland erreichen am 4. 5. den Pol. Geir B. Randby ist verletzt ausgeflogen worden.

Fjodor Koniukow, auch er von Severnaja Semlja startend, läßt sich bei seinem Solo-Trip unterstützen und erreicht den Nordpol am 12. 5.

Zwei Tage später kommen acht weitere Russen dort an, die Tschukow führt. Zwei Mann sind unterwegs abgeholt und ausgeflogen worden.

Alle Gruppen werden ausgeflogen.

Obwohl seit William Parry (1827) mehr als 60 Gruppen oder Einzelpersonen versucht haben, den Nordpol über das Eis zu erreichen, ist der Erfolg relativ, wenn man bedenkt, daß nur Peary (1909) ohne Luftunterstützung zum Pol und zurück kam. Wenn er den Nordpol erreicht hat!

1991–1993

Mehrere Teams (aus Korea, Kanada, Norwegen) erreichen den Pol zu Fuß, doch die Lösung des eigentlichen Polproblems – das Hin und Zurück nur mit eigener Kraft – gelingt nicht.

»Die größte Freude am Pol war, nicht weiterzumüssen.«
BØRGE OUSLAND

1994

Wieder einmal scheint eine Art Rennen im Gang zu sein. Diesmal sind ein Japaner, ein Brite und zwei Norweger, jeder für sich allein, unterwegs, den Nordpol solo und »unsupported« zu erreichen. Willy Gantvik (Norwegen) und der Brite Robert Hadow starten von Kanada aus und scheitern. Auch Mizuro Ohba aus Japan, von Severnaja Semlja aus gestartet, wird im März gerettet. Nur der Norweger Børge Ousland, ein ungemein konditionsstarker und erfahrener Mann, schafft erstmals allein und ohne Unterstützung den Marsch von Cape Arctichesky (Severnaja Semlja) zum Nordpol, wo er nach nur 51 Tagen (3. 3. bis 23. 4.) ankommt und ausgeflogen wird.

Malakow und Weber

1995

Große Aktivität im Inneren der Arktis. Mizuro Ohba scheitert bei seinem Solo-Trip zum Pol ebenso wie die Brüder Messner am berstenden Packeis und an der Kälte.

Victor Boyarski und Will Steger warten mit ihrer internationalen Expedition (IAP) nach einem ersten Scheitern in Severnaja Semlja, um Anfang April auf halbem Weg zum Pol wieder zu starten. Sie erreichen bei ihrer Hundeschlitten-Kanu-Expedition nach mehreren Depotflügen Ward Hunt am 3. 7.

Auch eine fünfköpfige Gruppe aus Südkorea (Leiter ist der Alpinist Youngho Heo) wird aus der Luft unterstützt und überquert das gesamte Eis von Cape Arctichesky bis Ward Hunt.

Bewundernswert ist die Leistung der beiden Polen Marek Kaminski (30) und Wojciech Moskal (36), die in 72 Tagen ohne jede Unterstützung aus der Luft den Nordpol von Kanada aus erreicht haben.

Die größte Sensation aber schaffen der Kanadier Richard Weber (35) und der Russe Michail Malakow (41) mit ihrem Hin- und Rückmarsch zum Pol ohne Luftunterstützung und Hundeschlitten. Es ist ihr zweiter Versuch. In 121 Tagen ziehen sie ihre Proviantschlitten (anfangs 500 Kilogramm an Verpflegung, Brennstoff und Ausrüstung) 2000 Kilometer weit von Ward Hunt (Start: 13. 2.) zum Pol (12. 5.) und zurück (13. 6.), ohne je aus der Luft versorgt zu werden. Dieser Erfolg steht am Ende einer langen Entwicklung und am Anfang einer neuen Epoche der Arktisreisen – »by fair means«.

1996

Vier Franzosen schaffen den Marsch von Sibirien bis zum Nordpol. Der Japaner Mizuro Ohba, der zum dritten Mal versucht, das nördliche Polarmeer via Pol zu überqueren, scheitert 70 Tage nach seinem Start von Sibirien, noch bevor er den Nordpol erreicht.

Gleich am Beginn ihres Versuches, von Nordgrönland zum Pol zu kommen, müssen der Schwede Bjorn Thelin und der Finne Petter Reuter aufgeben.

»Ich glaube, daß, wenn wir auf die sich in der Natur selbst vorfindenden Kräfte achtgeben und versuchen, mit denselben und nicht gegen sie zu arbeiten, wir den sichersten und leichtesten Weg zum Pole finden werden. Es nützt nichts, gegen den Strom zu arbeiten, wie die vorhergehenden Expeditionen es gemacht; wir müssen sehen, ob sich nicht ein Strom findet, mit dem wir arbeiten können. Die ›Jeannette‹-Expedition ist meiner Meinung nach die einzige, die auf dem richtigen Wege gewesen ist, obschon wider Wissen und Willen . . .«
FRIDTJOF NANSEN

Vorwärts: Nansens »Fram«

Nansen-Leute und die »Fram«

Abschiedsrede Nansens
auf der »Fram«

**»Ich habe jetzt keinerlei Neigung
zum Lesen, zum Zeichnen oder zu
irgendeiner andern Thätigkeit.«**
FRIDTJOF NANSEN

Nansen auf gutem Eis

Während des zweiten Winters auf dem Eis war Nansen mit seiner genialen Idee, das arktische Polarmeer auf einem eigens dafür gebauten Schiff zu erforschen, vor Langsamkeit krank geworden. Die Forschungsreise verlief nach Plan, aber die Eisdrift schob die »Fram« langsamer und viel weiter südlich des Nordpols Richtung Grönland, als der ehrgeizige Nansen gehofft hatte.

Die Beobachtungen, das Warten, die Berechnungen auf dem Schiff waren für Nansen, der Grönland auf Ski durchquert hatte, zuwenig. Er wollte mehr, viel mehr. Er mußte zum Pol. In dieser krank machenden Stimmung, umnachtet von der Polarnacht, faßte er den Plan, auf einem Marsch über das Eis nach Norden endlich alles zu wagen.

»Fram« bedeutet »Vorwärts«; sie war ein gutes Schiff, verproviantiert für fünf Jahre. Wie ein großer Vogel auf dem Eis hockend, gab diese »Fram« den Männern eine Heimat auf Zeit. Auch die schlimmsten Eispressungen konnten ihr nichts anhaben. So trieb sie, scheinbar unbeweglich, in einem chaotischen Kurs immer weiter nach Nordwesten. Die kurzen Ausflüge über das Packeis, die naturwissenschaftlichen Beobachtungen, ab und zu eine Bärenjagd waren dem Expeditionsleiter Fridtjof Nansen nicht genug Abwechslung. Das Untätigsein, die Eintönigkeit töteten seinen Geist. Alles war so still, so steif, so tot auf der Eisdecke, daß auch seine Seele abstarb.

Nansen wußte dieser Starre im Polarmeer nichts anderes entgegenzusetzen als ein Wagnis, eine Hundeschlittenreise weg vom sicheren Schiff, weg von den Kameraden, immer weiter weg auch von jeder Logik. Als feststand, daß er mit Hjalmar Johansen und Hundeschlitten Richtung Pol aufbrechen müßte, bevor er verrückt würde, beschwor er seine »Fram«-Leute, Mut zu haben, Vertrauen und Ausdauer.

Der Expeditionsleiter selbst aber wußte nichts Besseres zu tun, als seine Mannschaft im Stich zu lassen und im Meer der Ehre nach Land zu suchen. Auf diesem gefährlichen Kurs Richtung Pol trieb Nansen Hunde und Ruhm gleichermaßen vor sich her. Im rechten Winkel zur »Fram«-Drift ergriff er die Flucht vor sich selbst. »Vorwärts« hatte jetzt zwei Richtungen. Nansen war dabei auf dem Abweg, einer Veranstaltung auf Leben und Tod, die keiner Aufgabe folgte, sondern dem Alptraum des Nichtstuns. Nansen war polbesessen, krank, er hatte keine andere Wahl.

Nach zwei Wintern auf dem Schiff kam das Losgehen einer Ekstase gleich. Alle Angst, alle Schwere waren aufgehoben. So nahe war noch nie ein Schiff an den Pol herangekommen, die Gelegenheit also günstig. Nansen wollte nichts mehr als zum Pol. Nein, nicht nur seines persönlichen Ehrgefühls wegen; seine Heimat Norwegen, eine ganze Nation sollte mit ihm wachsen.

Die Ausrüstung – zwei einsitzige Kajaks aus Bambusrohr, mit Segeltuch überzogen; die beiden besten Uhren; aus Rentierkalbfell genähte Schlafsäcke; Hundegeschirre aus Segeltuch; Schlitten; das Zelt aus einem Stück Rohseide gearbeitet und mit einem Skistock aufrichtbar; Anzüge aus Wolfsfell; Harpunen, die an Skistöcken zu befestigen waren; Hundeschuhe aus Seehundfell; Kajakpumpen; zwei Drahtseile, um nachts die Hunde anzubinden; Proviant für 100 Tage – wurde anfangs von drei Hundegespannen gezogen. Als stünden sie außerhalb der Zeit, stürmten Nansen und Johansen mit ihren Hunden vorwärts in den Raum – der Nordpol ein Punkt am Ende ihrer Eitelkeiten.

Schinderei am Eisrücken

Erst der zweite Start, am 14. März 1895, war geglückt. Die Eisverhältnisse aber – Wasserrinnen, trockener Schnee und vor allem die vielen Eisbarrieren – bremsten die Fahrt, und mit Wehmut dachten Nansen und Johansen an das Leben an Bord der »Fram« zurück, an das letzte Glas Rotwein, das sie alle auf ein Wiedersehen in Norwegen geleert hatten, an die hektische Zeit des Aufbruchs. Wie ein Wirbel hatte sich die Vorarbeit auf den Moment des Starts hin zentriert, um dann als Gefühl der Sicherheit, des Komforts in Erinnerung zu bleiben.

Die Eismassen waren so durcheinandergeworfen, daß zwei Mann oft überfordert damit waren, die Schlitten einzeln über mannshohe Trümmerfelder zu hieven. Die Eispressungen, die das Schiff gehoben, gedreht, erschüttert hatten, ließen das Zelt beben, die Hunde aufheulen und die Männer sich ängstigen. Das Eis unter ihnen, das immerzu unter Druck stand, gab Laute von sich – einmal wie von Maschinen, dann wie von lebenden Wesen –, und ganz plötzlich barst es mit abscheulichem Gekrache mitten in der Nacht.

Trotz aller Hindernisse, der Kälte und vieler Widerwärtigkeiten – einmal ging ein Proviantsack verloren, beinahe hätte Nansen den Taschenkompaß auf einem Eishügel vergessen, das Meterrad am Schlitten ging in die Brüche – schafften Nansen und Johansen doch täglich 15 Kilometer. Dabei waren diese Tage die schlimmsten während der gesamten Expedition. Die Sonne stand tief, die Anstrengung tagsüber nahm nie ein Ende, und nachts froren die beiden in ihren Schlafsäcken. Alles war naß oder gefroren oder klamm. Am Morgen schlüpften sie in die froststarren Überkleider, am Abend in die Eispanzer, zu denen die Schlafsäcke unterwegs geworden waren.

Eisbarrieren

Wann würde es endlich wärmer werden, wann würde die Ausrüstung endlich trocknen, wann würden sie rasten können? Jeder Tag voller Schrecken, jede Stunde eine Qual, das Eis schwerer zu passieren als angenommen, und nirgendwo Land!

Das Eis wurde von Tag zu Tag rauher. Wenn Nansen auf einen hausgroßen Eisklotz kletterte, um mit seinem Fernrohr nach Norden zu spähen, sah er aufgeworfene Eisbrocken, wie endlose Moränen hingestreut, und dahinter Ketten von Eisrücken bis zum Horizont.

Die Hoffnungslosigkeit diesem Chaos gegenüber war größer geworden als der Ehrgeiz, als erster am Pol zu sein, und die Angst, nicht wieder zurückzukommen, wuchs mit jedem Schritt. Nein, länger war die Qual des Dahinschleppens nicht zu ertragen. Plötzlich erschien das Nutzlose auch sinnlos. Nansen gab auf. Daß Hundefutter und Zeit für einen weiteren Vorstoß nach Norden nicht reichten, waren Ausreden.

Auf 86°14' Nord, umgeben von Hindernissen, irgendwo auf dem arktischen Packeis driftend, feierten Johansen und Nansen ihren Rekord: Nie war ein Mensch so weit nach Norden gekommen. Eisbären wurden als Konkurrenten nicht gezählt.

Am 8. April kehrten die Rekordhalter um, Richtung Franz-Joseph-Land. Sie hatten zwei beflaggte Stangen zwischen die Eisschollen gerammt – für wen wohl? – und in einem Festmahl so viel an Vorräten verzehrt, wie sie konnten. Was nicht mehr da war, brauchte nicht zurückgeschleppt zu werden. Anfangs war das Eis gut, dann sollte eine Katastrophe die andere ablösen. Die Uhren waren stehengeblieben, die Hunde muß-

»Es ist des Mannes unwürdig, eine Aufgabe zu übernehmen und sie dann aufzugeben, wenn der Höhepunkt der Schlacht bevorsteht. Es gibt nur einen Weg, und der ist vorwärts, ›Fram‹!«
FRIDTJOF NANSEN

Flicken und Trocknen

Ein Hund pro Mann

Überqueren einer Wasserrinne

ten geschlachtet werden, offenes Wasser, Sulzschnee, und überall diese weiße Leere! Würden sie je wieder zu den Menschen finden?

Wochen, Monate vergingen, Nansen und Johansen kamen kaum von der Stelle. Ihr Dasein war düster. Die beiden letzten Hunde waren ohne Kraft, die Vorräte bald aufgebraucht. Die Eisverhältnisse blieben miserabel. Ein Seehund, den sie schossen, reichte für vier Wochen. Sie mußten weiter und sahen plötzlich Land. Gerettet? Nein! Am Morgen des 4. August, aufgehalten vom Nebel zwischen den Wasserrinnen, sollten die beiden Kajaks gerade mit Ski und Stöcken zu einem Katamaran zusammengebunden werden, als ein Eisbär über Johansen herfiel. Sein Schlitten glitt ins Wasser. Bis Nansen das Gewehr greifen konnte, hatte sich Johansen, während der Bär die Hunde abwehrte, noch einmal halb aufrichten können. Wieder griff das Tier an. Da fiel der erlösende Schuß, und der Eisbär lag tot am Boden.

Jetzt erst sah Johansen die Köpfe zweier weiterer Bären, die sich hinter der nächsten Eisbarriere versteckt hielten, zwei Jungtiere, die auf ihr Futter gewartet hatten. Johansen trieb sie mit seiner Flinte davon. Hunde und Männer konnten endlich wieder so viel Fleisch verzehren, wie sie wollten, und mit den Keulen als Proviant und dem Fett als Brennstoff zogen sie weiter.

Das Eis – was heißt Eis: Matsch, Wasser, tiefer Schnee – war und blieb schlecht. Es war zum Verzweifeln! Stillschweigend, jeder für sich, hatten Nansen und Johansen oft den Tag verflucht, an dem sie die »Fram« verlassen hatten. Jetzt gab es kein Zurück mehr, sie mußten vorwärts, vorwärts zwischen all diesem losen Eis, den Wassertümpeln, den geborstenen Hügeln. Weit vorne sahen sie Land und am Fuße des Gletschers das offene Wasser; die Hoffnung aber, daß ihr Leben auf dem Treibeis endlich ein Ende hätte, wurde Tag für Tag von neuem enttäuscht.

Am 7. August, wieder standen sie mit ihren Pelzgamaschen im Wasser, wieder suchten sie zwischen Wasserrinnen und Hügeln und Eisbarrieren einen möglichen Weg, erreichten sie zwar flaches Eis, aber immer noch kein fahrbares Wasser. Fünf Monate lang waren sie auf dem Treibeis gehockt, herumgezogen, von Luftspiegelungen und Tagträumen genarrt worden, so daß sie nicht mehr an ein Ende ihrer Qual glauben wollten.

Endlich standen sie am Rande des Eises. Vor ihnen lag die schwarze Meeresfläche, auf der Eisschollen trieben. Und weit in der Ferne stieg ein Gletscher aus dem Wasser in die blauen Nebel des arktischen Sommers. Mit der Hoffnung, daß vor ihnen der Wasserweg in die Heimat und das Treibeis für immer hinter ihnen lag, sahen Nansen und Johansen die Inselwelt von Franz-Joseph-Land in hellen, warmen Sommerfarben. Die kreischenden Krabbentaucher, die Schneeammern mit ihrem Gezwitscher, Fuchsfährten und Bärenspuren aus allen Richtungen belebten das eisfreie Land zu einem lieblichen Platz. Die Felsen waren plötzlich nicht mehr grau, sie schimmerten in warmen Pastelltönen. Die Gletscher leuchteten. Das Treibeis, von dem sie gekommen waren, lag wie eine weiße Ebene hinter dem Horizont verschwunden.

Die beiden letzten Schlittenhunde mußten jetzt getötet werden, weil sie unmöglich im Kajak mitgeführt werden konnten, und nachdem Nansen Johansens Hund und Johansen Nansens Hund erschossen hatte, setzten sie das Segel, die Nebel teilten sich vor einer bizarren Gletscherkulisse. »Hurra!« Rasch glitten sie nach Südwesten.

Bald aber versperrten Schollen den Weg, wieder und wieder mußten die beiden Enttäuschten die Schlitten übers Eis schleppen. Im stetigen Wechsel – Wasser, Eis, Segeln,

Schleppen – mühten sie sich weiter, immer weiter nach Süden; auf Inseln wurde gelagert, nächtelang gerudert, Walrosse abwehrend, die schnaubend versuchten, ihre Hauer in die Kajaks zu stoßen.

Ende August wurde es kälter und stürmisch. Die Widerwärtigkeiten wollten kein Ende nehmen. Das Eis lag dicht an die Küste gepackt, unpassierbar, die Wolken flogen düster darüber hinweg. Das Land wurde ganz niedrig und trostlos, kein Schutz mehr für das Zelt.

Nansen und Johansen bauten zuerst eine kleine Hütte aus Steinen, mit einem Bärenfell als Lager und einer Tranlampe, eine fürchterliche Höhle, in der sie weder stehen noch ausgestreckt liegen konnten. Sie hatten sich entschlossen, den Winter über zu bleiben, wo sie waren, gingen auf Bärenjagd und schlachteten Walrosse, die tags wie nachts auf dem Meer draußen bellten und schnaubten.

Gleichzeitig begannen sie eine größere Hütte zu bauen, aus Steinbrocken, mit Moos und Erde dazwischen, der Dachfirst aus dem Stück eines angetriebenen Fichtenstammes. Nahrungsmittel und Brennmaterial wurden gesammelt, angehäuft, gehortet, Walroßhäute über die Dachkonstruktion gespannt und der Boden mit Bärenfellen ausgelegt.

Mit dem Abhäuten, Zerlegen, Heimbringen von Speck, Tran und Fellen verging die Zeit rascher, als sie erwartet hatten. Die Sonne stand tief, und vor der halbfertigen Hütte verblühte der Mohn.

Die beiden Gestrandeten hatten ihre Behausung einen Meter tief in den Boden gegraben, einen Meter ragte sie über die Eislandschaft, gerade so hoch, daß sie aufrecht dar-

Eisbären

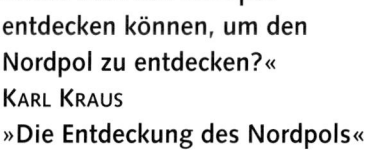

Nansen und Johansen vor der Winterhütte

in stehen konnten, Innenmaße 3,5 mal 1,8 Meter. Der Eingang, doppelt isoliert – außen eine Tür und innen ein Vorhang aus Bärenfell –, war so niedrig, daß sie nur in hockender Stellung hindurchkriechen konnten. Seit bald einem halben Jahr, seitdem sie die »Fram« verlassen hatten, waren sie nie mehr in einem windgeschützten Raum gewesen, in dem sie die Beine hätten ausstrecken können. Als sie Ende September einzogen, tagträumten sie vom Winterschlaf und dem Erwachen im nächsten Frühling.

Bald würde das Licht verschwinden, die Eisbären, die Walrosse. Die Jagd ging also fieberhaft weiter. Angeschossene Eisbären trampelten ihre Wut auf das Eis, Walrosse griffen Bären an und die beiden Jäger alles Lebendige. Der Winter würde kalt und lang werden.

Am 15. Oktober sahen sie die Sonne über den Bergen im Süden ein letztes Mal. Die Polarnacht hatte begonnen. Das Vorratslager gab Vertrauen, ein Kamin war installiert, die geistige Arbeit konnte beginnen. Bald aber wurde der Alltag in der Hütte zum winterschlafähnlichen Dahindämmern. Nach dem Schlafen kochten sie das Frühstück, dann schliefen sie wieder. Oft war es zu kalt und zu windig für einen Spaziergang draußen, und nach der Abendmahlzeit mit Fett und Speck wurde wieder geschlafen.

Im Inneren der Winterhütte

Die schmierigen Felle unter ihnen begannen zu verfaulen, die Kleider tränkten sich mit Öl und Ruß, die Hüttenwände waren von Eiskristallen überzogen. In der Mitte der Hütte blieb die Temperatur um den Gefrierpunkt, und die Tranlampe gab gerade so viel Licht, daß sie aus Eisbärfellen einen neuen Schlafsack nähen konnten. Um Weihnachten war er fertig.

Zum Schreiben, Lesen und Denken fehlte die Energie. Zu düster der Raum, das Gehirn träge, und draußen immerzu diese bleischwere Dunkelheit. Auch bei Mond- oder Nordlicht blieb diese Welt beängstigend still, toter Raum auf einem erloschenen Stern. Nansen und Johansen lebten allein in dieser leblosen Welt, jeder der Mittelpunkt des Alls, in sich selbst eingeschlossen.

Ein halbes Jahr lang lagen Nansen und Johansen in ihrer Höhle, Erinnerungen an die Menschen daheim zurückrufend, auf das Licht und den Sommer wartend, alle Entbehrungen, die Hilflosigkeit, die Gegenwart vergessend. Ja, das Nordlicht war wunderbar, und ab und zu mußte das Lager gereinigt werden. Aber sonst fehlte es an allem. Als ein violetter Schimmer die Bergformen im Osten zu einer geisterhaften Silhouette formte, mußten sie Tran sparen, im Dunkeln schlafen, durften nur noch einmal am Tag kochen.

Im Mai wurden die Gewehre gereinigt und geölt – 100 Kugeln sowie 110 Schrotpatronen waren übrig –, die Reise nach Süden ging weiter. Die Segel einmal auf die Schlitten, dann wieder auf die Boote gesetzt, trieb der östliche Wind die Heimfahrer die Inseln entlang. Oft lagen sie wochenlang im Sturm still, dann segelten sie ganze Nächte lang durch – immer über Eis und Schnee und Wasser, nicht ein einziger Fels im Blickfeld, auf der Flucht vor einer Schneelandschaft, die seit drei Jahren ihre Welt war.

Nansen holt die Boote zurück

Das Eis zwischen der zerrissenen Inselwelt von Franz-Joseph-Land und Spitzbergen war im Frühling dünn und das offene Meer im Sommer unruhig – für Nansen und Johansen gab es keinen anderen Heimweg. Einmal trieben die Boote davon, und Nansen sprang halbnackt ins eiskalte Wasser, um sie zurückzuholen; einmal kämpften sie mit wütenden Walrossen, die Nansens Kajak leckgeschlagen hatten. Sie retteten ihre Habe, verteidigten ihr Leben, immerzu angetrieben von der Hoffnung, zu den anderen Menschen zurückzufinden.

Am 17. Juni 1896 hörte Nansen Laute, die dem Bellen eines Hundes ähnlicher klangen als dem Ruf der Möwen. Johansen blieb beim Lager, während Nansen den fremden Stimmen folgte, bis er mitten in der Eiswüste einen Hund und einen Menschen sah.

Nansen, schwarz von Tranrauch und Ruß, in schmierige Lumpen gehüllt, die Haare ungekämmt und zottig der Bart, eilte, so schnell die Schneeschuhe ihn trugen, zu ihnen hin. Rundherum nur Eis und Gletscher und Nebel. Ein Nebeldach, das die Welt rundherum ausschloß. Darüber ein Schimmer von Licht, weiter unten das Packeis, holprig und dünn, hinter allem eine Ahnung von Land.

Mehrmals sah der Fremde, der sich dann als Mr. Jackson vorstellen sollte, Nansen ins Gesicht, ehe er fragte: »Sie sind nicht Nansen?«

»Doch, der bin ich.«

Wenig später brachten die Engländer Johansen zum Cape Flora, und am 26. Juli kam das Schiff, das die beiden heimbringen sollte.

Nansen vergaß, wieder daheim, die Qualen und langen Mondnächte im hohen Norden rasch, aber der Schwur, nie aufs Eis zurückzukehren, kippte in der zivilisierten Welt mit den Dankestränen in den unerfüllten Traum von einer anderen Welt – wie Eisschollen im Wasser plötzlich kippen, wenn sie aus ihrem fragilen Gleichgewicht gestoßen werden.

Die Engländer holen Johansen

»Die Natur, stark und wild, ist wie eine alte, in Schnee und Eis gemeißelte Sage, die manchmal in so feiner und zarter Stimmung ist wie ein Gedicht. Aber die Natur ist auch wie kalter Stahl, in dem sich das Spiel der Farben im Licht der Sonne spiegelt.«
FRIDTJOF NANSEN

Nordpol »by fair means«

Unsupported übers arktische Packeis

Den »dritten Pol« hat Günter Oskar Dyhrenfurth die Achttausender des Himalajas genannt. Nachdem Süd- und Nordpol »erobert« waren, bemühten sich drei Bergsteigergenerationen, die 14 Achttausender zu »stürmen«. Reinhold Messner hat sie alle bestiegen. Einige zweimal. Er hat die Antarktis über den Südpol zu Fuß durchquert. Nun plant er zu seinem 50. Geburtstag »by fair means« zum Nordpol und zurück zu kommen. Sein dritter Pol als Höhepunkt eines Abenteuerlebens. Gleichzeitig eine Hommage an die großen Pioniere der Arktis.

Route:
Im Flugzeug und Hubschrauber zum
Startpunkt: Inselgruppe östlich vom Franz-Joseph-Land (Sibirien)
Zielpunkt: Cape Columbia in Kanada
Heimreise: Charterflug über Resolute Bay
Laufstrecke: ca. 2000 km, dazu 600 km Drift (siehe Nansen-Drift 1893–1896)

Zeitplan:
Anfang März 1995 bis Juni 1995 (3–4 Monate auf dem Eis)

Team:
Die Brüder Hubert (Arzt) und Reinhold Messner (Eiswanderer, Bergsteiger)

Hubert und Reinhold Messner

Rechte Seite: In der Arktis hat sich wenig geändert in den vergangenen Jahrhunderten

Taktik:
Die Messner-Brüder wollen den Nordpol erreichen, ohne auf dem Marsch dorthin sowie auf dem Weiterweg nach Kanada aus der Luft versorgt zu werden. Wenn das Eis im Mai aufbricht, wollen sie 100 Jahre nach der »Fram«-Drift teils laufen, teils sich mit der Eisdrift Richtung Kanada treiben lassen. Zwischen Nordpol und Grönland/Kanada werden sie also zeitweise auf Eisbergen driften.

Problematik:
Aufgrund der Länge, der Kälte und der Eisbeschaffenheit dürfte diese Reise zur Zeit schwieriger sein als alle anderen »Herausforderungen« dieser Art auf der Erde. Das arktische Packeis ist dünn, seine Drift unberechenbar. Günstige Winde sind selten. Beim Driften auf den Eisbergen ergibt sich ein Ernährungsproblem, weil niemand Proviant für vier Monate mitschleppen kann.
Erst im Mai 1990 ist es zwei jungen Norwegern gelungen, erstmals den Nordpol ohne Fremdhilfe zu erreichen. Vom Pol wurden sie ausgeflogen.
Nachdem nachgewiesen scheint, daß Peary 1909 nicht am Nordpol war, bleibt der »erste Pol« – unsupported, hin und zurück »by fair means« – der denkbar schwierigste Grenzgang, der noch zu machen ist.

Eisbären haben keine natürlichen Feinde.
Sie streunen auf Futtersuche weit aufs Packeis
hinaus und können die Arktis auch überqueren. Nur wenn sie hungrig sind, greifen sie
Menschen an. Heute sind sie geschützt.

»Ein Eisbär läuft gerade auf uns zu.«
HUBERT MESSNER

Die Anreise meiner Nordpolexpedition führte uns mit russischen Jets von St. Petersburg über das eisstarre Chatanga zu einer einsamen Wetterstation auf der Insel Sredney in Severnaja Semlja. Dort packten wir die Schlitten und wurden mit einem Hubschrauber an der Küste abgesetzt.

»Denn die Dummheit war es, die den Nordpol erreicht hatte, und sieghaft flatterte Ihr Banner als Zeichen, daß ihr die Welt gehört. Die Eisfelder des Geistes aber begannen zu wachsen und rückten immer weiter und dehnten sich, bis sie die ganze Erde bedeckten. Wir starben, die wir dachten.«
KARL KRAUS
»Die Entdeckung des Nordpols«

Es war Anfang März und so kalt (−45 °C), daß die
Schlitten nicht rutschten. Zudem war das Gelände
schwierig. Eisbarrieren versperrten den Weg, überall
Löcher, viele Wasserrinnen. Nur zu zweit mit einem
Schlitten (150 Kilogramm) kamen wir weiter.

»7. 3. 95 – 81°23'12" N/96°10'85" E. Das Packeis am Start ist unheimlich: Aufwürfe, Spalten, kalter Schnee. Wir ziehen den Schlitten
meist zu zweit, ein Weiterkommen ist ansonsten unmöglich.«
HUBERT MESSNER

Die mörderische Anstrengung und die langen kalten Nachtstunden machen anfangs den Marsch zum Pol so schwierig. Die Kleider sind immerzu feucht oder eisstarr, das Tageslicht währt nur ein paar Stunden. Unser Vorankommen ist schneckengleich langsam und eine Qual.

Folgende Doppelseite: Auf dünnem Eis, vor einer riesigen Eisbarriere, lagerten wir zum zweiten Mal. Der Nordsturm ließ das Eis tanzen, und unsere Welt (100 mal 50 Kilometer) barst. Ende der Expedition.

»Unsere Körperausdünstung während des Marsches zog in die Frieskleidungsstücke ein und machte sie schon in den ersten Tagen ganz steif. Mit der Zeit gefroren sie immer mehr, und bei der anhaltenden strengen Kälte, die sogar das Quecksilber fest werden ließ, wurden sie schließlich zu vollständigen Eispanzern.«
FREDERIC HJALMAR JOHANSEN

Unsere eine Nacht in den Eispressungen war
schlimmer als beschreibbar. Die Hände
erfroren, einen Schlitten verloren, bis in die
Seele erschrocken, gaben wir auf.

»9. 3. 95 – 81°25'81" N/
96°22'30" E (–46 °C). Urplötzlich baut
sich vor unserem Zelt ein riesiger Eis-
wulst auf. Einem dumpfen Knall folgt
eigenartiges Geächze. Wir sind einge-
kesselt, alles dreht sich im Uhrzeigersinn, nein, gegen den Uhrzeigersinn.«
Hubert Messner

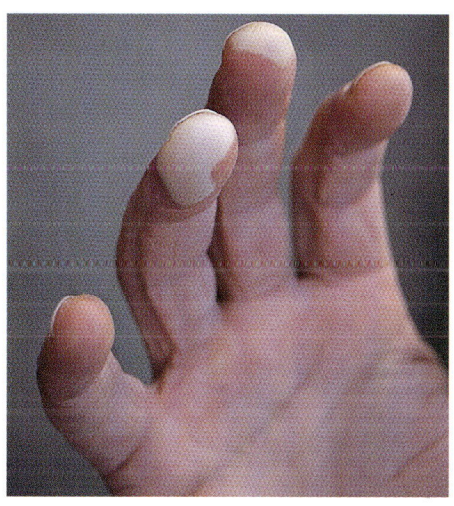

»Ich klammere mich an einen Eisblock.
›Heraus‹, schreit Reinhold.«
Hubert Messner

Im April 1995 reisten wir bis zum Pol, um das Eis, unsere Ausrüstung und unsere Psyche zu testen. 100 Kilometer weit liefen wir zwischen Eisbarrieren und Wasserrinnen, bis wir unser »Nie zurück« wieder rückgängig machten und den zweiten Anlauf für »meinen dritten Pol« planten.

»Der ganze Horizont wurde abgesucht nach irgendeinem Merkmal der Annäherung an den Pol; doch wir gewahrten nichts Ungewöhnliches. Die gleichen endlosen Flächen treibenden See-Eises . . . schwammen rings um uns.«
FREDERICK ALBERT COOK

In der Eisfalle

Einmal noch wollte ich alles wagen, nur einmal noch. Weil ich für die heimatliche Scholle zu jung war, weil auf der anderen Seite des Eismeeres Berge aufragten, weil der dritte Pol immer der andere ist, der nicht erreichte, lockte die Eisscholle. Diese Sehnsucht! Ich litt an der kranken Seele das Romantikers, eingeklemmt zwischen Fernweh und Nie-zurück-Gefühl.

Nein, da war kein Wunsch, eine allerletzte Weltregion zu erobern oder im Wettlauf mit anderen Rekorde aufzustellen. An nationaler Gefallsucht hatte ich nie gelitten, und jedes Opferspiel war mir suspekt. Das Lebensgefühl aber, monatelang dem Treibeis entgegenzugehen, der Kälte zu trotzen und die Eisbären auszutricksen, konnte nur zu einem intensiven, bedeutenden Leben gehören. Der Nordpol selbst war dabei vollkommen gleichgültig, nichts als Orientierungshilfe, als Phantom, das nur in der Vorstellung der Menschen existierte.

> »Denn an dem Nordpol war nichts weiter wertvoll, als daß er nicht erreicht wurde. Einmal erreicht, ist er eine Stange, an der eine Fahne flattert, also etwas, das ärmer ist als das Nichts, eine Krücke der Erfüllung und eine Schranke der Vorstellung. Die Bescheidenheit des menschlichen Geistes ist unersättlich.«
> KARL KRAUS
> »Die Entdeckung des Nordpols«

Die Arktis ist unser Klimamacher

Daß ich ausgerechnet auf dem Packeis nach einem konsistenten Selbst suchte – mein weiteres Schicksal dem Wind und der Eisdrift aussetzend –, mögen Psychologen als Minderwertigkeitsgefühl oder Größenwahn deuten, ein Wahn war es in jedem Fall. Weil ich mich immer schon mehr für die Eisdrift, die Wolkenformationen und die Flugsandwüsten interessiert hatte als für die Schrebergartenbewegung, kreisten meine Tagträume daheim häufig in unberührten Lufträumen. Spätestens aber wenn ich wieder unterwegs war, merkte ich, daß ich nicht fliegen konnte.

Also bereitete ich mich gewissenhaft auf den Marsch vor, der der schwierigste meines Lebens werden sollte: Von Anfang März 1995 bis Mitte Juni 1995 wollten wir den Versuch unternehmen, erstmals den Nordpol zu erreichen, ohne auf dem Marsch dorthin sowie auf dem Weiterweg nach Kanada aus der Luft versorgt zu werden. Die 2000 Kilometer lange Laufstrecke von Cape Arctichesky in Sibirien über den Nordpol nach Cape Columbia in Kanada ist ausschließlich arktisches Packeis, ein dünner Eispanzer auf dem Ozean. Er driftet, reißt auseinander und wirft riesige Brüche auf.

Linke Seite: Mit Wodka und einem Picknick feierten wir am Nordpol wie alle Touristen

161

Die Kälte ist »feucht«, Eisbären sind gefährlich, die Drift ist unberechenbar. 100 Jahre nach Nansen mit seiner »Fram«-Drift wollten wir ohne Schiff, ohne Versorgung aus der Luft, ohne Hunde oder Motorschlitten über die Arktis.

Hubert und ich trainierten nicht nur, wir lasen die Texte der Wissenschaftler und versetzten uns im Geiste so oft wie möglich ins Polarmeer. War der »arktische Dunst«, jene wachsende Smogschicht über dem nördlichen Polarmeer, bestehend aus Stickoxiden, Spurengasen und kleinen Rußteilchen, die aus den Industriegebieten in die Arktis getrieben werden, ein Nachteil für uns? Es kam so weniger Sonnenwärme bis zu uns durch, aber auch weniger UV-Strahlen, die wegen der geschädigten Ozonschicht über dem Polarmeer zu einer Gefahr für alles Leben dort geworden ist.

Und die Eisschicht auf dem Wasser? Wurde sie dicker oder dünner? Beim vorübergehenden Abschmelzen der Packeisdecke gelänge zuviel Süßwasser ins Meer, das – salzarm und leichter – an der Oberfläche bliebe, statt wie das kalte Salzwasser an den Meeresboden zu sinken, wo es in Tiefenströmungen Richtung Äquator fließt, um als warmes Oberflächenwasser mit dem Golfstrom in die Grönlandsee zurückzufließen. Würde dieses Phänomen gebremst, wären neue Vereisungen die Folge, die Luft über Europa kühlte ab.

Sollte also der Treibhauseffekt am Ende nicht mehr Wärme, sondern größere Kälte bedeuten? Sicher, wenn der Golfstrom als Zentralheizung Europas, der zehnmal soviel Wasser führt als alle Flüsse der Erde zusammen, aussetzte, könnte das den Anfang der nächsten Eiszeit bedeuten.

Aber die Meeresströmungen beeinflussen auch die Eisdrift in Richtung und Geschwindigkeit, die Niederschläge, unser Vorankommen. Die Niederschläge hatten im äußersten Norden der Erde in den vergangenen Jahren stark zugenommen, auch die Stürme. Leider sah ich keine Chance mehr, eine stabilere Periode für meine Expedition abzuwarten. Dafür war ich zu alt.

Jetzt, mit 50, war ich gern allein und nicht mehr so auf Erfolg aus wie mit 25. Auch ertrug ich Entbehrungen leichter als früher. Ich hatte ja alles. Das war ein guter Zustand, aber ich kam mir oft dämlich vor, wenn ich trainierte, und ungelenk und kurzatmig. Das große Problem war, daß ich immer weitermachen mußte. Nach jedem gelungenen Grenzgang wurde ein neuer denkbar und möglich, auch wenn er vorher unmöglich erschienen war. Leute, denen es nur um meßbare Rekorde geht, verstehen das nicht. Sie wollen nur schneller sein oder weiter kommen als andere. Dem Grenzgänger geht es um die Lösung eines Problems, das noch keiner gelöst hat.

Weil sich aber für solcherart Herausforderungen nur wenige Menschen interessieren – Kälte, Gefahr, Ausgesetztsein lassen beim bloßen Gedankenspiel schon schaudern –, haben wir Grenzgänger andere Sorgen als Wettkampfsportler und Rekordhalter, die mit Preisgeldern entlohnt werden. Wir betreiben ein kostspieliges Außenseitertum und liegen auf der Popularitätsskala der Natursportarten auf dem letzten Platz. Das Interesse des breiten Publikums an Süd-, Nord- und Kältepol tendiert gegen null. Trotzdem gelingt es immer wieder, Expeditionen zu finanzieren. Weil Idee und Antrieb von innen kommen und auf Dauer nur starke, zielbewußte Persönlichkeiten »überleben«. Am 2. März fliegen wir von München nach St. Petersburg, von wo aus es am übernächsten Tag per Charterflug zur Ausgangsbasis nach Sredney ins nördlichste Sibirien weitergehen soll. Wegen eines unfreiwilligen Zwischenstopps in Chatanga kommen wir erst am 5. März am Ausgangspunkt unserer Expedition an.

Am 5. und 6. März packen wir unsere Ausrüstung in zwei Schlitten. Wir haben es eilig, denn die Eiskonstellation sieht äußerst günstig aus. Schon am nächsten Tag werden wir per Hubschrauber zusammen mit dem Trentiner Fotografen Romano Magrone und dem Kameramann Martino Poda zum Ausgangspunkt geflogen. Die beiden sollen den Start im Bild festhalten und nach einer Stunde mit dem Hubschrauber wieder zurückfliegen.

Eine Woche lang also dauerte die Anreise, zuerst im Flugzeug, dann im Hubschrauber bis zur nördlichsten Spitze der Inselgruppe von Severnaja Semlja. Dort zerrten wir unsere gepackten Schlitten aus dem Hubschrauber, spannten uns an und zogen. Wir zogen wie Tiere und kamen trotzdem nur schneckengleich voran.

Der Schnee auf den ineinandergeschobenen Eisbarrieren ist trocken. Unsere Bärte sind vereist, die Wimpern zu einer frostigen Kruste gefroren. Ein Eisbär hat Witterung aufgenommen und versucht, aus der Deckung hinter höheren Eisbarrieren anzugreifen. Immer wieder. Wir können ihn mit Warnschüssen und Leuchtraketen in Schach halten, aber nicht vertreiben. Der Hubschrauber steigt auf und jagt das hungrige Tier vor sich her nach Süden.

Jetzt sind Hubert und ich allein. Jeder mit einem 150 Kilogramm schweren Schlitten und der Angst vor den Eisbären, der Kälte, der Anstrengung. Wie schnell diese Tiere sind, wenn sie Hunger haben! Und wie hemmungslos. Sie kennen keine Feinde. Acht Warnschüsse mußten wir abgeben, damit der Bär uns in Ruhe ließ. Vor Eisbären hatten mein Bruder Hubert und ich am meisten Angst, dann vor offenem Wasser. Wir ahnten noch nicht, daß das blanke Eis viel gefährlicher ist.

Es ist der 7. März 1995. In Nordsibirien hat es 45 Grad unter Null. Wir gehen auf dünnem Eis, die Feuchtigkeit kommt dazu. Viel schlimmer ist der Wind, und das schlimmste ist der Wind im Gesicht. Gegenwind jetzt: 8 Meter pro Sekunde. Die Kälte kann ein Mensch gut aushalten, wenn er sich bewegt. Aber der eisige Nordwind ist brutal.

Wir sind warm angezogen und schwitzen unter der Last des Schlittens. Der Wind ist nichts gegen diese Last und die Mühe, sie über die Rücken der Eisbarrieren zu schleppen. Jeder Schritt eine Qual, jeder Atemzug ein Gefrierschock.

Solange der Schnee feucht und nur die Luft kalt ist, laufen die Schlitten gut. Sobald aber die Temperatur unter −30 °C sinkt, beginnen sie im Schnee zu kleben und gleiten schwerer und schwerer, je stärker es friert. Die Kälte macht den Schnee so trocken und pulverartig, daß man über Sand zu fahren glaubt. Am schlimmsten sind dabei die frischen Windgangeln.

Natürlich wußten wir, daß Eis am besten auf Schnee gleitet. Das beste wäre es also, wenn wir eine Eislage unter die Kufen bringen könnten. Aber wie? Das Eis hielt nicht auf der Lauffläche, und einen Teig aus Torf und Wasser, wie ihn die Eskimos zwischen die Kufen und eine dünne Eisschicht zu legen pflegten, gab es hier nicht.

Hinter den ersten Barrieren ist das Eis dünn. Wenige Wochen vorher war das Eismeer noch offen gewesen, erst jetzt fror es zu. Ab und zu ist das Eis glatt, perfekt, wie eine Eislaufpiste. In wenigen Stunden legen wir knapp zehn Kilometer zurück. Aber es ist ein starker Nordwind aufgekommen, der sich am Abend fast schon zum Sturm auswächst. Wir müssen nicht nur gegen den Wind angehen, die Eismassen beginnen sich zunehmend übereinanderzuschieben. Dort, wo wir sind, bricht das Eis immer mehr auf. Man kann sich das kaum vorstellen, es ist wie ein fortwährendes Erdbeben. Die

Eisbärin mit Jungen

Im trostlosen Packeis

Lager am Rande des Polarmeeres

Wo weiter?

Eismassen schieben gegeneinander, und es türmen sich mehrere Meter hohe Eiswände.

Wir kamen sehr langsam vorwärts. Oder war auch das nur eine Täuschung, weil im Zwielicht alles so groß wirkte? In Nebelfeldern erschienen meterhohe Eisbarrieren wie Gebirgsketten, der Wasserdampf am Horizont wie eine Schlechtwetterfront.

Beim Gehen hörten wir nur unseren eigenen Atem und das Knirschen von Ski und Schlitten auf trockenem Schnee. Das Brechen des Eispanzers unter der Wucht der Gezeiten und der Kraft des Windes hörten wir nur beim Rasten. Es waren Geräusche wie in einer Metallfabrik: regelmäßige Hammerschläge; Sägen, die ruckartig arbeiteten; Quietschen.

Immer öfter mußten wir jetzt über offene Wasserstellen, und immer über ganz dünnes Eis. Wir schaukelten auf dem in Wellen sich hebenden und senkenden Eis. Keiner sprach ein Wort während der gefährlichen Übergänge, jeder hielt den Atem an. Unser schneckenhaftes Vorwärtskommen empfanden wir als jahrelange Angst.

Warum manövrierten wir uns immer wieder aus dem seßhaften Leben in ein Nomadendasein? Weil wir die Chaoswelt suchten? Nein, weil die Dummheit in der geordneten Welt wuchs.

Am Abend lagerten wir auf einer letzten flachen Stelle vor einer Serie von Eisaufwürfen. Nur beim Schneeschmelzen und Kochen hörten wir weniger von den Geräuschen der Eispressungen draußen. An Schlafen war nicht zu denken. Dieses Singen, Krachen, Hämmern im Eis! Wir hörten, wie der Ozean gegen die Eisplatte schlug, auf der unser Zelt stand, und immerzu Wind. Dazu diese Angst vor den Eisbären. Wir hatten ein dünnes Seil mit Ski und Skistöcken um das Zelt gehängt wie einen Zaun und Glöckchen daran befestigt, um rechtzeitig gewarnt zu sein.

Jetzt, in der Nacht, schlaflos, die Ahnung, daß wir Fehler gemacht haben. Wir wollten von Sibirien nach Kanada gehen. Mit 300 Kilo auf zwei Schlitten. Von der Alten in die Neue Welt. Aber wir haben den Gegenwind unterschätzt und die Eispressungen und die Kälte. Wenn der Sturm riesige Platten zu Bergen türmte und endlose weiße Trümmerlandschaften produzierte, war das der falsche Moment, eine Reise anzufangen. Wir waren jetzt am falschen Ort, und ich mußte erkennen: Die Gefahren der Arktis sind ungleich größer als jene in der Antarktis oder in den Bergen.

Trotz allem marschierten wir am Morgen weiter. Als ob Ängste nur während der Nacht vernünftig machten. Irgendwo glaubten wir, über den berstenden Eisgürtel auf festeres Packeis zu kommen, wie es im zentralen Teil des arktischen Ozeans vorherrscht.

Dieser zweite Tag auf dem Treibeis war viel schlimmer als der erste. Der Nordsturm blies ohne Unterlaß, das Eis brach allerorts, und die Eisbarrieren standen wie Phalangen hintereinander. Dazwischen häufig Wasserrinnen. Aber auch unsere Erfahrung wuchs. Langsam zwar, aber wir kamen voran. Sicher, wir liefen gegen die Drift, und unsere Mühen schienen deshalb umsonst, aber stehenbleiben hätte Terrainverlust bedeutet.

8. März, 21.10 Uhr. Unser Zelt steht im Windschatten eines Eiswalls. Alles ruhig. Ein fast tödlicher Irrtum. Mit einem Knall reißt das Eis unter unserem Zelt. Ich bin schon halb im Schlafsack, Hubert zerrt den Zelteingang auf, schaut hinaus und schreit: »Nichts wie weg hier!«

»Was ist los?«

»Reinhold, weg, weg hier!«

Allein seine Stimme und seine Bewegungen verraten, daß wir in Lebensgefahr sind.

»Ziehen wir uns wenigstens die Schuhe an«, brülle ich. Aber die Schuhe sind bei –26 °C im Zelt so steif gefroren, daß wir nicht hineinkommen. Wir bräuchten eine viertel oder halbe Stunde, um sie über dem Benzinkocher aufzuwärmen.

»Wir können nicht warten«, schreit Hubert. Im Zelt klebt überall Schnee. Der Raum ist dunkel und eng. Hubert drängt: »Wir müssen weg.«

Also ziehen wir uns die wasserdichten Hosen über die Beine, streifen Jacken, Mützen mit Nasenschutz, Handschuhe über und kriechen in den Daunenschuhen, die wir normalerweise nur im Zelt anziehen, ins Freie.

Ganz schwaches Mondlicht. Und in diesem Halbdunkel wächst aus riesenhaften, ziegelförmigen Eistrümmern eine Wand unmittelbar vor uns in den Himmel. Es kracht, zischt und sägt wie in einer riesigen Fabrik. Wir können kaum das eigene Wort hören. Wir ertappen uns, wie wir laut zu schreien beginnen. Miteinander und jeder zu sich selbst:

»Ruhe bewahren.«

»Langsam.«

»Ruhe bewahren!«

Klare Befehle! Klare Angaben! Nicht in Panik geraten!

Wir sind von drei Seiten von Eiswänden umzingelt – Eispressungen, die entstehen, wenn der starke Nordwind das Eis gegen die Landmasse hinter uns drückt. Die aufgetürmten Eistrümmer in unserem Rücken, die am Abend, als wir das Zelt aufbauten, ruhig gestanden hatten, beginnen jetzt wie ein gigantisches, alles verschlingendes, unaufhaltsames Ungeheuer gegen unser Zelt zu schieben. Auf der rechten Seite wächst aus einer Wasserrinne Eis empor. In Minuten türmen sich die drei bis fünf Meter hohen Eiswände auf. Vor uns fallen Trümmer bereits in Richtung Zelt. Die Eiswände drohen uns zu zermalmen.

Wir wissen instinktiv, was das richtige ist. Wir packen das Zelt, ohne es abzubauen, wie einen Sack, mit allem, was drin ist – die Winchester gegen die Eisbären, Kocher, Navigationsgeräte, Schlafsäcke, Nahrungsmittel –, jeder an einer Ecke und gehen. Am Boden schleifen wir es hinter uns her auf eine feste Eisfläche zu. Etwa 20 Meter von der Eistrümmerwelt entfernt stellen wir es wieder auf.

Dann laufen wir zurück, um die Schlitten zu bergen. Wir nehmen den ersten, einer links, einer rechts, und zerren ihn auf unseren Daunenschuhen weg. Ohne Halt rutschen wir auf dem dünnen Schnee über die Eisglasur, fallen hin, stehen auf, hetzen weiter.

Als wir zurückkommen, um den zweiten Schlitten zu bergen, ist dieser von den Eistrümmern zermalmt wie zwischen Zahnrädern. Keine Chance, ihn rauszuziehen. Wir geben ihn verloren. Und mit ihm die Hälfte der Nahrungsmittel, lebenswichtige Ausrüstung. Aber was ist schon ein Schlitten gegen das Leben?

Wir sind also jämmerlich gescheitert. Nach lächerlichen 30 von 2000 Kilometern. Zwei Jahre Vorbereitung verschüttet, zertrümmert im Eis. Aller Mut erfroren.

Wir sind auf einer Eisplatte, die anfängt zu kreisen. Es gilt, uns und die Ausrüstung in Sicherheit zu bringen. Es ist Nacht, und wir versuchen in aller Eile, einen Lagerplatz 30, 40 Meter weiter zu finden. Weiter kannst du nicht gehen, denn sonst findest du die übrigen Sachen nie mehr.

»Nichts wie weg.«
HUBERT MESSNER

Mitten im Chaos des Eismeers

»Für Angst war keine Zeit. Ich war kühl und berechnend. Die Angst kommt erst später.«
HUBERT MESSNER

Gescheitert

165

Immer weiter verschieben wir den Lagerplatz. Vorsichtig setzen wir die Füße voreinander, denn es gibt Löcher und Vertiefungen, die wir in der Nacht nicht sehen können. Wir rutschen, fallen auf die Knie, stehen wieder auf. Weiter! Plötzlich merken wir, daß uns der Fluchtweg versperrt ist – offenes Wasser, zwei bis drei Meter breit. Eisbrocken schwimmen darin. Wir müssen drüber, sonst erdrücken uns die Eistürme oder Zelt und Schlitten sind weg. Wir finden ein paar Schollen und balancieren, Seil und Ski hinter uns herschleifend, über die Rinne. Plötzlich kippt die Scholle, auf der Hubert steht, unter ihm weg. Er verschwindet bis zu den Hüften im eisigen Wasser. Mit aufgerissenen Augen, schockiert, stehe ich am anderen Ufer und kann ihm nicht helfen. Ich sehe, wie er verzweifelt ins Nichts tritt. Sich an einen Eisblock klammert. Und ich merke, daß all sein Treten nichts nützt. Er kommt nicht heraus. Ich schreie seinen Namen. Flehe weiß Gott wen um Hilfe an. Es nützt nichts. Er tritt ins Leere, rutscht immer wieder mit den Händen ab. Bis er den Eisplattenrand erwischt, der griffig genug ist, daß er sich hochziehen kann.

Bei einer Lufttemperatur von −40 °C klebt das Wasser an der Kleidung. Der Eismantel macht dich schwer, es ist fast unmöglich, wieder aus dem Wasser zu kommen. Und ich stehe wenige Meter daneben und schaue zu, wie sich der andere im Wasser müdestrampelt. Hilflosigkeit. In diesem Moment auch Panik. Als ich das offene Wasser über einen Umweg überquere und auf die andere Seite komme, hat sich Hubert aus eigener Kraft aus dem Wasser gehangelt.

Spiegelungen oder Realität?

Glücklicherweise haben wir die richtige Kleidung an. Das Wasser ist nicht bis auf seine Haut durchgedrungen. Jetzt sind seine Hosen ein Eispanzer. Sofort ins Zelt! Hubert wärmt sich relativ schnell wieder auf.

Dann weiter. Unsere Lage ist immer noch zu gefährlich, um zu bleiben. Über Eisbarrieren, Wasserrinnen, immer noch durch die Nacht, fliehen wir weiter. Über die Stellen, an denen das Eis gebrochen ist, gibt es Übergänge. Denn das Eis wird nicht sofort zu Wasser, sondern zu einem dickflüssigen Brei, in dem meterhohe Eisblöcke schwimmen. Man kann also über die Blöcke balancieren, um wieder aufs sichere Packeis zu kommen. Als erstes schleifen wir immer das Zelt aus der Gefahrenzone. Danach holen wir den Schlitten, zuletzt Ski, Seil, Stöcke.

Am Morgen entscheiden wir uns, zur Ausgangsbasis zurückzukehren. Über das Satellitenortungssystem Argos senden wir »Emergency«. Ob die Nachricht auch wirklich ankommt?

Bis dahin hatten wir jeden Abend über das Argos-Gerät unsere Position und eine codierte Nachricht gesendet. Damit die Koordinaten auch sicher im Satellitenzentrum von Toulouse ankamen, blieb das Gerät mindestens vier Stunden eingeschaltet. Am Abend des 8. März hatten wir kaum eine Stunde Zeit, es eingeschaltet zu lassen. Und jetzt, nach dieser chaotischen Nacht? Funktionierte es noch? Wir hatten Angst, daß unser Notruf nicht aufgenommen würde. Aus der Datenübermittlung über Satelliten wird auch verständlich, warum alle Welt von einem Eisbärenangriff auf uns sprach. Am Tag zuvor waren wir wieder auf Eisbärspuren gestoßen. Am Abend sendeten wir codiert, daß Eisbären im Umkreis waren. In der Expeditionszentrale in Mailand reimte man sich, als plötzlich das Notsignal kam, zusammen, daß ein Eisbärenangriff uns gestoppt hätte.

Am 9. März marschierten wir geordnet zurück. Immer nach Süden. Wir hatten so viel Proviant und Brennstoff auf dem einen Schlitten, daß wir die Wetterstation Sredney aus eigener Kraft hätten erreichen können. Der Blick zurück auf das Eistrümmerfeld, in dem wir eine Nacht lang um unser Leben gelaufen waren, versöhnte uns mit dem Scheitern. Niemals sah die Erde trostloser aus.

Wir sind nicht gescheitert, weil Hubert ins Wasser gefallen ist. Was uns zum Umdrehen zwang, war der Verlust des zweiten Schlittens. Damit hatten wir die Hälfte der Nahrungsmittel, die gesamte medizinische Versorgung und die Hälfte des Kochbenzins verloren. Wir hätten vielleicht eineinhalb Monate weitergehen können, dann hätten wir weder Essen noch etwas zum Kochen gehabt. Spätestens dann wäre der Ruf nach dem Hubschrauber unvermeidbar geworden.

So gaben wir nach drei Tagen und 30 Kilometern auf und wollten »nie zurück« aufs Eis. 14 Stunden nach dem Notruf liften uns russische Rettungshubschrauber aus dem Eis. Wir hatten bereits das dritte Biwak eingerichtet.

Die Entdeckung, daß nicht alles möglich ist, war anfangs wie eine Befreiung, die Befreiung von einer selbst auferlegten Last. Nein, der Mensch muß nicht zum Nordpol, aber ganz ließ mich die Möglichkeit nicht los. Sicher, wir hätten mit der heutigen Technologie locker zum Nordpol kommen können. Mit Hubschrauberversorgung, kältesicherem Handy oder gar im Flugzeug. Aber genau das wollte ich nicht. Ich schraube mich technologisch in eine frühere Zeitspanne zurück und will es so auf altem Wege versuchen. So wie Nansen vor 100 Jahren.

Auf dem Heimflug boten uns russische Polarforscher an, einen Monat später mit ihnen in Polnähe zu fliegen, um Tests im Innersten der Arktis zu unternehmen. Deshalb ließen wir einen Teil der Ausrüstung in St. Petersburg und wollten drei Wochen später zu dieser Testexpedition starten. Wir wollten sehen, wie das Eis, die Gleitfähigkeit des Schlittens und der Wind in der Polzone sind, und von der Forschungsstation 120 Kilometer zum Nordpol und wieder zurück laufen. Die Fragestellung dabei: Wieviel Kilometer können wir an einem Tag zurücklegen? In den drei Tagen im März hat sich gezeigt, daß man unmöglich segeln kann. Waren am Pol gleiche Verhältnisse, könnten wir die Segel gleich daheim lassen.

Zurück in Meran faßte ich unser Scheitern in Stichworten zusammen, kündigte unsere Testreise zum Nordpol an und war mit den Tagträumen schon wieder im Polarmeer.

Im April 1995 wollten Hubert und ich in die Arktis zurückkehren und 120 Kilometer weit zu Fuß von einer Landepiste mitten im Eismeer zum Nordpol laufen, um weitere Recherchen zur Überquerungsidee für 1996 anzustellen. Erst dann würden wir entscheiden, ob wir 1996 zu einem neuen Versuch ansetzen.

»Die Entscheidung aufzugeben war der größte Frust meines Lebens. Nach drei Tagen auf dem Eis zwei Jahre Vorbereitung, Training dahin. Dieses Scheitern war schwer zu verkraften. Es hat mich Mut gekostet, am Tag nach der großen Gefahr einzusehen, daß wir aufgeben mußten.«
HUBERT MESSNER

Zurück auf dem Festland

Lager im Eismeer

Südpol

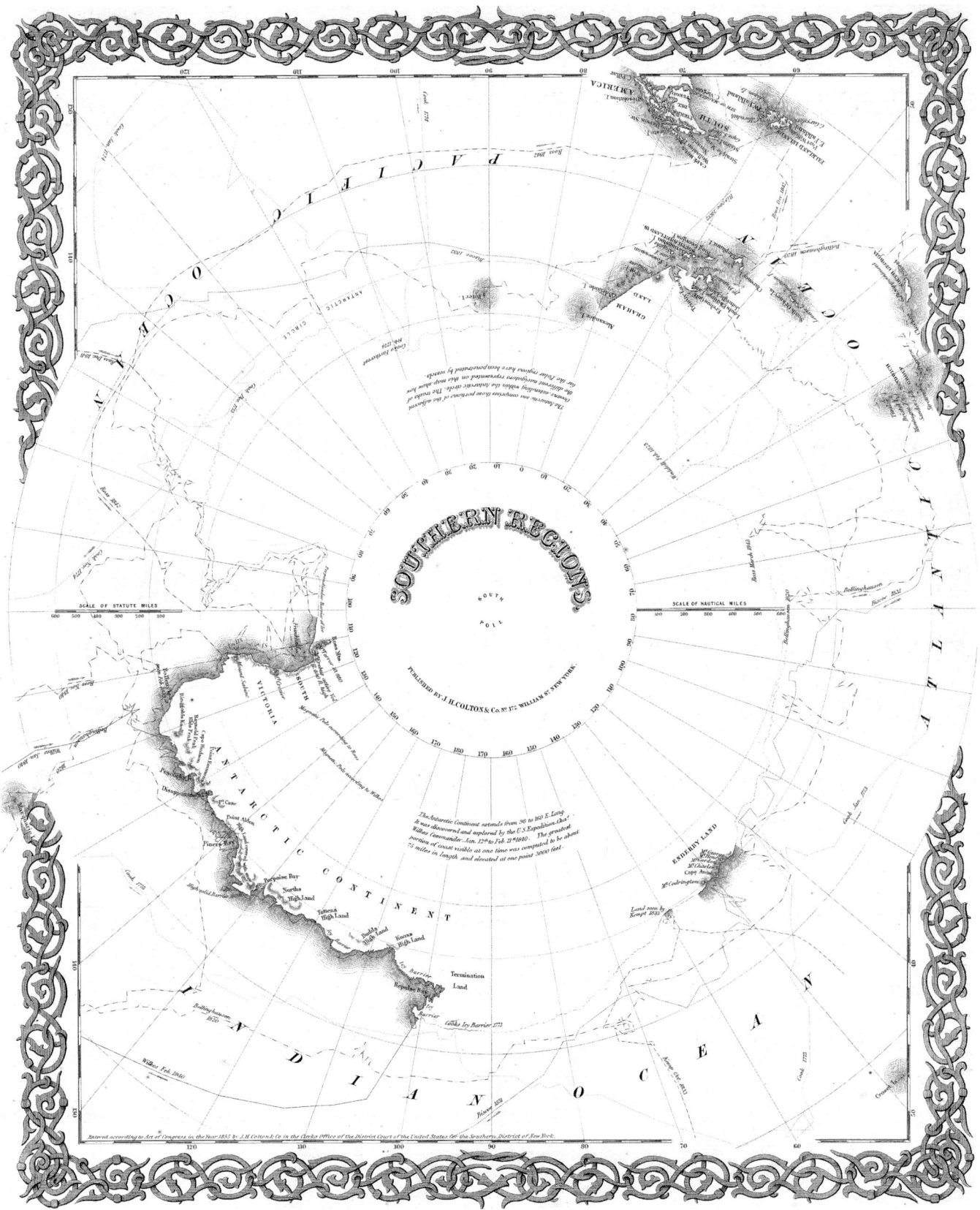

SOUTHERN REGIONS.

SOUTH POLE

PUBLISHED BY J. H. COLTON & Co. N.º 172 WILLIAM St. NEW YORK.

PACIFIC OCEAN

SOUTHERN OCEAN

INDIAN OCEAN

ANTARCTIC CONTINENT

ANTARCTIC CIRCLE

VICTORIA

GRAHAM LAND

ENDERBY LAND

SOUTH AMERICA

Termination Land

SCALE OF STATUTE MILES

SCALE OF NAUTICAL MILES

Der sechste Kontinent

Die Antarktis liegt der Arktis als Gegenpol, als »letzter Kontinent«, gegenüber. Sie ist 12,4 Millionen Quadratkilometer groß und von Abermillionen Schollen und Eisbergen umgeben. Dieser Packeisgürtel wird im Herbst bis zu 1000 Kilometer breit, ein Eisring, der im antarktischen Winter auf eine Fläche von rund 20 Millionen Quadratkilometern anwächst. Der Begriff Festland ist dann relativ, weil Schelfeis für den Polwanderer vom zähfließenden Inlandeis kaum zu unterscheiden ist.

Auf dem eigentlichen Land, Antarktika genannt, liegt die größte Eismasse der Erde, 86 Prozent unseres Süßwasservorrates. Der Panzer ist bis zu 4500 Meter hoch. Sein Gewicht: 27 Billiarden Tonnen. Diese Last hat den Kontinent in Jahrmillionen um 800 Meter gesenkt. Unter dem Druck des Eises ist die Erdkruste eingedrückt worden und zwischen Erde und Eis ein riesiger See entstanden.

Die Eiskappe, nur vom transantarktischen Gebirge geteilt, ist ein einziger, mächtiger Gletscher. 100 000 und mehr Jahre alt und auf kleinstem Raum zusammengepreßt sind die unteren Schichten. Das Eis ist in ständiger Bewegung. Es fließt mit einer Geschwindigkeit von bis zu 2,5 Kilometern pro Jahr zu den Küsten hin. Dort kracht es in wolkenkratzergroßen Stücken ins Meer, wenn das Schelfeis kalbt. Die Eisberge driften nach Norden und schmelzen. Blizzards toben mit Spitzengeschwindigkeiten von 200 Stundenkilometern über das Inlandeis. Kälterekord: – 89,2 °C. Der Winter in der Antarktis ist kälter als in der Arktis, der Sommer erheblich kälter. Die mittlere Jahrestemperatur liegt südlich des 60. Breitengrades unter dem Gefrierpunkt, am Südpol bei – 50 °C; daher der Begriff »Kältekammer der Erde«. Nur zwei Prozent der Antarktis sind frei von Eis.

Als der Seefahrer James Cook 1773 mit seinem Schiff das sagenumwobene Südland, die »Terra australis incognita«, sichtete, war er enttäuscht. Es sei »dort unten« kein »Benefiz« zu machen. In dem berühmt gewordenen Satz »Ich habe noch nie so viel Eis gesehen« sind seine Forschungsergebnisse zusammengefaßt.

Nachdem 1895 der erste Mensch Antarktika betreten hatte, begann die »heroische Phase« der Südpolerforschung. Mit Ponys, Huskies, später mit Motorschlitten, Kettenpanzern und Flugzeugen drangen die »Eroberer« in das größte bis dahin unberührte Biotop der Erde ein. Ein halbes Hundert Forschungsstationen geben inzwischen Aufschluß über Klima, Geologie und vor allem die reichen Bodenschätze der Antarktis.

Nur ein Doldenblütler, eine Nelken- und eine Grasart halten dem extremen Klima am Rande der Antarktis stand. An Felsen wuchern da und dort Moose und Flechten.

Auf dem Festland gibt es kein einziges Säugetier. Im Wasser gibt es große Fischbestände und Schwärme von Mini-Langusten, Krill genannt, die die Küstengewässer umfluten. Der Krill ist das Grundnahrungsmittel für die Blau- und Finnwale. Der berühmteste Bewohner der Antarktis, ihr Symboltier, ist der Pinguin. Millionen Exemplare brüten an den Küsten. Die fluguntauglichen Vögel leben zu Zehntausenden in ihren Kolonien. Seehunde sonnen sich in Gruppen auf dem Eis.

Eisformationen

Pinguin in der Antarktis

Linke Seite: Die Antarktis

Die Südpol-Geschichte in Stichworten

350 v. Chr.

Die Griechen »erfinden« die Antarktis, damit sie 2000 Jahre später entdeckt werden kann. Alles in der Welt, lehrt der griechische Philosoph Aristoteles (384–322 v. Chr.), habe anderswo seine Entsprechung. Da es im Norden der als Kugel gedachten Erde, unter dem Sternbild des Bären (griechisch »arktos«) gelegen, eine kalte Zone, die Arktis, gebe, müsse dieser eine ebenfalls kalte Zone auf der Südhalbkugel, die Antarktis, entsprechen.

100 n. Chr.

Claudius Ptolemäus (um 100–nach 160), der berühmteste Vertreter der antiken Geographie, fügt diesem Modell von Arktis und Antarktis zwei wesentliche Ergänzungen hinzu. In seinen Schriften behauptet er, die südlichen Breiten seien fruchtbar und reich bevölkert, von der Nordhalbkugel jedoch durch einen heißen Feuergürtel getrennt. Der Reiz, sich auf die Suche nach dem unbekannten Südland zu machen, liegt auf der Hand.

Das erste Eis im Süden

1500

Cabral und Amerigo Vespucci dringen an der Ostküste Südamerikas weiter nach Süden vor. Vespucci sichtet Südgeorgien.

1519

Magellan entdeckt die später nach ihm benannte Straße, die Durchfahrt zum Pazifik, und berichtet, er habe im Süden Berge mit vielen Feuern auf einem unbekannten Land gesichtet, das er Tierra del Fuego, Feuerland, nennt. War dies die Nordspitze der unentdeckten Terra australis?

Um die gleiche Zeit etwa kehrt der französische Seefahrer Paulmyer de Gonneville in den kleinen nordfranzösischen Hafen Honfleur zurück. Er berichtet wahre Wunderdinge von seiner vorhergegangenen Reise: Auf der Fahrt nach Amerika sei er von einem gewaltigen Sturm immer weiter nach Süden verschlagen worden. Schließlich habe er die Küste eines unbekannten Landes erreicht, er habe Eden gefunden. Für ihn war es die gesuchte Terra australis. Sechs Monate habe er sich dort aufgehalten, in einer Art Paradies, in dem die Menschen in Zufriedenheit lebten und nicht zu arbeiten brauchten.

»›Nützlich‹ ist nur ein Gesichtspunkt für die Nähe: Alle fernen Folgen sind nicht zu übersehen, und jede Handlung kann gleich nützlich und gleich schädlich taxiert werden.«
FRIEDRICH NIETZSCHE

1578

Die englische Königin Elizabeth I. schickt ihren Admiral Sir Francis Drake auf die Suche nach der Terra australis. Drake erreicht Feuerland, setzt Südkurs und stellt fest, daß südlich von Kap Hoorn Atlantik und Pazifik ineinander übergehen. Terra australis ist bis zum 56. Breitengrad nicht zu finden.

1642–1644

Tasman rundet das Bild des fünften Erdteils ab. Er entdeckt neue Abschnitte der Südküste, ferner Tasmanien, Neuseeland und unbekannte Teile der australischen Inseln. Mit dieser Reise auf der Suche nach dem Südland wird Australien eindeutig als selbständiger Kontinent erkannt.

1675

De la Roche entdeckt Südgeorgien zum zweiten Mal.

1739

Bouvet findet – durch widrige Winde verschlagen – auf der Suche nach dem Südland die Inseln, die seinen Namen tragen. Damit beginnt die eigentliche Antarktisforschung.

1769–1770

James Cook erforscht 1769 Neuseeland und 1770 Australien. Um die Weiten des Südatlantiks und -pazifiks systematisch zu erkunden, rüstet der Kapitän seine Schiffe »Resolution« (30 Meter lang) und »Adventure« für eine harte Reise aus.

1773–1775

In den drei antarktischen Sommern 1773, 1774 und 1775 kreist Cook, ein ausgezeichneter Navigator, den letzten unbekannten Kontinent der Erde ein. Er überquert als erster den südlichen Polarkreis und segelt an der Packeisgrenze entlang, findet aber keinen Durchschlupf und sichtet kein Land. Zwischen Eisbergen und in riesigen Treibeisfeldern erleben Kapitän und Mannschaft gefährliche Situationen. Cook verliert vier Mann.

1775

Cook meldet der Admiralität, daß es in den südlichen Meeren keinen Kontinent gebe. Sollte sich ein Eiskontinent um den Südpol erstrecken, sei das Land wegen des Eises unzugänglich und wertlos.

1819

Das englische Handelsschiff »Williams« wird bei der Umsegelung von Kap Hoorn weit nach Süden getrieben. Der Kapitän William Smith glaubt, Land gesichtet zu haben.

1820

Die englische Brigg »Andromache« fährt unter dem Kommando von Leutnant Bransfield mit Smith an Bord nach Süden. Sie sichten Land. Dennoch müssen sie sich den Ruhm, den sechsten Kontinent entdeckt zu haben, mit Captain N. B. Palmer (USA) und dem Baron von Bellingshausen (Rußland) teilen, die die antarktische Halbinsel um dieselbe Zeit vor ihre Fernrohre bekommen. Es bleibt strittig, wer nun als erster Mensch das Festland gesehen hat. Alle Beteiligten aber werden mit geographischen Bezeichnungen verewigt.
Der Traum vom fruchtbaren Südland ist zerstört. Das Land, mochte es zusammenhängend oder eine eisbedeckte Inselgruppe sein, ist unzugänglich, extrem kalt, le-

James Cook

Fabian von Bellingshausen

Nathaniel B. Palmer

bensfeindlich und unbewohnt. Ein Eiskontinent. Nur eine Gruppe interessiert sich für die Antarktis: die Wal- und Robbenjäger. Die Tierbestände auf der Nordhalbkugel sind dezimiert, neue »Betätigungsfelder« locken.

1824

Einer dieser Walfänger, James Weddell, ein ausgezeichneter Kommandeur, der seine Leute mit drei Gläsern Rum pro Tag bei Laune hält, durchbricht den Packeisgürtel und findet dahinter offenes Wasser. In einem der wärmsten antarktischen Sommer entdeckt er das heute nach ihm benannte Weddellmeer und erreicht als damals südlichsten Punkt der Erde 74°15' Süd.

1831–1832

Biscoe entdeckt 1831 Enderby Land auf dem Festland und 1832 die Adelaide-Insel vor Graham Land (Biscoe-Inseln). Er betritt als erster Mensch eine Insel auf dieser Breite der südlichen Erdhalbkugel.

1833

Östlich von Enderby Land sichtet Kemp, ein Walfänger der Firma Enderby, ebenfalls Land (Kemp Land).

1838–1842

Die erste amerikanische Antarktis-Expedition unter Charles Wilkes ist auf dem Weg nach Süden nicht besonders erfolgreich. Wilkes verliert vier seiner sechs Schiffe und sichtet das nach ihm benannte Wilkes Land.

Charles Wilkes

1839

Balleny entdeckt die nach ihm benannten Inseln und das Sabrina Land.

James Ross

1839–1843

Briten rüsten zwei Eisschiffe aus, »Erebus« und »Terror«, die mit doppelten Deck- und Rumpfwänden versehen und deren Außenplanken mit Kupfer beschlagen sind. Kommandant ist James Ross, ein erfahrener Arktiskapitän, dessen Onkel John 1831 den magnetischen Nordpol gefunden hat. Auf der Suche nach dem magnetischen Südpol, dessen ungefähre Lage der deutsche Mathematiker Gauß errechnet hat, navigiert Ross entlang der Packeisgrenze, findet einen Durchschlupf und segelt in eine riesige Bucht, das nach ihm benannte Rossmeer. Die Briten erreichen am Cape Adare das antarktische Festland und sichten den Vulkan Erebus.

Dann, beim Versuch, weiter nach Süden zu kommen, verstellt eine gigantische, über 50 Meter hohe Eiswand den Schiffen den Weg. Ross ist auf das größte Schelfeisfeld der Welt gestoßen, das heute Ross-Schelfeis heißt: eine Treibeisfläche, die so groß ist wie Frankreich und Belgien zusammengenommen. Sie liegt noch südlicher als das Weddellmeer.

1840

D'Urville gelangt vor Adelaide Land. Die »klassische« Zeit der Antarktisforschung ist zu Ende.

1895

Am 24. 1. betritt der Norweger Carsten Borchgrevink bei Cape Adare den Boden der Antarktis. Ob südamerikanische Indianer schon vorher dort gewesen sind, bleibt umstritten. Pfeilspitzen, die später auf der Halbinsel gefunden wurden, lassen darauf schließen.

Eine junge Forschergeneration macht Jagd auf die weißen Flecken der Erdkarte, sie duldet keine Terra incognita.

1898

Erstmals überwintert ein Schiff in der Antarktis, die »Belgica«. Der Kapitän, Adrien de Gerlache, Belgier, ist viel zu spät aufgebrochen, die Mannschaft schlecht ausgerüstet. Die »Belgica« wird vermutlich unfreiwillig im Packeis eingeschlossen (in der Bellingshausensee). Vom 2. 3. 1898 bis zum 14. 3. 1899 driftet das Schiff mit dem Packeis. Angst, Panik und Krankheiten breiten sich aus. Daß die Mannschaft den antarktischen Winter überlebt, verdankt sie zwei Teilnehmern: Cook und Amundsen. Der amerikanische Schiffsarzt Dr. Frederick Cook – er wird später gegen Robert Peary beanspruchen, als erster den Nordpol erreicht zu haben (1908) – schwört auf Frischnahrung. Der Norweger Roald Amundsen, Erster Bootsmann auf der »Belgica« und ein Schüler Fridtjof Nansens, ist mit seinen 26 Jahren schon ein reichlich erfahrener Abenteurer.

1899

Borchgrevink überwintert mit neun Mann in einer Hütte in der Antarktis; ein Experiment. Mit Hundeschlitten fährt er anschließend über das Ross-Schelfeis zum Murraygletscher. Zwei Finnen betreuen die Hunde, die erstmals in der Antarktis als Zugtiere eingesetzt werden. Mit Position 78°50' Süd erreichen sie den südlichsten Punkt, den je ein Mensch bis dahin betreten hat.

1901–1904

Am 31. 7. 1901 bricht Scott mit einem nagelneuen, eigens für diese Expedition konstruierten Schiff, der »Discovery«, auf, um das Landesinnere der Antarktis zu erkunden. Am 8. 1. 1902 erreicht die »Discovery« Cape Adare. Am McMurdo-Sund errichtet die Mannschaft ihr Winterlager. Scott führt einen Ballon mit, den er zur Luftaufklärung einsetzt. Am 4. 2. steigt er damit auf, um das Ross-Schelfeis zu inspizieren.

Nach der ersten Überwinterung startet Scott am 2. 11. 1902 einen ernsthaften Versuch, in die Nähe des Pols zu gelangen. Seine Begleiter sind Ernest Henry Shackleton und der Arzt Dr. Edward Wilson. Zuletzt ziehen die Männer die Schlitten selbst, da die Hunde den Strapazen nicht gewachsen sind. Sie schaffen weniger als die Hälfte der Strecke zum Pol, stellen aber einen neuen Südrekord auf. Der kranke Shackleton wird auf das Versorgungsschiff »Morning« gebracht und nach England zurückgeschickt – der Anfang der Rivalität zwischen »Shack« und Scott.

Nach dem zweiten antarktischen Winter erkundet Scott ab Oktober 1903 das Transantarktische Gebirge und die die dahinterliegende Ebene, Victoria Land. Bei seiner Rückkehr am 1. 4. 1904 wird er als »Held der Antarktis« von einer begeisterten Menschenmenge stürmisch gefeiert.

Carsten Borchgrevink

Zelt vor der »Belgica«

»Ich weiß nur eins: Es war einzig Cook, der uns mit seiner Zuversicht und seiner Heilkunst alle lebendig wieder aus der Antarktis herausgebracht hat. Für mich gibt es keinen anderen Dr. Cook.«
ROALD AMUNDSEN

Shackleton, Scott und Wilson

Erich von Drygalski

Douglas Mawson

1902–1904

Fünf wissenschaftliche Expeditionen folgen dem internationalen Geographenkongreß in Berlin 1899. Von 1902 bis 1904 erforscht eine deutsche Expedition unter der Führung von Erich von Drygalski die atlantische Küste der Antarktis (Kaiser-Wilhelm-II.-Land); eine schwedische unter Otto Nordenskjöld widmet sich der antarktischen Halbinsel, und eine schottische unter William Bruce ist in der Weddellsee und am Coats Land tätig. 1904 findet Jean-Baptiste Charcot (1867–1936) mit seinem Schiff »Français« Loubet Land (Graham-Halbinsel).

Gleichzeitig beginnt jener Mann seine antarktischen Abenteuer, der mehr als alle anderen zum »Helden« des Eiskontinents werden soll: Robert Falcon Scott. Scott ist 31 Jahre alt und im Rang eines Leutnants, als er auf den Mentor der Antarktisforschung, Clement R. Markham, trifft, den damaligen Präsidenten der Royal Geographical Society. Markham sucht einen Führer für die Antarktis-Expedition, Scott eine Gelegenheit, zu brillieren, um Karriere zu machen. So beginnt seine Tragödie im Eis.

1904

Der Pol wird die fixe Idee von Ernest Henry Shackleton (1874–1922), von seinen Freunden »Shack« genannt. Er ist sechs Jahre jünger als Scott, in Irland geboren, neugierig, lebensfroh und lernbereit, ein Haudegen in der englischen Handelsmarine. Er weiß, daß er Scott überlegen ist, und muß es beweisen. Entschlossen, ein zweites Mal, diesmal auf eigene Faust, in die Antarktis zu gehen, will er den Pol erobern, koste es, was es wolle. Das Geld reicht gerade aus, um die Expeditionsausrüstung (Schlitten, Schlafsäcke, Ski etc.) zu kaufen, die er in Norwegen besorgt. Sein Schiff, die »Nimrod«, ist 40 Jahre alt.

1908–1909

Am Neujahrstag 1908 startet Shackletons Expedition von Neuseeland aus. Der Einsatz eines motorbetriebenen Eisfahrzeugs und mandschurischer Ponys als Zugtiere bewährt sich nicht. Obwohl die Männer am 26. 11. den südlichsten Punkt der Scott-Expedition erreichen, müssen sie dennoch umkehren: Am 9. 1. 1909, nur 175 Kilometer vom Pol entfernt, geben sie auf. Der Rückmarsch wird zu einem Wettlauf mit dem Tod und dauert bis zum 4. 3. 1909. In 128 Tagen haben sie 2736 Kilometer zurückgelegt. Halb verhungert kommen sie an Bord der »Nimrod«.

Parallel zu Shackletons Vorstoß nach Süden hat eine zweite Gruppe seiner Expedition unter der Führung von Douglas Mawson den magnetischen Südpol erreicht, damals ca. 500 Kilometer vom Ankerplatz des Schiffes entfernt.

1911–1912

Wettlauf zum Südpol. Die beiden Hauptakteure: Scott und Amundsen. Scott »muß« zum Südpol, um Shackleton zu schlagen und dem britischen Empire Ehre zu machen. Amundsen entschließt sich zum Südpol, weil der Nordpol angeblich 1909 von Peary erreicht wurde.

Amundsen rückt schnell über das Schelfeis vor. An jedem Breitengrad legt er markierte Depots an. Am Fuß des Transantarktischen Gebirges folgt der steile Aufstieg zur Südpolarebene. Am 14. 12. 1911 erreichen Amundsen und seine Begleiter den Südpol. Ohne größere Schwierigkeiten kehren die Norweger am 25. 1. 1912 mit elf Hunden und zwei Schlitten zur Basis an der Walfischbucht zurück. Für die 3000 Kilometer haben sie 99 Tage gebraucht (Durchschnittsleistung 30 Kilometer pro Tag). Amundsens Taktik, mit mathematischer Genauigkeit berechnet, ist aufgegangen.

Scott folgt mit Shackletons Taktik – Ponys als Zugtiere – Shackletons Route. Mit nur noch einem Schlitten und vier Mann, darunter sein langjähriger Freund Dr. Wilson, erreicht er am 17. 1. 1912 ebenfalls den Südpol. Er hat zwar Shackleton geschlagen, den Wettlauf um den Südpol aber verloren, und der Rückmarsch der demoralisierten Gruppe wird zur Katastrophe. Evans und Oates sterben unterwegs. 13 Kilometer vor dem rettenden Ein-Tonnen-Depot endet am 29. 3. 1912 die inszenierte Heldengeschichte: Tödlich geschwächt und vom Schneesturm festgehalten, können Scott, Wilson und Bowers nicht mehr weiter. Keine Hilfstruppe kann sie erreichen. Als man ihre gefrorenen Leichen acht Monate später findet, entdeckt man auf ihrem Schlitten 16 Kilogramm Gesteinsproben und Scotts Tagebuch, das ihn unsterblich machen wird: ein tragischer Held.

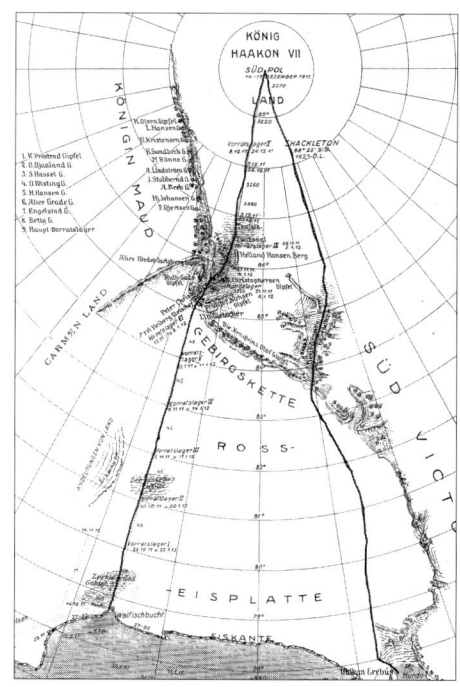

Zwei Wege zum Südpol

1911–1914

Mawson leitet eine australische Expedition zum König-George-V.-Land. Davis sucht den wandernden magnetischen Pol, Wild entdeckt das Königin-Mary-Land.

1912–1913

Wilhelm Filchners Ziel ist es, die Eiswüste von der Weddellsee bis zum Rossmeer zu durchqueren, um festzustellen, ob der Kontinent eine geschlossene Landmasse oder durch einen Eiskanal getrennt ist. Sein Schiff »Deutschland« kommt vom 10. 12. 1912 bis zum 27. 1. 1913 durch ein Labyrinth von Eisbergen und -schollen. Als Filchner endlich die Küste sichtet, der das später nach ihm benannte und bis dahin unbekannte Eisschelf vorgelagert ist, glaubt er an den Erfolg. Aber kaum ist aus vorgefertigten Teilen ein Holzhaus als Stützpunkt errichtet, zerbricht das Eis unter ihnen in riesige Schollen. Hunde, Haus und Männer treiben nach Norden. Die Rettung glückt, aber die »Deutschland« schafft es nicht nach Südgeorgien, um bei der dortigen Walfangstation zu überwintern. Das Schiff wird vom Eis eingeschlossen. Unfreiwillig driftet die »Deutschland« einen ganzen antarktischen Winter lang im Eis. Ende September 1913 kommt sie frei und kehrt in die Zivilisation zurück.

Douglas Mawson überquert eine Spalte

1914–1917

E. H. Shackleton plant das Abenteuer seines Lebens und greift Filchners Idee auf. Die »Endurance« (Ausdauer) soll unter seinem Kommando in die Weddellsee auslaufen und dort am Rand des Filchner-Schelfeises überwintern. Gleich zu Beginn des antarktischen Sommers will er, begleitet von sechs Mann, auf Hundeschlitten den Kontinent überqueren. Ein Schneefahrzeug, ein Vorläufer des heutigen Skidoo, soll sie unterstützen. Geplante Route: Filchner-Schelfeis, Südpol, Beardmoregletscher, Ross-Schelfeis, McMurdo-Sund. Von einem zweiten Schiff, der »Aurora« am McMurdo-Sund, sollen auf dem Ross-Schelfeis Lebensmitteldepots angelegt werden. Treffpunkt der beiden Expeditionen: der Beardmoregletscher.

Am 26. 10. 1914 erreicht das Schiff Südgeorgien, und »Shack« steuert weiter in die Weddellsee. Zwischen Packeis und Eisbergen eingeklemmt, schafft es die »Endu-

Die eingefrorene »Endurance«

Richard Byrd

rance« nicht, bis zur Küste vorzudringen. Das Schiff gerät zwischen die Eispressungen, die es zerdrücken. Die Expedition ist gescheitert; sie verfügt nur noch über drei Beiboote, fünf Zelte und wenig Essen. Die Reise nach Elephant Island und Shackletons Fahrt nach Südgeorgien in einem Beiboot sind Legende geworden. In drei Jahren hat »Shack« nicht einen einzigen Mann verloren.

Anders die Parallelexpedition, die Hilfsmannschaft im Rossmeer. Die »Aurora« hat am 7. 1. 1915 am Cape Evans eine Gruppe von zehn Mann nebst Vorräten an Land gesetzt, in Scotts alte Hütte. Anfang April 1915 treibt ein Sturm die »Aurora« samt den sie umgebenden Eismassen nach Norden ab. Die abgeschnittene Mannschaft wird erst am 10. 1. 1917 gerettet; vier Teilnehmer sind umgekommen. In der Zwischenzeit haben die Überlebenden bis zum Beardmoregletscher Lebensmitteldepots eingerichtet.

1928

Ein australischer Abenteurer ist der erste, der die Fliegerei in der Antarktis erprobt. Wilkins, 1921 bei Shackletons letztem Antarktis-Unternehmen dabei, auf dem der »Boß« an einem Herzanfall gestorben ist, fliegt mit zwei Lockheed-Eindeckern von Deception Island über die antarktische Halbinsel.

Parallel zu Wilkins startet der gleichaltrige Richard Byrd seine Antarktisflüge. Der im Ersten Weltkrieg hochdekorierte Fliegeroffizier, dem mit Amundsen 1926 der erste Flug zum Nordpol geglückt ist, will auch zum Südpol fliegen.

1928–1929

Am 24. 12. 1928 erreicht Byrd mit seinem Schiff und drei speziell für extreme Kälte ausgerüsteten Flugzeugen den Rand des Ross-Schelfeises. In der Walfischbucht erreicht er den Stützpunkt Little America. Am 28. 11. 1929 fliegt Byrd mit drei Begleitern los. Sie überqueren das Ross-Schelfeis, überfliegen das Transantarktische Gebirge mit knapper Not, werfen Ballast ab und erreichen den Pol. Ohne zu landen, fliegen sie zurück, landen zum Auftanken im Depot, und nach 16 Stunden sind sie wieder in Little America. Nach diesem erfolgreichen Polflug wird auch ein Überfliegen der Antarktis denkbar.

1929

Wilkins stellt mit dem Flugzeug den Inselcharakter von Charcot Land (Graham Land) fest.

Die »Discovery II« läuft vom Stapel. Im folgenden Jahrzehnt werden mit ihr acht Fahrten in die Meere um Antarktika unternommen und aufschlußreiche ozeanographische Forschungen durchgeführt.

1929–1931

Mawson überfliegt die Ostküste Antarktikas. Er entdeckt das Prinzessin-Elizabeth-Land.

Im selben Zeitraum finden zwei »Norvegia«-Expeditionen statt. Larsen und Holm landen mit dem Flugzeug bei Kap Norvegia am Weddellmeer (Kronprinzessin-Martha-Land und Kronprinz-Olaf-Land). Durch diese zwei Expeditionen wird der Verlauf der Ostküste vom Rossmeer bis zur Weddellsee fast völlig geklärt.

1931

»Torlyn«-Expedition unter Mikkelsen zum Lars-Christensen-Land.

1933–1934

Erste »Thorshavn«-Expedition unter Christensen zur Jacob-Ruppert-Küste und zum Prinzessin-Astrid-Land.

Eisberge

1933–1935

Byrds zweite Expedition geht wieder nach Little America und forscht mit Flugzeugen, Motorschleppern und Schlitten auf Westantarktika. Große wissenschaftliche Erkenntnisse.

1934–1935

Lincoln Ellsworth will von der Walfischbucht zur Weddellsee und wieder zurück fliegen, 5500 Kilometer weit. Sein Flugzeug, die »Polar Star«, wird bei der Landung beschädigt. Ellsworth kehrt in die USA zurück, läßt die Maschine reparieren und fliegt ein zweites Mal los.

Diesmal steuert er die Weddellsee an, um von dort zur Walfischbucht zu fliegen. Die Expedition richtet ihren Stützpunkt auf Deception Island ein. Gleich beim ersten Startversuch bricht die Pleuelstange eines Zylinders. Im Lager gibt es keine Reserve-Pleuelstange. Ellsworth schickt die »Wyatt Earp« nach Südamerika, um das Ersatzteil zu besorgen. Ende November 1934 ist die »Polar Star« wieder startklar. Schlechtes Wetter zwingt Ellsworth zur Heimreise.

Ellsworth läßt sich nicht abhalten und finanziert noch einen weiteren Versuch. Mit dem Briten Herbert Hollick-Kenyon als Piloten reist er im November 1935 in die Antarktis. Am 23.11.1935 fliegen die beiden los. Sie legen nonstop 2900 Kilometer zurück, dann zwingt sie extrem schlechte Sicht zum Niedergehen. Sie warten 19 Stunden. Dann können sie eine halbe Stunde weit fliegen. Die zweite Zwangspause dauert drei Tage. Als sie zum dritten Mal aufsteigen, ist ihr Flug nach einer Stunde zu Ende. Ein Schneesturm hält sie acht Tage lang fest. Dann graben sie die »Polar Star« aus dem Schnee und fliegen vier Stunden weiter. Von der Walfischbucht trennen sie noch 200 Kilometer. Ein letztes Mal gehen die beiden einsamen Flieger in der Einöde nieder, um den Tank aufzufüllen. Am nächsten Tag herrscht wunderbares Flugwetter, doch das Benzin reicht nicht, um bis zur Station zu kommen. 16 Kilometer von Little America entfernt müssen Ellsworth und sein Pilot notlanden. Schlechtes Wetter, Nebel. Das wahre Abenteuer beginnt erst jetzt. Acht Tage lang marschieren die beiden orientierungslos herum, bis sie endlich die Station finden. Mittlerweile ist der 15.12.1935.

Eismeer

1934–1937

Rymill forscht auf Graham Land und führt lange Flüge über das Gebiet durch, die das Bild der Halbinsel ergänzen.

1935

Zweite »Thorshavn«-Expedition unter Mikkelsen. Entdeckung des Ingrid-Christensen-Landes am Mackenzie-Meer.

1936–1937

Dritte »Thorshavn«-Expedition unter Christensen. Flüge über das Hinterland am Mackenzie-Meer.

1938–1939

»Schwabenland«-Expedition unter Ritscher. Entdeckung großer Gebirge auf Neuschwabenland mit Flugzeugen.
Ellsworth fliegt über das Prinzessin-Elizabeth-Land und sichtet südwärts davon das American Highland.

1939–1940

Dritte Expedition Byrds nach Little America. Fortsetzung der Forschungen nach Erzen und Kohle.

Schneeblock in der Antarktis

1942–1944

Auf mehreren Fahrten legt Argentinien militärische Stützpunkte auf der Deception- und der Greenwich-Insel an.

1944

Marr untersucht die Küste an der Hoffnungsbucht (Graham Land).

1946–1947

Byrds vierte Expedition umfaßt 13 (Kriegs-)Schiffe sowie 23 schwere und leichte Flugzeuge, 4700 Mann Personal, eine noch nie dagewesene Ausrüstung. Die Forschungen werden von drei Seiten vorgetrieben. Die »High Jump«-Operation ist zugleich ein maritimes Manöver. 60 Prozent der Küstenlinie werden aus der Luft fotografiert, 3,9 Millionen Quadratkilometer abgeflogen.

1946–1948

Chile schließt sich dem Vorgehen Argentiniens an und errichtet ebenfalls militärische Stützpunkte im Bereich von Graham Land.

1948

In der Folgezeit wird die Antarktis mehr und mehr zum Tummelplatz von »Eroberungsspielen«. Politische Einflußnahme bestimmt die Reisen. Die verschiedenen Nationen trennen sich auf der Landkarte unterschiedlich große Stücke aus dem Kontinent heraus und verfechten ihre Rechte. Sie erhalten die These aufrecht, mit dem Anspruch auch die Souveränität innezuhaben. Gleichzeitig beginnt die moderne wissenschaftliche Forschertätigkeit. Beide – Eroberer und Forscher – sind bemüht, die Abenteurer aus dem Landesinnern auszusperren.

Mount Erebus und Mount Terror am McMurdo-Sund

1955–1958

1957, zum »Internationalen Geographischen Jahr«, sollen 60 Forschungsstationen in der Antarktis eingerichtet werden. Allen voran engagieren sich die USA. Am 31. 10. 1956 landet Captain George Dufek, der schon an der Operation »High Jump« teilgenommen hat, mit seinem Flugzeug am Südpol. Im März 1958 gibt es bereits sieben amerikanische Stützpunkte in der Antarktis. Maschinenarsenale werden stationiert: Flugzeuge, Raupenschlepper (sogenannte Snowcats), umgerüstete Traktoren, deren Motoren der extremen Kälte gewachsen sind. Der Aktionsradius der Expeditionen erweitert sich mehr und mehr.

So gerüstet, widmet sich Vivian Fuchs mit neuer Technik den alten Herausforderungen. Er organisiert zum »Geographischen Jahr« die »Commonwealth Transantarctic Expedition«. Der Plan ist die alte Shackleton-Idee. Im November 1956 legt Fuchs einen Stützpunkt am Filchner-Schelfeis an, den er Shackleton-Base nennt. Nach der Überwinterung errichtet er im Januar 1957 ein zweites Depot 350 Kilometer weiter südlich. Durch Luftaufklärung erkundet er für seine »Panzerwagen« die beste Route zum Pol.

Parallel zur Fuchs-Gruppe arbeitet sich der Neuseeländer Edmund Hillary, der Erstbesteiger des Mount Everest, vom Ross-Schelfeis des McMurdo-Sunds nach Süden vor. Er soll die Route für Fuchs mit Benzin- und Lebensmitteldepots präparieren. Hillary folgt dabei einem völlig neuen Weg, der über den Skeltongletscher und Victoria Land zum Pol führt. Am 14. 10. 1957 bricht er mit seinen Traktoren auf. Trotz ständiger technischer Probleme erreicht er am 4. 1. 1958 den Pol.

Fuchs ist mit seinem Konvoi am 24. 11. 1957 zur Antarktis-Überquerung gestartet. Am 19. 1. 1958 trifft er in der amerikanischen Station am Pol ein. Am 24. 1. bricht Fuchs wieder nach McMurdo auf und erreicht am 2. 3. die Station. In 99 Tagen hat Fuchs 3472 Kilometer zurückgelegt und das Problem der Antarktis-Überquerung gelöst.

1968–1969

Japanische Expedition mit Schneefahrzeugen von der Syowa Base zum Südpol und zurück (6000 Kilometer).

1980–1981

Die Engländer Ranulph Fiennes, Charles Burton und Oliver Shepard umrunden die Erde auf dem Nullmeridian. Ihre »Transglobe«-Expedition führt sie auch in das Südpolargebiet. Der Nullmeridian verläuft hier unweit der südafrikanischen Station Sanae III durch das Königin-Maud-Land zum Südpol. Die drei fahren auf Motorschlitten, die je 500 Kilogramm transportieren, und werden aus der Luft versorgt. Am 29. 10. 1980 starten sie, am 11. 1. 1981 erreichen sie die neuseeländische Scott Base am McMurdo-Sund.

1984–1986

Robert Swan, Roger Mear und Gareth Wood wollen »in the footsteps of Scott« zum Südpol marschieren. Die Zeit der historischen Abenteuerspiele hat begonnen. 75 Jahre nach Scotts Scheitern wollen die drei die alte Route zum Pol im Stil der Jahrhundertwende nachlaufen: zu Fuß, ohne Funkgerät, ohne Luftunterstützung, ganz auf sich gestellt. Im Oktober 1984 brechen sie mit einem kleinen Trawler, der »Southern Quest«, in die Antarktis auf. Fast ein Jahr lang trainieren sie auf dem Ross-Schelfeis, besteigen den Mount Erebus und testen Mountainbikes in der Dunkelheit des antarktischen Winters. Am 2. 11. 1985 gehen sie schließlich mit drei Schlitten los, jeder Schlitten 100 Kilogramm schwer. Die Expedition trifft am 11. 1. 1986 am Südpol ein.

Robert Swan, Roger Mear und Gareth Wood

1986–1987

Monika Kristensen, eine Norwegerin, will Amundsens Marsch zum Pol mit den Mitteln von damals wiederholen. »90° Süd« tauft sie ihre Expedition. Sechs Jahre verwendet sie auf die Vorbereitung. Sie organisiert, treibt Geld auf, insgesamt fünf Millionen DM, und kauft einen alten Walfänger. Mit ihrem Schiff »Aurora« läuft die Expedition im Oktober 1986 auf dem Hafen von Oslo aus. Aber Monika Kristensen kommt in Zeitverzug. Die Gruppe startet erst am 17. 12. 1986. Da man nicht in der Antarktis überwintern will, muß die »Aurora« spätestens Anfang März 1987 wieder erreicht sein. Aber die Durchschnittetappen dieser Hundeschlittenexpedition liegen pro Tag unter 20 Kilometern. Keine Chance, durch- und wieder zurückzukommen. 440 Kilometer vom Pol entfernt, am 30. 1. 1987, dreht die Gruppe um. Sie kommt zur »Aurora«, bevor das Packeis sie einschließt. Kristensen und ihre Männer haben mit den Hundeschlitten fast 2000 Kilometer zurückgelegt, wobei mit einem kleinen Flugzeug Nahrungsmitteldepots angelegt worden sind.

1987

Erste offizielle Touristikflüge zum Südpol (vorher sind ähnliche Reisen als wissenschaftliche Vorhaben getarnt worden).

1988

Das internationale Reiseunternehmen Mountain Travel (USA) organisiert unter der Leitung von M. Williams einen Marsch zum Südpol mit Flugzeug- und Skidoo-Unterstützung.

Lichtphänomen in der Polarnacht

1989–1990

Will Steger und Jean-Louis Etienne haben sich vorgenommen, mit ihrer Expedition »Transantarctica« die längstmögliche Überquerung zu schaffen (6450 Kilometer), von der antarktischen Halbinsel am Mount Vinson, dem höchsten Berg des Kontinents, vorbei durch die Thiel Mountains zum Südpol, dann durch Ostantarktika über die russische Station Vostok durch Wilkes Land hinunter zur Davisbai, wo die Station Mirnyj liegt. Neben den beiden Initiatoren sind vier Mann – ein Russe, ein Chinese, ein Japaner und ein Engländer – dabei. 36 Hunde, die öfter ergänzt und ausgewechselt werden, ziehen drei Schlitten, die mit einem Gewicht von je 450 Kilogramm beladen sind. Mehr als ein Dutzend Depots, mit Flugzeugen angelegt, erleichtern die Versorgung. Die Internationalität der Gruppe soll ihr internationales Anliegen bekräftigen, Frieden, und vor dem Auslaufen des Antarktisvertrages 1991 die Aufmerksamkeit der Weltöffentlichkeit auf den bedrohten Kontinent lenken. Aufgrund der langen Strecke ist die Expedition gezwungen, bereits im antarktischen Winter unter den härtesten Witterungsbedingungen aufzubrechen (17. 7. 1989). Im September, bei Temperaturen von 43 °C unter Null, sitzen Männer und Hunde wegen eines Schneesturms 13 Tage lang fest. Sie erreichen am 11.12. 1989 den Südpol. Am 24. 2. 1990 gelangen sie, nach einer inszenierten Schneesturm-Pause, an ihr endgültiges Ziel, die russische Station Mirnyj in der Davisbai. In 213 Tagen hat die Expedition 6400 Kilometer geschafft, eine Tagesleistung von durchschnittlich 30 Kilometern.

Der ursprüngliche Plan Reinhold Messners, vom Rande des Ronne-Schelfeises zum Südpol zu laufen und von dort dann weiter zum Rossmeer, zerschlägt sich, als der

Schlittenhund

Start in die Antarktis aufgrund schlechter Wetterbedingungen immer wieder verschoben werden muß. Am 13. 11. 1989 brechen Arved Fuchs und Reinhold Messner schließlich vom Rande des Kontinents, 500 Kilometer innerhalb der Ronne-Schelfeisdecke, zum Pol auf. Zwei Versorgungspunkte, der erste in den Thiel Mountains, der zweite am Südpol, sind geplant. Am 31. 12. 1989 erreichen sie die amerikanische Forschungsstation am Südpol, ergänzen ihre Ausrüstung und den Proviant. Am 13. 2. 1990 treffen sie in der Scott Base ein. In 92 Tagen haben sie 2800 Kilometer Laufstrecke zurückgelegt.

Erling Kagge

1990–1991
Norwegische Antarktis-Überquerung unter der Leitung von A. Näss (Ski, Up-Ski, Schlitten, Depots).

1991–1992
Motorradexpedition zum Südpol (Kazama).

1992–1993
Den Briten Sir R. Fiennes und M. Strand gelingt in 94 Tagen der Marsch von der Berknerinsel bis Gateway, wo sie ausgeflogen werden (Zwischenstop nur an der US-Station am Südpol).
Ein Frauenteam (USA) unter der Führung von A. Bancroft erreicht zu spät den Südpol und gibt die Überquerung auf.
In nur 50 Tagen marschiert der Norweger E. Kagge zum Südpol und läßt sich von dort ausfliegen.

»Freiheit wäre da, wo wir an einer Grenze sagten: Es ist genug. Es reicht uns. Dies ist meine Utopie, und sie ist so gut wie jede andere.«
ALFRED ANDERSCH

1993–1994
Die Norwegerin L. Arnesen läuft allein zum Südpol, der von einer jungen Abenteurergeneration als sportliches Ziel vermarktet wird. Vier Koreaner tun Ähnliches in der gleichen Saison, und spezielle Reisebüros bieten Gruppenreisen zu Fuß an – stückchenweise organisiert, geführt, versichert –, wie am Nordpol und am Mount Everest auch.

1995–1996

Børge Ousland

Parallel zu einer Reihe von Polarwanderern aus Rußland, Polen, England, die alle von irgendeiner Insel oder der Schelfeiskante zum Südpol wollen und dann ausfliegen, wagen der Brite Roger Mear und Børge Ousland aus Norwegen den Versuch, den gesamten Eiskontinent von der Berknerinsel an der Weddellsee aus zu überqueren, ohne sich dabei je unterstützen zu lassen. Obwohl der Marsch der beiden in den Medien als »Wettlauf zum Pol« beschrieben wird, läuft jeder sein Tempo auf seiner Route. Der 45jährige Roger Mear gibt wegen defekter Ausrüstung und wegen seines langsamen Vorankommens bald auf. Børge Ousland, 33, der seinen Schlitten am Anfang um 35 Tagesrationen erleichtert hat, erreicht nach 45 Tagen den Südpol, nimmt dort neue Lebensmittel auf und marschiert Richtung McMurdo am Rossmeer weiter. Erfrierungen und Verschleißerscheinungen zwingen ihn wenige Tage später zum Aufgeben. Die Herausforderung, den Eiskontinent »by fair means« zu durchqueren, bleibt also bestehen.

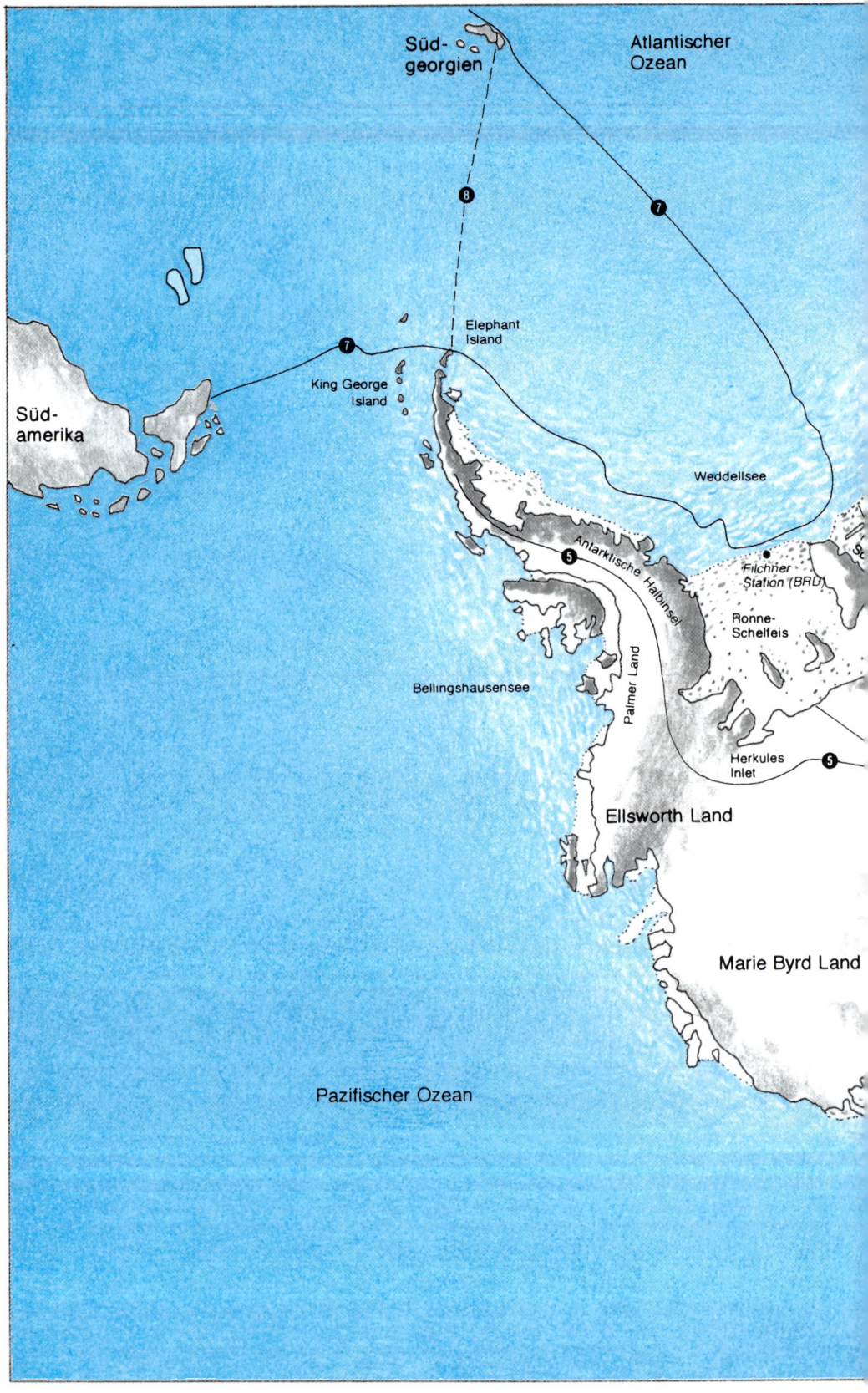

»In Monaten des Hungers, des Frostes, des Skorbuts wird Amundsen ein harter, schweigsamer Mann, der Kenntnisse und Erfahrungen mißtrauisch in sein Hirn verschließt wie in einen Banktresor, ohne Freude an den Menschen, keinem glaubend, nur sich selbst. Skrupellos in Gelddingen, errafft er sich die Mittel für eine erste selbständige Expedition.«
LION FEUCHTWANGER
»Erfolg«

»Alle Welt rühmt das Vollbrachte. Er selber am meisten. Ein unermüdlicher Verkünder seiner Taten, wägt und rechnet er genau, um wieviel seine Erfolge größer sind als die der Männer vor ihm, um ihn.«
LION FEUCHTWANGER
»Erfolg«

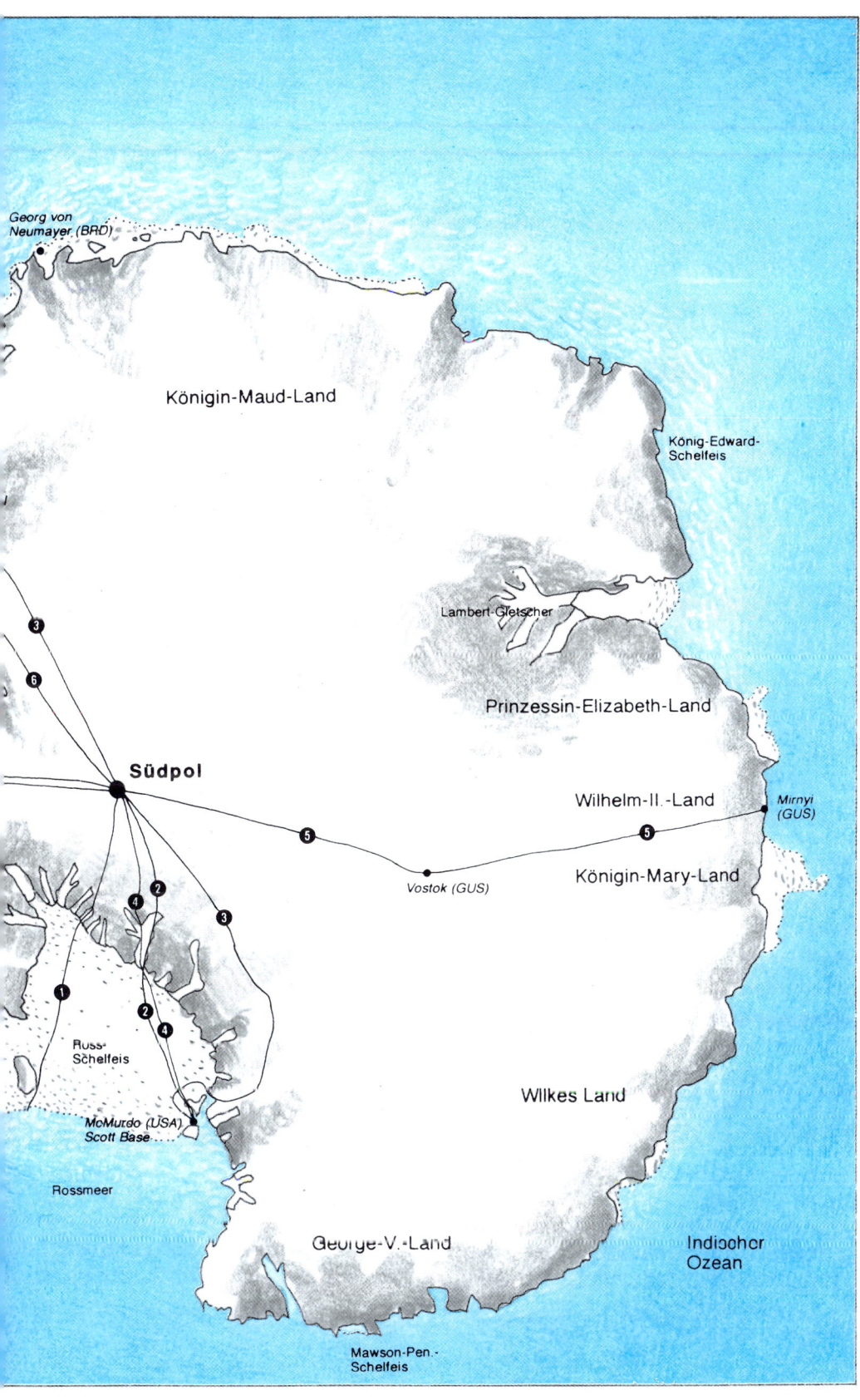

»Suche Freiwillige für gefährliche Reise. Niedriger Lohn, bittere Kälte, lange Stunden in vollständiger Finsternis garantiert. Rückkehr ungewiß. Ehre und Anerkennung nur im Fall des Erfolges.«
SIR ERNEST HENRY SHACKLETON
Inserat von 1907

Ob ich es nochmals versuchen werde oder nicht, weiß ich in diesem Augenblick nicht. Aber das Gefühl, in der Antarktis etwas nicht getan zu haben, ist geblieben.«
BØRGE OUSLAND

Routen zum Südpol
1 Amundsen 1911
2 Scott 1912
3 Hillary/Fuchs 1958
4 Messner/Fuchs 1989
5 Transantarctica 1989
6 Moderne Route
7, 8 »Endurance« 1914 – 1917

Ausdauer: Shackletons »Endurance«

Eingeschlossen im Eis: die »Endurance«

Das erste Eis

»Das Gefühl des Schiffbruchs, da es die Wahrheit des Lebens ist, bedeutet schon die Rettung.«
José Ortega y Gasset

Es war 1914, auf dem Weg zum antarktischen Festland, mitten im Packeis, als Shackletons Schiff »Endurance« in den Eispressungen barst und sank. 28 Mann – schmutzig, verstört, enttäuscht – blieben auf dem Treibeis zurück, mit ein paar Rettungsbooten, einer hungrigen Hundemeute und einem Haufen Schrott. Nie sah ein Heimweg trostloser aus.

Die Expedition war gescheitert. Shackletons Alptraum aber, mit einer Hundeschlittenreise quer über den antarktischen Kontinent seinem toten Rivalen Scott und allen Briten vorzuführen, wer der für die Eishölle geborene Held war, hatte sich jäh in eine sinnvolle Aufgabe gewandelt: sich und seine Männer über das südliche Polarmeer nach Hause zu retten . . .

»Endurance« bedeutet Widerstandskraft, Ausdauer, Standhaftigkeit; lauter Eigenschaften, die auch den Initiator und Führer der Expedition auszeichneten. Als hätte »Shack«, wie die Mannschaft ihren »Boß« liebevoll nannte, seinem Schiff seine Seele geliehen, schoben sich die 350 Tonnen Holz und Stahl und Last von der Insel Südgeorgien weiter nach Süden, immer weiter weg vom Krieg in Europa, von alten Gewohnheiten, von daheim.

Die Mannschaft, Seeleute und Wissenschaftler, größtenteils junge Männer aus Oxford und Cambridge, sollte am Schelfeisrand geteilt werden. Die eine Gruppe hatte dort eine Basis zu schaffen, zu bleiben und Forschungsarbeit zu leisten. Mit fünf ausgewählten Männern wollte Shackleton inzwischen die »schwierigste Landreise auf Erden« wagen, über den Südpol bis ins Rossmeer gelangen, wo das Schiff »Aurora«, von Neuseeland kommend, auf die Antarktis-Überquerer wartete.

Nach dem vierwöchigen Aufenthalt bei den Walfängern in Südgeorgien, immer die bizarren Berge im Hintergrund, blieb jetzt auf dem offenen Eismeer dem einzelnen neben seinem Selbstverständnis wenig Halt: das elegante Schiff vielleicht oder der »Boß« oder sein Adjutant Frank Wild, der Mann mit der weltweit größten Antarktis-Erfahrung. Dieser kleine, zähe Kumpel war jedem ein guter Kamerad, eine Art Seelenbarometer für die ganze Mannschaft. Wenn Wild ruhig blieb, war nichts zu befürchten; wenn er scherzte, lachten auch die anderen; solange er hoffte, wuchs die Hoffnung bei der ganzen Mannschaft.

Zuerst waren es einzelne Eisberge, die auftauchten, wie Inseln im schwarzen Meer. Dann kamen sie in Herden, von allen Seiten, und bald war da nichts als Eis. Eis im ganzen Umkreis bis zum Horizont. Kein Platz mehr für ein Schiff oder für Menschen. Das Eis schob und krachte, hämmerte, stöhnte.

Shackleton ließ seine »Endurance« weiter nach Süden lenken, das Eis brechen, vorwärtsschieben.

Die Mannschaft arbeitete hart. Am 5. Dezember 1914 hatte die Expedition Grytviken in Südgeorgien verlassen; würde sie je wieder zurückkommen? Sie hatte zuerst ihre Aufgaben zu erfüllen.

186

In Nebel und Kälte und Schneesturm trieben zwei Dutzend Männer, ihre beiden Führer Shackleton und Wild, der Kapitän Worsley und Frank Hurley als Fotograf auf das Ende der Welt zu.

Fünf Wochen lang schrien sie sich Mut zu, überzeugt davon, auf ihrem Schiff das Chaos des Treibeises zu meistern. »Endurance« hieß das Zauberwort, mit dem sie ihre Hoffnungen blähten, ihr Vertrauen stärkten und ihre Kurzsichtigkeit nährten.

Das Eis wurde kompakter, auch dicker; der Glaube aber, daß günstige Winde die Abermillionen Platten auseinandertreiben würden, blieb. Wie der Befehl »Mit voller Kraft voraus«.

Im Eis gefangen

Bei jedem Schlag mit dem Bug gegen die Eisbarriere ein banges Lauschen, ob Eis oder Holz splitterte.

Am 10. Januar 1915 sahen die Eisfahrer »Land«, eine 60 Meter hohe Eismauer, an der es kein Anlegen, kein Halten, kein Bleiben gab. Das kalbende Schelfeis trieb Wasser, Eisberge und Schrecken vor sich her.

Auch die Seehunde flohen die Wasserrinnen entlang, nach Norden. Der Winter drohte. Bald würde alles Wasser verschwunden sein unter einer einzigen Packeisdecke, das Schiff, eingekeilt zwischen Eisschollen, hilfloses Treibgut.

Frank Hurley fotografierte mit dem Schiff die Verlorenheit der Menschen im friedlichen Glanz der Eisberge und Eiskristalle.

Noch konnten sie hoffen, warten, bleiben. Sie hatten ja ihr Schiff, und auf dem Schiff ihren Alltag. Regelmäßige Mahlzeiten, jeder seine Aufgabe, Gespräche. So vertrieb einer dem anderen die Angst, und alle vergaßen, wie hilflos sie waren. Obwohl die Landung in diesem Sommer ausgeschlossen wurde und eine Rückkehr nach Südgeorgien unmöglich war, blieben alle optimistisch.

Ernest Shackleton

Ende Januar war Winter. Am 25. Februar riß das Eis, und die »Endurance« kam frei. Mit Pickeln, Sägen und Seilen bauten alle Mann an einem Kanal, der hinter ihnen gleich wieder zufror. Nach zwei Tagen und zwei Nächten gaben sie erschöpft auf, ergaben sich dem Eis wie einem allmächtigen Gott.

Solange das Licht gut genug war, spielte man Fußball auf ebenen Flächen oder Hockey; für die 54 Hunde wurden Iglus gebaut, das Schiff immer als rettendes Zuhause im Blickfeld. Noch waren wissenschaftliche Beobachtungen und kleinere Ausflüge im Hundeschlitten möglich, aber dann kam die antarktische Nacht, drei Monate lang keine Sonne am Himmel.

Die »Endurance« in den Eispressungen

Shackleton und Wild animierten ihre Mannschaft zu Spielen, fütterten sie mit Geschichten aus dem eigenen Leben und mit Träumen. Am 22. Juni wurde Mittwinter gefeiert, und das Grammophon übertönte für ein paar Stunden das Heulen des Windes und das Bersten des Eises unter dem Schiff.

Aber die Eispressungen blieben. Der »Boß« hieß nun seine Mannschaft im Zwielicht der Mittagsstunden Hunde und Männer trainieren, allerlei Eishütten bauen, Seehunde jagen. Beschäftigungstherapie. Ein Hundeschlittenrennen wurde inszeniert – je acht Hunde mit einem Führer –, und alle vergaßen die totenstarre Welt, in der sie liefen oder anfeuerten oder hofften. Frank Wilds Team gewann.

Am 26. Juli 1915 erschien ein Rand der Sonnenscheibe am Horizont. Nach einer knappen Minute verschwand er majestätisch. Mit dem wachsenden Tag wurden die Eispressungen stärker, die Schiffsbohlen krachten. Zehn Wochen lang war die »Endurance« in ständiger Gefahr, zermalmt zu werden. Aber sie hielt, und am 14. Oktober

Zerstörungskraft des Eises

Transport der Boote

Ozean-Camp

kam sie frei. Nicht allzulange blieb sie im Wasser. Die Eisfelder nahmen sie sogleich wieder in die Zange, und sie wurde gehoben, gedreht, gemartert; schlimmer als je zuvor.

Ende Oktober, das Schiff war leck, der Untergang unaufhaltsam, Ausrüstung, Rettungsboote und Hunde waren ein paar hundert Meter weiter auf dem Eis gelagert, veranstaltete das Packeis ein bizarres Schauspiel: Wie durch Geisterhand ging auf der »Endurance« das elektrische Licht an, und sie hüpfte, stöhnte, tanzte, während Masten, Bäume, Türen, Fenster barsten.

1500 Seemeilen weit war die »Endurance«, eingefroren in den Eismassen, gedriftet. Nun war sie Schrott. Untergegangen auf der Bühne Eismeer, vor den Augen der Mannschaft. Was jetzt fehlte, war nicht nur das Schiff und mit ihm Bett, Tisch, Stuhl. Das Symbol, das mit der »Endurance« sank, war das erste, was »Shack« zu ersetzen hatte – mit einem Ziel! 350 Meilen nordnordwestlich lag die Pauletinsel, wo der Schwede Otto Nordenskjöld 1902 eine kleine Hütte und Proviant zurückgelassen hatte. Dorthin mußten sie kommen.

Der Aufbruch ergab ein trauriges Bild: Ausrüstung im Schnee verstreut, winselnde Hunde im Zuggeschirr, im Hintergrund die schwarze Ruine des Schiffes und über allem ein bleigrauer, tiefliegender Himmel.

Hinter drei Wegsuchern, mit Pickeln und Schaufeln ausgerüstet, folgten sieben Hundeschlitten mit je sieben Hunden. Jedes Gespann zog eine Last von 350 Kilogramm Gewicht. Wild und Hurley spannten ihre Hunde vor eines der leichten Rettungsboote. 18 Mann schleppten das große Boot, die »James Caird«, weiter. Aber sie schafften nicht alles. Also mußten fünf Teams wieder zurück, um den Rest zu holen. Eine fürchterliche Schinderei begann. Weicher Schnee lag auf der aus Eisblöcken gepackten Oberfläche, die Nächte im Schlafsack waren bitter kalt.

Am dritten Tag, alle schufteten fürs Überleben, schafften sie eine Meile; am vierten Tag kaum mehr. Die Schlitten begannen zu brechen, die Boote litten. »Aussichtslos«, tröstete der »Boß«. So entschieden sie sich zu bleiben. Auf altem, dickem Eis richteten sie ihr Lager ein, das Ozean-Camp.

In den Zelten krochen die besten Freunde zusammen; jeder baute mit Eisblöcken an oder um; alle hofften, daß sie die Drift weiter nach Norden treiben würde. Das offene Wasser konnte nicht allzuweit weg sein.

Weil es bis zu den Resten der »Endurance« nur vier Meilen waren, gingen einige zurück, auch Frank Hurley, der in den sinkenden Trümmern nach seinen Filmen tauchte. Als am 8. November die letzten Reste verschwunden waren, kamen in Schüben Einsamkeit und Kleinmut über die Mannschaft. Dieses kleine Zeichen von Zivilisation auf dem Eismeer war viel mehr gewesen als ein Schiff und ein Symbol für Ausdauer. In ihm hatte sich alles Hoffen zurück auf die Heimat gebündelt.

Innerhalb von sechs Wochen driftete das Ozean-Camp 120 Meilen weit. Die Verpflegung, angereichert mit Seehund- und Pinguinfleisch, war gut, die Stimmung in der Mannschaft auch. Der zweite Versuch, zu Fuß weiterzukommen, scheiterte wie der erste. Das Gelände war zu schwierig, die Lasten zu groß. Shackleton ließ das »Geduld«-Lager aufbauen, wieder auf driftendem, dickem Eis, und die Hunde nach und nach erschießen. Sie brauchten zuviel Futter. Das Hundepemmikan mußte für die Mannschaft aufgespart werden. Die Männer verzehrten jetzt 20 Pinguine pro Tag, die mit ihren eigenen Fetthäuten gekocht wurden. Ein Seehund reichte fünf Tage.

Am 17. März 1916 lag die Pauletinsel 60 Meilen weiter im Westen. Das Wetter wurde wieder winterlich, und immerzu diese Hilflosigkeit! Die Drift wurde stärker, trieb das Eis mit dem Camp aber einmal dahin, einmal dorthin. Seit 16 Monaten war die Expedition nicht mehr auf Land gestanden, seit 16 Monaten hatte keiner einen Felsen, einen Berg gesehen.

Am 8. April riß die Eisscholle. Die Wachen, die Tag und Nacht patrouilliert hatten, um rechtzeitig zu warnen, schlugen Alarm. Die Männer, immer angezogen im Schlafsack, sprangen auf, zogen die kleinen Boote von der Eisscholle, die vom Camp wegdriftete.

»Das Eis war einer unserer großen Lehrmeister, wie es der Winter heute noch ist. Es hat unseren ökonomischen, technischen und moralischen Sinn bestimmt. Es hat unseren Willen gestärkt, uns denken gelehrt.«
ERNST JÜNGER

Drift auf dem Eis

Am 9. April – der starke Südwind hatte die Eisflächen auseinandergetrieben – wurde das Lager abgebrochen. Die drei Boote, beladen mit dem Lebenswichtigen, wurden ins Wasser gelassen, und nach 159 Tagen Hilflosigkeit auf den Eisschollen begann der Überlebenskampf zwischen ihnen. Einmal eingekeilt zwischen dem Eis, dann schaukelnd im nächtlichen Schneetreiben wirbelte das Eismeer die Boote dahin. Die niederschlagenden Wellen gefroren auf den Männern, der Sturm riß sie um, die See trieb sie hoch. Die Welt war jetzt ein Wirbel aus schaukelnden Eisbergen, Wasser, Wind, Kälte und Schmerz.

Noch einmal rettete sich die Expedition auf eine Eisscholle. Ein Feuer konnte angezündet werden. Naß auf der Haut, die Kleider darüber eisesstarr, standen die Männer da, betend, vor Schrecken und Kälte schlotternd, immer bereit weiterzusegeln.

Wieder riß das Eis, und wieder trieben die Boote dahin, mit Männern, die sich aneinanderklammerten, sich Hoffnung zuflüsternd und einen Hauch von Wärme. Die Grenze der Belastbarkeit war längst erreicht.

Elephant Island lag jetzt 100 Meilen im Norden. Also dorthin! Ein letzter Eisgürtel wurde passiert und der offene Ozean erreicht. Diese Anstrengung! Der Hunger! Die Unterkühlung! Der Durst! Die Männer hatten weder Eis noch Süßwasser an Bord. Dazu waren sie seit Tagen ohne Schlaf und die meisten mit Frostbeulen geplagt. Während die sterbenden Bootsinsassen auf die fernen Eisgipfel von Elephant Island zutrieben, wurde gefrühstückt. Sie konnten auch das nicht mehr. Die Lippen waren

Mühsames Vorwärtskommen

Im Boot auf dem Südpolarmeer

Marsch über die Berge

Walfangstation

aufgerissen, die Zungen geschwollen, die Rachen blutende Wunden. Plötzlich drehte die Strömung, und sie mußten rudern. Aber lange schafften sie es nicht. Die Verzweiflung wuchs schneller als die Müdigkeit. Und dann kam die Lähmung.

Zu ihrem Glück drehte der Wind. Das war die Rettung. Als Mondlicht durch die Wolkendecke brach, lagen Meer, Berge und Gletscher phantomgleich vor ihnen, als hätte es eine Eishölle nie gegeben. Die aufgehende Sonne warf einen goldglänzenden Schimmer über 300 Meter hohe Bergspitzen. Die Küste darunter aber war schwarz und unzugänglich. Entweder Felsen oder kalbende Gletscher ließen das Anlegen selbstmörderisch erscheinen.

Endlich, an der Nordküste der Insel, bauten sie ihr Lager auf und nannten es Cape Wild. Die »Endurance« dagegen erschien als eine Fata Morgana von Komfort, Sicherheit, Glück.

Auf Elephant Island konnten sie nicht bleiben, und weil niemand sonst wußte, wo sie waren, galt es, selbst Rettung zu holen. »Shack« war entschlossen, mit fünf der besten Seemänner nach Südgeorgien zu segeln, 750 Seemeilen weit, über die gefährlichsten Gewässer der Erde, um einen Eisbrecher der Walfänger zu erbitten und wiederzukommen. Frank Wild blieb mit den anderen zurück.

Am 24. April, Ostermontag, stach Shackleton mit der »James Caird« in See. Der Abschied ging schnell. Würden sie sich wiedersehen? Nach 16 Tagen erreichten »Shack« und seine Männer wie durch ein Wunder die Felsenküste von Südgeorgien. Der schlimmste Hurrikan, den sie je in ihrem Leben erlebt hatten, ließ sie nicht anlegen. Mit ihrem sieben Meter langen Boot drohten sie, erfrierend, verhungernd, jede Hoffnung ausgelöscht, zwischen Eistrümmern und Felsen zu zerschellen.

Als sie ihr Boot endlich an Land zogen, in der König-Haakon-Bucht auf Südgeorgien, war Hilfe noch weit. Shackleton saß mit seinen Männern auf der falschen Seite der Insel. Zwischen ihnen und der Menschenwelt lag das Inlandeis, unvermessene Berge und Gletscher, die als unbegehbar galten. Der Weg durch das Meer, außen herum, war ausgeschlossen, weil die stürmische See zu gefährlich und das Boot beschädigt war.

Nachdem sich die sechs Männer ein paar Tage lang in einer winzigen Höhle erholt hatten, wagten »Shack«, Crean und Worsley den Marsch über die Berge, ohne spezielle Ausrüstung, ohne Proviant, ohne Karte. Sie kamen auf die andere Seite der Insel, trotz Nebel, Nacht und ohne Rast, weil sie ankommen mußten. Das Leben von 25 Menschen hing ab von ihrem Überleben.

In der Stromness-Walfangstation heuerte »Shack« ein Boot an, und sie holten ihre drei Freunde in der König-Haakon-Bucht ab. Dann, ohne Zeit zu verlieren, lief die »Southern Sky« aus, ein Eisbrecher unter Kapitän Thour, der Kurs auf Elephant Island nahm. Als nach schneller Fahrt die ersten Bergspitzen auftauchten, wurde das Packeis unpassierbar; 70 Meilen vor dem Ziel mußte das Rettungsschiff beidrehen.

Shackleton ließ sich zu den Falklandinseln bringen und nahm mit mehreren Regierungen Südamerikas Kontakt auf, um eine zweite Rettungsfahrt zu organisieren.

Die maroden Männer um Frank Wild hatten inzwischen gehofft, gewartet und gebetet. Untätig blieben sie nicht. Nachdem die umgestülpten Boote zu doppelstöckigen Behausungen umfunktioniert worden waren, die Nahrungsmittel rationiert, die Wunden geheilt, sorgte Wild für Humor, eine Aufgabe für jeden und für Hoffnung. Nach einem Monat mußte der »Boß« zurück sein.

Als auch nach zwei Monaten keine Hilfe kam, wurde das Leben in den engen Booten immer unerträglicher, der 100 Meter lange und zehn Meter breite Küstenstreifen enger als jeder Gefängnishof. Die Schlafsäcke blieben immerzu naß, die Kleider wurden fettig, die Gesichter rußig. Pinguin- und Seehundfett nährten ein ewiges Licht in den Booten, die zum Boden hin mit Zeltplanen verhängt waren, so daß ein wenig Wärme blieb. Auch wurden so die wertvollen Zündhölzer gespart.

Ein umgestülptes Boot als Behausung

Das Leben ging weiter, weder menschenwürdig noch hoffnungslos, aber es wurde immer schlimmer. Blizzards folgten, feuchte Tage, und Hunger – manchmal bis zum Delirium. Dann kam doch noch ein Seehund aus dem offenen Wasser oder Pinguine im Gänsemarsch.

Mit der Erkenntnis, daß Hilfe erst im Frühling kommen würde, ertrugen die Gestrandeten den Winter. Pinguinsteaks und Seehundfleisch machten sie schwammig, fett, müde. Trotzdem kreisten ihre Gespräche immerzu ums Essen, warme Strände und Dschungellandschaften. Alle, ohne Ausnahme, schworen, sollten sie je befreit werden, nie wieder ins Eismeer zurückzukehren. Nie zurück!

Als es nach Mittwinter wärmer wurde, begannen die Gletscher neben ihnen zu kalben. Tausende Tonnen Eis stürzten ins Wasser, Lawinen donnerten von den Bergen herab. Schlaflos wurden die Nächte schier unerträglich. Zuerst zu zweit, dann in kleineren Grüppchen begann man über eine zweite Rettungsmission nachzudenken. Vielleicht war Shackleton gescheitert, tot, und niemand wußte von ihrem Verbleib. Wild aber war sicher: »Der Boß wird kommen!« Und wenn er doch nicht wiederkam, niemand kam? Wie lange konnten sie überleben mit Seehund- und Pinguinfleisch?

Die zurückgebliebene Mannschaft Shackletons

Beim zweiten Versuch, seine Mannschaft zu retten, war »Shack« mit einem Stahlschiff aus Uruguay bis 20 Meilen an Cape Wild herangekommen. Dichter Nebel zwang ihn zurück. Diesmal reiste der »Boß« bis Punta Arenas, sammelte Geld bei den dort lebenden Briten und sandte den Schoner »Emma« aus, um die Seinen zu retten. Das Eis stand jetzt schon 100 Meilen nördlich von Elephant Island, also wieder retour. Shackleton gab nicht auf. Er wußte nur zu gut, wie sich seine 22 Mann in ihrem Gefängnis aus Eis, Enge und Krankheit fühlten. Eine dringliche Anfrage bei der chilenischen Regierung war erfolgreich. Das kleine Stahlschiff »Yelcho« war zu haben. Am 25. April lief es in Punta Arenas aus – es war der vierte Rettungsversuch.

Am 30. August 1916, am 137. Tag des Wartens, kam in Cape Wild ein Schiff in Sicht, und einen Augenblick lang erhellte ein Sonnenstrahl die düstere Welt um Elephant Island. Dann trieb der Wind das Eis wieder vor sich her, ein Blizzard drohte. Die »Yelcho« fuhr, so weit die Riffe es erlaubten. Dann ließ man ein Beiboot ins Wasser und ruderte nach Cape Wild. In Rufweite angekommen, stand »Shack« auf und fragte: »Seid ihr alle wohlauf?« – »Alles in Ordnung, Boß«, brüllte Wild zurück, und alle wischten sich Tränen von den Wangen. Wild kontrollierte das Beladen des Bootes, und sie fuhren hinaus auf die See. Auf der »Yelcho« war alle Trauer wie verflogen. Drei Tage später war das Schiff zurück in Punta Arenas, die Mannschaft wieder zusammen. Die Eisberge waren jetzt noch nicht vergessen, aber weit, weit weg.

Frank Wild

Wieder einmal war Shackleton mit seinem Expeditionsziel gescheitert, seine Leute aber hatte er zurückgebracht. Wie durch ein Wunder. Sein absoluter Glaube an die Vorsehung, sein Selbstvertrauen und das Vertrauen in seine Männer, mehr aber noch das Vertrauen der Mannschaft zu ihrem »Boß« waren das Geheimnis des Durchhaltens, nachdem die »Endurance« untergegangen war.

Antarktis-Transversale

Quer über den sechsten Kontinent

Nebensonnen

Reinhold Messners Idee, in den vier antarktischen Sommermonaten von der Wegener-Station (D) über Patriot Hills (Camp von Adventure Network) und den Südpol (USA) bis nach McMurdo (mehrere Stationen) zu marschieren, wobei ausschließlich bereits existente Planstationen als Anlaufstellen benützt werden sollen, ist eine neue Dimension des Grenzgangs. Es werden maximal zwei Depots angelegt, die Schlitten mit Verpflegung und Ausrüstung immer von den Akteuren selbst gezogen. Nur in zwei der vier zur Zeit existenten Stationen auf der mehr als 3000 Kilometer langen Wegstrecke werden vorher bzw. parallel Proviant und Ausrüstung geflogen, so daß sie als Rastbasen und für die Neuversorgung genutzt werden können.

Route:
Anreise mit dem Flugzeug von Punta Arenas in Südchile ins Weddellmeer und dann zu Fuß bis ans Rossmeer, Heimreise über Neuseeland mit dem Schiff

Zeitplan:
15. Oktober 1989 bis 15. März 1990

Mannschaft:
Arved Fuchs (D) – Navigation
Reinhold Messner (I) – Finanzierung, Logistik

»Die Europäer verrathen sich durch die Art, wie sie colonisirt haben.«
FRIEDRICH NIETZSCHE

Problematik und Logistik:
Da eine Überquerung der Antarktis zu Fuß – auf Trail-Ski – noch nie durchgeführt wurde, fehlen Vorgaben. Der längste bisher gelungene Marsch (McMurdo–Südpol) war nur gut halb so lang.
Startpunkt am Ronne-Schelfeis nach etwa zwei Wochen Anreise aus Europa
1. Etappe:
Marsch (1. bis 25. November, ca. 1000 km) zur Vinson-Station (Patriot Hills, GB, CAN), die Reinhold Messner 1986 besucht hat (dabei muß ein schwieriger Hängegletscher überwunden werden); Rast in der Station
2. Etappe:
Marsch am transantarktischen Gebirgszug entlang zu den Thielbergen (Orientierungshilfe) und zum Südpol (5 Wochen, 1200 km Marschdistanz); Tagesablauf: Strecke ca. 50 km, 3 x 2 Std. kochen und rasten, 2 x 6 Std. laufen, 1 x 6 Std. schlafen; 3 Tage Rast
3. Etappe:
Marsch (zuerst Aufstieg, dann Abstieg) entlang der Scott-Route nach McMurdo (1. Januar bis 15. Februar, 1500 km Laufstrecke)
Rückreise im Helikopter zur italienischen Antarktisstation Terra Nova, zwei Wochen mit Schiff und Flugzeug über Neuseeland und Australien nach Europa

Rechte Seite: Captain Cooks Landung in der Antarktis – ein letzter Kontinent wird gesichtet, die Eroberung aber für unnütz erklärt

Die Antarktis – ihr Wappentier ist der Pinguin – ist nur am
Rande belebt. Die reiche Fauna (Seehunde, Pinguine, Vögel,
Krill und Fische) und die äußerst karge Flora (auf die
antarktische Halbinsel beschränkt) haben sich dem Eiskontinent
angepaßt: ein halbes Jahr Tag, ein halbes Jahr Nacht.

»Wünschbarkeit sage ich, nicht Ideal.«
FRIEDRICH NIETZSCHE

195

Südgeorgien mit den Bergen,
die Shackleton überquert hat,
sowie sein Denkmal
auf Elephant Island

Erst seit einem guten Jahrzehnt ist auch der
Eiskontinent touristisch erschlossen. Das vom
berühmten Fliegerpiloten Ciles Kerschow
erträumte Camp in Patriot Hills, nahe den
Vinsonbergen, wird jährlich besetzt und so
organisiert, daß mit kleinen Maschinen
(Twin Otters) nahezu alle Punkte der Antarktis
angeflogen werden können. 1989 startete ich
so meine Südpolexpedition.

»Wie sieht es aus an einem Ort,
von dem der Mensch sich wieder
zurückgezogen hat? Friedlich und
schön. Der Boden besteht aus
Moosblüten, die zwischen runden
grauen Steinen wachsen.
Natürlich ist die Stille eine
Friedhofsstille . . .«
ALFRED ANDERSCH

Der Wintersturm fräst tiefe Rinnen aus der Schnee- und Eisoberfläche,
die metertief werden können. Tausende von Quadratkilometern sind oft
ein einziges Sastrugifeld. Das Darüberlaufen ist eine Qual. Der Mensch
verliert sich (rechts der Bildmitte).

»Die Entfernung läßt sich schwer ein-
schätzen, wenn sonst nichts da ist.«
HANS ERICH NOSSACK
»Spirale«

199

Wer viele Stunden am Tag einen schweren Schlitten über stumpfen Schnee zieht, dazu die große Kälte, braucht mehr als 5000 Kalorien pro Tag. Auch das Segeln ist anstrengend.

Speck und hartes Brot als Vorspeise, viel
Flüssigkeit (aus geschmolzenem Schnee) und
Pemmikan sind unsere Grundnahrungsmittel.

»Wer geht, sieht im Durchschnitt an-
thropologisch und kosmisch mehr, als
wer fährt . . . Wo alles zuviel fährt,
geht alles sehr schlecht: Man sehe sich
nur um! Sowie man im Wagen sitzt,
hat man sich gleich einige Grade von
der ursprünglichen Humanität entfernt. Man kann niemand mehr fest
und rein ins Auge sehen, wie man
soll . . . Fahren zeigt Ohnmacht,
Gehen zeigt Kraft.«
JOHANN GOTTFRIED SEUME

Am Südpol, obwohl von Norwegern erstmals erreicht, weht heute die US-Flagge. Hier wird Wissenschaft betrieben und Stärke demonstriert. Wer als Grenzgänger dorthin kommt, erfährt auch die Grenzen der Gastfreundschaft. Ausgeflogen hätten uns die Amerikaner (für viel Geld), aber telefonieren und ankündigen, daß wir weitermachten, wollten sie uns nicht lassen.

»Bis hierher war der Mensch gekommen, hinter seinen Idealen her,
unter entsetzlichen Leiden, Frostwunden und Hunger, ein Blinder,
der hinter einem wahnsinnigen Führer dreintappt.«
GEORG HEYM

»Was immer in dieser unserer Welt dem Menschen unbekannt bleibt, drückt lastend auf den menschlichen Geist. Es bleibt ein Etwas, das nicht bezwungen ist und das für den ›Beherrscher der Natur‹ ein ständiger Beweis seiner Schwäche und eine höhnende Herausforderung ist. Gleicherweise erhebt jedes aufgeklärte Geheimnis, jede Erforschung eines unbekannten Landes den Geist der ganzen Menschheit, stärkt ihren Mut und erhöht ihre Lebenskraft. Der Entdecker neuer Wege ist der Verbündete der geistigen Bahnbrecher, die die Zivilisation vorwärtsführen und erhalten.«

ROALD AMUNDSEN

In Wellen steigt das Eis zum Pol hin an; in Wellen fällt es von der Eismitte zum Meer hin ab. Dort, wo Berge das Eis zerreißen, fließt es schneller, Gletscher bilden sich mit Spalten und Blankeisflächen. Dort sind die größten Gefahren für den Eiswanderer: Wind, Nebel, Spalten, Eisbrüche. Zum Glück sind die Berge Anhaltspunkte.

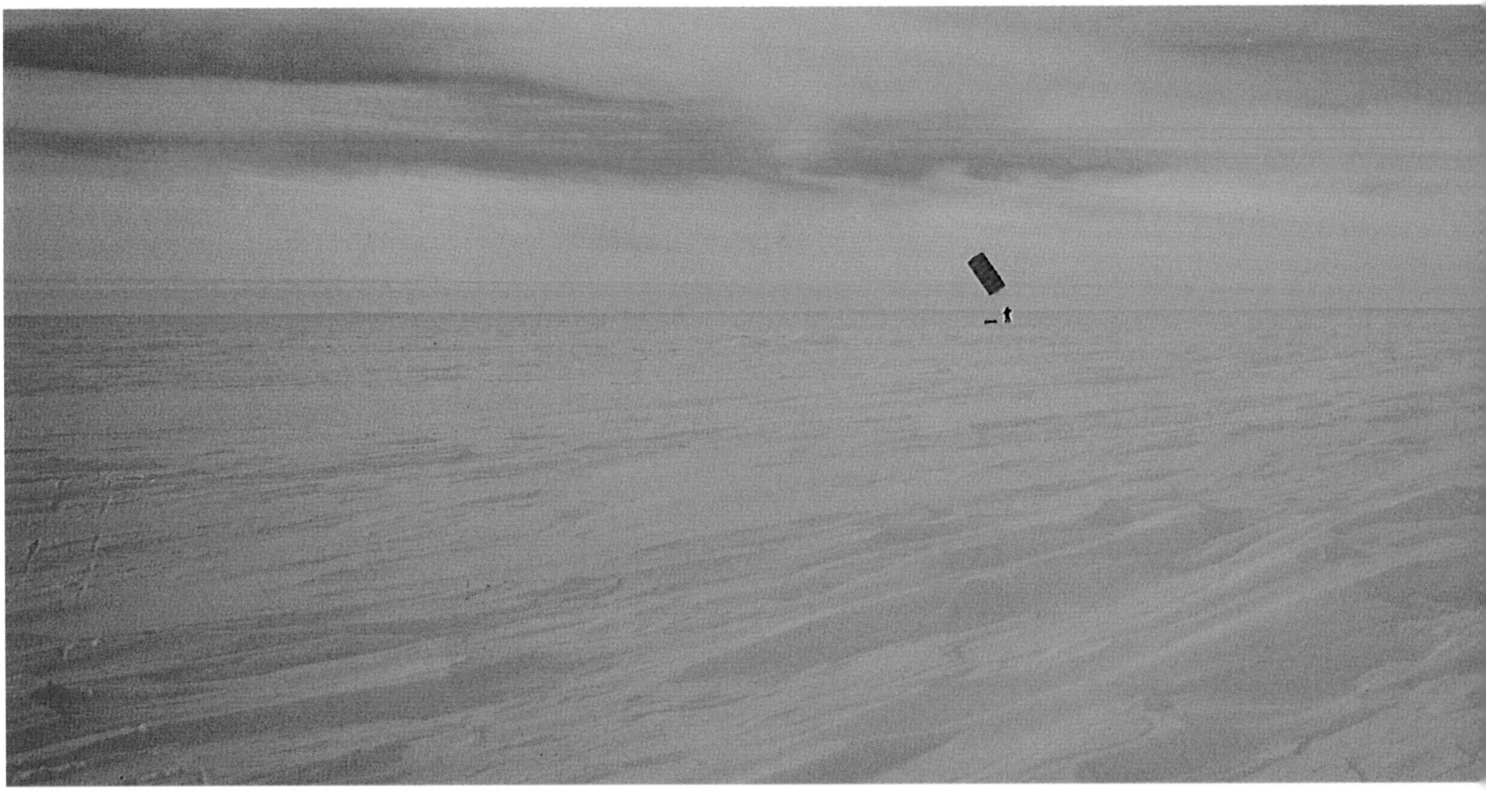

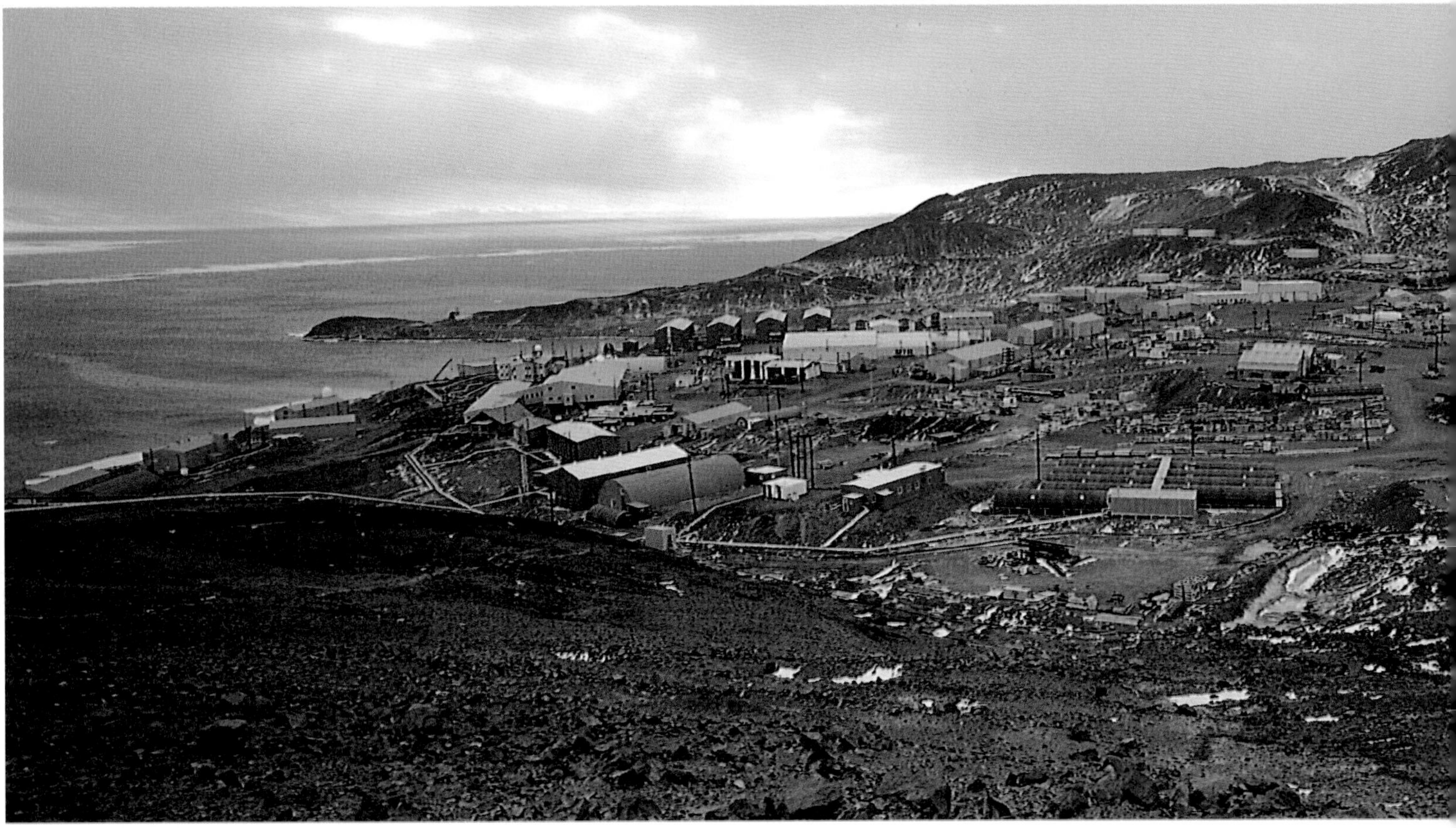

Segelnd kamen wir rechtzeitig ans Meer, zur McMurdo-Station, wo im Sommer 2000 Menschen leben. Wegen der Kälte zerfällt nichts. Die Antarktis ist also auch ein Müllmuseum, ohne Kosten für Wracks, Schachteln und historische Hütten.

»Trotzdem wollen sie das Eis besiegen. Sie wollen es durchfahren, Ölbohrinseln darauf bauen und Tafeleisberge vom Südpol zur Sahara bugsieren, um die Wüste fruchtbar zu machen.«
PETER HØEG

Weiter nur um des Weiters willen

In Gateway war für Arved Fuchs die Antarktis-Überquerung zu Ende. Für mich nicht. Wir wußten zwar, daß es dazu keine richtige oder falsche Antwort gab, sondern nur eine gemeinsame, beharrten aber auf unserem Standpunkt. Jeder auf seinem.

Wir hatten – von Punta Arenas in Südchile einfliegend – die Fußreise nicht wie ursprünglich geplant an der Schelfeiskante begonnen, sondern an einem Punkt zwischen Schelfeis und Festland. Die verspätete Anreise hatte uns zu diesem Kompromiß gezwungen, und der arktiserfahrene Arved Fuchs redete mir zudem ein, daß wir von dort ohne Depot nicht einmal bis zum Südpol kommen würden. Wir erreichten mit einem Vorratslager in knapp 50 Tagen den Pol, luden dort neuen Proviant und Brennstoff in unsere Schlitten und marschierten Richtung McMurdo weiter: vor uns 1500 Kilometer Gletschergelände ohne weitere Unterstützung von außen. Die schweren Schlitten, Stürme, die Kälte und der trockene Schnee bremsten unser Vorankommen so, daß wir verspätet in Gateway, dem Übergang vom Land auf das Schelfeis am Rossmeer, ankamen. Die reine Kontinentalüberquerung der Antarktis war gelungen; wir hätten uns ausfliegen lassen können. Aber – von den Kosten einmal abgesehen – wir hatten doch bis ans Meer laufen wollen, das 700 Kilometer weiter im Norden lag!

Reichten die verbliebenen Nahrungsmittel, die Zeit, unsere Kraft? Hielt unsere Seilschaft einen weiteren Kraftakt aus, oder sollten wir uns mit dem Erreichten zufriedengeben, rasten, endlich rasten und auf den Flieger warten?

Wir waren beide müde, die Sehnen geschwollen, gebeugt vom wochenlangen Schlittenziehen. Zusammengesunken stand Arved vor dem Zelt. Er wollte nicht mehr. Hatte ich das Recht, ihm meinen Willen aufzuzwingen? Nur weil ich als rastlos Getriebener ein unermüdlicher Antreiber gewesen war, waren wir bis hierher gekommen. Wofür? Nur um etwas noch nie Dagewesenes zu tun! Aber die Einmaligkeit dieser Leistung war noch kein Beweis für ihre Güte. Dieser Durchhaltewillen gegen jede menschliche Vernunft konnte ebensogut als Beweis für eine noch nie dagewesene Dummheit gesehen werden.

Früher einmal trieb solche Grenzgänger der Überlebenswille zu übermenschlichen Leistungen an. Einmal unterwegs, gab es eine Heimkehr nur auf den eigenen Beinen. Kein Flieger oder Hubschrauber, der gerufen werden konnte. Heute war nicht nur die Rettung im Notfall möglich, auch das Aufgeben, das Aufhören, wann und wo immer wir wollten. Und nur deshalb war eine Antarktis-Überquerung mit eigener Kraft möglich geworden. Und deshalb, nur deshalb mußte ich sie zu Ende gehen. Sollte Arved bleiben und sich ausfliegen lassen, ich wollte weitermachen. Ich hatte mir diese Aufgabe selbst ausgedacht und mir damit eine schwere Last auf den Schlitten geladen, war aber gerade durch diese mir selbst gestellte Aufgabe motiviert, meinen Weg weiterzugehen. Trotz meiner Zerbrechlichkeit, der Müdigkeit, der vielen Zweifel, es bis Mitte Februar zu schaffen.

Es gab bei dieser Reise kein Ziel mehr. So wie der Südpol selbst nur Durchgangspunkt gewesen war, würde Gateway hinter mir bleiben als ein Ankommen und Aufbrechen, dazwischen eine Nacht im Zelt. Gateway repräsentierte nicht einmal eine Station im langen Prozeß des Durchgehens durch die Antarktis, wenn auch das Hinkommen all meine Hingabe und Aufmerksamkeit gefordert hatte.

»Die Moral ist die Wichtigthuerei des Menschen vor der Natur.«
FRIEDRICH NIETZSCHE

700 Kilometer bis zur Küste!

Linke Seite: Lager vor Gateway – Ende der Gletscher oder Ende der Reise? 700 Kilometer sind es bis ans Meer.

Eine irreale Welt

Vielleicht war mein Reisen nie fertig, jede Expedition nur ein Abschnitt auf dem langen Weg, dessen Ziel sich mit jeder Zwischenstation weiter hinausschob. Wie jetzt in Gateway, wo McMurdo als Möglichkeit eines »Weiter« denkbar geworden war. Weil wir bis dorthin am Hunger, an der Erschöpfung, an unserer Langsamkeit scheitern konnten, durfte unser Unterwegssein nicht zu Ende sein. Es würde nie enden, ahnte ich, wenn wir es schafften, das Meer aus eigener Kraft zu erreichen. Auch deshalb mußte ich weiter. Sogar Arved konnte sich zuletzt zu dem Weiter durchringen, obwohl er mir die Gründe dagegen in hundert Varianten vorgetragen hatte. Aus diesem Weiter bezogen wir Kraft, Perspektive, Hoffnung. Aller Sinn lag nur noch darin. Die Vorstellung, ein Weiter vor uns zu haben, trieb uns an. Wir mußten also weitermachen, jeder Schritt eine Fortsetzung des Gehens, jeder Tag ein Stück auf eine sich uns ständig entziehende Zielsetzung hin, die Erfüllung bedeuten konnte.

Was waren jetzt noch geographische und historische Erkenntnisse, die Antarktis betreffend? Wenig oder nichts. Sogar die Ökologie war unwichtig geworden. Wir wußten, daß Fluorchlorkohlenwasserstoffe, kurz FCKW, die aus Klimaanlagen, Schaumstoffen und Sprays entwichen, mitschuldig waren an der Zerstörung der die UV-Strahlen filternden Ozonschicht. Wir wußten, daß auch Raketen die Ozonschicht zerstörten. Arved und ich aber liefen nur noch weiter. Wir selbst jagten ja keinen Space Shuttle durch die Stratosphäre, benützten weder Sprays noch Klimaanlagen. Die Antarktis selbst war unser Kühlschrank.

Wo waren wir?

Wir gingen seit Monaten durch eine Welt, die wir uns vorher nicht hatten vorstellen können: weder in ihrer Ausdehnung noch in den Farbstimmungen. In Wellenstufen lag das Eis vor uns. Von der Küste bis zu den Gebirgen im Innern des Kontinents. Unmerklich stieg das Gelände an, wochenlang immer nur Horizontale, die je nach Sonnenstand silbern, golden oder rosé glitzerte. Im Sturm oder bei tiefliegenden Wolken wurde diese Eiswelt so düster, daß wir uns fürchteten. Die Silhouetten der Hochgebirgszüge im gleißenden Licht, wie die Alpen vor der Menschenzeit; die Täler dazwischen gefüllt mit Gletscherströmen. Rabenschwarz die Risse im Eis; blaugrünlich glänzten die Eisabbrüche. Dann wieder die Horizontale. Wenn plötzlich ein Nunatak aus der Eisfläche ragte, sah ich ein Kunstwerk.

Gleich hinter Gateway erlebten wir den schlimmsten aller Stürme. Wie viele Stunden lang drückte er das Zelt nieder? Wie groß wurde die Angst? Es war, als säßen wir in einem winzigen, warmen Hohlraum mitten in der Hölle. Zwischen Leben und Tod nur eine hauchdünne, flatternde Hülle, die hoffentlich hielt. Aber die Angst verging und der Sturm. Nur die Zeit blieb stehen, und wir zogen weiter. Viele Marschstunden lang, bevor wir uns zum Kochen, Rasten und Schlafen ins Zelt legten. Draußen blieb es hell. Der oft verbreitete Unsinn, daß am Südpol der Eingang in eine hohle Erde sei, war uns nicht einmal mehr einen Gedanken wert. Waren wir doch nie auf einer Reise ins »Innere der Welt« gewesen, sondern nur noch unterwegs auf der Eisoberfläche. Die »Inhalte« – ob Pseudoforschung oder Animationsrituale –, die moderne Abenteurer gerne in den Mittelpunkt ihrer Reise stellen und vom Schiff, aus dem Eismeer oder vom Everest-Gipfel in ihre PR-Zentren funken oder faxen, interessieren mich sowenig wie der Inhalt einer hohlen Erde; das passive Erleben von Wilderness-Regionen, das heute dem Massentourismus schmackhaft gemacht wird, noch weniger. Nur der sich verlorengegangene Mensch und sein Verhalten sind dabei interessant.

Wie oft habe ich mir in diesem letzten Stück der Antarktis-Tour ein »Nie wieder« geschworen. Immer, wenn Arved stundenlang nicht nachkam, oft, wenn der Treibschnee die Spurarbeit erschwerte, häufig, wenn ich im White-out schier irr wurde, am unregelmäßigen Untergrund und an einer sprunghaften Kompaßnadel vor meiner Brust. In diesem Vorantorkeln war ich ein Kranker. »Nie zurück« aufs Eis wollte ich, und doch war ich wenig später – gute Sicht vor mir, brauchbarer Schnee unter mir, ein motivierter Partner hinter mir, die wärmende Sonne über mir – begeistert von diesem Tun. Nach Grönland wollte ich, zum Nordpol und vielleicht noch einmal hierher zurück. Gab es etwas Aufregenderes als dieses Unterwegssein auf dem Eis? Nein! Mochte das Felsklettern schwieriger, das Höhenbergsteigen anstrengender sein – diese Polreise hatte mich in ein viel größeres Ausgesetztsein geführt, eine Selbstverantwortung, die mich und meinen Partner heraushob aus der Menschenwelt und ganz hineinstellte in unser Unterwegssein.

Wir kamen ans Rossmeer, aber ich wollte dort nicht angekommen sein. Ich mußte weiter, mit einem stärkeren Partner vielleicht, aber weiter. Nicht wieder zurück, nein, das Ziel, das zu erreichen ich alle meine Überredungskunst, Ausdauer und sogar Selbstbetrug eingesetzt hatte, war jetzt nicht mehr mein Ziel. Das eigentliche Ziel verweigerte sich mir hartnäckig. Ich wußte, ich würde es erreichen, denn was sich heute als unerreichbar herausstellte, würde beim nächsten Weiter gelingen.

Schelfeis

»Den Stil verbessern – das heißt den Gedanken verbessern – und gar nichts weiter!«
FRIEDRICH NIETZSCHE

Eisberge im Rossmeer

Eisformationen

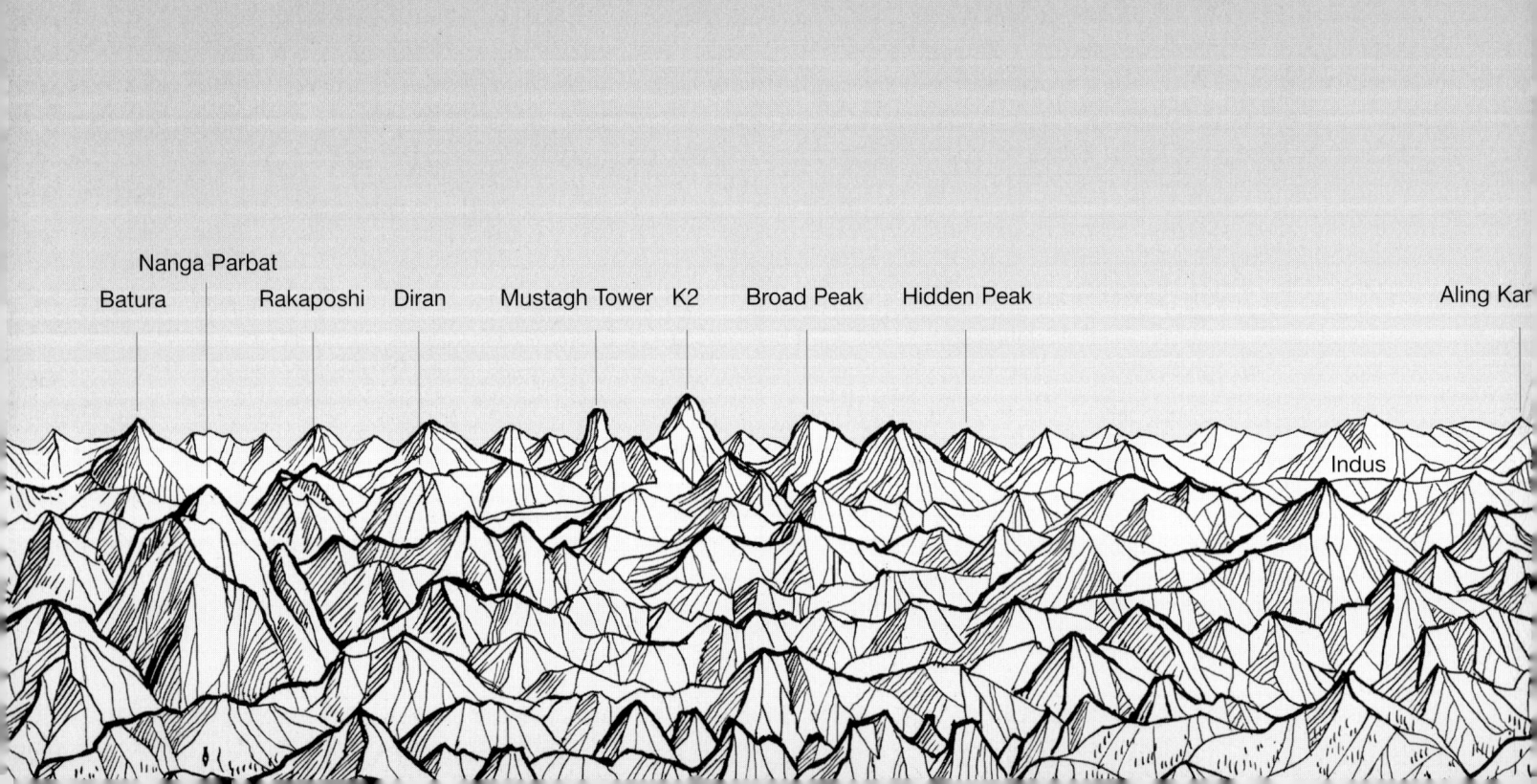

Nanga Parbat

Batura Rakaposhi Diran Mustagh Tower K2 Broad Peak Hidden Peak Aling Kar

Indus

Mount Everest

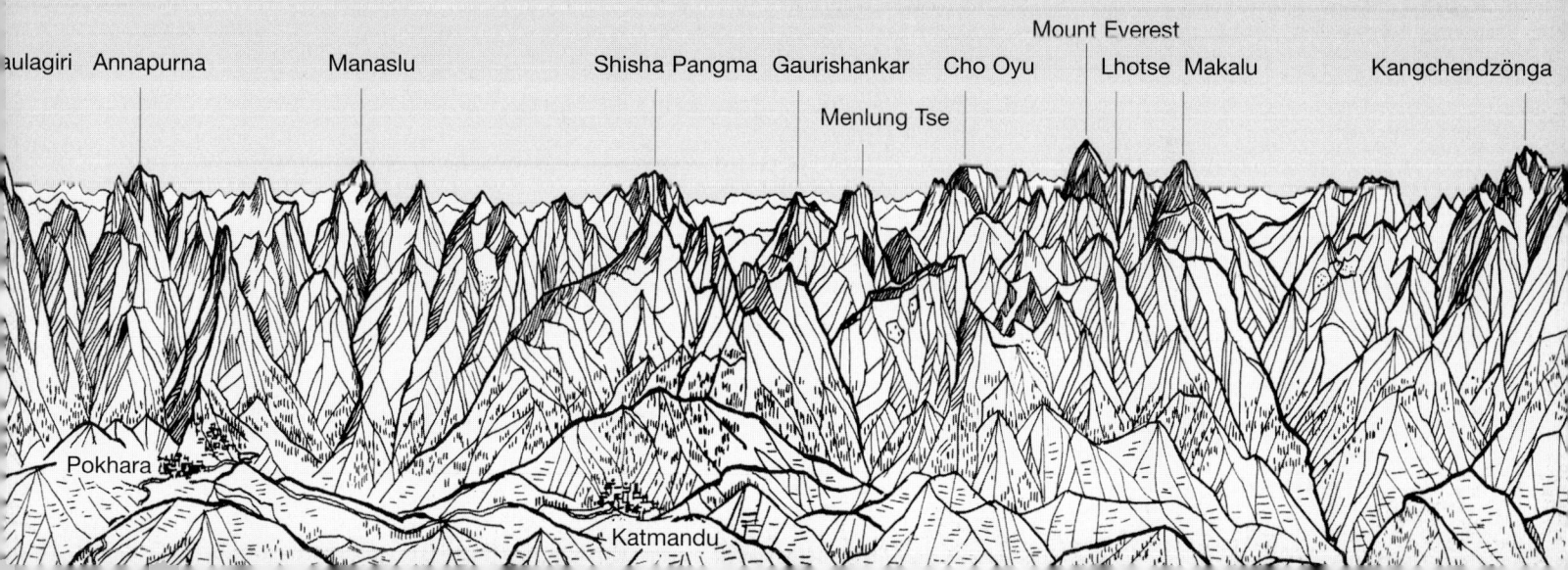

aulagiri Annapurna   Manaslu   Shisha Pangma Gaurishankar   Cho Oyu   Mount Everest   Kangchendzönga

Menlung Tse   Lhotse Makalu

Pokhara

Katmandu

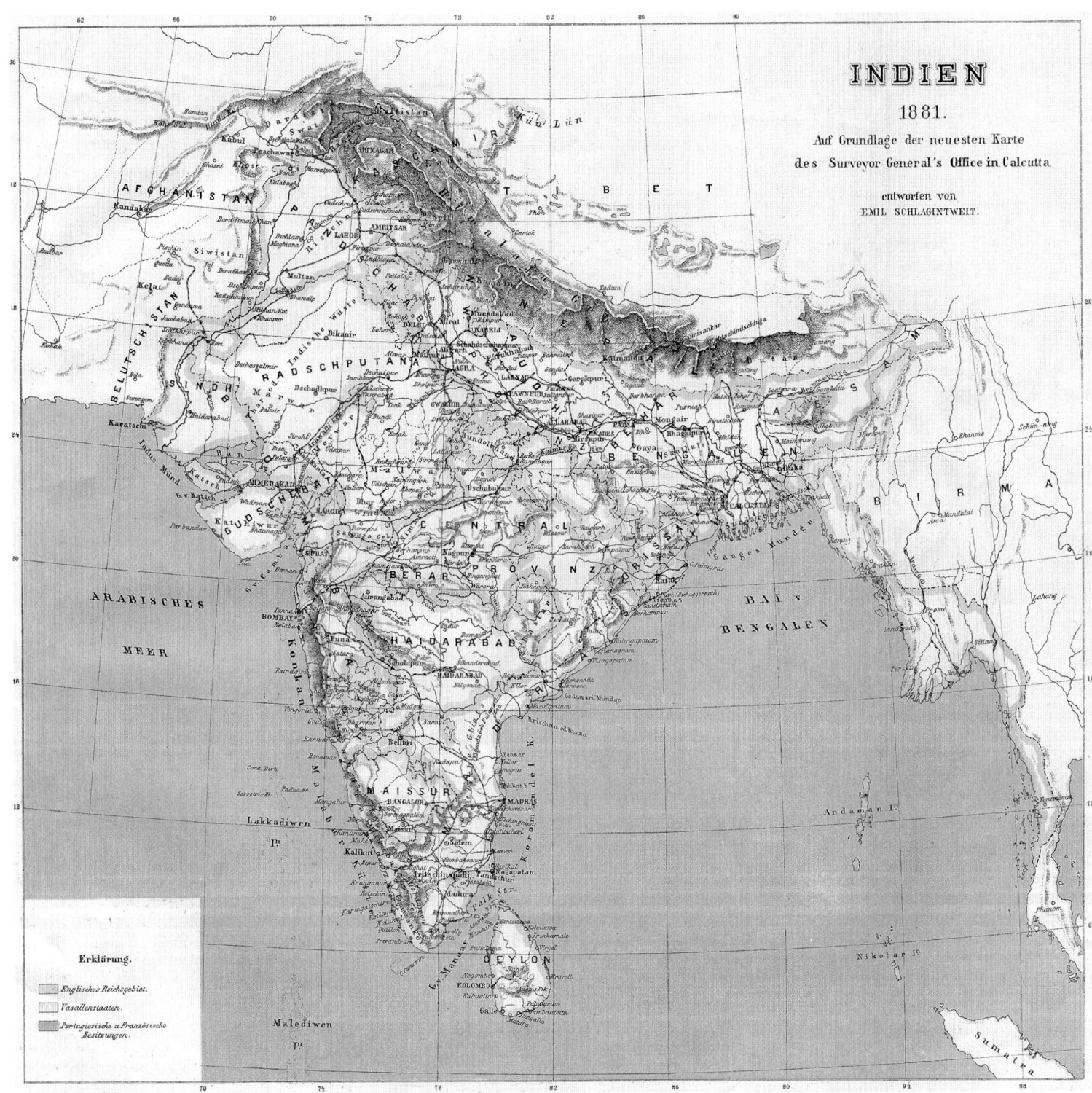

INDIEN

1881.

Auf Grundlage der neuesten Karte
des Surveyor General's Office in Calcutta.

entworfen von
EMIL SCHLAGINTWEIT.

Erklärung.

Englisches Reichsgebiet.
Vasallenstaaten.
Portugiesische u.Französische
Besitzungen.

Das Dach der Welt

Wer sich über dem tibetischen Hochplateau zwischen Himalaja und Kuen Lun eine Eiskalotte vorstellen kann, versteht auch den Begriff Ostpol, angelehnt an die großen Eismassen in Arktis und Antarktis. Die Vorstellung, daß dieses riesige Hochland in der Mitte Asiens einst von gigantischem Inlandeis bedeckt gewesen sein könnte oder sein wird, aus dem nur die Spitzen der Gebirgsketten herausragen, legt eine ähnliche klimatische und glaziologische Konstellation wie in Grönland oder in der Antarktis nahe. Die Eisdecke würde die Erdkruste niederdrücken; nach dem Abschmelzen könnte sie sich wieder heben, die Gebirge würden weiterwachsen.

Der Himalaja und das tibetische Hochplateau, in einer Druckzone zwischen dem indischen Subkontinent und Sibirien entstanden, wachsen zur Zeit weiter. Gehäuft lasten Massen von Gestein auf dem Rücken Asiens, der aus einer Serie von hohen Gebirgsketten besteht, die im Himalaja gipfeln.

Himalaja kann mit »Schneeland« übersetzt werden und bedeutet auch Kälte, Winter. Diese Gebirgskette zwischen dem Namche Bawa im Zangpo-Brahmaputra-Knie im Osten und dem Nanga Parbat im Indusknie im Westen ist 2500 Kilometer lang. Wenn wir aber Pamir, Hindukusch, Karakorum sowie Tienschan dazurechnen, sind die Gebirgsmassen in Zentralasien fast 3000 Kilometer lang und bis zu 1000 Kilometer breit. Dieses Hochasien, obwohl kleiner in der Ausdehnung als Arktis und Antarktis, ist im wesentlichen für das Klima des größten Kontinents verantwortlich und gilt als sein Süßwasserspeicher. Der Himalaja fungiert als Monsunsperre, und so sind die Gebiete im Norden trockene Hochwüsten. Die größten Flüsse aber, Indus, Ganges und Brahmaputra (im Oberlauf Zangpo), bringen große Mengen an Süßwasser in den Subkontinent. Obwohl die Menge des Gletschereises in Hochasien im Verhältnis zu den arktischen und antarktischen Eismassen verschwindend klein ist, sind größere Teile zusammenhängend über sechs bis acht Monate verschneit und vereist.

Die höchsten Berge in diesem riesigen Hochland, speziell die Achttausender und den Mount Everest, als »dritten Pol« zu beschreiben liegt mir fern. Weder Abgeschiedenheit noch reiche Fauna und Flora im Himalaja rechtfertigen den Ausdruck. Wenn wir aber den Zugang des Menschen zu den höchsten Höhen der Erde studieren, fällt auf, daß der Eroberungswahn nach Süd- und Nordpol einen Ersatzpol brauchte. Nur in diesem Zusammenhang will ich hier von einem »dritten Pol« sprechen. Ohne ihn wäre die Polgeschichte zwischen 1895 und 1995 nicht so klar zu durchschauen.

Im Gegensatz zur Antarktis, die erst in jüngster Zeit vor allem für die wissenschaftliche Forschung »besiedelt« worden ist, und zur Arktis, die an den Rändern sehr dünn besiedelt bleibt, war Hochasien, politisch zu einem halben Dutzend Staaten gehörend, seit Jahrtausenden bis hinauf in die Schneeregionen bewohnt; Karawanenstraßen gab es dort, Handel und Pässe. Trotzdem war das Eindringen für die Pioniere schwierig. Heute ist das Reisen dort um ein Vielfaches leichter geworden als in der letzten verbliebenen Wildnis im Innern von Arktis und Antarktis.

Das Schneeband

Linke Seite: Indien und der Himalaja

Die Ostpol-Geschichte in Stichworten

Mount Everest

333 v. Chr.
Alexander der Große erreicht auf seinem Marsch nach Osten die Ausläufer des Himalajas.

1095 n. Chr.
Der Yogi Milarepa (1040–1123) meditiert am Fuße des Qomolungma (Mount Everest).

1590
Zeichnung der ersten bekanntgewordenen Karte mit Anknüpfung an den Himalaja durch Antony Montserrate (spanisches Mitglied der Jesuitenmission beim Hofe von Akbar). Keine Höhenangaben.

Der Himalaja von Süden

»In euerm Herzen sitzt der Hunger nach Griechenland. In meinem rast die Sehnsucht nach der Welt. Ihr seht nach Westen. Ich will nach Osten. Geht zurück, wenn ihr könnt. Ich gehe zurück, wenn ich will.«
ARNOLT BRONNEN
»Ostpolzug«

Vorstellung der höchsten Berge der Welt

1705–1717
Jesuiten in China zeichnen die ersten Übersichtskarten von Tibet. Der Mount Everest (Qomolungma) kommt nicht vor.

1733
Zeichnung einer Tibet-Landkarte durch den französischen Geographen Jean Baptiste d'Anville. Sie wird in Paris als »Atlas von China« in 42 Blättern veröffentlicht.

216

1749

Die indische Landvermessung entdeckt und fixiert aufgrund von Beobachtungen aus den tiefliegenden indischen Dschungelebenen einen sehr hohen Gipfel im Himalaja. Er wird mit Peak XV gekennzeichnet.

1803

Charles Crawford stellt die ersten Karten von Nepal her. Der Dhaulagiri gilt als höchster Berg des Himalaja bzw. der Welt.

1849–1850

Beobachtungen des Peak XV von sechs Standorten aus (Distanz 174–190 Kilometer).

Vermesser im Himalaja

1852

Diese Messungen werden ausgewertet. Durchschnittsergebnis: 29 002 Fuß oder 8839,81 Meter, also höher als irgendein bisher bekannter Gipfel.
Im Süden kennen die Einheimischen keinen Namen für den Berg.

1856

Nach mehreren Namensvorschlägen (unter anderem »Devadhunga« = Wohnsitz der Gottheit und »Gaurishankar« = Strahlende/Weiße Braut Shiwas) für Peak XV entscheidet sich der damalige Chef der Survey of India, Sir Andrew Waugh, für den Namen Mount Everest, nach seinem Vorgänger Sir George Everest. Dieser Name wird von der Royal Geographical Society of Britain in London gutgeheißen und angenommen. Es kommt in der Folge häufig zu Verwechslungen: Der heilige Berg Gaurishankar, ein formschöner Siebentausender, der von Süden aus gesehen hoch über den Vorbergen aufragt, wird des öfteren mit dem Mount Everest verwechselt und gilt als höchster Berg der Welt.

George Everest

1856

Der deutsche Forscher Adolf Schlagintweit ersteigt den östlichen Mustaghpaß. Im gleichen Jahr sichtet der britische Vermessungsoffizier Captain T. G. Montgomery aus 200 Kilometer Entfernung im inneren Karakorum eine »Zusammenballung hoher Gipfel«. Er numeriert die erkennbar höchsten mit K1, K2 usw.; K steht dabei für Karakorum. Der erst viele Jahre später bekanntgewordene einheimische Name Chogori (für K2) setzt sich später im internationalen Gebrauch gegen K2 nicht mehr durch.

1861

Der Brite Colonel H. H. Godwin-Austen erforscht große Teile des westlichen Karakorum. Von ihm stammt die erste Übersichtskarte (1:500 000) sowie auch eine erste Beschreibung des Zugangs zum K2.

Thomas G. Montgomery

1880–1883 bzw. 1905

Es erfolgen neue Messungen des Mount Everest von sechs neuen Standorten (Distanz 140–174 Kilometer), teilweise von den Berghügeln um Darjeeling aus. Diese und Korrekturen der Messungen von 1849/50 bringen laut Berechnung von Sir Sidney Burrard 1905 ein Durchschnittsergebnis von 29 141 Fuß oder 8882,18 Metern.

Albert F. Mummery

1892

Der Engländer Lord W. M. Conway kommt bei einer Forschungsreise bis an den Fuß des K2 und beschreibt den zweithöchsten Berg der Welt.

1895

Der Brite A. F. Mummery erreicht nach der Erkundung der Rupalflanke des Nanga Parbat (8125 m) in der Diamir-Seite eine Höhe von etwa 6000 Metern und bleibt beim Versuch, ins Rakhiot-Tal überzuwechseln, verschollen. Es ist der erste ernstliche Versuch, einen der höchsten Berge der Welt zu besteigen, den »dritten Pol« zu erobern.

1899

Der Brite D. W. Freshfield sowie der italienische Fotograf V. Sella umrunden mit einer Expedition den Kangchendzönga, den dritthöchsten Berg der Erde. Kangchendzönga bedeutet soviel wie »Fünf Schatzkammern des großen Schnees«. Im deutschen Sprachgebrauch wird der Berg auch oft mit »Kantsch« abgekürzt. Das vielgipfelige Massiv besteht aus Hauptgipfel, 8586 m, Mittelgipfel, 8482 m, Südgipfel, 8476 m und Westgipfel = Yalung Kang, 8433 m.

1902

Eine internationale Expedition unter Leitung von O. Eckenstein versucht die Besteigung des K2 über den Nordostsporn. Dabei wird der obere Godwin-Austen-Gletscher erkundet und das Windy Gap erreicht. Vermutlich höchste Höhe am K2: 6200 Meter.

1904

Colonel Waddell und Sarat Chandra Das hören in Tibet von Tibetern den Namen »Chomo Kankar« (Herr des ewigen Schnees) für den Mount Everest.

1906–1907

C. G. Bruce, T. G. Longstaff und A. L. Mumm bereiten für 1907 eine erste Everest-Expedition vor. Ausländerverbot in Tibet und Nepal verhindern sie.

1909

Ein Sherpa nennt General Bruce den Namen »Lungmo« für den Mount Everest.
Luigi Amedeo von Savoyen, der Herzog der Abruzzen, leitet eine italienische Expedition zum K2. Er erkennt im Südostsporn (später Abruzzigrat) die günstigste Aufstiegsroute. Die Gruppe kommt bis auf 6000 Meter. Anschließend gelangt die Expedition am nahegelegenen Siebentausender Chogolisa bis nahe an den Gipfel (Höhenweltrekord, ca. 7500 Meter).

C. G. Bruce

1920

Sir Charles Bell, Vertreter Großbritanniens in Lhasa, erhält ein offizielles Schreiben vom tibetischen Ministerpräsidenten, der eine erste Mount-Everest-Expedition genehmigt. In diesem Schreiben steht, daß die Sahibs Cho-mo-lung-ma zu sehen wünschen. Cho-mo-lung-ma bedeutet wie auch Chomo Lungmo soviel wie »Göttinmutter des Landes«. Laut offiziellen Dokumenten dieser Zeit und angeblich auch schon viel früher wird der Distrikt um den Cho-mo-lung-ma als »Lho-cha-mo-long« (Vogelland im Süden) bezeichnet, liegt also sehr wahrscheinlich südlich der Everest-Makalu-Gruppe. Unter »Chomolungma« versteht man heute das ganze Everest-Massiv oder die ganze Everest-Makalu-Gruppe im Khumbu Himal.

Norton über 8000 Meter am Mount Everest

1921

C. K. Howard-Bury, Leiter der ersten Mount-Everest-Expedition, hört den Namen »Chomo Uri« (Göttin des Türkisgipfels) für den Mount Everest, ebenso Chomo Lungma für Everest und Makalu zusammen.

Mallory und Bullock finden nach wochenlanger Erkundung den Zugang über den östlichen Rongbukgletscher zum Nordsattel des höchsten Berges der Welt.

1922

Zweite britische Expedition, Leiter General C. G. Bruce. Dabei wird erstmals die 8000-Meter-Marke überschritten. Mallory, Norton und Somervell erreichen am 21. 5. ca. 8200 Meter, Finch und Bruce am 27. 5. 8326 Meter, beides neue absolute Höhenrekorde. Die Expedition erprobt auch zum ersten Mal in Stahlflaschen mitgeführten Flüssigsauerstoff (»englische Luft«). Eine Lawine tötet sieben Sherpas unter dem Nordsattel.

1924

Dritte britische Expedition, Leiter E. F. Norton. Er erreicht am 4. 6. eine Höhe von 8572 Metern, Somervell 8540 Meter. Mallory und Irvine werden bei ihrem Versuch mit Sauerstoffgeräten am Nordostgrat zuletzt von Odell auf über 8530 Meter gesichtet; danach sind sie verschollen. Sie können den Gipfel nicht erreicht haben.

Camp am Kangchendzönga

1929

Eine deutsche Expedition unter Leitung von Paul Bauer wendet sich dem dritthöchsten Berg der Welt zu (Kangchendzönga, 8585 m) und erreicht am Nordostsporn (Sikkim-Seite) eine Höhe von etwa 7400 Metern.

1930

Günter Oskar Dyhrenfurth leitet eine internationale Expedition zur Nordflanke desselben Berges. Beim Versuch, den Nordgrat zu erreichen, kommt ein Sherpa in einer Eislawine um. Daraufhin wendet sich die Gruppe dem Nordwestgrat zu und gelangt dort auf eine Höhe von etwa 6400 Metern.

Am Nordostsporn des Kantsch

1931

Wieder führt Paul Bauer eine deutsche Expedition zum Kantsch. Diesmal wird am Nordostsporn eine Höhe von etwa 7700 Metern erreicht. H. Schaller und ein Sherpa stürzen tödlich ab; der Sirdar erkrankt und stirbt.

1932

Unter Leitung von Willy Merkl bricht eine deutsch-amerikanische Expedition zur Nordseite des Nanga Parbat auf. Die Gruppe erklettert den Rakhiot Peak, erreicht den Ostgrat, scheitert aber aufgrund mangelnder Himalaja-Erfahrung.

Die Houston-Westland fliegt zum Mount Everest

1933

Erstmals wird der höchste Berg der Welt überflogen. Reiche Bildausbeute dieser Houston-Expedition (USA).

Vierte britische Expedition zum Mount Everest unter Leitung von H. Ruttledge. Lager VI wird auf 8350 Meter Höhe erreicht. Wyn Harris und L. R. Wager erreichen am 30. 5. eine Höhe von 8572 Metern, zwei Tage später kommt Frank S. Smythe sogar bis knapp 8600 Meter.

1934

Alleinversuch des Engländers M. Wilson, der ursprünglich mit einem kleinen Flugzeug so hoch wie möglich am Mount Everest landen will (auf einem Schneefeld), um den Berg zu »überrennen«. Der religiöse Fanatiker, unerfahren und weltfremd, stirbt unter dem Nordsattel an Erschöpfung.

Wieder unter der Leitung von Willy Merkl stoßen am Nanga Parbat fünf Bergsteiger und elf Sherpas über die 1932 erkundete Route bis auf das Silberplateau vor. P. Aschenbrenner und E. Schneider erreichen eine Höhe von etwa 7800 Metern. Wissenschaftler erarbeiten eine Karte. Im Schneesturm kommen beim Abstieg U. Wieland, W. Welzenbach, Merkl und sechs Sherpas um. A. Drexel stirbt schon vorher an einem Höhenlungenödem.

1934

Eine Dyhrenfurth-Expedition erkundet den Gasherbrum I. H. Ertl und A. Roch kommen dabei bis 6300 Meter Höhe.

1935

Eine starke britische Erkundungsmannschaft erreicht, da zeitlich zu spät, nur noch den Nordsattel. Die Leitung hat E. Shipton. Es werden zahlreiche Gipfel im Everest-Gebiet erstiegen. Erster Einblick in das bisher unbekannte Westbecken (Nepal).

1936

Sechste britische Expedition am Mount Everest, diesmal wieder unter Leitung von H. Ruttledge. F. S. Smythe gehört auch diesmal zur Mannschaft. Wegen schlechten Wetters erneut ein Fehlschlag.

1937

Unter Leitung von K. Wien startet eine große Expedition der Deutschen Himalaja-Stiftung (DHS) zum Nanga Parbat. Im Lager IV werden alle sieben Sahibs sowie neun Hochträger nachts von einer Eislawine begraben. Noch im gleichen Jahr organisiert Paul Bauer eine Bergungsexpedition.

1938

Unter Paul Bauer operiert eine starke Mannschaft an der Nordseite des Nanga Parbat. Eine Ju 52 wirft Ausrüstung und Proviant am Silberplateau ab. Vergeblich. Die Expedition scheitert.

Erste amerikanische Kleinexpedition am K2. Unter C. Houston steigt eine Mannschaft ausgezeichneter Alpinisten über den Südostsporn (Abruzzigrat) auf und scheitert zwi-

Ju 52 am Nanga Parbat

schen Schulter und »Schwarzer Pyramide«. Erstmals werden die Schlüsselstellen am Abruzzigrat gemeistert.

Die siebte britische Expedition am Mount Everest wird von H. W. Tilman geleitet. Erreichte Höhe etwa 8300 Meter. E. Shipton und F. S. Smythe sind ebenso bei der Mannschaft wie N. E. Odell.

H. W. Tilman

1939

Die Erkundungsexpedition von P. Aufschnaiter kommt in der Diamirflanke des Nanga Parbat an zwei Stellen bis auf knapp 6000 Meter.

Die zweite amerikanische Expedition zum K2, diesmal unter Leitung des Deutsch-amerikaners F. Wiessner, operiert ohne Sauerstoffausrüstung. Wiessner kommt bei einem Gipfelversuch bis wenige hundert Höhenmeter unter die Spitze des Berges. Beim Abstieg sterben ein Sahib und drei Sherpas unter dramatischen Umständen.

1947

Alleingang des Kanadiers E. Denman (ohne Genehmigung) zum Mount Everest; er kommt bis kurz vor den Nordsattel.

Fritz Wiessner

1949

Nepal öffnet vorsichtig seine Grenzen für Ausländer.

1950

Erste amerikanisch-britische Kurzerkundung der nepalesischen Seite des Mount Everest durch H. W. Tilman/C. S. Houston bis zum Fuß des Khumbu-Eisfalls.

Bis zu diesem Zeitpunkt ist der Achttausender Annapurna so gut wie nicht erforscht. Eine französische Expedition unter M. Herzog, von ihrem ursprünglichen Ziel, dem Dhaulagiri, kommend, muß zuerst die Zugänge erkunden. Von Westen her, über Jagd- und Almsteige, gelangt sie in das Gletscherbecken nördlich der Annapurna, von dem schließlich eine sehr gefährliche Aufstiegsmöglichkeit zu einem sichelförmigen Gletscher ins Auge gefaßt wird. Da der Monsuneinbruch immer näher rückt, darf keine Zeit verloren werden.

Trotz ungenügenden Schuhwerks wagen M. Herzog und L. Lachenal einen Aufstiegsversuch und stehen am 3. 6. 1950 auf dem Gipfel (ohne Sauerstoffgeräte!). Damit ist die Annapurna der erste bezwungene Achttausender. Der Rückweg gestaltet sich jedoch alles andere als triumphal. Durch Drogen in ihrer Selbstkontrolle eingeschränkt, werden Herzog und Lachenal zusammen mit ihren Rettern beim Abstieg durch Spaltenstürze, Schneeblindheit, Lawinen und Freibiwaks arg in Mitleidenschaft gezogen. Der Expeditionsarzt Dr. Odout muß noch auf dem Rückmarsch erfrorene Finger und Zehen amputieren.

Der Rückmarsch als Leidensweg

1951

Zweite britische Erkundung der Everest-Südseite unter E. Shipton. Erste Begehung des Khumbu-Eisfalls bis zur Schwelle zum Western CWM (Westbecken = »Tal des Schweigens«). Der Schlüssel zum Aufstieg von Süden ist gefunden.

Alleinversuch des Dänen R. B. Larsen auf der Nordseite des Mount Everest. Er soll den Nordsattel erreicht haben. Danach weigern sich die Sherpas, ihm zu folgen.

Sherpa Tensing Norgay und
Edmund Hillary

K2 von Südosten

1952

In einem ausführlichen und wohlbegründeten Artikel im »Himalayan Journal« 1952 schreibt der damalige Chef der Survey of India, Dr. B. L. Gulatee, man solle bis auf weiteres die letzte Höhenkote (ca. 8840 m) bevorzugen.

Eine sowjetische Expedition an der Nordseite des Mount Everest endet mit einer Katastrophe, einem Lawinenunglück unterm Nordsattel. Die überlebenden Teilnehmer verpflichten sich dem KGB gegenüber zu absolutem Stillschweigen über den Versuch. Erste und zweite Schweizer Mount-Everest-Expedition (Vor- und Nachmonsunzeit). Leiter sind E. Wyss-Dunant und G. Chevalley. Die erste Mannschaft operiert im Westbecken und erreicht den Südsattel über den Genfer Sporn sowie am Südostgrat durch Lambert/Sherpa Tensing Norgay eine Höhe von 8595 Metern. Die Herbstexpedition legt eine Route über die Lhotseflanke zum Südsattel. Diese ist seitdem die klassische Route. Höchste erreichte Höhe: 8100 Meter.

1952–1954 bzw. 1955

Neue Messungen (von der nepalesischen Seite, viel kürzere Distanzen) der Survey of India ergeben eine Abweichung von nur 16 Fuß. Durchschnittsergebnis: 29 028 Fuß oder 8847,734 Meter, aufgerundet 8848 Meter (Genauigkeit laut Dr. Gulatee maximal +/− 10 Fuß oder ca. 3 Meter). Dies gilt seit 1955 als offizielle Höhe des Mount Everest.

(Die Chinesen gelangen bei ihren Messungen und Berechnungen 1975–1977 zu fast demselben Ergebnis.)

1953

Erste Ersteigung des Mount Everest am 29. 5. durch den Neuseeländer Edmund Hillary und den Sherpa Tensing Norgay im Rahmen der 10. britischen Expedition unter J. Hunt. Gleichzeitig auch erste Ersteigung des Südgipfels, 8760 m, durch Bourdillon/Evans.

Hermann Buhl gelingt im Rahmen der deutsch-österreichischen Willy-Merkl-Gedächtnisexpedition am 3. 7. die erste Besteigung des Nanga Parbat. Die Leiter K. M. Herrligkoffer und P. Aschenbrenner haben vorher den Rückzug veranlaßt. W. Frauenberger, H. Ertl sowie Buhl nehmen die Verantwortung für den Gipfelgang auf sich. Buhl bewältigt, aufgeputscht mit der Droge Pervitin, 1300 Höhenmeter im Alleingang und schafft den Abstieg mit letzter Kraft. H. Ertl dreht einen eigenwilligen Dokumentarfilm.

Wieder führt C. Houston eine amerikanische Expedition zum K2. Auf über 7500 Meter schlägt das Wetter um. A. Gilkey erkrankt. Beim Versuch, ihn abzuseilen, kommt es zu einem Massensturz, bei dem jedoch alle Bergsteiger wie durch ein Wunder in den Seilen hängenbleiben; nur A. Gilkey verschwindet und kann nicht mehr gefunden werden.

1954

Eine italienische Großexpedition unter A. Desio kann die erste Besteigung des K2 verbuchen. Nach langer Belagerung erreichen L. Lacedelli und A. Compagnoni, die von Walter Bonatti und dem Hunza-Träger Mahdi mit Sauerstoffgeräten versorgt worden sind, von Lager IX aus am 31. 7. den Gipfel (Auf- und Abstieg über den Abruzzigrat).

1955

Im Rahmen einer britischen Expedition unter Leitung von C. Evans besteigen G. Band und J. Brown am 25. 5. den Kangchendzönga zum ersten Mal. Anderntags folgen N. Hardie und T. Streather. Beide Seilschaften respektieren den Gipfel als heiligen Ort der Einheimischen und machen deshalb wenige Meter unterhalb von ihm halt. Damit sind die drei höchsten Berge der Welt bestiegen, der »dritte Pol« mehr oder weniger erobert.

Das Kangchendzönga-Massiv

1956

Dritte Schweizer Expedition zum Mount Everest, Leitung: A. Eggler. Dabei glückt die zweite und dritte Everest-Ersteigung durch Schmied/Marmet am 23. 5. und Reist/von Gunten am 24. 5. Erste Ersteigung des Lhotse, 8511 m, durch Reiß/Luchsinger am 18. 5.

1958

Chinesisch-russische Erkundung als Vorbereitung für eine große gemeinsame Expedition, die 1959 oder 1960 stattfinden soll. (Im Jahr 1958 und vor allem 1959 entstand dann allerdings der politische Bruch zwischen Sowjetrußland und China. Nur chinesische und tibetische Bergsteiger gingen daher 1960 zum Everest.) Leiter der chinesischen Erkundungsgruppe: Chuj Din; Leiter der drei russischen Bergsteiger: J. Beletzki. Dieser erreicht mit seinen Kameraden eine Höhe von rund 6400 Metern unter dem Nordsattel.

Mount Everest von Norden

1960

Chinesen behaupten zwar, eine Ersteigung des Mount Everest über den Nordgrat geschafft zu haben, Beweise aber fehlen. Der Gipfelerfolg wird von westlichen Experten wegen mangelnder Dokumentation und zahlreicher Unklarheiten bezweifelt. Vermutlich wurde die Expedition am »Second Step« gestoppt. Trotzdem eine großartige Leistung. Die sicher erreichte Höhe laut Filmaufnahmen der Chinesen (Berechnungen und Vergleiche mit früheren Aufnahmen) beträgt 8500 Meter +/− 50 Meter. (Der Film wurde am 8. Oktober 1962 in London gezeigt.)
Erste indische Everest-Expedition unter G. Singh.

Kinshofer-Route in der Diamirwand

1962

Zweite indische Expedition unter J. Dias.
Nicht genehmigter, vergeblicher Versuch einer Everest-Besteigung (drei Amerikaner und ein Schweizer) über einen langen Umweg von Solo Khumbu (Nepal) aus über die Nordseite. Sie kommen immerhin über den Nordsattel bis auf 7600 Meter.
Eine zweite Expedition des Deutschen Instituts für Auslandsforschung (DIAF) unter K. M. Herrligkoffer an der Diamir-Seite führt zur zweiten Besteigung des Nanga Parbat. Erstmals gelingt damit eine Zweitroute an einem Achttausender. Über die 1961 erkundete Route im rechten Teil der Flanke unter dem Nordgipfel, teilweise extrem schwierig, gelangen T. Kinshofer, A. Mannhardt und Sigi Löw zum Gipfel. Beim Abstieg stürzt Löw (höhenkrank und durch Pervitin-Einnahme verwirrt) tödlich ab. Später soll diese Aufstiegsroute am häufigsten wiederholt und damit zum Normalweg werden. Der Buhl-Weg ist wegen seiner Länge unvergleichlich schwieriger.

1963

Amerikanische Everest-Expedition unter N. Dyhrenfurth. Unsoeld/Hornbein glückt am 22. 5. die erste Überschreitung des Mount Everest: Aufstieg über den Westgrat vom Tal des Schweigens aus, Abstieg über den Südostgrat. Außerdem gelingen zwei Gipfelbesteigungen über die klassische Südostroute durch Whittaker/Sherpa Gombu am 1. 5. sowie Bishop/Jerstad am 22. 5. (Treffen mit Unsoeld/Hornbein knapp unter dem Südgipfel, Freibiwak auf ca. 8600 m). Erste Achttausender-Teilüberschreitung.

1965

Dritte indische Everest-Expedition unter M. S. Kohli. In vier Angriffen erreichen neun Mann den Gipfel.

1966

Sperre des Mount Everest durch die nepalesische Regierung bis Sommer 1969.
Zweite chinesische Everest-Expedition unter unbekannter Leitung; Route: Nordsattel. Diese Expedition im Geiste der chinesischen Kulturrevolution soll mit einer Katastrophe geendet haben (Mao-Phantasten mit ungenügender Ausrüstung). Von 25 oder 26 Mann kommen nur zwei zum Nordsattel zurück.

1967

Chinesische (wissenschaftliche) Expedition im nördlichen Everest-Gebiet. Wahrscheinlich bleibt es bei wissenschaftlichen Meßstationen bis auf den Nordsattel (ca. 7000 m).

1968

Auch die dritte chinesische Everest-Gipfelexpedition über die Nordsattelroute bleibt ohne Erfolg. Am 9. 5. schon erfolgt der Rückzug vom Basislager.

1969

Im Herbst (Nachmonsun) erkunden japanische Bergsteiger eine Ersteigungsmöglichkeit der Everest-Südwestwand aus dem Westbecken. Sie erreichen im Zentralcouloir eine Höhe von 8050 Metern.

1970

Einer japanischen Großexpedition gelingt in der Südwestwand kein Durchbruch (8050 m). Vier Teilnehmer und ein Sherpa erreichen den Gipfel auf der Südostroute, darunter Naomi Uemura. Erfolgreiche Skiabfahrt vom Südsattel ins Westbecken durch Miura (mit Fallschirmen gebremst). Am 17. 5. stellt die Japanerin Setsuko Watanabe mit einer erreichten Höhe von 8000 Metern einen neuen Frauen-Höhenweltrekord auf. Sechs Sherpas kommen im Eisbruch um.
Dritte Besteigung der Annapurna (erste Begehung der Südwand) durch D. Whillans und D. Haston. Sie gehören zu einem Team ausgezeichneter Alpinisten, mit denen Chris Bonington zur Annapurna aufbricht, um zum ersten Mal die äußerst schwierige, mehr als 3000 Meter hohe Südwand zu durchsteigen. 4500 Meter Fixseile werden angebracht. Der neue Himalaja-Stil an einer extrem schwierigen Achttausenderwand bewährt sich. I. Clough verunglückt tödlich.

Mount Everest von Süden mit Lagerplätzen

Sigi-Löw-Gedächtnisexpedition des DIAF zur Rupalwand (4500 Meter Höhenunterschied) am Nanga Parbat. Günther und Reinhold Messner (27. 6.) sowie F. Kuen und P. Scholz (28. 6.) durchsteigen dabei die Rupalflanke zum ersten bzw. zweiten Mal bis zum Gipfel. Die Brüder Messner sehen sich gezwungen, über die Westseite abzusteigen, so daß ungeplant die erste Überschreitung zustande kommt. Am Wandfuß wird Günther Messner von einer Lawine verschüttet (dritte Besteigung, erste vollständige Überschreitung eines Achttausenders, zudem über zwei unbekannte Routen).

1971

Eine internationale Expedition unter N. Dyhrenfurth (»Weltseilschaft«) mit teils unqualifizierten Teilnehmern (Staralüren) aus 13 Nationen bleibt in der Südwestwand (8350 m) ohne Erfolg. Der Versuch, den Westgrat zu wiederholen, scheitert ebenso. Auch die argentinische Expedition unter H. C. Tolosa und C. Comesana erreicht den Gipfel des Mount Everest nicht.

1972

Eine »europäische« Expedition unter K. M. Herrligkoffer scheitert in der Everest-Südwestwand (8300 m) an der schwachen Führung des Expeditionsleiters und an gruppendynamischen Schwierigkeiten.
Der ersten britischen Expedition unter Chris Bonington gelingt in der Südwestwand in der Nachmonsunzeit ebenfalls kein Durchbruch.

1973

Die italienische Großexpedition mit 64 Mitgliedern und Hubschrauberunterstützung bis 6400 Meter unter G. Monzino bringt acht Mann über die Normalroute (Südost) auf den Everest-Gipfel.
Erste Herbstbesteigung des Mount Everest: Eine japanische Großexpedition unter M. Yuasa mit 48 Mitgliedern findet in der Südwestwand über den großen Querriegel (8380 m) wiederum nicht den Druchbruch. Zwei Mann kommen über den Südsattel auf den Gipfel. Beim Abstieg müssen sie biwakieren und erleiden Erfrierungen.

1974

Eine japanische Expedition scheitert am Mount Everest (schwere Erfrierungen).
Eine französische Expedition versucht die Ersteigung über den Westgrat ohne künstlichen Sauerstoff. Expeditionsleiter Devouasoux wird mit fünf Sherpas durch eine Lawine getötet.

1975

Japanische Frauenexpedition unter E. Hisano. Am 16. 5. ersteigt Junko Tabei mit Sherpa-Sirdar Ang Tsering den höchsten Punkt der Erde. Erste Frauenbesteigung des Mount Everest und neuer absoluter Frauen-Höhenweltrekord.
Chinesische Großexpedition über den Nordgrat. Die stellvertretende Leiterin, die Tibeterin Phantog, erreicht als zweite Frau zusammen mit acht Männern (sieben Tibetern, einem Chinesen) am 27. 5. den Gipfel. Erste eindeutige Besteigung von Norden! Der zweiten britischen Expedition unter Chris Bonington gelingt die erste Durchsteigung der Südwestwand durch Haston/Scott (am 24. 9. Biwak auf dem Südgipfel,

Günther Messner

»Viele sind stark motiviert. Der Wunsch, den Gipfel zu erreichen und zu Hause damit zu prahlen, ist groß.«
SIR EDMUND HILLARY

Mount Everest von Norden

8760 m) und Boardman/Sherpa Pertemba. M. Burke bleibt nach dem Erreichen des Everest-Gipfels verschollen (26. 9.). Sein Weg war der erste Alleingang beim Aufstieg über den Gipfelgrat.

1976

Gemeinschaftsexpedition der britischen und nepalesischen Armee, Leiter T. Streather. Corporal M. P. Stokes und Sergeant J. H. Lane erreichen den Gipfel über den Südostgrat. Die Expedition verliert ein Mitglied in einer Spalte bei Lager II.
Amerikanische Expedition unter P. Trimble anläßlich der 200-Jahr-Feier der USA. Der Gipfel wird von zwei Teilnehmern, Bob Cormack und Chris Chandler, über den Südostgrat erstiegen.

1977

Neuseeländische Bergsteiger unternehmen eine erste Expedition zum Mount Everest im alpinen Stil (ohne Sherpas) und kommen bis auf den Südsattel.
Eine südkoreanische Expedition steigt über die klassische Route (Südost) auf. Sang-Don-Ko/Sherpa Pemba Norbu erreichen den Gipfel.

1978

Erste Ersteigung des Mount Everest vollständig ohne jede Verwendung von künstlichem Sauerstoff am 8. 5. durch die Seilschaft Messner/Habeler. Sie sind der ersten österreichischen Everest-Expedition, geführt von W. Nairz, attachiert. Dieser und fünf weitere Mitglieder, darunter als erster deutscher Bergsteiger Reinhard Karl, sowie ein Sherpa erreichen den Gipfel (3., 11. und 13. 5.). Zweiter Alleingang beim Aufstieg vom letzten Lager durch F. Oppurg.
Reinhold Messner glückt am 9. 8. über die Diamirwand die erste vollständige Alleinbesteigung des Nanga Parbat und damit eines Achttausenders überhaupt.
Herbstexpedition. Eine deutsche (Leiter K. M. Herrligkoffer) und eine französische (Leiter P. Mazeaud) Expedition bringen in guter Zusammenarbeit in der Zeit vom 14. bis 17. 10. sieben Deutsche, drei Franzosen, eine Polin, einen Schweizer und einen Österreicher sowie drei Sherpas via Normalroute (Südsattel) auf den Gipfel.
Zweite und dritte Everest-Besteigung ohne Sauerstoffmasken durch Hans Engl (10. 10.) sowie die Sherpas Ang Dorje und Mingma (17. 10.) jeweils zusammen mit Bergsteigern, die Sauerstoffgeräte benützen.
Dritte Frauenbesteigung des Mount Everest durch die Polin Wanda Rutkiewicz. Sie wird die erfolgreichste Höhenbergsteigerin der Welt und stirbt 1992 auf der Nordseite des Kangchendzönga.

1979

Einer jugoslawischen Expedition gelingt mit der Begradigung des Westgrats eine großartige Route. Anstatt in die Nordwand einzuschwenken, folgen die Jugoslawen weiter dem Grat und führen somit die härteste und längste Felskletterei am Mount Everest durch.
Die Gipfelmannschaft, angeführt von A. Stremfelj und N. Zaplotnik, gefolgt von drei weiteren Teilnehmern am nächsten Tag, steigt über das Hornbeincouloir ab. Ang Phu stürzt tödlich ab.

Was ist jenseits des Gipfels?

1980

Erster vollständiger Aufstieg über die gesamte Nordwand des Mount Everest durch die Japaner T. Shigehiro und T. Ozaki am 10. 5. Ausgehend vom Rongbukgletscher, steigen die Bergsteiger im Expeditionsstil und in direkter Linie durch eine Rinne – nunmehr als Japanercouloir bezeichnet – auf, die in das Hornbeincouloir leitet.

Im Anschluß an die erste Winterbesteigung des Mount Everest durch die Polen K. Willicki und L. Cichy kann eine weitere polnische Expedition einen bemerkenswerten Erfolg verzeichnen. Die Teilnehmer folgen dem Südpfeiler an der rechten Kante der Südwestwand, wobei sie allein für das Felsband 16 Tage brauchen. J. Kukuczka und A. Czok erreichen am 19. 5. den Everest-Gipfel in einem Sturm.

Reinhold Messners Solo-Aufstieg ohne künstlichen Sauerstoff von Norden ist keine spektakuläre Besteigung. Er hat gehofft, der Chinesenroute zum Nordostgrat folgen zu können, aber weicher Schnee zwingt ihn auf über 7800 Meter, in die Wand zu traversieren. Nachdem er das Norton- (oder Große) Couloir erreicht hat, steigt er am 20. 8. nach einer Rechtsschleife zum Gipfel auf.

Antennenmast in Lager III

1982

Die erste russische Besteigung des Mount Everest glückt sowjetischen Bergsteigern über den sehr schwierigen Südwestpfeiler (links der großen zentralen Rinne in der Südwestwand). Einschließlich dem Führerpaar E. Myslovski und V. Balyberdin erreichen elf sowjetische Bergsteiger im Mai den Gipfel – die höchste Zahl bei einer neuen Route.

1983

Die kühne US-amerikanische Durchsteigung der Ost- oder Kangshungwand, der 1980 eine Erkundung und 1981 ein Versuch bis auf etwa 7600 Meter vorausgingen, gehört zu den letzten Höhepunkten der Everest-Erschließung. Die Route führt über einen mehr als 1000 Meter hohen Pfeiler, dann über Schneehänge bis unter den Südgipfel. Dem Gipfeltrio L. Reichardt, K. Momb und C. Buhler vom 8. 10. folgen anderntags drei weitere Bergsteiger.

1984

Am 3. 10. gelingt die Besteigung des Mount Everest über die Nordwand und das Nortoncouloir durch ein australisches Team. Die Gipfelseilschaft T. McCartney-Snape und G. Mortimer sind die zweiten Bergsteiger nach Reinhold Messner, die eine neue Route eröffnen, ohne künstlichen Sauerstoff zu benützen. A. Henderson kehrt kurz vor dem Gipfel um.

Mount Everest von Osten

1986

Ein eindrucksvolles »Doppel« für die Kanadierin S. Wood: Sie besteigt am 20. 5. als erste Nordamerikanerin den Mount Everest und ist gleichzeitig die erste Frau, der dies über eine zum Teil neue Route gelingt. Die Expedition steigt vom Rongbukgletscher zur Westschulter auf. Obwohl dies zwei vorausgegangene Expeditionen ebenfalls praktiziert haben, hat keine von ihnen den Gipfel erreicht. Wood und ihr Partner D. Congdon folgen weiter oben der US-Route von 1963, indem sie in das Hornbeincouloir traversieren.

»Ein Großteil der Aktivitäten am Everest sind inzwischen kommerzialisiert.«
SIR EDMUND HILLARY

1988

Zweite Besteigung der Kangshungwand über eine neue Route am 12. 5. durch ein amerikanisches Team sowie den Briten S. Venables. Die Expedition legt eine Route links des Anstiegs von 1983. Von den dreien, die vom Südsattel zum Gipfel weiterklettern, erreicht nur Venables den höchsten Punkt, und zwar ohne künstlichen Sauerstoff.

1993

Im Dezember gelingt einer großangelegten Expedition aus Japan die erste Winterbegehung der Südwestwand (Bonington-Route). Drei Seilschaften erreichen den Gipfel.

1995

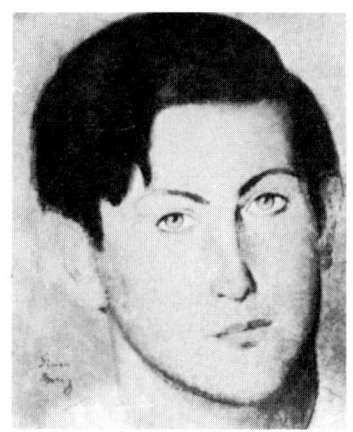

G. L. Mallory

Nach mehreren gescheiterten Versuchen (erster Anlauf 1982 unter Chris Bonington) gelingt es einer japanischen Mannschaft, den äußerst langen Nordostgrat des Mount Everest bis zum Gipfel zu erklettern. 4000 Meter Fixseile und 23 Sherpas erleichtern den Aufstieg. (Die Briten haben 1982 ihren Versuch ohne Sherpa-Hilfe und ohne künstlichen Sauerstoff durchgeführt. P. Boardman und J. Tasker starben dabei auf 8200 Meter am Grat). Unter der Führung von T. Kanzaki erreichen K. Furuno, S. Imoto und vier Sherpas am 11. 5. den Gipfel.

Im Rahmen einer Serie von erfolgreichen Gipfelbesteigungen über den Nordgrat und den von den Japanern mit Fixseilen abgesicherten Gipfelgrat erreicht ein Enkel des 1924 verunglückten G. L. Mallory, der Australier G. Mallory, den höchsten Punkt, der dreimal das Ziel seines Großvaters gewesen war (1921, 1922, 1924). Alison Hargreaves, 33 Jahre alt und eine vielbewunderte britische Bergsteigerin, schafft im langen »Gänsemarsch« über den Nordsattel einen Gipfelgang ohne Fremdhilfe und ohne Sauerstoffmaske. Sie kommt drei Monate später am K2 ums Leben – ein Beweis dafür, daß der »dritte Pol«, obwohl durch die vielen Simultanexpeditionen zum Tummelplatz der Reisebüro-Alpinistik verkommen, gefährlich geblieben ist.

1996

Hans Kammerlander

398 Bergsteiger aus 30 Nationen, gruppiert in 30 Teams – 14 von Süden, 16 von Norden –, nähern sich in der Vormonsunzeit dem Everest-Gipfel. Nur eine Mannschaft aus Sibirien wagt dabei eine neue Aufstiegsvariante in der steilen Flanke zwischen dem Nordnordostgrat und dem Nordgrat (Normalweg von Norden). Auch an den anderen Achttausendergipfeln im Nepal-Himalaja bleiben Pionierleistungen aus.

Zwischen dem heutigen Gänsemarsch-Trend zum »dritten Pol« gelingt es allerdings Hans Kammerlander (39), betreut nur von einer kleinen TV-Crew und unterstützt von wenigen Trägern, den Everest-Gipfel vom vorgeschobenen Basislager (6400 m) in der Rekordzeit von weniger als 17 Stunden zu erreichen. In knapp sieben Stunden kehrt er am 24. Mai vom Gipfel zum Startpunkt zurück, wobei er über große Strecken auf superleichten Ski abfährt.

Von den 86 Frauen und Männern, die den höchsten Berg der Erde im Mai 1996 wenig vor oder wenig nach Kammerlander besteigen, kommen elf nicht mehr zurück – darunter die erfahrenen Bergführer Rob Hall und Scott Fischer sowie einige ihrer Klienten, die für diese »Reise ins Nirwana« 65 000 Dollar bezahlten und weltweite Aufmerksamkeit »ernten« sollten. Wer also mit dem Niedergang des Höhenbergsteigens nur in die Schlagzeilen will, buche jetzt: »Everest und nie zurück.«

Wahnsinn:
Smythe im Camp VI

1933, neun Jahre nach jener tragischen Everest-Expedition, bei der Mallory und Irvine bei ihrem Versuch, den Gipfel doch noch zu erreichen, verschollen blieben, starteten britische Bergsteiger einen vierten Versuch, den »dritten Pol« zu erobern. Nie waren die Erwartungen, die eine Expedition in den Herrenclubs daheim zurückgelassen hatte, viktorianischer – als ob der Mount Everest den Briten gehörte. Hugh Ruttledge, der Leiter, war ein besonnener Mann und wußte, was seine weltgewandten Landsleute – am Nordpol kläglich gescheitert, am Südpol zu spät gekommen – von ihm und seiner Mannschaft erwarteten: Erfolg und keine Toten.

In der 16köpfigen Mannschaft, Everest-Neulinge mit Blick in die Ferne, war ein Bergsteiger wie gewachsen für die höchsten Höhen: Frank S. Smythe. Der schlanke, stille Herr schien weniger vom Ehrgeiz getrieben als von einer stillen Neugierde auf das Verhalten des Menschen im Gebirge, und damit war er ein Außenseiter. Smythe, mehr Pilger als Eroberer, hatte damals schon mehr Erfahrung mit dem Himalaja-Bergsteigen als jeder andere Alpinist und wußte, daß der Gipfel des Mount Everest nur wegen der sauerstoffarmen Luft sowie der Wind- oder Schneeverhältnisse kaum zugänglich war, nicht wegen seiner Größe oder der Steilheit seiner Flanken. Den höchsten Punkt der Erde gab es wirklich, und weil er von Rongbuk gesehen so nah wirkte, unterschätzten ihn alle außer Frank S. Smythe.

Mount Everest mit Schulter und Nordostgrat

Anfang März verließ die Expedition Darjeeling im Königreich Sikkim, um sich auf dem langen Weg über das tibetische Hochland zu akklimatisieren, um sich in kleinen Gruppen und Seilschaften zusammenzufinden. Smythe, der 1930 mit einer kleinen Expedition die gefährliche Nordwand des Kangchendzönga versucht hatte und seit der Erstbesteigung des Kamet (7755 m) im Garhwal zu dem Häuflein jener Verwegenen zählte, die den höchsten bis dahin bestiegenen Gipfel der Erde erreicht hatten, hielt wenig von dieser Art »Teamgeist«; ihm wäre eine Handvoll Freunde lieber gewesen als diese 15 Männer, die sich zum Teil kaum oder gar nicht kannten.

Hinter den Himalaja-Riesen

Smythe setzte auf die Instinkte im Menschen, eine langsame Höhenanpassung auf dem Weg zum Berg und seine Erfahrung, die er immer wieder auf den Mount-Everest-Aufstieg projizierte. Er stellte sich die Gipfelpyramide als gigantischen Vogel vor, der, immer vor ihm herfliegend, wuchs, je höher sie hinaufkommen würden.

Yak-Karawane auf dem Anmarsch

Die Ausrüstung, auf Hunderte von Lasttieren verteilt – Yaks, Pferde, Esel –, wurde der Expedition Morgen für Morgen nachgetragen: Zivilisationsballast als Symbol für die Verpflichtung zum Erfolg. Alles Spielerische, alles Geheimnisvolle war abhanden gekommen, als das Rongbukkloster erreicht wurde. Die Mönche am Fuße des Berges konnten sich den immensen Aufwand der Expedition nur als Einsatz für noch größere materielle Ausbeute vorstellen und tippten auf die Suche nach Gold oder fruchtbarem Land. Die vorgegebenen Ideale der Engländer hielten sie für Ausreden.

Die Stimmung im Basislager dann, wenige Kilometer weiter hinten, glich der bei einem Schulausflug. Hugh Ruttledge meldete seinen Landsleuten daheim über Funk

Der Weg zum östlichen Rongbukgletscher

Unter dem Nordsattel

zwar vom Optimismus seiner Mannschaft vor dem Angriff, aber in der Kälte, dem Schnee, dem Wind zwischen den Zelten stand bald nur noch der Antennenmast. Einzeln froren die Männer in ihren Schlafsäcken, während zweimal täglich ein kalter Lichtschimmer über die Spitze ihrer Sehnsüchte huschte.

Die wüstenhafte Mondlandschaft am Fuße des Mount Everest harmonierte mit den ockerbraunen Felsen der Everest-Nordflanke, die über Gletschertälern und verschneiten Vorbergen als ihre senkrechte Entsprechung aufragte. Der hellgelbe Streifen aber, etwa 300 Höhenmeter unterm Gipfel ins Gestein gegraben, markierte wie die Mani-Mauern im tibetischen Hochland eine Zäsur zwischen Erde und Himmel. Als dürfte höher kein Vogel fliegen, kein Mensch steigen, kein Gedanke kreisen. Alle menschliche Vorstellungskraft reichte nicht aus, den Abgrund zwischen oben und unten zu überbrücken. Die Abgeschiedenheit hier war den Mönchen heilig.

Am 18. April fand Smythe mit seinem Sherpa Nima Tendrup bergan steigend im ersten Knie des östlichen Rongbukgletschers ein paar verwahrloste Steinhütten: Lager I. Mittags, bevor er abstieg, glänzte plötzlich ein silbrig leuchtender Punkt hoch über ihm am hellen Himmel, der rasch von West nach Ost schwebte und verschwand: eines der Flugzeuge, das im Rahmen einer amerikanischen Expedition den höchsten Berg der Erde überflog, um den Gipfel von oben zu fotografieren, ein Tabu zu brechen, menschliche Überlegenheit dank Technik zu demonstrieren.

Der Lastentransport in die Hochlager konnte beginnen. Das Leben der Männer – Sahibs und Sherpas – sollte immer beschwerlicher werden: Kälte, Wind, Sauerstoffmangel wuchsen kontinuierlich auf dem langen Weg nach oben. Bis das Leben nur noch im Zelt oder in der Sonnenwärme erträglich war. Irgendwo mußte es ein Ende geben, vielleicht unterm Gipfel, vielleicht knapp darüber, eine Höhe, in der der schrumpfende Sauerstoffpartialdruck nicht mehr ausreichte, im menschlichen Körper genügend Blutzucker zu verbrennen, um ihn warm zu halten.

Beim Aufstieg über die steilen Eisstufen zum 7000 Meter hohen Nordsattel schon wurden Smythe und seinen Kameraden die Grenzen ihrer Leidensfähigkeit bewußt. Jeder Pickelhieb eine Verrenkung, jeder Atemzug eine Qual, die Nächte nahmen kein Ende. Mit der Kälte nahm die Schlaflosigkeit und mit ihr wieder die Intensität der Träume zu. Und über all dem immerzu Sturm unter einem tiefschwarzen Himmel.

Die Sherpas kamen mit den schweren Lasten und den engen Zelten besser zurecht als die verwöhnten Europäer, aber sie halfen, weil sie ausgerüstet und bezahlt wurden dafür, nicht weil sie bis zum Gipfel hätten steigen wollen.

Vom Nordsattel aufwärts erschien der Berg meist in Bewegung. Der Nordweststurm trieb so viel Pulverschnee vor sich her, über die Hänge nach oben, über den Gipfel hinaus, daß die Besteigung ganz und gar unmöglich erschien. Der Mount Everest glich jetzt einem Vulkan, dessen Rauchfahne sichtbar und hörbar über den Graten zusammenschlug, als stürzten alle Himmel auf die Gipfelpyramide ein. Dazu eine Kälte, die Kochen, Rasten, Schauen fast unmöglich machte.

Frank Smythe hatte sich mit Eric Shipton zusammengetan, den er von der gemeinsamen Kamet-Besteigung sehr gut kannte und dessen Gehrhythmus dem seinen entsprach. Sie waren sich einig über die Ethik der Bergsteigerei, den Fehler, auf frische Nahrungsmittel verzichtet zu haben, und die Tatsache, daß ein rauher Hals, zerrüttete Nerven sowie schwindende Muskeln keinerlei Freude an einem Mund voll Sturm oder einer abweisenden Felsstufe aufkommen ließen. Alles an diesem Berg war abweisend, jede Bewegung schien unnütz, alles geriet immer wieder außer Kontrolle: Rückzüge, der Aufbau weiterer Hochlager, die eigenen Beine.

Es ist unglaublich, wie schnell der Mensch seine Leiden vergißt und wie ahnungslos er immer wieder in Katastrophen tappt. So schoben die Engländer, unterstützt von ihren arbeitswilligen Hochträgern, die Lager am Nordgrat immer weiter nach oben. Die Welt um sie herum wurde weiter und kälter. Keine Wärme mehr im Sonnenlicht, kein Leben, soweit der Blick reichte, Schutz fehlte ganz. Im Zelt Angst, vom Berg gefegt zu werden, und am Morgen Erschöpfungszustände, wenn sie aus dem Schlafsack krochen. Es wurde immer schlimmer – Lager IV, Lager V. Im Lager VI war es eine Qual, zu kochen, eine Qual, zu reden, eine Qual, zu denken. Schon fast zuviel an Qual, zu leben. Aber irgendwie mußte die Aufgabe erledigt werden.

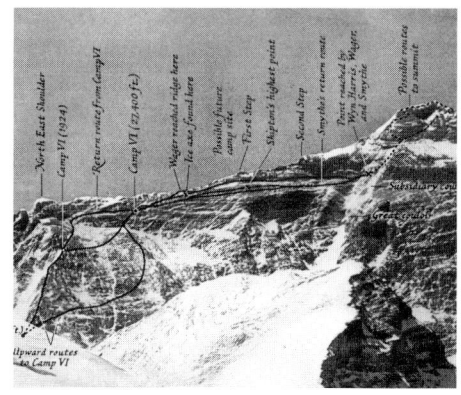

Die Gipfelzone mit den Wegen bis 1933

Die erste Seilschaft auf dem Weg zum Gipfel – Harris und Wager – scheiterte an der Stelle, wo Norton 1924 gescheitert war. Am 1. Juni, nach einem Sturmtag, kletterte Smythe, nachdem Shipton sitzen geblieben war, allein bis ins Große Couloir. Unsicher und wie benommen, den Eispickel in der Rechten als Freund, wühlte er sich durch Treibschnee, immer weiter schräg aufwärts. Das Steigen war schwierig und gefährlich, und vor allem zu anstrengend. Es war jetzt warm im riesigen Konkav zwischen drei Felsfluchten. Unter ihm nur Abgrund. Die Wärme machte Frank so matt, daß ihm war, als würde er sich bei all seinen Mühen wie seinen eigenen Schatten beobachten. Die Wolken pulsierten unter ihm, und über einen Felsvorsprung hinweg konnte er über unzählbare Gipfel schauen. Alles schien zu schweben. Aber schwebte er oder der Berg, auf dem er stand? Der Tiefblick auf das pastellfarbene Hügelland von Tibet nahm ihm den Atem. Die Welt war viel zu weit weg. Von so hoch oben war noch nie ein Mensch zurückgekehrt; also zurück, ehe es zu spät war.

Camp VI (1938) am Mount Everest

Nach dem Scheitern, beim Abstieg, suchte Smythe nur noch nach dem komfortabelsten Schritt, dem angenehmsten Rastplatz, dem besten Weg, und trotzdem teilte er seinen Proviant mit einem Begleiter, der nicht da war. Hatte er noch kurz zuvor sein Sichvorwärtswühlen im hüfthohen Schnee als Ohnmacht erlebt, einen Sturz, der nach wenigen Metern vom Treibschnee gebremst wurde, wie eine Befreiung, sah er jetzt eine Figur – in ihren Ausmaßen undefinierbar –, die an der Schulter des Nordostgrats auftauchte und wieder verschwand, wenn er länger hinschaute. Genarrt von solchen Wahnvorstellungen und auf der Suche nach dem Zelt von Lager VI, tappten seine Füße über die unregelmäßigen Stufen ostwärts und gleichzeitig nach unten. Alles war jetzt weit weg, die Felsstufen unter ihm, diese fremden Schuhe, die ihm doch irgendwie zu gehorchen schienen, und vor allem die Welt, in die er zurückwollte.

Blick aus etwa 8500 Meter Höhe

Diese sonderbaren Erscheinungen – Figuren, von Gefühlen und Sinneswahrnehmungen aus dem Augenwinkel geformt – kamen und gingen, ohne daß er sie verscheuchen oder herbeirufen konnte. Sie gehörten aber dazu; ohne sie wäre diese Welt jetzt zu schrecklich gewesen für einen Menschen.

Endlich sah Smythe Spuren im Schnee, die Fußstapfen von Erik Shipton, der ins Zelt zurückgegangen war. Gemeinsam stiegen sie ab. In Etappen, langsam, unsicher, als hätte ihnen die enorme Meereshöhe den Gleichgewichtssinn geraubt.

Zweimal noch kehrte Smythe zum Mount Everest zurück. Nie mehr kam er so hoch wie 1933. Schon für ihn gab es zwischen seinem »Nimmer vorwärts« und dem »Nie zurück« nur den Stillstand oder die Reise im Kopf.

Ist es nicht so, daß wir Megalomanen alle immerzu auf der Stelle treten?

Mount Everest – solo

Der Berg wächst mit seiner Höhe

Ausgesetztsein – das Problem
beim Alleingang

**». . . alle menschliche Erkenntnis
ist entweder Erfahrung oder
Mathematik.«
FRIEDRICH NIETZSCHE**

Rechte Seite: Unser Wissen über die höchsten Berge hat sich im vergangenen Jahrhundert enorm verbessert – unser
Verhalten dort oben nicht

Höhepunkt des Himalaja-Bergsteigens

Der Mount Everest, mit 8848 Metern der höchste Berg der Welt, ist von der nepalesi-schen Südseite erforscht, oftmals bestiegen, kein Rätsel mehr. Die tibetanische Nord-seite des Berges – von den Einheimischen Qomolungma genannt – ist weiterhin ge-heimnisvoll. 1921 wurde von hier die erste Erkundung durchgeführt, 1924 bleiben Mallory und Irvine in Gipfelnähe verschollen. Alle ausländischen Expeditionen schei-terten, ehe Tibet seine Tore schloß. 1980 ist der Mount Everest erstmals wieder für ausländische Bergsteiger auch von Norden zugänglich. Und Reinhold Messner hat von den chinesischen Behörden die Erlaubnis bekommen, den Mount Everest nun auch von Tibet aus zu besteigen: allein, ohne Sauerstoffgeräte, während der Monsun-zeit. Mitte Juni 1980 wird er von Lhasa aufbrechen.

Route:
Im Flugzeug über Peking nach Lhasa in Tibet. Weiter mit Jeeps oder Trucks bis ins Basislager nahe dem ehemaligen Rongbukkloster. Mit einer kleinen Yak-Karawane in ein vorgeschobenes Basislager in 6400 Meter Meereshöhe. Aufstieg allein über den Nordsattel und die Nordwand und Abstieg nach Rongbuk. Heimreise wie Anreise.

Zeitplan:
Mitte Juni 1980 bis Ende August 1980
Minimal sechs Wochen für die Akklimatisation (Shisha Pangma), vier bis zehn Tage für den Gipfelgang

Taktik:
Nach seiner Besteigung des Mount Everest zusammen mit Peter Habeler (8. Mai 1978), wobei die beiden in die erfolgreiche Expedition unter der Leitung von Wolf-gang Nairz integriert waren (Basislager, 4 Hochlager, gemeinsame Routensuche und Absicherung, Sherpa-Hilfe), will Reinhold Messner den höchsten Berg der Welt nun im Alpinstil und allein versuchen. Ohne jede fremde Hilfe, ohne Hochlager und selbst-redend ohne Flaschensauerstoff.

Problematik:
Der lange Weg über den Nordsattel und die Nordwand ist im Monsun sehr anstren-gend, im Gipfelbereich auch schwierig. Da keine andere Expedition am Berg unter-wegs sein wird, ist die gesamte Wegstrecke zu spuren. Auch muß Messner die gesam-te Ausrüstung selbst schleppen. Keinerlei Orientierungshilfen wie Lager, Fixseile, Stangen werden vor Ort sein. Die kalten Schönwetterperioden (Monsunbreaks) sind in den Sommermonaten selten, also sind nur wenige Anläufe denkbar.

232

SOUTH AMERICA   NORTH AMERICA   VOLCANOES   ASIA   AFRICA   BRITISH ISLES   EUROPE

MOUNTAINS.

Drawn & Engraved   by John Emslie.

BRITISH ISLES.
1 Ben Nevis, *Scotland*
2 Ben Mac Dui, *Scotland*
3 Snowdon, *Wales*
4 Magilicudy, *Ireland*
5 Skiddaw, *England*
6 Cader Idris, *Wales*
7 Cheviot, *England*
8 Plinlimmon, *Wales*
9 Ingleborough, *England*
10 Snaefell, *Isle of Man*
11 Malvern Hills, *England*
12 Arthurs Seat, *Scotland*
13 Holyhead, *Wales*
14 Dover Castle, *England*
15 Greenwich Observatory

EUROPE.
1 Mont Blanc, *Alps*

2 Mont Rosa, *Alps*
3 Ortler Speitze, *D.o*
4 Jungfrau, *Alps*
5 Mont Viso, *Italy*
6 Seirra Nevada, *Spain*
7 Nethou, *Pyrenees*
8 Perdu, *Pyrenees*
9 G.t S.t Bernard, *Alps*
10 Simplon, *Alps*
11 Pic Blanc, *France*
12 Mont Gothard, *Alps*
13 Mont Corneo, *Appennines*
14 Mont Ida, *Turkey*
15 Lomnitz, *Carpathians*
16 Orbelus, *Greece*
17 Velino, *Naples*
18 Snechaetha, *Norway*
19 Punda, *Russia*

20 S.t Angelo, *Lipari Islands*
21 Montserrat, *Catalonia*
22 Gibraltar, *Andalusia*
23 Valdai, *Russia*
24 Mont Matre, *France*

AFRICA.
1 Abba Jared, *Abyssinia*
2 Peak, *Teneriffe*
3 Neinveldt, *C.Good Hope*
4 Table Mountain, *Ditto*
5 Dianas Peak, *S.t Helena*

ASIA.
1 Kunchinginja, *Himalaya*
2 Dhawalagira, *Himalaya*
3 Taman, *China*
4 Elburz, *Caucasus*

5 Ararat, *Armenia*
6 Mawna Roa, *Owhyhee*
7 Peak Demawund, *Persia*
8 Ophir, *Sumatra*
9 Arjish Dagh, *Asia Minor*
10 Egmont, *New Zealand*
11 Peak, *Otaheita*
12 Lebanon, *Syria*
13 Western Ghauts, *Deccan*
14 Pedrogulla, *Ceylon*
15 Melin Quantong, *China*
16 Sinai, *Arabia*
17 Sea View Hill, *N.S.Wales*
18 Ben Lomond, *V.D.Land*
19 Carmel, *Palestine*

NORTH AMERICA.
1 S.t Elias, *Russian Amer.*

2 Popocataptl, *Mexico*
3 M.t Browne, *Rocky Mountains*
4 Fremont Peak, *Ditto*
5 Sierra de Cobre, *Cuba*
6 Senama Grand, *Domingo*
7 M.t Washington, *U. States*
8 Stony Mountains, *Ditto*
9 White Mountains, *Ditto*
10 Blaarsen, *E. Greenland*
11 Morn Grove, *S.t Vincent*
12 Souffriere, *Guadaloupe*
13 Moose Hillock, *U. States*
14 Pelee, *Martinique*
15 Camels Hump, *U. States*
16 Saddle Mount, *Ditto*
17 Kattshill, *New York*
18 Killington Peak, *U. States*
19 Monadnoch, *U. States*

20 Allegheny, *U. States*
21 Appalachian, *U. States*
22 M.t Edgecombe, *N. Ame.*
23 Potatoe Hills, *U. States*

SOUTH AMERICA.
1 Aconcagua, *Andes Chili*
2 Chimboraso, *Andes*
3 Sorata, *Andes*
4 Illimiza, *Andes Bolivia*
5 Nevada Merida, *Columbia*
6 Caraccas, *Venezuela*
7 Guadarama, *Columbia*
8 Itocolumi, *Brazil*
9 Cape Horn, *Terra del Fuego*

VOLCANOES.
1 Antisano, *Quito*

2 Cotopaxi, *Quito*
3 Arequissa, *Peru*
4 Orizaba, *Mexico*
5 Tanguragua, *Quito*
6 Blue Mountains, *Jamaica*
7 Ixvilla, *Mexico*
8 Gunong Demp, *Sumatra*
9 Koriats Baia, *Kamstchatka*
10 Etna, *Sicily*
11 Krionats, *Kamstchatka*
12 Schwelatsh, *Ditto*
13 Awatska, *Kamstchatka*
14 Fogo, *Fogo*
15 Voilano, *Bourbon*
16 Vesuvius, *Naples*
17 Hecla, *Iceland*
18 Stromboli, *Lipari Islands*

London, Published by James Reynolds, 174 Strand.

»Der Mensch muß Erde unter den Füßen haben, sonst verdorrt sein Herz.«
GERTRUD VON LE FORT

Der Yak, wild vereinzelt lebend, ist semidomestiziert und wird im gesamten Himalaja als Haustier gehalten. Er liefert Wolle, Milch, Mist als Brennstoff und dient als Trag- und Reittier. Oft haben Yaks unsere Lasten ins Basislager getragen.

Der zweit- und der dritt-
höchste Berg der Erde
(K2 oben, Kangchendzönga
unten) sind schwieriger
zu besteigen als der Mount
Everest.

Broad Peak (Mitte), Annapurna (rechts Mitte)
und Nanga Parbat (rechts unten) sind »kleine
Achttausender«. Trotzdem sind ihre Flanken
gefährlich. Vier Alpinisten (J. Kukuczka, E. Loretan, C. Carsolio, R. Messner) haben bis 1996
alle 14 höchsten Gipfel bestiegen. Bald wird sie
einer innerhalb eines einzigen Jahres erklettern.

»Die großen Berge Hochasiens
haben viel echtes Heldentum, viel
Freundestreue, Bergkameradschaft
und Opfergeist gesehen.«
GÜNTER OSKAR DYHRENFURTH
»Zum dritten Pol«

»Das, was die jungen deutschen Bergsteiger drängt, am Kampf um die
höchsten Gipfel der Erde teilzunehmen, das ist derselbe Geist, der die
alpinen Erschließer beseelte, das ist
Forscherdrang, das ist der Drang des
Menschen, sich im Kampfe mit den
Gewalten der Natur zu messen, der
Drang, einem unerforschten hohen
Ziele zuzustreben und die Geheimnisse zu lüften, die es umgeben, das
ist der Wunsch, eine Tat zu voll-
bringen – und nichts anderes. Es ist
eine naturnotwendige Entwicklung,
wenn sich diese Kräfte, die in den
Alpen und in anderen Gebirgen kein
Betätigungsfeld mehr sehen, auf die
höchsten Ziele vereinigen, die unsere
Erde zu bieten vermag. Das, was hier
winkt, das ist das Ziel als solches,
nicht der Rekord.«
WILLO WELZENBACH

Am Nordfuß des »Kantsch« waren wir vor bald
15 Jahren völlig auf uns selbst gestellt. Keine
weitere Expedition im weiten Umkreis. Das
war Bergsteigen nach meinem Geschmack.

»Die überschüssige Kraft in der Geistigkeit, sich selbst neue Ziele stellend; durchaus nicht bloß als befehlend und führend für die niedere Welt oder für die Erhaltung des Organismus, des ›Individuums‹. Wir sind mehr als das Individuum, wir sind die ganze Kette noch mit den Aufgaben aller Zukünfte der Kette.«
FRIEDRICH NIETZSCHE

Am Mount Everest (Südostgrat; Lager III in der Lhotseflanke; mit Ang Dorje im Zelt am Südsattel; Südsattel mit Lager; Oswald Oelz am Gipfel; Aufstieg in der Lhotseflanke; Sturm im Lager II) sind inzwischen so viele kommerzielle Expeditionen parallel unterwegs, daß von der ehemaligen »Arena der Einsamkeit« nichts übriggeblieben ist. Wenigstens nicht während der Saison.

Die Werte, die ich im Bergsteigen sehe, heißen Stille, Widerstand, Ausgesetztsein, auch Gefahr. Alles schrumpft, wenn wir sogar an den höchsten Bergen Massentourismus betreiben. Der gefährliche Khumbu-Eisbruch am Mount Everest (rechts) wird dies vielleicht wieder ändern – weil inzwischen nur mehr der Tod in der Gletscherspalte Platz findet in den Zeitungsspalten.

»Jetzt möchte ich zum ersten Mal wieder auf einem richtigen Weg laufen, dann möchte ich wieder unter Menschen sein, dann möchte ich wieder in einer Stadt sein, dann wieder zu Hause, und dann möchte ich bei meiner Frau sein.«
REINHARD KARL

243

»Ich nenne den Mount Everest, mehr scherzhaft, den Ostpol,
da sich meine kleine Welt um seine Größe dreht.«
ARNOLT BRONNEN
»Ostpolzug«

Nach der Besteigung des Mount Everest von Süden 1978 (rechts Mitte: Basislager) und angesichts der Müllberge dort (unten) reise ich 1980 an die Nordseite des Berges (rechts oben:

Biwak im östlichen Rongbukgletscher; großes Bild: Anmarsch zum vorgeschriebenen Basislager), wo ich ganz allein auf mich gestellt bis zum Gipfel steigen konnte.

Blick vom Mount Everest nach Westen. In Bildmitte Pumori, rechts der Achttausender
Cho Oyu. So wie ich zwei Jahrzehnte lang Massenaufläufe auf dem Dach der Welt ge-
mieden hatte, suchen heute fast alle den Berg, an dem auch die vielen anderen sind,
um in der Spur dieser anderen »billiger« zum Gipfel zu kommen. Viele zahlen sehr
viel für diesen Unfug, einige sogar mit dem Leben.

»Es giebt keine schöne Fläche ohne
eine schreckliche Tiefe.«
FRIEDRICH NIETZSCHE

Nicht der höchste (im Bild der Mount Everest von Norden), nicht der schwierigste und nicht der schönste Gipfel ist mir der wichtigste, nur gerade der, den ich besteigen möchte – auf mich gestellt, möglichst ohne Vorgaben, in der Stille am Ende der Welt.

»Auch im Leben des passioniertesten Bergsteigers kommt der Tag, wo er – wenn der Berg ruft – antworten muß: Du kannst mich mal! – Was aber macht er ›unten‹?«
FRIEDRICH EMGE

248

8848 Meter näher am Jenseits

Es kann nur Dummheit sein oder Vergeßlichkeit, die dich immer wieder aufbrechen läßt.

Am 8. Mai 1978 war der Wind am Gipfelgrat des Mount Everest so stark, daß Peter Habeler und ich streckenweise auf Händen und Knien aufwärtskrochen, um das Gleichgewicht halten zu können. Immer bemüht, das Gesicht in den Windschatten zu bekommen, sahen wir den aufgewirbelten Schnee, den Partner als Schattenriß und ab und zu ein Stück schwarzblauen Himmel. Sonst nichts. Dieser Sturm! Immerzu sein Heulen in den Ohren und das Geräusch eines Erstickenden in der Lunge, im eigenen Brustkorb.

Was uns bei diesem Aufstieg beinahe in den Untergang trieb, waren nicht der Sturm oder die Absturzgefahr, sondern der geringe Partialdruck der Luft. Und wir stiegen mit diesem Experiment nicht nur in eine Welt, in die der Mensch nicht gehört, wir kehrten zurück in eine Erde vor der Menschenzeit. Nur der im Laufe der Erdgeschichte ständig angestiegene Sauerstoffanteil in der Luft und der stetig gesunkene CO_2-Anteil haben eine Entwicklung des Lebens auf der Erde erst möglich gemacht. Mit der Erfindung der Photosynthese – Kohlendioxid wird verbraucht, Sauerstoff freigesetzt – hatte sich das Leben selbst die Luft zum Atmen geschaffen. Und weil diese Entwicklung Lebewesen, die mit einem höheren Sauerstoffanteil in der Luft zurechtkamen, favorisierte – Arten mit individueller Temperaturregelung, höherer Stoffwechselgeschwindigkeit, lebhafteren Gehirnfunktionen –, konnte der Homo sapiens am Ende sogar auf den höchsten Berg der Erde steigen, ohne dabei Sauerstoff aus einer mitgeführten Flasche zu atmen.

Vielleicht ist die Aufmerksamkeit, die unsere Everest-Besteigung weltweit provozierte, nur auf die Tatsache zurückzuführen, daß jeder von uns ahnt, wie sehr alles Leben auf der Erde vom Sauerstoffanteil in der Atmosphäre abhängt. Am 9. Mai 1978 jedenfalls verfaßte ein Reporter in Katmandu einen Artikel, der am 10. Mai auf der Titelseite der Tageszeitung »The Rising Nepal« erschien:

»Zwei Tiroler besteigen ohne Sauerstoff den Mount Sagarmatha. 25 Jahre nachdem Sagarmatha, wie die Einheimischen den Mount Everest nennen, zum ersten Mal bestiegen worden war, gelang es gestern zwei Bergsteigern einer österreichischen Expedition, dank ihrer Kühnheit, Genialität und Ausdauer den Gipfel des höchsten Berges der Welt ohne künstliche Hilfsmittel zu erreichen. Wie das Ministerium für Tourismus erklärte, haben Reinhold Messner, 33jähriger Bergsteiger aus Südtirol, Italien, und Peter Habeler, 35jähriger Skilehrer aus Mayrhofen, Österreich, den Mount Sagarmatha gestern bezwungen, ohne dabei künstlichen Sauerstoff zu benutzen. Laut den bis heute eingegangenen Details der Besteigung sind die beiden Alpinisten gestern um 6 Uhr früh vom vierten Lager am Südsattel in 8000 Meter Höhe aufgebrochen. In der bis heute kürzesten Zeit erreichten sie den Gipfel gegen Mittag. Selbst mit Hilfe von künstlichem Sauerstoff brauchten Seilschaften für diesen Gipfelgang bisher normalerweise zwei Tage. Der Abstieg über die Hillary-Route vom Gipfel bis zum Südsattel dauerte ungefähr 2,5 Stunden. Er ist ebenfalls der bisher schnellste. Einer Mitteilung zufolge rutschte Habeler mehr oder weniger auf seinem Hosenboden ab. Messner soll bei seinem Abstieg bedächtiger gewesen sein.

Der Gaurishankar-Gipfel, oft mit dem Mount Everest verwechselt

»Ich aber dachte mir schon in jungen Jahren, daß ein Berg mit 9000 Metern schwerer zu besteigen wäre als ein Betschemel.«
ARNOLT BRONNEN
»Ostpolzug«

Seilsicherung ist bei einer Everest-Besteigung nicht immer sinnvoll

John Hunt

Sauerstoffausrüstung 1922

Rechte Seite:
Karakorum und Himalaja mit den
14 Achttausendern

Die beiden Bergsteiger trugen beim Aufstieg wenig Gewicht – eine Kamera, Reservebekleidung, Notverpflegung, ein leichtes Seil. Auf dem Dach der Welt blieben sie nur kurze Zeit. Am Abend wurde berichtet, daß sich Messner beim Filmen und Fotografieren auf dem Gipfel Erfrierungen an einem Daumen zugezogen hat und daß er über Schneeblindheit klagte. Eric Jones, ein britischer TV-Kameramann, der Messner und Habeler beim Aufstieg begleiten sollte, blieb trotz erfrorener Hände und Füße die ganze Zeit über am Südsattel, um den historischen Auf- und Abstieg aus der Nähe filmen zu können. Mit dieser Besteigung hat Messner nach Nanga Parbat, Manaslu und Hidden Peak den vierten Achttausender bestiegen; alle vier ohne Sauerstoffmaske. Insgesamt erreichten bis heute 64 Personen aus neun verschiedenen Ländern in 25 Gruppen den Gipfel von Sagarmatha.«

1953, nach der ersten Besteigung des höchsten Berges der Welt, den die Nepalesen Sagarmatha nennen, war es noch viel weniger um das Wie gegangen als um den Beweis, daß Briten nach wie vor für ein Ideal zu kämpfen bereit waren, wie zu Captain Scotts Zeiten. In den Krönungsvorabend flatterte die Sonderausgabe der »Times«:

»Der höchste Berg der Welt von einer britischen Expedition bezwungen. Ein 32jähriger Kampf, den zehn Expeditionen gegen die unheimlichen Wetterverhältnisse um diesen Bergriesen und mit unzureichender Ausrüstung geführt hatten, ist nun siegreich beendet. ›Das schönste Krönungsgeschenk‹ nennen die Londoner Zeitungen die bewundernswerte Leistung des 34jährigen neuseeländischen Bienenzüchters Hillary und des 39jährigen eingeborenen Bergführers Tensing, die als erste Menschen den geheimnisumwitterten höchsten Gipfel der Welt erklommen haben. Dreimal hatte die britische Expedition des Oberst Hunt den Angriff auf den Gipfel unternommen; zweimal waren die Bergsteiger unter dem höchsten Punkt der Erde steckengeblieben. Der dritte Angriff gelang. Er erfolgte von der Südseite her, da die Grenzen Tibets seit seiner Einverleibung in das kommunistische China streng verschlossen sind. Erst im Vorjahr war dieser Aufstieg erkundet worden. Entscheidend für den Erfolg waren möglicherweise zwei neue Typen von Sauerstoffgeräten, die leichter waren als die von früheren Expeditionen verwendeten. Die beiden Männer pflanzten auf dem höchsten Gipfel der Welt Großbritanniens Union Jack, die Farben des Himalaja-Staates Nepal und die Fahne der Vereinten Nationen auf. Der am Freitag erzielte Erfolg ist nach Ansicht erfahrener Bergsteiger dem Zusammentreffen von günstigem Wetter, gut ausgesuchten und akklimatisierten Teilnehmern und der meisterhaften Einzelplanung des Oberst Hunt zu danken.«

Königin Elizabeth sandte eine halbe Stunde vor ihrer Abfahrt in die Westminster Abbey über den britischen Gesandten in Katmandu ein Telegramm an die Expedition: »Bitte übermitteln Sie Oberst Hunt und allen Mitgliedern der britischen Expedition meine wärmsten Glückwünsche für ihre große Leistung der Besteigung des Everest-Gipfels.« Premierminister Churchills Glückwünsche an Oberst Hunt lauteten: »Meine Glückwünsche zu dieser denkwürdigen britischen Leistung, an der die ganze Welt seit so vielen Jahren interessiert ist.«
Bis 1852 hieß der wolkenumhangene höchste Berg der Welt einfach »Gipfel XV« (der indischen Landvermessung); die Tibeter nannten ihn »Königinmutter der Berge«.

250

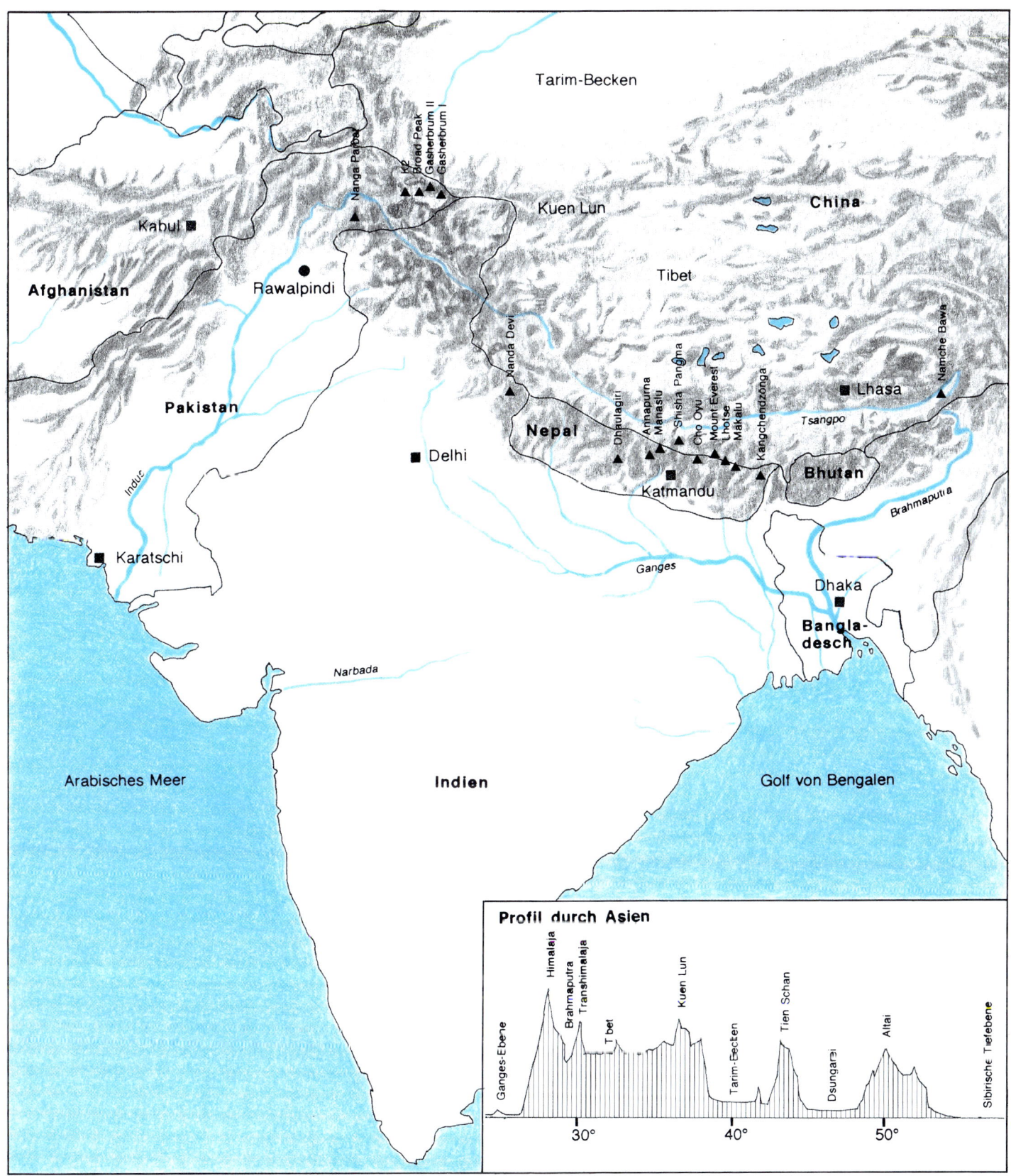

Tarim-Becken

Kuen Lun

China

Tibet

Kabul

Afghanistan

Rawalpindi

Pakistan

Nanga Parbat

K2
Broad Peak
Gasherbrum II
Gasherbrum I

Nanda Devi

Induc

Delhi

Nepal

Dhaulagiri
Annapurna
Manaslu
Shisha Pangma
Cho Oyu
Mount Everest
Lhotse
Makalu
Kangchendzönga

Katmandu

Lhasa

Namche Bawa

Tsangpo

Bhutan

Brahmaputra

Karatschi

Ganges

Dhaka

Bangla-
desch

Narbada

Arabisches Meer

Indien

Golf von Bengalen

Profil durch Asien

Ganges-Ebene
Himalaja
Brahmaputra
Transhimalaja
Tibet
Kuen Lun
Tarim-Becken
Tien Schan
Dsungarei
Altai
Sibirische Tiefebene

30°   40°   50°

251

Ohne Maske wird selbst ein harmloser
Sattel schwierig

Schon um die Jahrhundertwende träumten viele Bergsteiger von seiner Bezwingung; aber erst 1921 konnte eine britische Expedition unter Oberst Howard-Bury die Zugänge von Norden erkunden.

1922 erfolgte unter General Bruce der erste Angriffsversuch: Die Expeditionsmitglieder Mallory, Norton und Somervell erreichten ohne Sauerstoffgeräte eine Höhe von 8200 Metern, Finch und Bruce mit primitiven Sauerstoffgeräten 8300 Meter. Zwei Jahre später kamen Norton und Somervell ohne Sauerstoffgeräte auf eine Höhe von 8400 Metern; beim letzten Versuch wurden Mallory und Irvine in 8600 Meter Höhe zum letzten Mal gesehen, dann verschwanden sie für immer in den Wolken.

Verfrühter Monsun vereitelte der Expedition von Hugh Ruttledge im Jahre 1933 den Gipfelsturm. 1935 erkundete Eric Shipton neue Zugangsmöglichkeiten von Norden her. 1936 zwang ein Monsuneinbruch eine neue Expedition Ruttledges zum vorzeitigen Abbruch des Unternehmens. Auch der Expedition Tilmans 1938 blieb der Erfolg versagt. Nach der Sperre Tibets erhielten die Briten von der Regierung Nepals 1951 die Erlaubnis zur Erkundung des Südanstieges. 1952 scheitern zwei schweizerische Expeditionen.

Triumphierend schrieb der Londoner »Daily Telegraph« 1953: »Es ist ein Ereignis ohne Beispiel. Das muß besonders begrüßt werden in einer Zeit, die weitgehend mit dem Argwohn behaftet ist, die Engländer seien von dem Gedanken an Sicherheit und bequemes Leben besessen . . .«

Wenn man bedenkt, daß die CO_2-Konzentration in der Erdatmosphäre seit Beginn des Industriezeitalters stetig ansteigt, stellt sich nicht nur die Frage, wie lange die Besteigung des Mount Everest ohne Maske noch möglich bleibt, sondern auch, warum sie nicht schon früher gelungen ist. In diesem Jahrhundert hat der Mensch die seit Jahrmillionen vorherrschende Tendenz des kontinuierlichen Sinkens der CO_2-Konzentration und des Steigens des Sauerstoffspiegels in der Erdatmosphäre gestoppt und mit seiner industriellen Potenz sogar umgekehrt.

Mit nur einem Jahr des momentanen CO_2-Ausstoßes wandelt sich die Luft in einen Zustand der Zeit vor den Neandertalern um. Nicht nur Anstieg des Meeresspiegels, Dürrekatastrophen, Verschiebung der Vegetationszonen, Seuchengefahr sind die Folge, die begrenzte Anpassungsfähigkeit des Menschen wird ein Problem. Bakterien und Viren, die für einen Generationswechsel nur Minuten oder Stunden brauchen, werden sich an die neuen Lebensbedingungen anpassen, der Mensch aber könnte ihnen zum Opfer fallen.

All diese Gedanken aber beschäftigten mich nach der ersten Besteigung des Mount Everest ohne Maske nicht. Und der Verzicht auf die Sauerstoffflasche darf nicht als Technikfeindlichkeit verstanden werden. Mir ging es um den Verzicht an sich. Nur darin sah ich eine Steigerungsmöglichkeit und damit ein Spielfeld. Weil wir ohne Maske aufs Dach der Welt gestiegen waren, wollte ich es auch ohne fremde Hilfe versuchen, ganz allein auf mich gestellt, ohne Hochträger, ohne Lager, ohne alles.

Im Sommer 1980 kam ich ein zweites Mal zum Mount Everest. Diesmal von Norden, von Tibet her. Die chinesische Zentralregierung, inzwischen sicher, das kulturelle und politische Selbstverständnis der Tibeter gebrochen zu haben, öffnete 30 Jahre nach ihren ersten strategischen Tibet-Interventionen die Grenzen für Touristen. Der Berg, inzwischen von chinesischen und tibetischen Bergsteigern auch von Norden bestiegen, war vermessen, kartographiert und erschlossen. Der Tourismus konnte beginnen.

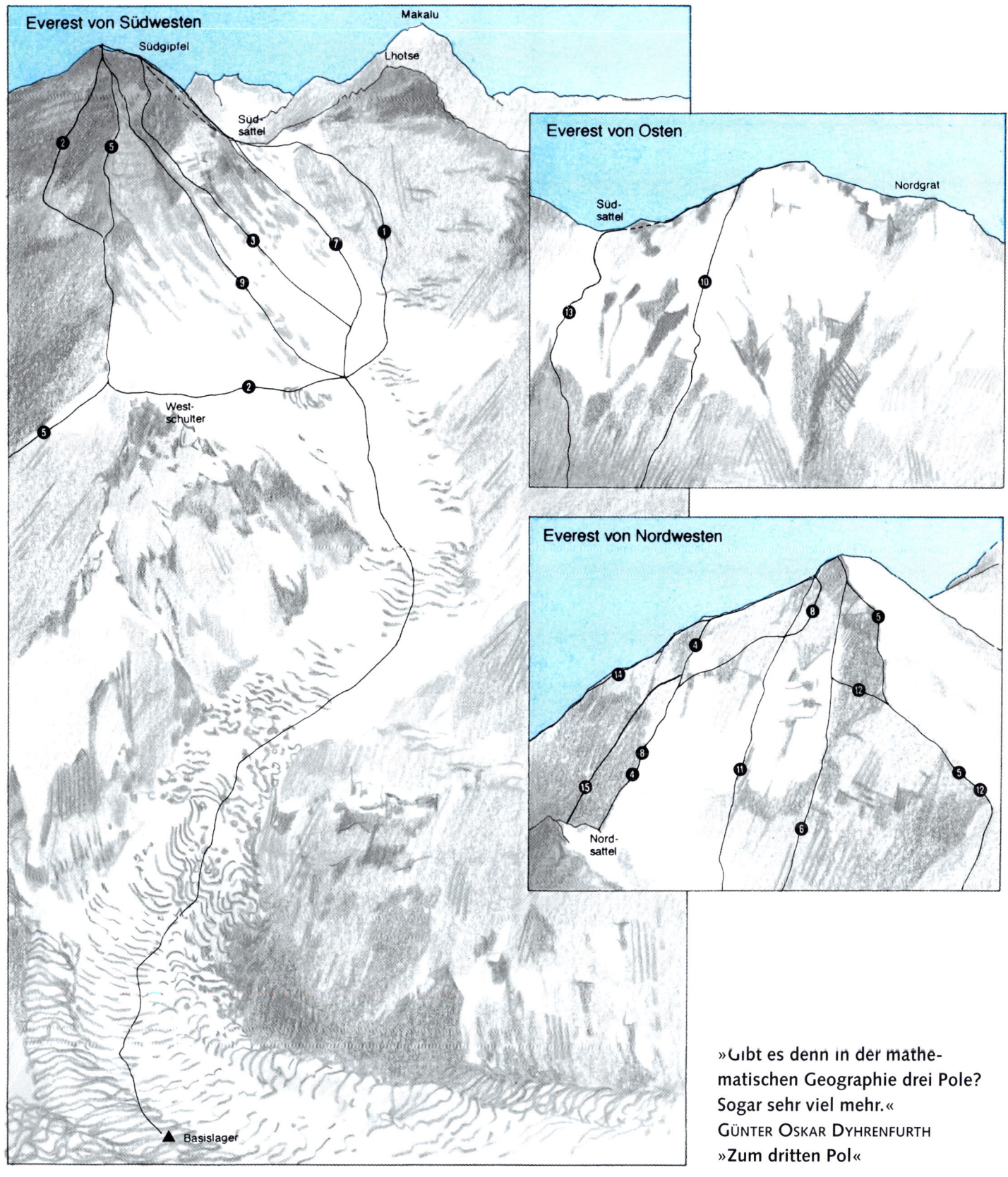

Everest von Südwesten

Makalu

Südgipfel

Lhotse

Süd-
sattel

West-
schulter

Basislager

Everest von Osten

Süd-
sattel

Nordgrat

Everest von Nordwesten

Nord-
sattel

»Gibt es denn in der mathe-
matischen Geographie drei Pole?
Sogar sehr viel mehr.«
GÜNTER OSKAR DYHRENFURTH
»Zum dritten Pol«

Berge, wie unbetreten

Beim ersten Versuch kam ich nur bis zum Nordsattel. Dort blieb ich im nassen Monsunschnee stecken. Beim zweiten Anlauf, Mitte August, stieg ich trotz eines nächtlichen Spaltensturzes zügig über den Nordgrat aufwärts. In 7800 Meter Meereshöhe schlug ich mein erstes Biwak auf. An einer flacheren Stelle am stumpfen Grat stand mein winziges Zelt. So viel Platz! Weit unten im Gewaber der Wolken und Nebel dunkle Flecken in der Schneelandschaft. Obwohl nur ein schwacher Luftzug zu spüren war, war mein Bart vereist. Dazu die Schmerzen beim Ein- und Ausatmen in Kehle und Lungen. Alles wie zwei Jahre vorher.

Unglaublich, wie schnell unser Verstand all diese Unannehmlichkeiten vergißt. Wie hätte ich sonst nach meiner ersten Erfahrung am höchsten Berg der Welt einen zweiten Aufstieg wagen können?

Auch im Zelt war das Leben miserabel. Von Erholung konnte keine Rede sein. Meine Beine waren müde. Vom Steigen, Spuren und dauernden Gleichgewichthalten auf dem verschneiten Blockgrat mit einer schweren Last auf dem Rücken blieben sie noch stundenlang steif. Kalt war es im Zelt nicht, und ich konnte Schnee schmelzen, trinken. Schlafen konnte ich kaum.

Am Morgen fühlte ich mich genauso elend wie am Abend zuvor. Wieviel Mühe es allein kostete, aus dem engen Zelt zu steigen! Gepackt aber war schnell, und mit dem Steigen ging es mir besser. Bald traf das Licht der Morgensonne die Schneefelder der Gipfelkuppe des Cho Oyu, und wenig später leuchteten die Felsen des Gyachung Kang auf. Herrliches Wetter! Die Sonne aber, wenig über dem Horizont im Osten, hatte keine Kraft. Keinerlei Wärme in ihren rötlichen Strahlen. Auch mein Gesicht, die Hände, die Füße, alles kalt. Als wäre alle Wärme für immer abhanden gekommen. Die ganze Welt schien in einer allumfassenden und dauerhaften Kälte zu stecken. Oder raste sie mit mir in immer kältere Sphären?

Ich bewegte mich langsam, äußerst langsam. Meist verdeckte mein eigener Körper, gipfelwärts gewandt, den Tiefblick. Nur wenn ich stehenblieb, drehte sich ein Stück Horizont in mein Blickfeld. Ich war nicht nur allein, auch nirgends ein Zeichen oder eine Spur von Menschen! Über mir, scheinbar gar nicht so hoch über meiner schrägen Welt aufragend, der Gipfel des Mount Everest: eine sonnenumflutete, helle Pyramide mit dunklen Streifen aus Fels.

Dieser Anblick war großartig, der Tiefblick erschreckend. In meiner Langsamkeit gewann der Raum um mich und tief unter mir an Beweglichkeit. Nur der Gipfel stand immerzu still, still und unbeweglich wie die Zeit.

Das Sonnenlicht hatte die Farbe gewechselt, von Golden zu Weiß, und langsam spürte ich die Wärme aus dem All. Trotzdem erschien der »Second Step«, eine gut 20 Meter hohe Felsstufe am Gipfelgrat, unüberwindlich steil und ausgesetzt. Nicht nur das Steigen, auch das Gelände wurde besser, während ich direkt auf den Gipfel zuging. Ich war vom Nordgrat abgekommen und querte, Bänder und leichte Felsstufen ausnützend, die Nordflanke schräg aufwärts.´ Den Gipfel im Blickfeld, den Nordostgrat immer links über mir, war es ein gutes Gefühl, mit jedem Schritt dem Ziel ein bißchen näher zu kommen. Da ich mich immer noch auf meine beiden Skistöcke stützte, bewegte ich mich wie ein Vierbeiner. Auch konnte ich so aus Nuancen des Klangunterschiedes von Metall auf Stein heraushören, ob ein Felsblock unter dem Schnee fest war oder nicht belastet werden durfte. Die Bänder, die ich aufwärts steigend nutzte, um Richtung Gipfel zu kommen, waren manchmal abschüssig und, weil verschneit, heikel. Die Kletterei war dann schwieriger, als es die Steilheit des Hanges ahnen ließ. Das schlimmste aber blieb die Anstrengung. In großer Höhe sind Kletterschwierigkeiten zweitrangig. Was neben dem Sauerstoffmangel den Aufstieg bremst oder oft verunmöglicht, ist loser Schnee. Die Gefahren dabei zählen weniger – eine Everest-Besteigung in Eigenregie, ohne andere Bergsteiger weit und breit, ist immer gefährlicher als verantwortbar –, weil die Todesgefahr bewußt in Kauf genommen wird. Die mehr tierischen als humanen Instinkte heben zwar beim Steigen den ständigen Zustand des Marodeseins auf, helfen aber nicht gegen das Verlorensein in der eigenen Hilflosigkeit.

Atemberaubende Tiefblicke

Am Nachmittag wurde das Licht gespenstisch. Dichte Monsunwolken mußten über dem Berg schweben. Die Orientierung wurde schwierig, auch war ich erschöpft. Also blieb ich. Auf einem Felsen baute ich das Biwakzelt auf. Ein gutes Stück links der Nortonrinne und unterhalb einer Steilstufe. Es war ein lawinensicherer Ort, aber trotzdem windgeschützt. Von hier aus hätte ich auch im Nebel zurückfinden können, denn die Querung hinab zum Nordgrat schien in jedem Winkel möglich.

Der Nachmittag, der Abend, die Nacht vergingen langsam. Es war eng und ungemütlich im Zelt. Draußen schneite es leicht, und in unregelmäßigen Stößen blies der Wind Schneestaub durch die Nähte der einfachen Zeltplane. Auch fiel dabei immer wieder Reif auf den Schlafsack, Reif, der sich aus meiner Atemluft an der Zeltinnenwand bildete. Die Versuchung, auch den Kopf im Inneren des Schlafsackes zu verstecken, um dem ständigen Schneeregen zu entgehen, wurde sofort bestraft mit Atemnot und Beengtheit. Also war auch mein Gesicht eisig und naß und kalt. Alles wurde zur Qual. Das Daliegen, das Kochen, das Denken. Das Warten war schon zu anstrengend, um das Weiterleben noch als wünschenswert zu empfinden. Dieses miserable Lagern war viel schlimmer als das Steigen. Die Müdigkeit kam dabei nicht von der Anstrengung, sondern vom Dasein, und nach und nach schwand alle Lebensfreude, jeder Optimismus. Es wäre viel leichter, ohne zu lagern auf den Mount Everest zu steigen, dachte ich, aber das ging jetzt nicht. Zu viel Schnee, zu viel Gewicht, keine Spur.

Blick vom Nordgrat zum Gipfel

Meine Kehle schmerzte so, daß ich mich fürchtete zu trinken, obwohl ich immerzu Durst hatte. Dabei ein Verlangen nach frischen Früchten, Säften, kühlen Getränken. Oh, wie verabscheute ich diesen heißen Tee, mein einziges Getränk seit Tagen!

Wie langsam alles ging: die Zeit, die Gedanken, die Nacht. Die Wärme in meinem Körper kam wieder und eine Ahnung von Dauer, Weiter, Höher. Auch das Licht kam ganz langsam. Zuerst war da nur ein opalfarbener Schimmer, wenn ich die Augen öffnete. Aber die Helligkeit verfärbte sich und wurde mehr. Bis ich wußte, daß der neue Tag da war.

Jetzt kam die härteste Arbeit des Tages: das Kochen, Anziehen, Aufstehen. In dieser Höhe kostete jeder Handgriff eine große Willensanstrengung. Dazu der Schnee überall, die Enge, die Appetitlosigkeit.

Draußen war ein klarer Tag, und ich wollte so früh wie möglich aufbrechen. Aber nicht nur das elende Schneeschmelzen, auch der Morgenwind und eine allumfassende Lethargie bremsten mein Losgehen. Bis ich angezogen war, vergingen Stunden, und als ich vor dem Zelt stand, hingen schon die ersten Nebel an der Nordflanke des Berges.

Ohne Rucksack ging es sich viel angenehmer, und doch fühlte ich mich müder als am Tag vorher. Anfangs waren da keine Schwierigkeiten, aber nach jeweils ein paar

»Bergsteigen ist wie Schachspiel mit dem Körper. Du löst Probleme, indem du selbst der Bauer bist.
JEFF LOWE

255

Schritten mußte ich rasten und nach Luft schnappen. Der Schnee vom Vorabend war auf den Felsen kaum zu sehen und nicht hinderlich bei der Spurarbeit. Nur in den Mulden lag er spürbar auf der Schneekruste, die nachgab, wenn ich hineintrat. Beim Blick nach oben ahnte ich rechts über einer ersten Steilstufe die Gipfelpyramide, und obwohl ich mich schwach fühlte, war ich neugierig, wie die Querung über der Stufe ins Nortoncouloir aussehen würde.

Schräg hinter mir das Zelt, mitten in einer desolaten Welt aus Fels und Schnee. Immer wenn ich – den Kopf auf den Eispickel gestützt – rastete, schielte ich hinab zum Zelt. Als ob ich mir die Position einprägen müßte. Dann setzte ich meinen einsamen Aufstieg fort.

Rechts über dem Zelt und links einer Felsnase fand ich eine Art Rampe. Sie markierte in zwei Stufen und nach rechts leitend den einzig möglichen Aufstieg. Trotzdem zögerte ich. Würde ich ohne Probleme auch wieder absteigen können? Und darüber? Wie sah das Gelände höher oben aus?

Die große Höhe zehrt nicht nur an Kraft, Willen und Ausdauer. Sie macht auch unentschlossen. Wie lange ich jeweils brauchte, eine Entscheidung zu treffen!

Immer noch kletterte ich mit dem Eispickel in der rechten Hand als Stütze. Nur selten brauchte ich beide Hände, um mich an Griffen festzuhalten. Der Pickel baumelte dann an einer Schlinge, die lose an meinem Handgelenk hing. Das Gelände war jetzt steil, aber immer noch gegliedert, immer wieder Bänder und Verschneidungen, die mich nach rechts brachten.

Langsam, aber stetig kam ich höher. Ohne Rucksack schaffte ich sogar ein paar senkrechte Passagen, und dann stapfte ich lange über eine Schneerampe diagonal nach rechts aufwärts. Als ich auf einem schwach ausgeprägten Schneegrat stand, erschien mir der Gipfel erstmals an diesem Tag erreichbar nahe. Das Steigen ging jetzt besser, und eine Serie von Bändern und Schneerinnen führte rechts von mir in die letzte Mulde des Nortoncouloirs und schräg rechts aufwärts zum Himmel, der im Nebelreißen immer wieder sichtbar wurde.

Es war jetzt windstill und recht warm, so daß ich nur gegen die Ausgesetztheit und die Höhe anzusteigen hatte. Langsam querte ich in die große Schlucht hinein und gewann rasch an Entfernung, wenn auch nicht an Höhe. Gerade hochzusteigen erschien mir unmöglich, war der Felsriegel über dem Nortoncouloir doch streckenweise senkrecht und hingen überall Schneewächten von den Felsköpfen.

Ich versuchte, so tief wie möglich in das Schneefeld zu queren und den Fuß jener Sekundärrinne zu erreichen, die allein einen Ausweg aus der beängstigend steilen Felslandschaft über mir erlaubte. Jetzt immer schräg nach rechts aufwärts. Es gelang. Immer wenn ich eine steilere Passage geklettert war, rang ich ausgepumpt nach Luft und brauchte länger, zu meinem Willensakt zurückzufinden, als nach dem Rhythmus beim Schneestapfen: ein paar Schritte, eine Pause, wieder ein paar Schritte.

Wenn ich zurückschaute – im Nebelreißen oft Fetzen von Gletscherböden, sonst nichts mehr –, war da weniger Sorge, den Abstieg nicht zu schaffen, als vielmehr die große Distanz zur lebendigen Welt, die sich mir mehr und mehr entzog. Sicher, es würde schwierig sein, wieder abzuklettern, die Spur und den Weg zu finden, schwieriger aber war es, weiter aufzusteigen. Jeder Schritt nach oben waren zwei Schritte weg von der Welt, in die ich mich zurücksehnte. Eine Welt, in der man stehen konnte, ohne immerzu abstürzen zu können; ein Zelt, in dem man schlafen, kochen, trin-

Blick von oben in die Nordflanke

»Wer (auf) hohe Berge steigt, lacht über alle tragischen Gebärden.«
FRIEDRICH NIETZSCHE

ken konnte; Wasser, das rann; Luft, die die Lungen beruhigte; Wärme; Menschen; Gefühle.

Immer, wenn ich nicht mehr konnte, löste sich der Schneehang vor mir auf in ein nebelgleiches Wabern. Dahinter nur Unschärfe.

Unter mir war die Wand steil, und wenn der Schnee nicht hielt, war es ein hoffnungsloses Treten, bis ich auf Felsleisten stieß. Nein, die Lawinengefahr war es nicht, was mich ängstigte, nur diese Hoffnungslosigkeit in meinem langsamen Vorankommen. Die Sorge, nie mehr zurückzukommen, hatte ich inzwischen ebenso verdrängt wie das Wissen, daß die Spur hinter mir unterging im Schnee, den ich lostrat und der aus den Nebeln fiel.

Zum einen war dieses Wolkenspiel verwirrend, zum anderen hob es meine Bühne hinter alle Vorhänge. Nicht einmal die Sonne kam bis zu mir durch. Das war gut so, weil mich die Höhenstrahlung noch mehr ausgelaugt hätte. Im windstillen Konkav unter dem Gipfelgrat hätte ich neben meinem eigenen Verlorensein zwischen den teils überhängenden schwarzen Kulissen meinen Part sonst ganz vergessen: Weiter! Kein Text, kein Wort mehr, nur noch ein Wille.

Das letzte Stück der Gipfelpyramide war auch in wolkenfreien Momenten nicht mehr zu sehen, und ich dachte an Frank Smythe, der im Sommer 1949 im Alter von 49 Jahren gestorben war. Hier irgendwo war er 1933 im schier grundlosen Pulverschnee steckengeblieben, 20 Jahre bevor Hillary und Tensing den Gipfel über die andere Seite des Berges erreichten. Nur der lose Schnee hatte ihn aufhalten können, so viel feinkörniger, vom Wind verfrachteter Schnee, daß er mit den Armen einen Graben schaufeln mußte, um darin höhersteigen zu können. Kletterschwierigkeiten sind überwindbar auch in Gipfelhöhe des Mount Everest, grundloser Schnee ist eine Barriere, die jeden Aufstieg stoppen kann, vor allem, wenn er von einem allein durchgeführt wird.

Zum Alleinsein kommt das Sich-allein-Fühlen, eine Einsamkeit, die mit der Langsamkeit des Vorankommens wächst. Streckenweise hilft nur jene Bewußtseinsspaltung über dieses äußerste Verlorensein am oberen Ende der Welt hinweg, die dich glauben läßt, du sähest dir selbst zu, während du dich höherplagst. Dieses Bild, hundertmal beschrieben, setzt einen Akteur und einen Beobachter voraus und paßt in keinen Rahmen. Wenn es aber stürzt, kommen weder Schreck noch Todesangst vor. Nicht einmal ein Alptraum. Als würde, weit weg, ein anderer umkommen.

Die Sekundärrinne war jetzt so steil, daß ich nicht stürzen durfte. Der Schnee aber war so verfestigt, daß ich in den selbstgetretenen Stufen höhersteigen konnte, ohne je durchzubrechen oder auszurutschen. Trotzdem keinerlei Erleichterung. Ich war ein elendes Bündel aus Schmerz und Einsamkeit, das ein paar Schritte stieg, atmete, sich wieder schob, zusammengekauert dalag, höherschaute, höherkroch.

Die Felsen links von mir erschienen in den ziehenden Nebeln düster und beängstigend steil. Tief der Abgrund, hoch oben die glänzenden Schneekronen über überhängenden Pfeilern. Obwohl ich mich vor so viel Chaos und Höhe fürchtete, schaute ich immer wieder hin. Wie abwesend nahm ich auch die Tiefe wahr, wenn im Nebel reißen ein Stück des sonnengefleckten Hochlands von Tibet sichtbar wurde.

Dabei sah ich keine Details. Nur noch Weite, Höhe, Abgrund. Ich war zu hoch oben und zu beschränkt in meiner Sinneswahrnehmung, um das alles einordnen zu können. Nur immerzu Angst, nie mehr zurückzufinden auf die Erde. Gegen diese wachsende, zur Krankheit sich verdichtende Sorge stieg ich noch stundenlang an. Im

»Ein Nichts, ein Aussatz, eine Krankheit, kroch ich herauf.«
ARNOLT BRONNEN
»Ostpolzug«

Die Vorgänger als Begleiter

»Dieses Naturgefühl ist paradoxerweise unnatürlich. Es ist ein Kulturprodukt. Natürlich und vernünftig wäre es, die Gipfel Gipfel sein zu lassen, spätestens nach Abstürzen einzusehen, daß es wenig Sinn hat, steile Berge zu erklimmen, und daß dort oben nichts zu holen ist: keine Erkenntnisse, keine Schätze, keine Fabelwesen, keine Göttergunst. Der ›unkultivierte‹ Naturmensch meidet vernünftigerweise die Gipfel der Berge ebenso wie das Innere des Waldes. Die Suche nach dem Abenteuer ist ein modernes Ventil.«
JOSEPH VON WESTPHALEN

Die Länge des Weges
ist unser Maß nicht

Zurück in der Menschenwelt

»Man klettert, schaut, steigt ab.
Man schaut nicht länger:
Aber man hat gesehen.«
René Daumal

dichter werdenden Nebel, in den frühen Nachmittagsstunden, Felsstufen umgehend, über einen Schneegrat zuletzt. All mein Tun war mehr automatisch als überlegt, so als führte ich nur aus, was ich Monate, ja Jahre vorher gewollt und in einer Art Vorausvollzug oft getan hatte.

Wenn es ein Jenseits gibt, dann nur in unserem Geist, der sich auflöst in einer Lethargie dieses Geistes und der Sinne, die nachher ein Gefühl hinterläßt, über allem Irdischen gewesen zu sein. Am Gipfel bist du »Gott« nicht näher, nur am weitesten weg von der Erde.

Am Gipfel sah ich nichts. Er steckte im Nebel. Also keine göttliche Aussicht. Auch keine erhabenen Gedanken. Nur automatisch tat ich, was zu tun ich mir vorgenommen hatte. Ein paar Fotos, eine Rast mit geschlossenen Augen, dann der Abstieg.

Im Gegensatz zum Aufstieg ist das Absteigen in großer Höhe um ein Vielfaches leichter. Die Anstrengung entspricht dem Abstieg von niedrigeren Bergen. Und ich ging dabei zurück, zurück in die Wärme, zurück zu den Menschen, zurück in die Sicherheit. Da war immer noch das Gefühl, mein Steigen von außen beobachten zu können, kleinste Details der Kletterstrecke zu kennen. Es würde nicht einfach sein, mein stehengebliebenes Biwakzelt zu finden, weil es dämmriger wurde unter den Nebeln und die Wolkenfelder unter mir immer dichter zusammendrängten. Zum Glück waren die Quarzitbänder zwischen den Sandsteinstufen verschneit, so daß ich nicht jedesmal aufpassen mußte, wenn das Gestein schlüpfrig wurde. Alles um mich war ein vertikales Labyrinth von abschüssigen Stufen, die vom Zwielicht aus den Nebeln und der Reflexion desselben aus dem Schnee nur wenig erhellt wurden. Darunter die Dunkelheit, in der sich der Abgrund mit meiner Spur verlor. Dieses bläulichviolette Licht war ohne Wärme.

Auch im Zelt erholte ich mich nicht. Jetzt, da ich keinen Sinn mehr erkannte im Oben-Sein, wollte ich nichts als Sicherheit, Komfort, ein Ende der Leiden. Ich ging, als wäre ich auf der Flucht, als käme ich aus der Hölle. Als ob der Himmel nur unten sein könnte!

Ich stapfte diagonal nach unten, ostwärts, zum Nordgrat, den ich überm Nordsattel erreichen mußte. In Wellen lag das Gelände unter mir, schräg, verschneit. Wenn ich bis zu den Knien einsackte, ging ich streckenweise auf Händen und Knien. Gleichgültig wie, als Tier oder Mensch, ich wollte nur unten sein.

Steif von der Anstrengung, die Beine gefühllos, torkelte eine gebrochene Gestalt über die Hänge des Mount Everest. Auch wenn die ganze Erde unbewohnbar gewesen wäre, hätte dieser Abstieg nicht lächerlicher sein können. Die Spur dazu zerrissen, ungerade, fremd; krank wie der Absteigende. So oder so, jetzt trug mich nur noch das Heimweh. So wie mich im Aufstieg die Sehnsucht nach Erfüllung eines letzten Traumes gehoben hatte – hoch über die Monsunwolken hinaus.

Noch war die Sicht gut, wie fast immer im Monsun in den Vormittagsstunden. Vom Nordsattel aus konnte ich in den Gletscherkessel sehen, der den östlichen Rongbukgletscher speiste. Ich begann, über ihn abzusteigen, viele Stunden lang, das leuchtende Hügelland dahinter als Weg in die Menschenwelt, die jenseits des Wahnsinns lag.

Nie zurück

Manchmal wache ich nachts auf und glaube, den Geruch von Schnee zu hören. Ich möchte dann wieder einschlafen und weiterträumen, weil ich so gern draußen bin auf dem Eis oder oben am Berg. Ich träume oft davon, zu klettern, zu laufen, zu gehen. Als wäre ich nie verletzt gewesen. Dieser sonderbare Geruch aber, den ich wie ein Geräusch wahrnehme, läßt mich nicht wieder einschlafen. Es ist nicht das Brechen des Eises, das ich rieche, nicht die Gefahr, es ist die Weite, die nach Leben riecht, der glitzernde Schnee vor mir, das Morgen.

Das Licht, die Tiefe einer Landschaft, ihr Geruch sind mir aus Kindertagen noch in Erinnerung. Nicht die Zeit. Ich muß nicht dorthin zurück, sondern in den Zeitraum hinaus, wo die Sinneseindrücke sich mischen wie im Traum. Ich bin dann wie ein Tier, das keine Zeit wahrnimmt, nur noch Raum. Sehen und hören und riechen werden dann eins. Keine Angst mehr und auch kein Gefühl der Stärke, nur Wirklichkeit, Wahrheit, Leben, die mich ausfüllen und umgeben.

Landschaft, Licht, Leere

Jeder Sonnenaufgang ist mit Sehnsucht verbunden

Meinen Grenzgängen gingen oft monatelange Angstanfälle voraus. Weniger die Angst zu scheitern, als vielmehr Selbstzweifel. Können und Kraft und Ausdauer verflüchtigen sich rasch. Auch Erfahrung kann abhanden kommen. Und dann? Das Scheitern konnte ich ertragen, es gehörte dazu. Das Umkommen aber mußte vermieden werden. Mit all meinem Dasein. Deshalb manchmal die Idee, für immer daheim zu bleiben. Ich hätte dann aber nicht einmal scheitern können. Fehlschläge haben mir Antworten auf meine Ängste gegeben, Erfolge nicht. Rückzüge brachten mich weiter im Leben als Erfolge. Mit dem Rückzug im Raum hatte ich keine Probleme mehr, aber die Zeit ging nur vorwärts. Mit Fehlschlägen ließ es sich gut leben, solange mich eine Idee für das Morgen trug. Der Alptraum dabei, daß es plötzlich kein Morgen mehr gäbe

Wir raten mehr, als wir wissen

»Das Leben ist seinem inneren Wesen nach ein ständiger Schiffbruch. Aber schiffbrüchig sein heißt nicht ertrinken.«
JOSÉ ORTEGA Y GASSET

Traumberg im Karakorum

Traum der Nomadenseele

oder alle Möglichkeiten ausgeschöpft seien, blieb mir bis zum Mauersturz auf Juval erspart. Nur die Furcht manchmal, daß ich mir zuviel vorgenommen hatte, die Peinlichkeit, als Hochstapler zu erscheinen.

Bei vielen meiner Expeditionen wußte ich gar nicht so recht, was ich eigentlich tat. Wie bei der Besteigung des Mount Everest ohne Sauerstoffmaske. Sie gelang.

Nachher empfand ich eine so ungeheure Leere, daß ich fürchtete, mein Hirn könnte sich mit der Einbildung füllen, es für immer geschafft zu haben. Und plötzlich träumte ich davon, ganz allein auf einen Achttausender zu steigen, und wieder kamen die Zweifel und wieder die Furcht, doch nur ein Hochstapler zu sein.

Also mußte ich diesen Tagtraum auch umsetzen. Damit kamen wieder die Ängste, die Vorbereitung, das Wagen. Zuletzt das Hinausgehen, das Sichauflösen im Tun. Man muß schon verrückt sein, immer wieder in die Wildnis zu gehen mit all der Anstrengung, der Gefahr, dem Verlorensein dort. Besonders mit der heutigen Möglichkeit, in ein Flugzeug zu steigen und bis zum Nordpol zu fliegen.

Aber das ist es nicht, was ich will, zum Nordpol und zurück ist gar nichts, wenn ich das Risiko umzukommen dabei ausschalte und die Schwierigkeiten und die monatelange Anstrengung. Das »Nie zurück« ist mein ewiger Konflikt. Das Gestern füllt mich nicht aus, und die Neugierde wächst dorthin, wo ich noch nicht war. Obwohl ich Angst habe vor dem nächsten Grenzgang, komme ich nicht davon los. Als gäbe es kein Zurück mehr. Nach der gescheiterten Nordpolexpedition wollte ich wieder dorthin. Unser Rückzug war nur ein Zurück im Raum. Zurück heißt zeitlich immer Zukunft und im Eismeer Pol. Ich wollte also nochmals ansetzen und von Sibirien über den Pol nach Kanada marschieren.

Mein Fuß muß wieder heilen, weil ich über das Eismeer will. Aber plötzlich starb meine Mutter, und das Versprechen ihr gegenüber, keinen Achttausender mehr zu besteigen, war erfüllt. Ich fragte mich, wie es dort oben eigentlich ist. Innerhalb von zehn Jahren hatten sich diese Berge völlig verändert. Also tauchte die Frage auf, wie ich, in meinem Alter, mit einem kaputten Fuß, dort oben überleben könnte.

Der Nordpol ist plötzlich nicht mehr so wichtig. Der Druck, einen Berg zu besteigen, kann so groß werden, daß man in einem bestimmten Punkt seines Lebens hinaufsteigen muß. Denn die Mutter stirbt nur einmal in unserem Leben.

Solange meine Mutter da war, gab es neben den drei erfundenen Polen einen lebendigen, der immer ein Gegenpol war zum Mount Everest, zum Südpol, zum Nordpol. Der andere Pol von allem aber ist das Nichts, die Leere. Ich habe jetzt eine Familie, die meine Gedanken fokussiert, aber so wie Gipfel erreichbar sind, kann Sinnhaftigkeit mit dem Erfülltsein in ihr Gegenteil umschlagen.

Vielleicht ist es menschlich, vielleicht krankhaft, sein Selbstverständnis auf Unterwegssein, Widerstand und Niederlagen aufzubauen. Vielleicht bin ich auch nur ein Nimmersatt, der nicht nur gemessen werden will an dem, was er erreicht hat, sondern auch an dem, was er gewollt hat. Auch deshalb das »Nie zurück«. Denn ich will immer noch mehr. Meine Grenzgänge sind eine Art Selbstmordversuch und zugleich die Überwindung des Selbstmords. Sie sind auch das einzige, was mich vor Ideologie, Technologie und Magie bewahrt. Wie oft schon bin ich erschrocken vor der allesvernichtenden Natur, die ich mir nur still und weit und erhaben vorgestellt hatte.

Mein nomadenhaftes Dasein von einem Kulturraum zum anderen, von daheim ins Eismeer – vielleicht nie mehr vorwärts, aber auch nie zurück –, hält die auseinander-

treibenden Teile meines Individuums zusammen. Dieses ständige Wechseln der Ebenen, das Nachjustieren der Falltiefen, das Pendeln zwischen Ferndrang und Heimweh stiftet nicht nur Beziehungen zwischen den disparatesten Gegensätzen, sondern vor allem zwischen Vertrautem und Fremdem. Andeutungsweise weiß ich dabei, ohne es rational zu wissen, daß mein »Nie zurück« Leben gegen den Tod ist.

Mein Spiel, das nicht länger nach einem Sinn sucht, weil dieser im Spiel liegt, kennt kein Zurück; das Weiter aber, das gleichzeitig dem Sinnlosen Sinn gibt, bietet dem Tod die Stirn. Vor diesem Berg, diesem Eismeer, dieser weißen Unendlichkeit löst sich alle Absurdität auf, und die menschliche Kreativität – obwohl zum Scheitern verurteilt – hat eine Möglichkeit mehr.

Der klassische Alpinismus ist zu Ende wie die Entdeckerzeit. Der Trieb des modernen Grenzgängers, sich selbst auszustellen, sich der Natur zu stellen, bleibt – und damit unser Tun. Der Grenzgänger von morgen dient der Philosophie, und diese Aufgabe ist auch eine ethische.

Meine Spielfelder entsprechen nicht mehr dem »Ultima Thule« Goethes. Sie sind auch nicht Orte des existentiellen Scheiterns wie bei Edgar Allan Poe oder Gipfel der Selbsterhöhung.

Mit den »Reiseabenteuern« zu den Polen und den höchsten Bergen, die heute allerorts angeboten werden wie in den Kirchen der Glaube zur Weltverbesserung und in den Hotels Programme für längeres Leben, kann ich nichts anfangen. An meinen Polen bleibt alles ungewiß, nichts berechenbar, alles offen. Sie fesseln als Ziel. Einmal dort, lösen sie sich auf. In diesem Nichts rettet nur das Weiter das Leben. Mein Spiel läßt sich nicht beschreiben mit Zeitangaben, Schwierigkeitsgraden und Höhenmetern. Auch nicht in drei Minuten Talk-Show wie kürzlich im Fernsehen.

»Ihr nutzloses Auf und Nieder ist nicht einmal lustig.«

»Ich habe mich nie zu den Humoristen gezählt.«

»Aber nur als solcher machen Sie Sinn.«

»Ich sorge doch als Yeti-Forscher, Mauer-Flieger und Nichtschwimmer für Unterhaltung.«

»In Ihrer ›Arena der Einsamkeit‹ ist alles todernst.«

»Das muß es sein: Der Tod ist eine ernste Angelegenheit. Wie mein Spiel auch.«

»Aber die Arena, in der Ihr Abenteuer stattfindet, ist besetzt – von der Tourismusindustrie.«

»Dann wäre ich viel erfolgreicher.«

»Als Werbeträger?«

»Nein, als Autor.«

»Ihren Erfolg verdanken Sie einem gefährlichen Spiel.«

»Und den Doofen, Helge Schneider, ein paar Kritikern.«

»Das ändert nichts an der Krise des Abenteuers.«

»Bin wieder einmal ich es, der dem Tod des Abenteuers im Wege steht?«

»Die Jungen sagen, Sie gehörten ins Altersheim.«

»Ich habe nichts gegen Kinder und alte Leute. Bubis sollen mich ruhig im Altersheim besuchen. Dort können sie den Erfolg finden, dem sie immer schneller hinterherklettern, während ich immer langsamer zurück in die Wildnis gehe.«

Mein Tun läßt sich nur tun, nicht nachträumen.

»Man soll von sich nichts wollen, was man nicht kann. Man frage sich: Willst du vorangehn? Oder willst du für dich gehn? Im ersten Falle wird man, besten Falls, Hirt, das heißt Nothbedarf der Heerde. Im andern Fall muß man etwas Andres können – von sich Für-sich-gehn-können, muß man Anders- und Anderswohln-gehn-können. In beiden Fällen muß man es können, und kann man das Eine, darf man nicht das Andre wollen.«
FRIEDRICH NIETZSCHE

»Jedem Menschen müßte eine Erklärung der Welt entsprechen, die ganz ihm gehörte.«
FRIEDRICH NIETZSCHE

Nie zurück

»Die Tatsache, daß das Leben keinen Sinn hat, ist ein Grund, um zu leben. Übrigens der einzige.«
E. M. CIORAN

261

Literaturverzeichnis

ALFRED-WEGENER-INSTITUT FÜR POLAR- UND MEERESFORSCHUNG (Hg.): 125 Jahre deutsche Polarforschung. Bremerhaven 1994 (2)

AMUNDSEN, ROALD: Die Eroberung des Südpols. Band 2. I. F. Lehmann's Verlag, München 1912

ANDRÉE, S. A./NILS STRINDBERG/KNUT FRAENKEL: Con l'»Aquila« verso il polo. A. Mondadori Editore, Verona 1930

ASSOCIAZIONE GRANDE NORD (Hg.): Zemlya Frantsa Josifa. Sulla rotta della »Stella Polare« alla riscoperta della Terra di Francesco Giuseppo. Gribaudo, Turin 1995

BALL, JOHN (Hg.): Peaks, Passes and Glaciers. Longman, Green, Longman and Roberts, London 1859 (2)

BEZEMER, K. W. L.: Kampf um den Südpol. Orell Füssli Verlag, Zürich 1946

BONINGTON, CHRIS/AUDREY SALKELD (Hg.): Great Climbs. A Celebration of World Mountaineering. Mitchell Beazley, London/Auckland/Melbourne/Singapur/Toronto 1995 (2)

BORCHGREVINK, CARSTEN: Das Festland am Südpol. Schlesische Verlags-Anstalt v. S. Schottlaende, Breslau 1905

BRONNEN, ARNOLT: Ostpolzug. In: Arnolt Bronnen, Werke in 5 Bänden, Ritter-Verlag, Klagenfurt 1989

BRUCE, C. G.: The Assault on Mount Everest 1922. Edward Arnold & Co., London 1923

CAMERON, IAN: To the Farthest Ends of the Earth. 150 Years of World Exploration by the Royal Geographical Society. E. P. Dutton, New York 1980

CONWAY, W. M.: Climbing in the Himalayas. T. Fisher Unwin, London 1894

COOK, FREDERICK A.: Die erste Südpolarnacht 1898–1899. Kösel'sche Buchhandlung, o. O., 1903

COOK, FREDERICK A.: Zum Mittelpunkt der Arktis. Georg Westermann, Braunschweig/Berlin/Hamburg 1928

DEBENHAM, FRANK: Antarktis. Geschichte eines Kontinents. Bertelsmann, 1959

DEUTSCHE HIMALAJA-STIFTUNG (Hg.): Nanga Parbat. Berg der Kameraden. Union Deutsche Verlagsgesellschaft, Berlin 1943

DEUTSCHER UND ÖSTERREICHISCHER ALPENVEREIN (Hg.): Alpines Handbuch. Band 1, 2. F. A. Brockhaus, Leipzig 1931

DYHRENFURTH, GÜNTER OSKAR: Der dritte Pol. Die Achttausender und ihre Trabanten. Nymphenburger Verlagshandlung, München 1960

DYHRENFURTH, GÜNTER OSKAR: Zum dritten Pol. Nymphenburger Verlagshandlung, München 1952

EHMER, WILHELM: Um den Gipfel der Welt. I. Engelhorns Nachfahren, Stuttgart 1936

FELLOWES, P. F. M./L. V. STEWART BLACKER/P. T. ETHERTON u. a.: Der erste Flug über den Mount Everest. S. Fischer Verlag, Berlin 1934

FENDRICH, ANTON: Der Alpinist. Ein Führer in die Hochgebirgswelt. Franckhs Sportverlag Dieck & Co., o. O., 1922

FLAIG, WALTHER: Im Kampf um Tschomolungma, den Gipfel der Erde. Franckhsche Verlagshandlung, Stuttgart 1923 (15)

FRICKER, KARL: Bibliothek der Länderkunde. Band 1: Antarktis. Schall & Grund, Berlin 1898

GIUDICI, DAVIDE: Col »Krassin« alla tenda rossa. Nicola Moneta Editore, Mailand 1929

HELLWALD, FRIEDRICH VON: Im ewigen Eis. J. G. Cotta'sche Buchhandlung, Stuttgart 1881

HURLEY, FRANK: Shackleton's Argonauts. A Saga of the Antarctic Ice-packs. Angus and Robertson, Sydney/London/Melbourne/Wellington 1956 (3)

IMBERT, BERTRAND: Artide e Antartide. La granda sfida dei poli. Universale Electa/Gallimard, o. O., 1993

JOHANSEN, HJALMAR: Nansen und ich auf 86°14'. Supplement zu »In Nacht und Eis« von Fridtjof Nansen. F. A. Brockhaus, Leipzig 1898

KANE, ELISHA KENT: Arctic Explorations in the Years 1853/54/55. Volume 1, 2. Childs & Peterson, Philadelphia 1856

KENNEDY, EDWARD SHIRLEY: Peaks, Passes and Glaciers. Reihe 2, Band 1, 2. Longman, Green, Longman and Roberts, London 1862

LANDOR, A. HENRY SAVAGE: Tibet and Nepal. A. & C. Black, London 1905

LEY, WILLY: The Poles. Time Inc., o. O., 1962

LUIGI AMADEO VON SAVOYEN: La »Stella Polare« nel mare arctico. Ulrico Hoepli, Mailand 1903

MARSHALL, H.: Todesfahrt zum Südpol. Lucas Cranach Verlag, München, o. J.

MARX, FRIEDHELM: Wege ins Eis. Insel Verlag, Frankfurt/Main 1995

MAWSON, DOUGLAS: Leben und Tod am Südpol. Band 1, 2. F. A. Brockhaus, Leipzig 1922 (2)

MESSNER, REINHOLD: Alleingang. Nanga Parbat. BLV, München 1979

MESSNER, REINHOLD: Alle 14 Achttausender. Überlebt. BLV, München 1995 (6)

MESSNER, REINHOLD: Antarktis. Himmel und Hölle zugleich. Piper Verlag, München 1991 (3)

MESSNER, REINHOLD: Berge versetzen. Das Credo eines Grenzgängers. BLV, München 1996 (2)

MESSNER, REINHOLD: Everest. Expedition zum Endpunkt. BLV, München 1995

MEYER, OSKAR ERICH: Tat und Traum. Ein Buch alpinen Erlebens. Bergverlag Rudolf Rother, München 1922

NANSEN, FRIDTJOF: In Nacht und Eis. Die norwegische Polarexpedition 1893–1896. Band 1. F. A. Brockhaus, Leipzig 1897

NANSEN, FRIDTJOF: In Nacht und Eis. Die norwegische Polarexpedition 1893–1896. Band 2. F. A. Brockhaus, Leipzig 1898

NIETZSCHE, FRIEDRICH: Weisheiten für übermorgen. Deutscher Taschenbuch Verlag, München 1994

NOBILE, UMBERTO: Im Luftschiff zum Nordpol. Union Deutsche Verlagsgesellschaft, Berlin 1929 (2)

NORDAHL, BERNHARD: Wir Framleute. Supplement zu »In Nacht und Eis« von Fridtjof Nansen, F. A. Brockhaus, Leipzig 1898

ÖSTERREICHISCHE HIMALAJA-STIFTUNG (Hg.): Paul Bauer. Wegbereiter für die Gipfelsiege von heute. Steiger Verlag, Berwang/Tirol 1987

PAYER, JULIUS: Die österreichisch-ungarische Nordpol-Expedition in den Jahren 1872–1874. Hof- und Universitätsbuchhandlung Alfred Hölder, Wien 1876

PEARY, ROBERT E.: The North Pole. Hodder & Stoughton, London 1910

ROBERTS, EMMA (Hg.): Views in India, Chiefly Among the Himalaya Mountains. Fisher, Son & Co., London/Paris 1838

ROWELL, GALEN: Poles Apart. Parallel Visions of the Arctic and Antarctic. Mountain Light Press, o. O., 1995

RUTTLEDGE, HUGH: Everest 1933. Hodder & Stoughton, London 1934

SCHWEIZERISCHE STIFTUNG FÜR ALPINE FORSCHUNG (Hg.): Berge der Welt. Nymphenburger Verlagshandlung, München 1953

SCHWEIZERISCHE STIFTUNG FÜR ALPINE FORSCHUNG (Hg.): Berge der Welt. Das Buch der Forscher und Bergsteiger. Nymphenburger Verlagshandlung, München 1954

SMYTHE, F. S.: British Mountaineers. Britain in Pictures Publishers, Bahamas, o. J.

SMYTHE, F. S.: Camp Six. An Account of the 1933 Mount Everest Expedition. Hodder & Stoughton, London, o. J.

SMYTHE, F. S.: The Spirit of the Hills. Hodder & Stoughton, London 1935

UNSWORTH, WALT: Everest. Allen Lane/Penguin Books, London 1981

VEDOVA, G. DALLA (Hg.): In mezzo ai ghiacci. Viaggi celebri al Polo Nord. Fratelli Treves Editori, Mailand 1888

VEREIN FÜR DIE DEUTSCHE NORDPOLARFAHRT (Hg.): Die zweite deutsche Nordpolarfahrt. Band 1. F. A. Brockhaus, Leipzig 1874

WILSON, EDWARD: Bird of the Antarctic. Scott Polar Research Inst., Cambridge 1987

ZEDTWIZ, FRANZ GRAF: Im Banne der Pole. Buchmeister Verlag, Berlin 1938

Personenregister

Die Deutsche Bibliothek – CIP-Einheitsaufnahme

Nie zurück : Nordpol, Mount Everest, Südpol ; 3 Fluchtpunkte / Reinhold Messner. – München ; Wien ; Zürich : BLV, 1996
ISBN 3-405-15002-7
NE: Messner, Reinhold

Umschlaggestaltung: Sander & Krause Werbeagentur München

Lektorat: Karin Steinbach
Layout: BücherWerkstatt Alexander von Ertzdorff
Herstellung: Peter Rudolph

BLV Verlagsgesellschaft
München Wien Zürich
80797 München

© BLV Verlagsgesellschaft mbH, München 1996

Das Werk einschließlich aller seiner Teile ist urheberrechtlich geschützt. Jede Verwertung außerhalb der engen Grenzen des Urheberrechtsgesetzes ist ohne Zustimmung des Verlages unzulässig und strafbar. Das gilt insbesondere für Vervielfältigungen, Übersetzungen, Mikroverfilmungen und die Einspeicherung und Verarbeitung in elektronischen Systemen.

DTP: Satz + Layout Peter Fruth GmbH München
Lithos: FotoLitho Longo, Frangart
Druck: Appl, Wemding
Bindung: R. Oldenbourg, Heimstetten

Gedruckt auf chlorfrei gebleichtem Papier

Printed in Germany · ISBN 3-405-15002-7

Bildnachweis
Edmund Hillary/Royal Geographical Society: S. 92 u.
Frank Hurley: S. 71 (3), 72 o., 73 u., 86, 171 u., 179 o., 186 u., 187 (3), 188 (3), 189 (2), 190 (3), 191 (3)
Romano Magrone: S. 31 Mi., 150/151, 152/153 (4)
Opel: S. 144
Sector Team: S. 109 u., 183 u.
The Robert Swan Foundation: S. 181

Karten S. 134/135, 184/185, 251, 253: Egon Quitta

Alle übrigen Abbildungen sowie die Umschlagfotos sind dem Archiv und der Bibliothek von Reinhold Messner entnommen. Der Autor dankt allen Fotografen und Zitatgebern für zur Verfügung gestelltes Material.

Weitere BLV Bücher von Reinhold Messner

Alle 14 Achttausender
Als erster Mensch auf allen 14 Achttausendern der Welt – die Dokumentation einer kaum vorstellbaren Gesamtleistung und alpinhistorischen Sensation, die Reinhold Messner 1986 gelang.

Berge versetzen
Reinhold Messners Analyse einiger seiner Abenteuer im Grenzbereich des Möglichen – Erfahrungen und Erkenntnisse, von denen jeder, der hohe Ansprüche an sich selbst stellt, im täglichen Leben profitieren kann.

Everest
Die Besteigung des Everest 1978 »by fair means« und erstmals ohne künstlichen Sauerstoff – die Dokumentation dieser Expedition, in der Messner vor allem auch seine persönlichen Empfindungen und Erfahrungen protokollierte.

Bis ans Ende der Welt
Messners persönlicher Rückblick auf seine Gipfelerfolge – ausgewählte Kapitel, die seine einzigartigen Unternehmungen, wichtigsten Stationen und alpinen Höchstleistungen wieder lebendig werden lassen.

Im BLV Verlag finden Sie Bücher zu folgenden Themen: Garten und Zimmerpflanzen • Edition Galléria • Natur • Heimtiere • Jagd • Angeln • Pferde und Reiten • Sport und Fitneß • Tauchen • Reise • Wandern, Alpinismus, Abenteuer • Essen und Trinken • Gesundheit und Wohlbefinden

Wenn Sie ausführliche Informationen wünschen, schreiben Sie bitte an:
**BLV Verlagsgesellschaft mbH • Postfach 40 03 20 • 80703 München
Telefon 089 / 1 27 05-0 • Telefax 089 / 1 27 05-543**

DIA
NATURAL
SHOWING THE PRINCIPAL CAUSES OF GE

Drawn & Engraved

R

1 *Evaporation from the Sea, formation of Rain Clouds. All parts of the*
2 *Decomposition of Rocks, by rain and atmospheric action.* D°
3 *Removal of parts of Rocks and Soil by water, springs &c.* D°
4 *Transportal of Detritus by rivers to the ocean.* D°
5 *Formation of Deltas by accumulations of detritus. Ganges, Mississippi, Ni*
6 *Destructive Action of the Sea on Coasts. Cornwall, Shetland, &c.*
7 *Drifting of Large Masses of Rocks by the sea waves. Shetland, &c*
8 *Formation of Sand Hills, and Banks by tidal action. Chesil bank,*

London, Published by Jam